宋代寺院碑文集成

蔣媛媛 點校

第三册

天津出版傳媒集團
天津古籍出版社

目録

馮楫

張浚

米芾

米芾（一〇五一——一一〇七），芾或作黻，字元章，號鹿門居士、襄陽漫士、海岳外史，人稱米南宫。世居太原，後徙襄陽，故世稱米襄陽。因定居丹徒（今江蘇鎮江），故《宋史》稱爲吴人。以恩補浛光尉。歷知雍丘縣、漣水軍，以太常博士出知無爲軍。逾年復召爲書畫學博士。擢禮部員外郎，出知淮陽軍。大觀元年卒，年五十七。芾爲文奇險，不蹈前人軌轍。擅書畫，精鑒裁。書法得王獻之筆意，與蔡襄、蘇軾、黄庭堅合稱『宋四家』。山水畫師法董源，自名一家，尤工臨移，至亂真不可辨。著有《寶晋英光集》《畫史》《書史》《硯史》《海岳題跋》《海岳名言》《寶章待訪録》等。見蔡肇《米海岳先生墓志銘》（《清河書畫舫》卷九下），《宋史》卷四四四《文苑傳》六有傳。

焦山普濟院碑　崇寧上章協洽至日文

真宗大中祥符甲寅，封潤州焦山大聖焦公明應公。公名先〔一〕，字孝然。漢高陽侯蔡邕贊曰：『猗歟焦君。嘗此玄默。衡門之下，栖遲偃息。泌之洋洋，樂以忘食。鶴鳴九皋，寅亮帝側〔二〕。

乃徵乃用，將受衮職。昊天不吊，賢人遘慝。不遺一老，屏此四國。如何穹蒼，不詔斯惑〔三〕？惜哉朝廷，喪斯舊德。恨此學士，將何法則？』漢維既絶，焦公同德作者孔聖，後生不與易也。去一千三百年，英靈炳然感通，著於祥符聖製。穆如素履，詳于《魏史》。芾嘗銘曰：『水清石白，焦公之宅。妙道誰測？能語而默。俟河之清，乃通帝夢。殖殖瑶壇，萬靈是擁。昞馨遠濁，以祚道宋。公德不葷，客必茹素。擁徒駕御，必以風雨。明德感神，神應可呼。勒銘津塗，以肅薄夫。』惟公爲神主雖久，護佛正法，肇自梁室。崇寧膺曆，元聖當天，忠賢充朝，道化周行，四海同文，五緯不愆，百嘉生柔。惟深禪師開大法席，披蓁易朽，作新是宇。金地寶構，千五百架。東南信士，報上及親，捐金供寶，不可勝數。天人咸嘉，大緣用立。恍然化人之居，金鰲負背，出於海上，來者如入净土兜率，威攝精進，脱弃塵葆。師於高廣坐中作獅子吼，度得度者，如佛在時。芾自基訖成，目睹其事，贊曰：

古佛留法度大心，種種威攝現勝相。大心衆生攝威德，求度傾身及衆寶。冥陽咸會精誠通，正法是歸大緣集。我今稽首佛陀僧，永奠海山作津筏。我今稽首明應公，永護寶車炳威德。悉化大心依净住，一世咸如今佛日。三光不愆四序調，主聖臣忠載萬億。五穀蕃生土地肥，萬靈常躋仁壽域。

商務印書館影咸豐《涉聞梓舊》之《寶晋英光集》卷七。又見清抄本《寶晋山林集拾遺》（簡稱『拾遺』）卷四，光緒《京口山水志》卷三。

〔一〕先：原作『光』，據影印文淵閣四庫全書（簡稱『庫本』）改。按焦先，漢末隱者，事迹詳《三國志·管寧傳》裴松之注。
〔二〕寅：《拾遺》作『音』。勞校：『宋刻作音。』按《藝文類聚》卷三九録此銘亦作『音』。
〔三〕詔：《藝文類聚》卷三九引作『昭』，當是。

天衣懷禪師碑

佛以一法接二乘，離則法生，合乃法盡。拘法則小作游戲，去法則大用縱橫。是以二乘有果，果自念生。一法無殊，殊因惑起。不昧因果，則法存性在；不證因果，則法滅性空。故大能仁去罪忘心，留果不證。去罪忘心，故惡生無所；留果不證，故异類可行。所以寒影對空，紅爐點雪，如如不動，金體相呈者也。雪竇禪師，釋迦正宗，仁銑巨派。有嫡子義懷者，温州樂清陳氏，以漁爲業。母夢星隕於庭，因而有娠。生而异禀，每求出家，欲往投師。神先告夢曰：『法王來也。』翌旦師至，衆咸异之。嘗在雙林聞講經，云『應無所住，而生其心』，師乃問曰：『既無所住，何處生心？』講師嘆曰：『此非吾義學能解，汝必大禪宗，速須求度。』遂詣京師景德寺落髮〔一〕。於稠人中遇言《法華》，撫師背曰：『雲門臨濟去。』已而一鉢游方，諸方畢到。頭角既露，將徒已多。遠詣顯公，請執下事。嘗入室，顯公曰：『恁麼也？』『不得不恁麼也。』『不得恁麼，不恁麽總不得。』師擬對，顯公便打推出。翌日天寒，水桶墮地，廓然大悟，通身汗流，遂入室投機。顯公覺師舉止异常，向前搊定叫賊。師兩手托開，珍重便去。至無爲軍崇壽寺出世，導人香烟，信傳法乳，恩立舉揚。曰：『雁過長空，影沉寒水。水無流影之心，雁無遺踪之意。若能如是，方解异類中行。』顯公聞之，令書於塔下，謂衆曰：『此大吾宗矣。』時瑯琊覺禪師并主化大行，每指學者曰：『懷公古佛，可去問看。』一旦示疾，山谷晝鳴，林木色皓，師謂門人智才曰：『吾今行矣。』爲説偈云：『紅日照扶桑，白雲封華岳。三更過鐵圍，拶折驪龍角。』智才曰：『復有何事？』師扣枕三下，推枕便行。住世七十二年，僧居四十六臘〔二〕，時治平元年九月二十五日也。若夫太山傾頹，四衆墮泪，十八變已，三昧火生，堅固墜空，窣堵涌地，皆陳迹也，何足道哉？凡應現楂林、投子、崇壽、興教、杉山、景德、天衣等八刹，其接物利人，忘身忍辱，既得古佛之密迹，皆極如來之善行〔三〕。所謂萬緣無漏，故得四衆歸心，王臣護持，天人瞻仰者也〔四〕。其嗣法者不可勝紀，而智才實其首。法存、宗本、重元、若冲、法秀應夫智。其高弟宗本、弟子□□、善本與其師及法□□。一旦，師孫仲宣會集雲游衲子，林下相逢，謂襄陽漫仕曰：『如來數百萬言，皆真實諦。假托一語，人有眼目。蓋道緣僞喪，派逐濫澌。各道所聞，願刊樂石。子其執筆，爲我直書。』芾曰：『然。』南岳二碑，曹溪四碣，備述厥德〔五〕，稽首贊云：

稽首皈依無上尊，清净圓滿千億化。三身俱現立法祖，一法不立即如來。示現有漸緣慈悲，慈悲本不爲佛祖。佛祖不立無皈依，所以三身開後覺。寥寥千古古佛遠，堂堂此身即古佛。衆生不昧本來心，此是古佛行住處。《寶晋英光集》卷七。又見《辛丑消夏記》卷一。

〔一〕髮：原作「染」，據庫本、清勞權抄本（簡稱「勞本」或「勞校」）改。

〔二〕四十六：庫本作「五十四」。

〔三〕善：原作「篭」，據庫本、清初抄本（清曹琰補目，唐翰題跋。簡稱「清抄」）、勞本改。

〔四〕者也：原無，據庫本、勞本補。

〔五〕備述：原作「述修」，據庫本、清抄、勞本改。

李昭玘

李昭玘（？——一一二六），字成季，巨野（今山東巨野）人，少與晁補之齊名，爲蘇軾所知。元豐二年擢進士第，除徐州教授。用李清臣薦爲秘書省正字、校書郎，加秘閣校理。通判潞州，入爲開封推官，累官提點永興、京西、京東路刑獄，坐元符黨奪官。徽宗立，召爲右司員外郎，遷太常少卿、起居舍人，爲陳次升所論，出知滄州。崇寧初，罷職主管鴻慶宫，遂入黨籍中，閑居十五年，自號樂静先生。晚知歙州，辭不行。靖康初，復以起居舍人召，已卒。紹興初，追復直徽猷閣。見《直齋書録解題》卷一七，《宋史》卷三四七有傳。

任城修佛殿記

至人無形，合宇宙以爲形；大道無寄，因萬物以爲寄。形無所窮則不可思，寄無所在則不可致。若夫游想於恍惚之間，假名於真寂之外，所見非見，所得非得，是猶鑿地求天，止能見影，尚何足以覽太空之寥寥，指靈明於無礙者哉！西方有聖人，號其身爲千百億化身，無往而不通；號其法爲大寶藏，無求而不具。變化出没，廣大圓滿，不離自性，行住坐卧，飲食謦欬，皆爲解脱，色所不能見，意所不能取。以三十二相觀則相相非真，以七寶布施修則布施隨盡。故非去非來，非有非無，是名實相；持一句偈，解無上意，是名無量福德。至於金玉珂貝，繒彩雕畫，纖麗昭爛，作而相之，其富無倫；高堂廣厦，丹楶藻梲，岌嶫沈邃，覆而栖之，其貴無敵。瞻儀引仰，胝足血顙，歌唄環繞，無日不在，是於無爲中妄生緣影，自以爲得妙道之行，是亦疏矣。然則法無二門，根有利鈍，太上無修，非心非佛，其次不修佛而修心，其下不修心而修佛，要其有所至一也。由是言之，以色相觀，以布施修，是人雖不能生無所住心，已於三毒火中得甘露味，必竟清净，不纏煩惱。與夫夸悍突盜，欺忍頑戾，不知可修，不見可畏，如門獸觸格，黠囚抵獄，不順羈紲，不承棰訊，跳梁倔强，自速喪害者，固有間矣。此佛氏之崇塔廟，所以有情化也。昔者燕人生於燕、長於楚，及老而還過晋國，同行者指其社曰『此若里之社』，乃喟然而嘆；指其廬曰『此若先人之廬』，乃潸然而泣。夫悲不自知，對境而作，凡人一禮塔廟，一瞻像貌，生歸信心，起清净想，亦因於境而已。外境所設，豈能使人生如是心，起如是想？由自性中本來有，故冥冥之民必待境而後知化，乃蔽而不自思爾。噫！性不在境，依境而後覺；境不礙性，見性則自忘。及乎萬想俱融，一真常寂，五蘊六根悉是幻化，山河大地悉是虚假，向之所謂塔廟像貌者，乃聚塊積薪而已，其於佛也奚有！影印文淵閣四庫全書本《樂静集》卷六。

江公望

江公望，字民表，自號釣臺翁，睦州（治今浙江建德）人。舉進士。建中靖國元年，由太常博士拜左司諫，在位極論時政得失，凡所建白，多見嘉納，一時公卿如范純禮輩皆稱揚之。以論蔡王府獄忤上意，出知淮陽軍。未幾，召爲左司員外郎，以直龍圖閣知壽州。及蔡京爲政，入元祐黨籍。崇寧二年，遂除名編管南安軍。遇赦還家，卒。建炎四年，追贈右諫議大夫。著有《釣臺弃稿》十四卷。見《宋史》卷三四六本傳。

九峰庵記　政和五年

天下事不獨事始爲難，卒之又難。事之始必於艱難慮患之時，故其思深，其力勤；卒之者常在安逸無事、人情軟熟之後，罔不縱弛怠偷，鮮克有成。僧智日以九峰造立卒業，具述本初，屬余記之。余猶能憶少時之游，敝屋數間，入其室闃若無人，僧醉寢藍縷，過午未飯。然其山峰之羅列者九，肩差踵後，襟繞帶絶，漫不省出入蹤徑。竹松茂密，光景蔽虧，窣窣聞摧枯拉朽聲，不見其人。距郡城不數里，若在深雲杳靄間。靈區奥壤，鬼神靳惜，不以示人居之，久難其人也。比丘清鑒，行高德巨，心地穩密，州破甲乙，以鑒來尸。屬久敝之後，用力艱，用心益精敏。居無何，人化其德，施手開展，締構一新。既而以老告州，復用甲乙，以其徒智日代之。方艱難慮患之時，非巨有才德，莫能經畫，圖回一代之成績，不可不吝，其擇甲乙，非其人安可使也？有維有綱，既立既張，凡百悉蹈繩檢，世其業，雖中才可也，况其人精悍多智畫，苦身克意，雖在安逸無事、人情軟熟之後，毅然有爲，以卒其業。事無固必，顧得人如何耳，搜之甲乙，何負於人哉！佛有新祠，寢飯有堂庖，有儲有稟，澡有室，鐘有架，屋纍然，坐方丈，其徒烏呼稽首，成一保社，日之力勤矣哉！諸峰著丙方者最爲秀絶，易佛祠值之，其盛固日之力，然形勝古有之。政和五年乙未記，明年二月甲戌書之。《嚴陵集》卷八。

興福院記　政和六年八月

凡出於心之所同然者，雖夷夏异區，貴賤愚智少長之不相若，寥寥歷數千年，得之者如出一揆，心猶虛空，無毛髪介。然空缺處谷滿、院滿、牛豕鼻喙滿、污邪甌窶滿、提携負汲亦滿，終莫有德其賜者，蓋終身由之不知其然也。至於灑然若醉醒夢覺，當有自來矣。何村，建德一聚落，土風沃美，兒田婦桑，無有呰窳，功不十而利百之。家饒財，桀驁易侮之心生，使酒尚氣，椎牛博戲，攻剽爲奸，馳死地如騖。一旦强力惡少，革心爲善良，門閭櫛比，惟善之爲慕。西屬天寧佛祠，學道者過而問焉，東北距興福。是院廢於保昌，至錢氏復興，歲在丁亥，越甲午，凡一百五十有三年。政和初，名額僅存，頹垣廢址，皆黄茅白葦，飛走交午。敝屋三間，居者無復僧事。僧靈皎出緡錢八百萬，施者亦如之，建爲殿者四，能仁、僧伽、法輪、十王之像設焉。閣二鐘，今虡業具在。殿之陰爲演法堂，次爲函丈之室，挾以海會香積，而門廡浹之。凡諸莊嚴之具，佛比丘諸所受用，無一不備。人之纖嗇，既入而探諸囊中，如曳九牛之尾，八百萬錢出於荒山窮褐者之手，若非超然感悟，越一切拘攣之語，與其徒而應之者，若流水趨下，兹有以啓之者，焉得於所同然者也？由一佛祠破慳貪之疾，化而爲一鄉之善俗，由一鄉化而爲一邑之善俗，其利賴曷窮哉！刑驅之，不若化其心，使自得之。故曰『得其一，萬事畢』。斯一也，擬心即二焉，有問速化之術，余告之曰：『知此而已。』五年乙未工畢，明年八月丁酉，江公望記。《嚴陵集》卷八。

龍泉院記　政和六年三月

龍泉一斛水爾，有龍常所托。止焉召風霆，疾呼起雲霧，出肘腋間，俄頃嘉雨四洽。邑民德其賜，作佛祠而庇焉，因以龍泉名其祠。靈區奥宅，神物之所托，是故山川草木，沃潤而清美，代有异人出焉。有諸禪者，莫知所自，其高道秘行，人亦不知，托於龍以福此方之人。民以旱告，甘澤之應，若答響焉，故歲多穰而民力以饒。僧奉齊，錢忠懿王嘗召演《法華》文句於竹林寺，學者數百。雄經巨論，博觀泛覽，精簡妙義，析秋毫矣。歸老，人漸其餘，悔罪遷善，爲一鄉美俗。可良，四代孫也，以禪學住本邑保安禪院。一日有豕逸於屠刃之下，徑趨而跪，伏吭而視，若有所訴而不得言。頃之屠者至，亟執之，哀號可憐。以金易之，豢養久擾，如善良之人。畜無知也，能逃死於萬無一生之地，知所擇也，知所擇，謂之無知可乎？不逃於比閭之居而逃於佛祠，不逃於它比丘而逃於善知識，余譬之善良之人，不爲過矣。凡有心者，物之偶也。有偶則争興，唯無心，故有心者歸之，非有道者不處也。師退居烏龍，邑人挽之而不釋，願修故龍泉院以爲師處焉。哀金粥材，爲殿一區，法堂丈室、兩廡三間悉具。誦閲有經，製爲樞藏，以待未暇閲者，挽之以行。燕居有室，以需四方學者之至。仰高明，俯清泚，宴寂之餘，以爲興居之適，又有所謂水閣者在焉。成於政和六年丙申三月壬辰，越丁酉，良屬余記其事。一斛之水甚微，龍托之而神，變化自如，霈爲膏澤，以福於人，而佛祠托之以興。一豕之生，固不足道，善知所擇，而良之道行益著，而佛祠托之以不廢。矢激則遠，水激則悍，登高而望則見遠，順風而呼則聲益厲，所托者然也。至於離人而立，獨無所事托，而良之道吾不得而知也。《嚴陵集》卷八。

惟庵記　政和七年正月

真悟老禪脱烏龍之縛，結茅於其山之西岡，以爲宴休之地。余一日訪之，行新田間，泱泱水流，可掬可溉。入其徑，松杉青潤色，欲染人衣裓。未到三數步，小僮候門，一犬吠喈喈，應竹作聲，自是一山川風物。楹桷無藻飾，函丈之地，唯留一榻，床敷隱厚，經行之餘，兀然危坐，坐久即卧，安隱無它苦。與余説普通年前事，率皆無味之談，聽者欲寐。余將歸，肘余曰：『爲我名此庵。』余名之曰『惟庵』。三界惟心，萬法惟識，釋之者曰：『惟遮境有識，簡心空遮，有則一心，獨照簡空。』故萬法摐然，心法相望，即非不二境。余别爲之釋曰：三界惟心，一心惟庵，不遮不簡，惟境惟心。聽者霍然，釋寐捍頭拊髀，爵躍而歌曰：『心惟庵兮庵不知，但見白雲朝起東山飛。庵惟心兮心不住，明月前溪夜流去。朝朝莫莫何時了，是中本不同生老。一衲蒙頭百不爲，又是青山歌好鳥。』歌罷，真悟老與余相視一笑，解袂以歸。釣臺翁江公望，正月十九日記，實政和丁酉歲也。《嚴陵集》卷八。

馮世雄

馮世雄，安岳（今四川安岳）人。登元豐五年進士第。崇寧中，爲榮州軍事推官。大觀間，以奉議郎通判漢州、管勾學事兼管内勸農事。見嘉慶《四川通志》卷一二二。

遂州廣利禪寺善濟塔記〔一〕 崇寧二年

諸佛世尊以大事因緣，故出現于世，開示悟入，直指心源，即心是道，心了則道，光明即道。是心悟道，則心遍現，周流無間，然後道心成，立一毛端，具大千界。此克幽禪師善濟之塔，非滯名著相之所能了也。幽本唐大曆時人，得法于益州無相禪師。東川節度使杜公仰其道業，懇請演法于此。貞元初入寂，建塔寺庭之西。遭會昌毁滅，塔圮成池，白蓮化生，人駭其异。山谷之間，光相還繞，紅雲亘天，地布銀色，觀音聖像，仿佛在中。相國瑯琊公掘尋靈迹，得鈎鎖骨如紫金聚。時皆云觀音大士之化身，復爲建塔，立殿其側。時縣僚屬僧道士女，無貴賤老少，傾心崇敬，水旱祈禱，隨感而應，靈异變現，世實希有。前後在政，沐浴慈惠，未聞奏請，旌表神貺。崇寧改元，州牧尹公申禀漕臺，轉運判官謝公親睹殊相，大現山谷，又知靈應之迹極甚奇妙，特爲奏請，聞之于朝。事下太常，敕賜今額。越明年孟春上休前一日，本寺傳法沙門逢原普會僧俗，置齋落成，闔郡瞻企，如積山岳。于時梓州轉運判官許公嗟嘆聖境法會殊勝，捐資供燭，置諸塔前，共成其美。三人者，非授記曩劫，安能啐啄同時，崇建大緣？昔者阿育王多建寶塔，高廣無量，或居天上，或散人間，或藏巨海，其數八萬四千，凡一十有三級。自餘或七或九，或高或下，聚沙累石，等級不一，巍巍堂堂，功德難盡。唯祖師塔實無限量。雖然，塔爲其相，善濟乃名，以名求相，相未即真，以塔立名，名固非實。如是則相無自立，名乃本空，名既屬空，相從何立？着相者無繩自縛，滯名者説食與人。上下諦觀，俱非了義。衆生歷劫迷謬，不能了達，息聞作是，言便去名，徹名去相，捨妄求真。不知名相一如，真妄同體，徹之與去，是猶適越而北轅，非爲行之不至，抑又愈遠而不可近焉。於戲！大道無形，莫窺涯涘，真精獨立，迥脱纖塵。宇宙爲之高卑，日月爲之流轉，四時爲之代謝，萬象爲之隱顯。名相不壞，遍體混全，一法不含，萬象泯默，豈非無上至真至妙之本歟？後之人睹是相也，見精匪他，聞是名也，圓通無礙，然後知克幽禪師本不寂滅，觀音大士非□□前，妙智力中，最多方便。謹叙其所以而志諸石云〔一〕。《金石苑》。又見《八瓊室金石補正》卷一〇八，《宋代蜀文輯存》卷二八。

〔一〕題下原署：『瀛州防禦推官、知胡州武康縣事、充轉運司管勾帳司張康時書篆。』

〔二〕文末原署：『榮州軍事推官馮世雄撰。奉議郎、充梓州路轉運司管勾文字、賜緋魚袋孫詔，朝奉郎、通判遂州軍州兼管内勸農事、權管勾軍州事、武騎尉、賜緋魚袋何修輔，朝奉郎、充梓州路轉運判官、飛騎尉、賜緋魚袋許安石。大宋崇寧二年、歲在癸未、二月五日，朝請郎、充梓州路轉運判官、兼提舉學事、飛騎尉、賜緋魚袋謝鐘立石。』

真相寺石觀音記　大觀二年二月

至道寥廓，肇造萬法，不得其門，無自而入。古有大法王子，三法輪常轉，日用裕前。墻壁瓦礫，與文殊助機；安坐不動，共普賢謳和。原其深趣，未盡圓通，必欲得佛上乘，還寂滅性海，唯觀音門庭易爲受道。蓋一心清净，周遍十方，無古無今，圜證三際，目非觀障，意自染塵，鼻舌及身，難窮等妙。即此聞性，無處不通，夢寐覺眠，了然有在。群方擊鼓，隨擊俱聞，假使隔垣，是心非滅。心非滅故，則又何與諸佛如來同一聞法？十力、四無畏、八萬四千陀羅尼門，施及衆生，莫非自聞而入，則觀音妙智不可思議。本州信善楊正卿，以厥祖舊願，造觀音石像一尊，擇真相崖龕，鳩工集事，闔家隨善，共建良緣。元符己卯創初，大觀丁亥告畢，設水陸齋會，開四大部經，飯合郭僧道，崇贊佛乘，遠酬祖意。巍巍聖像，睹即見真，泉石松風，皆談實相。俾人人回心覺觀，自反其聞，探觀音最上之機，到菩提妙湛檀那功行，豈易遽量？噫！妙法圓通，斯門第一，最初方便，何假他求？根不着有，是非就耳，不即不離，無去無來。意取則六賊競馳，情解則萬緣交構。空諸所有，仿佛其源，一念澄虛，真觀斯在。余喜楊生措誠於道，挺出塵累，崇奉法要，求之妙諦，如火中蓮，特爲書其本末而刊諸石云。宋大觀二年戊子春二月，奉議郎、通判漢州軍州、管勾學事兼管内勸農事、借緋馮世雄撰。道光《安岳縣志》卷七，道光十六年刻本。又見嘉慶《四川通志》卷四二，《宋代蜀文輯存》卷六。

釋善仁

善仁，洛陽僧人。元祐間住山西陽城壽聖禪院。

陽城壽聖禪院記〔一〕

上缺下生。紅光映日，鷲岳呈瑞，紫氣盤空。一佛出，三界安；一人生，萬邦慶。於是流風益盛，拯溺□□，宣妙喝而廣濟含生，演金言而普資法界者，乃古佛之用也。禪林祖刹，壯麗雄居，且斯院者，自後唐肇興，爲福慶院，在寺西南隅不盈百步，有石浮圖處，基址仍存。乃先師長老和尚再興殿廡臺閣，悉皆嚴峻。和尚諱宗懲，本絳臺澮川人也，晋丞相張華之裔。幼齒不群，葷茹不嘗，童歲厭俗慕佛，遂從高都端氏縣檯山道禪師請業。伏應精實，落彩披緇，庠序温姿，威儀肅敬，所請甘蔗靈根〔二〕，釋種苗裔。于時杖黎訪道，負笈從師，一遇華嚴，即契大旨，玄關洞啓，頓豁迷雲。伏自望陽之渴，乃反舊山，自玩自游，後於司馬、懸泉兩山，韜藏肆業。時唐運將削，天下多叛，大梁河東，争定强弱，兵烟數起，刁斗競興，俗境搔然。遂拋即止，聞盤亭師始剪茆茨，將興梵刹。盤亭師，同學師兄也。大師磬力依栖，約時承旨。後於開平年中、福慶院檀越張敬宗及盤亭師薦請召云：『實益福慶宗門，必然永住於衢梁。若秪聚律衆，則法道有餘。或欲議於開堂，則尤爲盛事。然此去路滑也，宜着力。』大師承付，不敢違拒。至斯演法堂開，陟猊床座，示云：『本來清净，何者爲律？一切解脱，寧復有禪？而世惑者不能曉了，方言山鳥野禽，賴公之育養；野花野草，謝公之發生。豈檀信之曹難誘者盡孰佛人也？』大師住數十年，不逾往意。至天福庚子歲十二月十二日，微疾而終，囑近侍弟子以全身瘞寺東北隅，尋起石塔。自後福慶主之不肖，殿宇隳壞，百年間無僧興葺，名額已滅。鄉人乃依倚大師靈塔，荐起殿堂，庶就瞻仰。至皇宋啓運，有當郡開元寺泗州院僧從本掃灑看管，令門人法江、法澄、法臻左右躬侍，只稱爲泗州院甚久矣。伏遇真廟毀除天下無額院舍，至天禧年，澄江二上人再興福地，重建真筵。緇素奔赴者如蜂分蟻聚，無憚皴皵，構成寶刹，莫不長廊峻殿，鴛瓦若飛，畫棟崇堂，如空化出。至治平四稔，遇本縣令熊公皋過門問其由，具狀呈之，承公申奏，伏蒙帝渥緘封，錫號『壽聖』爲額。所以先民不云乎：『詩成感鬼，至孝動天。呼谷必答，視鑒必應。』苟煉無精金，或種無良稼，故無誤於因果也。唯澄公竭力興顯，一人而已。至元豐改元，内澄公語其門人唯用曰：『吾願今滿，以院事付汝善住，吾殘年老朽，但得一室一床，足以安止，惟瞑目而宴坐已。』善仁不忍主公曲命，直紀歲華，擬古銘成文，愧云。大宋元祐壬申歲，上元日建。師徒等：講經論賜紫僧廣海、唯昌、廣永，傳大乘戒沙門惠倫，勸緣住持沙門唯用立石。《山右石刻叢編》卷一五。又見《搜古彙編》卷五四。

〔一〕題下原署：『西洛僧善仁撰并書，河南薛孝篆額。』

〔二〕請：疑當作『謂』。

劉跂

劉跂（一〇五三——？），字斯立，東光（今河北東光）人，摯子。元豐二年進士，歷亳州、曹州教授，元祐末爲管城令，累官朝奉郎。紹聖間隨父徙貶所。崇寧元年入元符黨籍。後詔返摯家屬，以跂請，摯得歸葬。又伏闕訴文及甫之誣，雪父冤。遭黨事，爲官落拓，家居避禍，以壽終。跂能文章，晚作學易堂，人稱學易先生，有《學易集》行于世。見本集《學易堂記》等文，《宋會要輯稿》職官六八之三，《直齋書録解題》卷一七，《宋史》卷三四〇《劉摯傳》，《宋史新編》卷一一四，《宋元學案》卷二，《宋詩紀事》卷二八。

慈應大師政公之碑　政和八年二月

鄆須城大谷山昭善崇報禪院住持、賜紫慈應大師文政，姓令狐氏，生須城令狐村。其家相傳，唐彭陽公楚是其上世，再從父頌天聖中爲殿中丞，族子相如今爲朝奉大夫。大師幼不戲弄，逾冠度爲僧，護持戒律，以謹密稱。通大乘經論，入諸講律，老師宿學善其咨叩。故丞相河間劉公葬三世大谷西山之陽，以恩置寺，賜額『昭善崇報』，度静人如令，歷選于衆，乃以大師住持爲第一代。

披榛棘，立基址，種藝樵汲，惟日不足。已而緇素信服，赴者接踵，寺娓娓向有成。今林樾蔽虧，宇像輝焕，薰修供養，報國恩已，亦報佛恩。又受鄉人勸請，造天寧大像，建開元三門，貲皆千萬，而施者樂輪争付之，權衡稱量，洞入纖介。既成，咸歡然喜得未曾有。性寛多恕，雅不忍言人過失，犯而不校，未嘗以色加僮侍，議者謂恢然長者，衆中舉無與比。鄉人士大夫，下逮里巷老稚，皆愛之重之，一無間言。凡住持二十七年，政和三年五月辛卯，示疾就滅，春秋六十九，僧臘四十五。弟子崇能亦令狐氏兄子之子，實嗣寺。八年二月壬申，與諸弟子新福等共二十八人歸全身，建塔大谷東山下，去寺四百弓，占地縱横十有一肘。乃勒銘石，永伸哀慕，其辭曰：

衆稽首，慈應師，歲三九，獲衣止。天華姿，法泉泗，孰求我，覺導師。爰結集，建兹塔，便時日，赴山谷。忽奮厲，如復生，又號慕，如始亡。藐我等，懷謦欬，守護此，剎利羅。維願力，所加持，續慧命，永無盡。

大宋政和八年二月壬申立。文淵閣四庫全書本《學易集》卷六。

陳師道

陳師道（一〇五二——一一〇一），字履常，一字無己，號後山居士，彭城（今江蘇徐州）人。年十六，從曾鞏受業，鞏大器之。熙寧中，王氏經學盛行，師道心非其説，遂絶意進取。元豐中，曾鞏典五朝史事，薦其爲屬，朝廷以白衣難之。元祐初，以蘇軾等薦，起爲徐州教授，未幾除太學博士。言者謂在官嘗越境出南京見蘇軾，改教授潁州，又論其進非科第，罷歸，調彭澤令，不赴。元符三年，召爲秘書省正字。建中靖國元年卒，年五十。師道高介有節，好學苦志，於諸經尤邃《詩》《禮》。爲文精深雅奥，又喜作詩，自云學黄庭堅。所著有《後山集》《後山談叢》《後山詩話》等。見本集卷一五《御書記》，魏衍《彭城陳先生集記》（《後山詩注》卷首），《宋史》卷四四四本傳。

觀音院修滿净佛殿記　元符元年九月

物有盛衰，人有向背，向盛背衰，人則逐物。雖然，向則盛，背則衰，物亦有待於人焉。吾州之南山太平興國寺，山之南北凡十有七院，其東南隅別爲勝果禪院。始時寺之卧佛、羅漢、觀音爲盛，金穀之施，門無虚日。其後勝果興而三家替矣，故像毁不飾，室毁不補，革金不鳴而突不烟。使人一視而等施，則盛衰不極而事畢舉。雖然，人所避就，物所豐悴，豈智力所能哉！元祐八年，比丘某始合衆施，既新其殿，又載于石，使人請者累至。余學于釋氏，願自效，使不請，且强與之，况其請之勤耶！夫始之非難而述之難。積土爲址，伐山出木，歷日費財，世以爲能而競焉；易故而新，就下而高，事半功倍，謂因人成事而不爲也。惟然，故天下之事莫不皆然，豈特浮屠氏之役乎？故其説以起廢爲勝福，則彼固知之矣。院故有閣，當諸山之衝，屬兩洪之聲，余從居者登而樂焉。已而少者壯，壯者老，老者逝矣，而前者之樂又爲今之悲也。身既與物同其盛衰，心亦與時而遷謝，則其所异者何乎，覽者其自知之。淳化初，知制誥孫何以布衣來，於時曹武忠王得罪右府，以節來守，門不納謁，而一府無過之者。院之楞嚴講師惠泉召而致館，且爲治行，明年而登上第。其次路振來貳使事，而屬之，且曰：『急窮而忘報，交素而遠名，其僧之英乎！』路未以爲然也。泉意其然，去，游吴，遂不還。路至之明日，過則亡矣，於是賦其堂〔一〕。則其所興壞，蓋可知矣。元符元年九月己酉，東里陳師道撰〔二〕。一九八四年上海古籍出版社影印宋刻本《後山居士文集》卷一五。

〔一〕其：原作『草』，據明弘治十二年馬暾刻本《後山先生集》（簡稱『馬刻本』）、影印文淵閣四庫全書本（簡稱『庫本』）及四部備要本《後山先生集》（簡稱『備要本』）改。

〔二〕『元符』句：原無，據右引補。

面壁庵記　建中靖國元年九月

禪之初祖圓覺老師始自天竺來，居嵩高少林道場，蓋面壁者九年，二祖禪師斷臂立雪〔一〕，世舉知之，而昧其處。自少林行殿而西，林篁陰鬱，千步而近，度密越阻，群山四臨。前則少室諸峰嵱嵷連屬，後則五乳崒兀擁掩，如舉手内向，中峰之下，乃其故處。有泉泠然，始至無水，以杖刺地，隨舉而涌，引而東出，世因號以錫杖。而叢榛族棘，荒穢翳塞，兔蹊雉域，蛇虺所舍，樵牧避焉。元祐二年，留守簡翼張公求而得之，始往過焉，使作亭以識其處。除地得趾，層甓宛然。後十有餘年，知登封縣樓君异復往過之，謂長老清江：『襄棘開道，使有人聲馬迹，再至則治矣，盍復其故？』對曰：『下南山之木，出西谷之竹，伐薪以陶，率少而役，可立具。其所乏者財爾。』异請任之。于時衆治泰陵，休于次。异敬以請，自監司與百局之執事及郡縣之令丞佐尉，下逮工賈士庶，不挽而同。於是智者謀，仁者施，壯效其力，工獻其伎，爲堂爲室，圖像陳焉。守衛有次，門廡有列，蓋一朝而具，既月而成。而林出芝十有二本，華各异色，莖如漆飾。甘露雨于泉池，夜有光氣四起屬天，合爲大練，東西數十里。嗚呼，其興可量也耶！夫道一，而今之教者三，三家之後相與詆訾〔二〕。蓋世异則教异，教异則説异，盡己之道則人之道可盡，究其説則他説亦究，其相訾也固宜。三聖之道非异，其傳與不傳也耶！子孔子之門，顔、閔、冉皆無傳，仲弓之後則有荀卿，曾輿之後則有孟軻，端木賜之後則有莊休，而荀、孟、莊之後無傳焉。李氏之傳關尹，尹之傳復無聞焉。釋自能仁二十八世爲初祖之東，六世爲曹溪，曹溪至今又十有五世矣，而儒、老子之徒欲與校其原委，誤矣。嗚呼！道之不傳，蓋始于此，歷歲千百，逮今而興，豈有待於异耶！建中靖國元年九月十八日，居士陳師道記〔三〕。比丘曇潛書〔四〕。《後山居士文集》卷一五。又見《泰山志》卷一七。

〔一〕二：原作『六』，據馬刻本、庫本及備要本改。按斷臂立雪乃禪宗二祖慧可事，見《續高僧傳》卷一六。

〔二〕後：原作『役』，據庫本改。

〔三〕居士：原無，據右引補。

〔四〕此句原無，據右引補。

法輪院主塔銘　元符二年二月

宗本，苗姓，宿之虹人，連喪兩親，顧不及報，乃去家爲道，居徐之法輪院。慶曆五年，試所誦讀，爲比丘。明年具戒，遂主院事。元祐元年，既老而傳。四年十一月晦寢疾而逝，歲七十一，臘四十三。元符二年二月甲子，其徒法懿、法珍、法惠、法如、法堅，用天竺法葬于某。徐故尚法，而宗相集，鼓相聞，講席相因，學者四來，於東方爲盛。而頓師禪子所不至，至則無所於館〔一〕。公始除舍修供，以待其來。數請師説性教，而時至緣會，野俗先變，向於禪矣。其起信廣道，公有與焉。余與公游相好，於其葬，銘以送之。銘曰：

聖有去來，維緣與時。法無高下，悟則同歸。人而有争，弃理用情。知者不言，道則自明。孔李二氏，與釋而三。一人之傳，或説或參。人有利否，教則多門。何以二之，白日青天。時移俗變，昔法今禪。孰爲予奪，同業而然。因則然矣，緣則何其。有風有自，爾公預之。

《後山居士文集》卷一八。

〔一〕至：原無，據馬刻本、庫本及備要本補。

比丘理公塔銘　紹聖元年九月

紹聖元年九月癸丑，比丘理公卒于汝陰之薦福院，年八十一，臘四十三。戊午，葬于西郊。始余爲府屬，聞其聲，數過之，與語敬焉。其後去官如東都，往問其疾且別。於是疾久矣，貌言如初。既別，且曰：『公老而疾，有如盡緣，我其銘。』公嘿然，歸則葬矣。其屬永圓既治其喪，又具石以請。公名悟理，趙郡袁氏子也，去家居東都寶安院。持律嚴密，遍習相性圓教。始出汝陰，證悟禪師在焉，聞其道，輟講謝徒而從之。證悟敬焉，使如瑞光，又事圓照禪師。久而還居薦福，日誦《金剛》《行願》兩經，闔户禪觀，不近人事凡二十年，潁人向焉。晚謂禪者普仁曰：『明年吾往矣。』既疾，又謂永圓曰：『九月十八日，吾其已乎！』實以既望坐逝，後三日而用火，蓋先期焉。使以所誦經與所著書從葬，問故，曰：『葬有塔，諸天致敬，我不足當也，得此則免矣。』既化，舍利五色，骨如積雪。銘曰：

理公諮諮，既平以直。且學且弃，以究其極。下席散徒，行其所難。闔門謝事，二十其年。兩林孤圖，過者敬之。有經有傳，以及我師。《後山居士文集》卷一八。

釋昭詮

昭詮，元祐間爲緱氏縣寶岩院主。

後唐雅上人舍利塔記

舍利塔舊在外門西偏，溝之南堧，雜於民居。宋元祐六年，昭詮始來緱氏，遂移於大殿後。上人事迹已見比丘仁㒳記，此不復叙。十二月二十四日，寶岩院主賜紫昭詮謹題。元祐七年歲次壬申正月一日建。《偃師金石遺文記》卷下。又見《偃師金石遺文補録》卷八，乾隆《偃師縣志》卷二八。

王師説

王師説，東平（今山東東平）人，元豐間侍親于永州。

回山寺碑記

熙寧天子御極之十六年，歲在癸亥，余客湘南侍親也，端居多暇，閉户讀書，不通人事。一日，有浮屠可儒者，因人來見，且言：住春陵境上之回山，山鎛有寺。粤世所居結茅數楹，顛撓不支，漏露風雨，所事之像紛披蒙漠，香火不繼。可儒羞之，取材於山，募工於野，資價力於邑人以助。然猶不足以完也，又節省衣食之奉，推其餘以致所無。蓋爲之五六十年，然後立屋以居。風雨既除，寒暑既成，有殿有堂，且壯且麗，迴廊修廡，夾拱左右。丹青幣帛，刻斫土木，爲佛菩薩等像，實於其中，以事清唄。疏鐘朝暮，起響岩谷，庶幾得類空土之宅，皆可儒力也。今且老矣，實懼先薤露，不克書其志以示繼承之人。使餔於斯、游於斯者，當念可儒之勤，奉而不墜，非徒使之飽食逸居而已，顧不可以無記。謹聚徒讋於庭，敢因所善使來以請，幸有以教之。余凡却者再，而可儒之請者三，固命其徒，授綏執御，邀詣其所。詢事考言，信而不誕，於是本其來意，以告使鑱諸石。可儒春秋七十三，耳目聰明，血氣和平，開口吐氣，良有可聽，故能鼓動人人，成其功德。嗚呼，人之患在不信其道也甚矣。今爲可儒者猶若是，况不爲可儒者乎？不爲可儒，效則不至，是亦可儒者之罪人哉！嗚呼，其勉之！道光《永州府志》卷一八中，道光八年刊本。

吴佑

吴佑，潮州（治今廣東潮州）人。元祐間在世。

宋南山寺鐘款文

謹籌衆信惠州人弟子各捨施金錢，注造大鐘一口，本院永作供養。仗此良圖，各資般若□□。勸首弟子吴佑、陳玉、黄元品、黄直、石□、吴進、李旺、鍾立、胡日、江行、李賢、□明、佘友丹、何□、盧有琚、高連登、李一、胡仲延、胡仲添。易舊并鏇新，蘇炎、蘇真立。時在宋元祐八年癸酉歲三月朔。勸首住持向空、童行顯璋及鏇新匠人林旺置。民國《新修豐順縣志》卷一四，民國三十六年鉛印本。

楊時

楊時（一〇五三——一一三五），字中立，世稱龜山先生，南劍州將樂（今福建將樂）人。熙寧九年中進士第，調官不赴，師事程顥、程頤，杜門不仕者十年。久之，歷知瀏陽、餘杭、蕭山三縣，爲荆州教授，召爲秘書郎，遷著作郎。除邇英殿説書，拜右諫議大夫兼侍講，兼國子祭酒。乞致仕，除徽猷閣待制、提舉嵩山崇福宫。高宗即位，除工部侍郎，復兼侍講。連章丐外，以龍圖閣直學士提舉杭州洞霄宫。已而告老，以本官致仕，優游林泉，以著書講學爲事。紹興五年卒，年八十三，謚文靖。著有《三經義辨》《論語解》《經説》《語録》（存）、《二程粹言》（存）、《龜山集》（存）等，東南學者推爲「程氏正宗」。見胡安國《龜山先生墓志銘》（《龜山集》卷首），《宋史》卷四二八本傳，《直齋書録解題》。

乾明寺修造記

建中靖國元年歲在辛巳，余以漕檄二令于東陽，有大比丘惠康以書抵余曰：『乾明之爲禪寺，更四代而康始繼之，栖佛之廬未完者十二，雨濡風剥，二閣蔽其前，尤如懸疣之在膚，而翳之在目也。欲完而遷之久矣，計其瑰材堅甓之用費累巨萬，殆非毫聚銖積所能爲也。郡人吴某乃捐金千緡助成吾志，竊謂用力之勤〔一〕，而施財之厚，皆不可以無述也。公盍爲我記之？』是年冬，余在東陽罷歸，過其門，而環廡翼然，丹楹曲檻，雕欒鏤碣，渥彩焜耀，如入化人之宫。峙二閣于東西序，虚明深靚，豁如疣抉而翳去也。乃喟然嘆曰：吾州當水陸之衝，舟輿之會，四方游士道閩中而過者，蓋艫相銜而輻相轢矣。而又山水之勝，清明偉麗，爲東南之最，宜有臺池園囿魁殊詭异，以供賓客燕嬉之好。然而地瘠而貧，故其民勤約而敦本，嗇用而寡求，凡居室服器，趣完而已，皆不足爲美觀也。比年以來，歲屢不登，編户齊民方且以艱食爲虞，而康師乃能於荐饑之時導勤約之俗，厚施以成其事，其中必有足以感於人者，是可嘆也已，乃爲之書。康熙四十六年楊氏重刻《楊龜山先生集》卷二四。

〔一〕『謂』字原無，據文淵閣四庫全書本（簡稱『四庫本』）補。

含雲寺真祠遺像記

師諱慶真，姓蕭氏，順興大幹人〔一〕。年十四弃家爲浮屠，十九受具戒〔二〕，游江西，得法於泐潭月禪師，已而遍參諸方而後歸老焉。建中靖國元年秋七月晦，晨興，以偈示衆，更衣坐逝。越翼日，用荼毗法，得五色舍利，以其骨葬於其寺之東南隅北庵之原，以所得舍利爲塑像奉事之。政和乙未，予適自毗陵歸故丘，其徒惟覺詣予求文爲記。予與真師游非一日矣，是時予尚幼，方肄業爲科舉之文，挾策讀書，窮日夜之力爲進取計，蓋未知有亡羊之憂也。師每曳錫過堂下，釋椎鑿而議之數矣，予亦莫之省也。然見其神宇泰定，不以世累攖其心，雖未能盡知其所有，亦竊意其非凡僧也。比予年加漸長，知爲學之方，聽其言，考其所知，益信其賢，而予已出仕矣，始恨不得相從復如昔日也。今其已矣，過其廬，升其堂，蕭然無復有斯人也，愴然興嘆者久之，乃爲之書。《楊龜山先生集》卷二四。

〔一〕順興：疑當作『順昌』，即今福建順昌，與楊時家鄉將樂相鄰。大幹蓋鄉名，即今順昌西北之大幹也。順興在今北京市順義縣，了不相涉。

〔二〕具：原作『其』，以意改。『具戒』即佛家具足戒也。

資聖院記

將溪據閩之上游，地險而隘，以崇山大陵爲郭郛，驚湍激流爲溝池。魚稻果蔬與凡資身之具，無所仰而足，故五季之亂，人樂居焉。負城之北有寺曰橋庵者，僞唐保大初僧師詰避地結茅之所也。乾祐三年始以資聖名之，迄今百六十有六年矣。皇祐庚辰，僧無我東徙不百步，面東衢，以便往來。未克完而無我卒，更五十餘年無繼之者。上漏旁穿，風雨弗庇。崇寧四年，始命僧永璘尸之，用日者之言復其故址。既成，不遠千里以書求文爲記。政和乙未，予還自毗陵。居數日，過其門而寢廡殿宇皆完潔，無一不可喜者。又作彌陀、觀音、勢至像而嚴飾之，望之睟然，金碧焜耀。乃喟然嘆曰：天下之事，廢興豈不以人哉？此有國有家者之所同也。予去松楸十有四年始一歸，而昔之蘖者今拱矣，牛羊斧斤相尋於其上，而折泄者不可勝計，閭巷亦蕭然非昔日也，爲之愴然不能自釋者累日。獨是寺焕然一新，豈非居得其人哉！私自念丘墓之寄，舍此人其誰宜？故於其堂之西偏治一室焉，置先人之遺像以爲歲時展省之地，而璘師不予禦也。异時松楸折泄之患，庶幾其免乎。甚矣夫，吾衰久矣！周流四方，欲營菟裘而無易於吾之故丘者，豈特昔人樂居之哉，行當庇身先人之廬而歸老焉。幅巾杖屨，徜徉龜山之陰，與田夫野老相從於此，枕石漱流，竊自比於舞雩之下，將有日矣。《楊龜山先生集》卷二四。又見乾隆《將樂縣志》卷四。

懷素

懷素，臨沂（今山東臨沂）人，哲宗時在世。

宋禪師清則塔記

師名清則，俗姓下缺人也。下缺役下缺□鎮下缺十八子下缺□□遷居下缺乙未正月初一，下缺□聞州舉修正殿□□□時是春久旱，捐己衣背□天齊會，炷香七枚於頂，爲四民懺念。寂坐寺□，不食七日，陰雲彌布，乃自剸手一指以禱。雨既大降，且廣且足，□是緣行有聲，豪俠貢工皆欽服其德。□寮□香不忘。六祀安下缺非憚炎冽，約費錢下缺十殿宇成就，嘿而出寺。元祐癸酉季夏六月，示疾而卒，春秋四十八，臘壽一十九。門人智善、智海於紹聖元年備小祥齋，敬葬於此。鄉人懷素系以記之。當州石匠人劉密刻。民國《臨沂縣志》卷一二，民國二十五年鉛印本。

周刊

周刊，元符間爲廣西帥府幕職官。

釋迦寺碑

桂林西郊多靈山，山多岩穴，韜奇競秀，隨處可喜。然而，遠水者病枯，近水者病迫，或鬱緣傴僂而後可窺，或列炬引繩而後敢入。其有擺落幽偏，跨峙全巧，騁步縱目，而一境之美赴焉，則龍隱岩於桂林爲第一。圖經所載，其山號彈丸，盤據南北數里，七峰巑岏，騫穴摩天，狀如彈丸。布散連絡，總會其數，宛若天象，故土俗又號七星山。龍隱岩穴旁實彈丸之三，而釋迦寺乃在斗杓之一，攝提之次也。岩穴彎環俯灕江別派，是爲建水。山色清潤秀發，凜凜逼人。洞穴兩達有左右門，其中穹然明廣，其地坦夷，其頂嵌空嶙峋，有龍卧遺迹。其旁凝乳四垂，兩壁峭峙。穴之陽爲岩，岩之深處與穴相直，石脉連屬，故通號龍隱岩。高可張蓋，虚可坐數十人，有乳管泉竇，四時涓涓不絶。依岩有敗屋數椽，上雨旁風，舊榜『釋迦寺』。出省城東，抵兹地纔二里許，前限建水，不可揭厲，中屬敝廬，無所托迹，苔封草蔓，使天地全巧與糞壤同弃者，不知閲幾甲子矣。元符二年，歲在己卯，實龍圖陳公帥桂之明年〔一〕，號令風行，百廢毛舉。暇日命駕林坰，搜訪岩穴，乃得龍隱之勝，而吊其荒凉。大選方袍，復得前僧正仲堪住持此山，授以基構成畫。仲堪奮然趨事，錙累寸蓄，周寒暑三變而兩閣翬飛，萬瓦鱗次。中儼佛像，依風磴之崚嶒，焕雲屋之縹緲。甃徑級梯，堤衝鑿險，纜彩舟爲浮橋，來者無病涉之難，省躋攀之苦。每風霾廓清，午景罅入，歷穴轉岩，造物之爐錘，表裏呈露，凭欄虚襟，挂眼千里。神擔白龍繞其左，莊岩風穴屹其右。遠有西峰粉堞之差池，近有驚湍茂林之映帶。渴虹下飲，砌玉平鋪，好鳥珍鱗，得意翔泳。朝揖萬景，凴凌太虚，遂欲拍洪崖，接浮丘，乘雲氣，陟天表。故二閣之告成也，公名其最高者爲『驂鸞』，其次爲『環翠』，又名其軒曰『静』。輕裘緩帶，蠟屐囊錦，從賓僚，走厨傳，雍容談笑，攬山水之清輝，間以其所得者賦之篇什。意若未足，復顧謂從事周刊曰：『子其爲我記之。』刊聞命，矍然避席曰：『惟此岩穴，素號龍隱，其爲神靈之窟宅無疑也。雲雷風雨之師，魑魅魍魎之族，戍守呵護，其來尚矣。今日之興起，豈偶然邪？昔柳宗元爲裴中丞記訾洲，吴武陵爲李賓客記六峒。峒既褊迫隨廢，洲亦推蕩僅存，無足羡者。今龍隱勝概與天地始終，公之興起是岩，當如羊叔子之登峴山，聞望與之俱傳。則夫揮洒文字，得附名於不朽者，豈鄒湛輩比哉？』刊義所不辭，於是乎書。《粤西文載》卷四一。又見《臨桂縣志》卷二〇，嘉慶《廣西通志》卷二四〇。

〔一〕陳公：按據《續資治通鑒長編》卷四九六，元符元年三月乙亥，以廣西轉運副使程節知桂州，則「陳」當作「程」。

黄叔豹

黄叔豹，字嗣文，洪州分寧（今江西修水）人。廉長子，庭堅從弟。元祐中官遂州司理參軍，紹聖中爲沅州麻陽縣尉，崇寧初爲節度推官，宣和中歷管勾外排岸司、知永州。見黄庭堅《山谷别集》卷九《叔父給事行狀》，黄𦳝《山谷年譜》卷二八，《宋會要輯稿》職官四二之四〇，乾隆《沅州府志》卷三八，光緒《零陵縣志》卷一四。

同天寺記　紹聖中

錦州，唐之盛時爲江南道，大曆之後，方鎮跋扈，自河北、山東之地，天子且不得有。自是以還，唐之州郡，名存而版籍貢賦不上於縣官者往往是也，况要荒萬里之外乎！熙寧初，王師初出，而復河湟數千里之地，於是五溪之酋悉以其地與衆内附，而唐之遐荒遠裔始復爲中原有。六年十二月，城錦州，徙辰麻陽治之，而以其縣隸沅州。八年，即城之東隅爲浮屠寺，詔賜額同天，又詔歲度僧一人。其後二十年，予來尉是邑，官舍民居類皆茅茨板屋，上漏旁穿，獨同天僧舍穹堂奥殿，樓觀環杰，門廡深邃。問寺僧，則道冲主之。詢其始，有僧緒居此，屋宇僅足以除風雨，其徒乞食常不足。五年而緒死，繼道冲來爲住持，乃召集其徒謀曰：『今吾徒有寺而無屋以居，有衆而無田以食，行乞於人，終歲勤且益窶。若將致吾力以求天地之時利，生吾禾，植吾稼，築吾垣，建吾舍，庶幾將休焉。』於是得官之弃地於縣西南二十里。高則壟斷磽确，下則污澤沮洳。以爲黍，則積潦而不泄；以爲粳稌，則五六月之間，水無所潴。方官募民爲田，皆過而不顧。始與其徒披攘荆棘，誅鋤草茅。度地之原隰，視山之流泉，築堤絶溪，激水而上，鑿山刊石，以爲畎澮。夷高增卑，身先畚鍤。羹藜藿，食粺菽，窮日力而不休。積十年，而溉田幾百畒。又因寺之故基，增斥而芟除荒穢，築垣而基之者，縱一百八十三步，其廣一百二十四步。伐木於山，役工於徒，凡樸斫甄冶、板籍污漫之事，與夫土木金甓、髹彤黝堊之費，未嘗以干吾民。至是二十年，而棟宇穹然崇成。自門闑至殿寢，與夫庖湢庫庾、便齋宴室，以數計之，爲屋二百四十有五。以此窮荒虎豹之區，而能化爲莊嚴佛土，非其智足以有爲弗能也。惟吾士與農，幼學而壯行，寒耕而暑耘，其勤亦已至矣；然而蓬户瓮牖、裋褐糟糠，常不免於其身，浮圖宫室乃獨侈於天下，又能不取於吾民而自成，何哉？今冲之爲屋與食，其器械衣裳皆出於其力，而不求於人，則冲之視其黨亦無愧矣；非獨无愧於其黨也,吾民游惰而不衣食於器與貨,是皆可愧矣。冲之績可書而傳也,予故爲之書,且使熙寧開拓之歲月有考焉。乾隆《沅州府志》卷三八，乾隆二十二年刻本。又見《古今圖書集成》職方典卷一二六九，嘉慶《湖南通志》卷一九一，同治《沅州府志》卷二一，同治《新修麻陽縣志》卷一〇。

鄒起

鄒起，紹聖中爲臨安縣尉。

杭州臨安縣净土院新建釋迦殿記　紹聖二年四月十五日

臨安，吴之臨水縣也，晋武始更名焉。梁開平中改爲安國，而今則因用晋名。臨安之盛，肇於晋永和中，許遠游發之，始自桐廬移入西山，登岩茹芝，有終焉之志。故嘗遺王羲之書云：『自山陰南至臨安，多有金堂玉室，仙人芝草。左元放之徒，漢末諸得道者，皆在焉。』由是臨安山水之名爆聞於時，卓卓與羅浮、天台埒矣。唐之末世，實生具美，爲武肅王，至其氣象先見於牛斗間，則其地勢之雄奇可知矣。武肅既貴，乃名其城爲安國衣錦軍。而錢氏兼有吴越，四世相授，歷唐、晋、漢、周，襲王爵者幾百年，不亦盛哉。逮真人勃興，四表臣妾。錢氏知天命之會，達人事之變，鑒諸國之桀驁，兵連禍結，卒墟其宗廟，於是束兵卷甲，納境效順。吴越之民賴以不見屠戮之傷，而室家相保完安至今者，此錢氏之遺德也。方錢氏之貴也，奉佛尤篤。其塗雘棟宇，極丹漆之華；雕飾龍像，窮金木之珍。臨安又其故里也，崇建梵宇，比它邑爲尤多。凡一山之勝，一水之麗，必建立浮屠宫，故百里之境，而佛刹幾百數。其間最盛者，南宗徑山是也。分□氏之一支，爲如來之别子，流教演道，是爲法雄。其餘則鱗張翼舒，相夸紺園，星羅棋布，咸號精舍。以故家家務乎薰修，人人習乎歌唄，亦可以爲樂土矣。縣之東南隅，左倚功臣，右帶石鏡，曰净土者，乃故武肅王之子，僧統慧日普光大師法號令因之塔院也。以寶大元年十二月九日歸窆于塔，實嚴香刹，以奉供養。而歲久堙圮，棟梁弗支。住院僧其瑩與其徒德全、惠普者，痛其頹没，相與合謀而作新之。惟惠普者，□□精進勇鋭，錙求銖斂，鳩工聚材，彌歷寒暑，經始於元祐四年己巳之正月，而告成於紹聖元年甲戌九月二十二日之庚申。噫！亦已勤矣。夫臨安壤地狹隘，生齒夥繁，而佛寺相望，其徒之多，無慮千數，故土木之費，齋供之給，取之土人，力有不贍，而檀施尤難得。若其弊而增飾，闕而苴補者，已艱其力矣；又况於基構寶殿，延袤門閣，費且若干，非其有不惰之勤，不退之勇，毅然以莊嚴佛土爲己洪願者，其能終此利緣勝果邪？嘗聞世尊説：『若能補故寺，是謂二梵之福。』惠普師能此，其於補故寺之功不啻十百矣。予甚嘉之，故因其請記落成之歲月而喜爲之書。若夫佛之所以攝受者，實相非實相，善法非善法，與夫人之所以歸依者，布施非布施，福德非福德。此乃如來之真語，所以詔後世者，故予皆略而不著。紹聖二年四月望日記。同句當造殿行者法總募緣開石。縣尉鄒起撰。新授明州定海縣尉駱閎書。右班殿直、監茶稅張安泰篆額。主簿朱世儒、縣丞毛寬、三班奉職監酒務魏珣、左宣德郎知縣事徐濟立石。《兩浙金石志》卷七，清光緒刊本。

舒元禮

舒元禮，紹聖間岷州（今甘肅岷縣）人。見《隴右金石録》卷三。

勝相塔題記

舒孝忠自壽聖院永公重新興修勝相塔，發願誓修塔第五級，未幾施工，不幸逝去。臨終遺言，囑於長子元禮，將所願修塔早與了畢。元禮依父之旨，將净財捨於兹院。今工正修完畢，將此功德，伏願亡考四郎及亡妣梁氏乘斯妙果，永離惡趣，超升净土，終願閤家老幼咸康。紹聖二年歲次乙亥七月十五日志。施主孤子舒元禮。《隴右金石録》卷三。

杜徽之

杜徽之，金臺（蓋指金城郡，今甘肅蘭州）人，紹聖間寓居岷州。

勝相塔記　紹聖二年六月

夫釋教者乃空門，澄淡化通幽，超之三界之□於六塵所爲，佛教之至理也。今者漢陽北山有聖賢現化，於今一百廿餘載，首先顯化爲僧居此，人皆厭而惡視之，遂擇地遷化。衆中亦有好事者敬而焚之，驀然之中有數色蝴蝶及□散□□殖大半變爲舍利，人皆恭禮，葬於□山，爲一小浮圖。及將所坐鎸爲一羅漢，安置於塔之中，市人常以□香而禮待之。後忽天旱，全無潤澤，遍諸靈宇求之無應，衆中數發心，欲接壇而迎羅漢告雨，遂盡悦之。及迎之於壇，膏澤溥足，人皆轉而敬之。自後衆結緣而興建爲寺，院宇甚麗。後靈感行沙門住持，市人與主持僧共欲發心爲大磚浮圖，抄掠市民，聚賄作磚，致滯不成。後有斯院游禮僧道永，萍踪數郡，深知戒法，於是院葺茅庵而獨處之，持三時六念之法，澄性戒行，不動六賊，静而持念，日夕敷坐而持課。市民衆嘗謁之，皆言行之德行，可爲浮圖之創舉，衆請爲之。道永遂從而創之，不告衆，擇地而遷之。及開聖骨，便有雷震白氣，現光百里，卜日葬之。夜見數蝴蝶，僧尼道俗婦女共禮者數千，以葬於别地修之浮圖。自後有蝴蝶數十，衆人皆歸禮，捨之財物，各占其級數。革因以夢見一僧，形及四尺餘，面光射目，在居處後園，言之教化汝夫婦，入揖入家，蒼忙欲恭待之，忽驚覺。次日又蝴蝶飛於佛前，妻張氏發心與夫革同議，可輟年費占修浮圖第六級。今則爲文，以石鐫之，建立於塔□□於後世。銘曰：

佛化生黎，教之敦厚。現异極高，世中罕有。歸往可人，施財奔輳。朝廷賜額，浮圖永久。鐫石爲文，萬年不朽。

捨賄姓名，列之於後。發心修塔人梁革。紹聖二年六月十三日建。金臺杜徽之撰文。《隴右金石録》卷三。

魯伯能

魯伯能（一作百能），湖州安吉（今浙江安吉）人。元豐八年進士。歷通判慶源軍，累官至知虔州。有文集三百餘卷。見《南宋書》卷六三，雍正《浙江通志》卷一二四。

東禪寺碑記

故鄣爲古名邑，崇巒遠峰，盤礴秀氣。深澤碧灣，曲折浚流。其源出于天目，以入苕霅。識者謂其山澤之勢雄深爽拔，必有泄其靈者。而東禪寺獨控東山之上，屏山九疊，鏡水千尋，白雲摩空，虚舟泛影。過采芝之亭，攬飛龍之湖，石泉漱其丹壑，竹柏蔭其青崖，雪擁寒梅，月藏香桂。天其或假此于金仙氏，而遺之以及其人乎？昔李白之愛桃花岩，謝靈運之賞石門，境與人會，疑若天成。而兹山惜未有愛且賞者，况復記之耶！吾嘗遨游其間，以爲其洞窅以邃，可以作幽栖，其亭翼以摧，可以供遠眺。至于蔭萬竹之金容，酌兩池之玉液，皆足以滌塵襟而暢吟懷者也。不知有能會吾獨得之趣者乎？嘆息無聊，姑記之。同治《安吉縣志》卷一四。又見《吴興掌故集》卷七，同治《湖州府志》卷五五。

張　耒

張耒（一〇五四——一一一四），字文潛，號柯山，人稱宛丘先生，楚州淮陰（今屬江蘇淮安）人。少即穎异能文，後得蘇軾兄弟愛重，爲『蘇門四學士』之一。熙寧六年中進士，任臨淮主簿等職。元祐初以太學録召試館職，歷任秘書丞、著作郎、史館檢討。居三館八年，擢起居舍人。紹聖初以直龍圖閣知潤州，坐黨籍落職，徙宣州，謫監黄州酒税。徽宗即位，歷知兖、潁、汝州。崇寧初復坐黨籍落職，并因爲蘇軾舉哀行服，貶房州别駕，黄州安置。五年，得自便，居陳州。政和四年卒，年六十一。著有《宛丘集》七十卷（存）、《治風方》一卷。見《直齋書録解題》卷一三、一七，《宋史》卷四四四本傳，邵祖壽《張文潛先生年譜》。

智軫禪師塔記

惟正法眼藏，流布震旦，涉其道者，如恒河沙。然根有利鈍，知有深淺，故號老宿宗匠者，以之教人，未免或滯于一隅。而惟雲門正真大師文偃，始以其道振于嶺表，諸方大士，無不斂衽，與奪可否，莫有間言。雲門之後，至雪竇重顯，最盛于東南，其嗣法門人衆矣，而天衣義懷號爲偏得其道。自天衣之殁，其法嗣往往出現一方，四方禪學之所折中。比丘載者，學于天衣，既得其道，而隱德晦迹，終始莫得而考，獨泉南比丘智軫，問道于載而得法焉。智軫少爲儒，卓犖有奇志，忽悟世幻，遂爲佛徒。既悟道于載，人亦頗聞之。嘗往楚州壽昌、漣水淳化，然師之道孤峻而行介，若其徒非似之者，莫能親焉。某居憂山陽時，嘗從師游，其所以開警者至矣。每勸師少出其有以爲衆福，而竊考其志，蓋篤于己而慮于外，尊其道而不妄以及人也。其後襄州守逐其部中禪院主者，請住持，師曰：『此將有訟矣，不可。』因拒之。而後果興獄，逮捕甚衆，而師獨免。來京師閑居天清，士大夫有欲請師説法者，師言佛化人各有分，何待説爲？卒亦不可。此豈載之微意歟？或議師，以爲佛之道主于利物，而師深閟其有不以及人，豈佛意歟？予曰不然。五膳玉食，不入瓦缶；四大海水，不灌牛迹。吾何容心哉？虚無以受之，則一毫不以及物，道當然也。師以紹聖丙子十月二十八日夜，右脅示寂于天清。朝請郎李延世者辦其終事，挈其骨葬于漣水淳化。後若干年，有盱眙楊某者，欲刻銘焉，以予嘗從游而請銘。請以此銘之，復説偈曰：

雲門大開士，後世繼始祖。具佛正知見，建此妙法幢。師滅度已久，正法訛變時。雪竇及天衣，二大士出現。挽佛日回照，嗣説雲門法，裔蓋其曾玄。天衣有逸嗣，號曰比丘載。獨此具妙法，付之智軫師。軫真似其師，曰道本爲己。視人不我契，不施以一毫。毋以天酥饌，而投之穢器。是將不能受，爲般若之累。以是坐道場，俄即自謝去。或悲後無述，謂師道不顯。

稽首窣堵坡，師所在不滅。民國十八年田毓璠刊本《柯山集》卷四一。

景德寺西禪院慈氏殿記

過去有佛號大通智勝佛，十方梵天、十六王子羅列上下，請轉法輪，而曰『佛知時未至』，受請默然坐。及時至也，乃三轉十二行法輪，如霽雲普雨一切。夫具福慧至于佛，而演法利衆猶須候時者，雖聖人不能違，而況其餘哉！景德寺西禪院有慈氏菩薩聖像，至和中，院僧法肇自錢塘內之而居院之傍舍，如是凡歷五住持，而未有以易也。比丘詮嗣院事，乃嘆曰：『此我之責也。佛以象法道，利群品，使濁劫惡世，猶獲見佛紫金光身。其奉事當加謹，其爲役當加勤。而吾慈氏像乃藏之漏屋，不大振顯，天龍鬼神其謂我何？』元符元年，發憤出都，遍一切以願力，故諸受化者歡喜施與，金帛無量，乃創爲正殿。其命工以二年之春，粤五月而殿成。慈氏居中，菩薩列侍，程程妙好莊嚴之具，以爲供養。青蓮下觀，悲愍四衆；白毫旁耀，如現大千。都城士女凡瞻禮者，如升兜率，游內院，聞海潮音，受勝妙樂。詮乃屬予記其事。予曰：前五比丘，豈無一人嘗作是念，欲集是事者乎？而殿成于子，何也？佛子當斷一切法有時。譬如草木，敷榮于春夏，黃落于秋冬，過去未來不可得，及時既至，則我雖不爲而彼自成。子當其時，故財不勞而足，役不久而就，如償所負，取而不怨。時哉！時哉！當知佛子成是功德，是大福本，是大善根，盡未來世，無有窮盡。雖然，佛身充滿一切聲色，是行邪道，向上一路，向慈氏未生時參取。《柯山集》卷四二。

太寧寺僧堂記

圓明岳師住淮陰之太寧寺。其始至也，墻屋圮毁，佛事不嚴，歲乃大饑，寺田之入不足以給其衆。圓明日夜刻苦菲薄，率其徒爲勞辱事，完補葺治，雖寒暑不休，寺乃僅完。予去太寧五年而再至，入門視左右前後，脱然疑非昔者，視聽步履，明潔安穩，蓋易舊而新者十五六矣。予勞圓明曰：『小邑民貧，能相勸而成此，未易也。』圓明曰：『自容而已，未足道也。佛之道，先物而後己，苦身而安人。吾之僧室庫陋弊惡，不足以延四方之學者，吾將易爲重堂，使容百人飲食寢處于前，讀誦燕息于後，而吾之居此可以無愧者矣。』明年春，堂成，其周廣嚴好，皆如其言。而命予爲之記。曰：天下之物，各以其功而居其享，未有無故而安受天下之養者。不幸而冒得之，則譏駡詬辱，其或傾害簒取，必奪之而後已。若佛者，世固未嘗見，獨以其書東越幾千萬里而來中國，未嘗期人之尊敬奉事。而自一邑一國，望其宫室棟宇杰大壯麗者，必佛與其徒之所居。富人大家，愛嗇蓄藏，至不以分骨肉，而擇取精好，交手而獻之佛，其心惟恐其不我享也。人之所畏愛，莫若賞罰。人君持玉帛爵禄、刀鋸鈇鉞，率其下從所欲，有偃然不肯爲用者。世之營治塔廟佛像者，其不能爲也，無强之者，其能爲也，豈遽有利哉？而其勤力者，不啻如愛父母、畏官府，殫智畢力，不以一毫自欺，至其有成，公上之力或有不能及。夫君子之于簞食豆羹，其得不得皆以爲有命，彼獨安享天下之奉如此，國君不以爲僭，天下莫之敢議，謂之無故而得，世豈容有此理哉！嗚呼！世之學佛者，無有一毫之累以勞其心，饑而人與之食，居而人與之舍，人任其饑寒之憂，而已享其學道之利者，毋乃人以其望佛者望之耶？嗚呼！使誠得佛之道，則吾將以所以事佛者事之。如其不足而將冒而處也，則資物之一毛亦將償之。彼佛者果無故而得之，蓋亦視其所享而占其功，觀其所取而知其與，是其默相天下陰利萬物之功，宜亦不可計矣。而惑者嘗欲憤詆而勝之，不亦過乎？彼屢詆而不勝者，其必有可恃也。《柯山集》卷四二。又見《淮安藝文志》卷二。

張秉仁

張秉仁，紹聖時人。

陀羅尼經幢記　紹聖三年四月

大宋元祐二年歲次丁卯十月己卯朔，初七日乙酉，奉高祖缺、曾祖缺、祖缺、父缺于汝州缺鄉缺里之缺。至紹聖三年歲次丙子四月庚申朔，十一日庚午缺佛缺陀羅尼經幢缺。孫男解寶臣立缺趙缺、婦缺、男缺，女九娘、婿李通，女十娘、婿缺，女十四娘、婿袁缺，女十六娘，女十七娘，外甥袁缺、堂弟缺、白氏弟缺，堂妹十一娘、婿王公立，妹十五娘，侄再興。表弟張秉仁書缺石作。麻堯章造，舜章刊字。嘉慶《魯山縣志》卷一八，嘉慶三十一年刻本。

郭受

郭受，元祐中爲吳縣尉。又據大德《昌國州圖志》卷六載，郭受河南（今河南洛陽）人，官至奉議郎、長沙判官。是否爲同一人，俟考。

妙智講寺記　元祐六年五月

錢氏之有吳越日，凡二浙之間山水奇秀者，皆許建刹摩以安僧焉。兹地始得僧師賢，不知何許人，一日東鉢竭然戾止，目其峰巒峭拔，硼壑清激，翛然可愛，乃誅茅建庵而居之。未幾倏然而化去，復有天台僧行昭來似續之。昭即天台國師之門人也，以其久參得旨，大爲時輩之所欽。一日有邑民梁階等請獻地以廣其址，即太平興國七年也，棟宇日漸隆備，乃以古觀音像而名之。仁宗享位，以天聖改元，至十年有詔許以存留。治平元年十有一月國家將有事於明堂，復詔天下有未係錫名者皆例賜其額，兹院始革爲妙智。然上棟下宇皆鼎新其制，此主院子和戮力之績。和師以無私爲潔己，以無黨而董衆，故緇俗無遠近斑白皆悉心而歸之。雖一院粗完，而中所闕者惟大殿耳。夫釋氏之宫，苟寶殿不立，亦猶國家七廟不設，則祖宗之茂績、昭穆之景爍無得而講焉，詎可而不立乎？乃竭志於早夜而力圖之，裒衆獲財計一千緡。起熙寧四年春，市材召工，建成大殿。使來瞻其寶稱，則圓覺伽藍之説炳然目前，不煩概舉，豈比夫高甍大楹崇址廣厦然後謂之壯觀哉！則知和師自利兼人之功德，不可聊爾而論。嗚呼，和師之往有年矣，今少師寶生欲其師之名不墜，故命予以紀其迹，庶乎來者之觀可以見其心之所存焉。元祐六年五月望日記。《敬止録》卷三一，清抄本。又見乾隆《鄞縣志》卷二五。

趙叔盎

趙叔盎，字伯充，廷美四世孫。善畫馬。紹聖間官右武衛大將軍、持節康州諸軍事、康州刺史、充本州團練使、上柱國、天水郡開國公。後封高密郡公。見所撰《重修廣州净慧寺塔記》（道光《南海縣志》卷二八），《圖繪寶鑒》卷三，《畫繼》卷二，《宋史》卷二三九。

重修廣州净慧寺塔記〔一〕

釋迦文之設教也，以般若之智觀真空，則實際理地，不受一塵。故凡色見聲求，無非邪道，必漚利之，權涉妙有，則佛事門中不捨一法。故雖聚沙壘石，皆是正因。權實兼施，履真而不礙於俗，悲智齊運，處有而不乖於無者，其唯大覺乎哉！故我世尊從無始來，起菩提願，捨所難捨，行所難行，三無數劫，萬行齊修。乃至降神睹史，應迹迦維，於無言説中演出大教，於無生滅中示入涅槃，皆爲慈悲之故，大開方便之門。猶慮像末澆漓，人多憎慢。於是留舍利八斛四斗，爲浮圖八萬四千，遍滿娑婆，利樂群品，此塔廟之所由興也。法從人舉，道與世升，國家列聖相承，重熙累洽，以神道設教，人壽躋民，妙嚴寶乘，用禪皇化。由是萬邦作孚，遐邇興善，像教之隆，度越前古矣。南海郡，廣東一都會也，襟帶五嶺，控制百粵，海舶賈胡，以珠金犀爲之貨，叢委於市，地大物夥，號稱富饒。又其風俗事佛尤謹，仁祠之盛，列刹相望，然未有所謂窣堵波者。今上即位之元，郡人前鳳翔寶鷄主簿林修，慨然以謂此獨闕如，則何以極佛土之莊嚴，以盡吾邦歸嚮之誠，而爲邦人植福之地邪？乃與同郡信士王衢、秭歸沙門道琮，始議塔於浄慧精舍，凡三易地而後決焉。林君好善喜施，屢捐厚金以成勝事，至是首出家貲巨萬以倡之。比工之興，地基廣狹既已定矣，一夕夢人告使廣之。衆從其説，遂廣其基以爲四十五尺，橛地得古井九，環列基外，適與度合。中央復獲巨鼎，中藏三劍一鏡，銛瑩如新。是日郡官州人雲集來觀，咸謂至誠感通，嘆未曾有。而信施者數百人，長老德超、寶嚴皆願協力辦事。鷄遂鳩工〔二〕，壘甓以爲八觚九層，度高二百七十尺，龕藏賢劫千佛洎旃壇五百應真像，下瘞佛牙舍利，殉以珍寶。紺宇翬飛，丹檻離立，輪奂之盛，金碧照空，對嚴獻殿，繚以迴廊，瑋麗稱是。然後觀者起敬，真福德聚，可以住持佛法，鞏固皇圖，爲東南塔廟之冠矣。紹聖四年六月三日，工徒告休。林君因琮師求余紀述。今夫一作禮圍繞，一隨喜贊嘆，至易爲也，猶鮮克爲之，况乎發大施心，作大緣事如林君，非夙受記莂，不忘外護，孰能與此哉！余發信心其亦久，而常念無財，以資檀度。至於作禮圍繞，厥路無由，乃若贊嘆隨喜，固所願也。矧琮師見屬之勤，詎敢以蕪累爲辭？聊書興建之由致，俾刻諸石，用示方來云爾。道光

《南海縣志》卷二八，同治八年刻本。

〔一〕題下原署：『皇叔、敕賜進士出身、右武衛大將軍、持節康州諸軍事、康州刺史、充本州□練使、上柱國、天水郡開國公、食伯户（按：疑有誤）、食實封七百户叔盎撰書。皇叔、持節果州諸軍事、果州刺史、充本州防禦使、上柱國、天水郡開國公、食邑三千九百户、食實封五百户仲忽篆額。』

〔二〕鷄：疑誤。

宋端符

宋端符，洺州（治今河北永年）人，紹聖中在世。

重修黄壘院殿記　紹聖四年三月

儒以禮立仁義，無之則壞；佛以律持定惠，去之則喪。是以離禮於仁義者，不可以言儒；异律於定惠者，不可以言佛。達是道者幾其人哉？邑之南有鄉曰東牟，其村曰黄壘，中有尼寺一所，因其村名爲額。其寺起於唐開元之際，至建隆間，有主尼净香住持，積日累月，完葺殿宇，稍爲一新。至至道二年，堂廊周備，功力告畢，遂有《香幢記》。净香暮年，疲於主事，遂傳於弟子智圓，復能張大院事，敬事師長，每歲化緣，結修功德。明年春，有女子王氏本邑里人也，笄年虔心，出家是院，修潔其身，不爲物撓，居處弗雜，師見而异之，舉措爽脱，器其名曰善寧。遂□□使令晝夜誦經，殊無怠倦。三歷明試，經疏雖通，奈帳籍脱略〔一〕，善寧本家稍庶，遂捨己財□□。熙寧年二十削髮〔二〕，愧其羅漢殿庳陋，化緣遐邇，經營材木。五六年間，仿佛其事，擇吉命工，悉拼舊植，一新梁棟，高不至危，小不至隘。既表正而告成，延塑匠而度位。滿堂佛像，百彩備而儼飾精，朝暮禮參，心愈勤而志彌敬。女子之用心，亦其偉歟！今天子神聖仁孝，宰輔夔龍，德澤洋溢，施於方外，守倅郡侯，令佐縣政，咸行仁化。雖海隅遐僻，尚□物□，非太平之世，孰能致是！比尼善寧□殿成，屢求予爲文。問其興廢之由，曰：『石□涌而舍利見，天錫錢而清地出〔三〕，不知幾百年矣，得之於故老之口，無所據按。』遂不銘載，直書其事，聊記歲月云爾。紹聖四年，歲次丁丑，三月十日，廣平宋端符記。民國《牟平縣志》卷九。又見同治《寧海州志》卷三。

〔一〕脱略：脱，原作『晚』；略，原無。據《寧海州志》改、補。

〔二〕二十：原無，據右引補。又『熙寧』下當有脱字。

〔三〕清地：原無，據右引補。

李洵

李洵，字遠游，號丹川退叟，郡望趙郡贊皇（今河北贊皇），紹聖間人。

懷州修武縣十方勝果寺記

夫無際真源，亘萬期而常住；有爲勝業，遞四相以遷流。雖報止人天，眇覿祖師之法；而事無童戲，猶爲化佛之因。散殊入理之塗，一歸起信之地。此塔廟所以稱津梁於像季，媲冕弁於都邑。齋施本民俗之阜，付□□宰官之賢。覃懷禹迹之右壤，修武秦争之故墟，負太行盤鬱之勢，含沁水豐腴之澤，土邑蕃廡，□井繕完。治□南□粤有净宇，莫詳建置之始，屢更料簡之科。巋然雖存，曾是殘廢。前代本長壽之□，我朝錫勝果之號。仍舊貫有八院分處，從近制爲十方住持。先是，因循既久，□弛彌甚，殯柩交雜於廊廡之次，圊軒穢瀆於龍象之前。狃於頑冥，觀者駭异。又客館假據，憧憧往來，車馬唐突，轔轔凌踐，殆不可支矣。物不終否，受之以革。會邑宰江南李君端臣善政之外，留心性宗，目擊頹□，□□并簡，命僧寶夔住持，俾以興葺。夔師有經論學，奉戒精一，邑人嚮之，信施翕然。又請百岩道卿、道英二師共其事。卿善於誘導，英謹於出納，咸克置力，以助營建。君案令移下，刷去污辱，收其散雜之餘用，敬爲通邑之□址。陶甓伐木，雲集川流，起紹聖三年九月，止四年之二月日。役工徒不下百數，事符衆欲，理若□相。除前殿五間有三世像，後殿七間有千佛像，磚塔九層，大門五間，洎鍾樓即舊外，爲左右偏門六間，前殿東西□□□間，後殿東西挾室六間，左廡貫廳與講堂二十有九間，右廡貫廳與僧堂二十有九間。鍾樓在前庭之□□右□□城以偶之，厨庫下舍，靡不完潔。總逾百楹，皆創置也。窈然其□深，焕然其嚴麗，風烟改色，梵唄聯響。居者增精進之心，來者起歆慕之色。繚垣矗直，繩拒於外，縱爲八十步，衡爲四十五步。最厥費爲緡錢二千有畸，何其用巨而功速歟？昔之客館不可頓闕，乃於二門之西別爲區處，亦就完具。無怠佛事，有適賓所，又以知君才力之裕也。蓋能者察於繩尺之外，否則忽於耳目之前，故庭弗埽者詩人致譏，道仍茀者史氏爲貶。洎之以訟訴，階之以簿領，而能進人於薰修之善，導衆以因果之方，使昇教興行而助治，雅俗感動而循理，化宂圮爲簡嚴，□閔□爲瞻敬，海衆宦侶，各得其宜，於是以久勝業而明真源，此善之善者也。吾徒於是樂爲之書以貽後人焉。時歲在丁丑閏二月十五日，丹川退叟趙郡李洵記。侄群書丹。雲寮居士高陽許㮚題額，縣尉東斌卿、主簿耿敦、天平軍節度推官知縣事李元規。紹聖四年五月十五日，知庫僧道英、同住持僧道卿、住持賜紫僧寶夔立石。道光《修武縣志》卷一〇，道光十九年刻本。

西京鞏縣大力山十方净土寺住持寶月大師碑銘　并序〔一〕

噫！佛滅浸久，法住浸微，有能輶舉妙德，勤恁大事，承雙林之善囑，致萬乘之外護，畀此土含識聆音睹相，發希有心，入不退地，自幼至老，利樂群品，□□順世，人仰遺化，吾見於寶月大師焉。師法諱惠深，世姓楊氏，趙州柏鄉人。夙植德本，生不童戲。七歲禮邢州龍華院僧宗順出家。真宗天禧□□詔度，係籍童行，例蒙剃染，明年具戒，甫九齡爾。志尚超邈，誓斷諸漏。聞譚法師講《百法論》，往依止焉。專精問辨，未幾悟入，頓絶倫類。兼通《四分律》《上生》《盂蘭》、□□諸經，既敏且勤，殆忘寢食。而處衆謙抑，外貌如愚，同學歆慕，多就咨决。又從隱法師探《唯識》之奥，隱許以入室，遂代居法席，時年十七。尤精《菩薩戒經》，异時□□盂蘭，悒然嘆曰：『孝至德也，一切如來，此其本行，菩提薩埵依以爲戒，吾豈徒言耶？』於是罄其衣資，於堯山縣遵善寺羅漢院爲父祖而上設無礙齋，請律師□□施四衆大乘净戒七晝夜，建陀羅尼石幢，會七世之喪於下。時龍興願和尚戒德稱首，師志深般若，業在毗尼，乃具燈燭果饌妙供三千，奉十方佛，飯道俗□□禮願求戒。自是律範精潔，諸方宗仰，行住坐卧，無非佛事。造慈氏聖像，施財者三百萬，課慈氏尊名，攝心者二億衆，善緣熏滋，勝驗殊特。嘉祐初入洛，禮金□□，爲僧雲寶等與鞏之官屬邑衆請住净土。兹寺之興，肇自元魏，規模甚壯，舊容千僧，經亂墮廢，基址石洞存焉。厥後有高行僧三人分修以居。至皇祐四年敕賜十方之額。初有廣和尚者住持，未久遷謝，師繼之，慨然有志興葺。檀信之士聞風響臻，始營前後僧堂并厨共二十八間，續建法堂及步廊總二百間。□□法藏，中央置金裝旃檀瑞像一軀，妙相月滿，慈視三界，函帙周繞，髹漆相鮮。印經律論下迨傳記以充之。修羅漢洞四十二間，五百應真，分處岩岫，剖劂彩□，□極精巧。費金無慮二千八百五十餘萬，名德之盛，上動宸極。慈聖光獻皇后體佛深心，佑我上治，素加崇禮，入内懺悔，廷賜紫方袍，又御封佛□寶匣，用嚴資戒道場，仍錫寶月師號焉。熙寧二年同天節，師飯僧二萬人，人施袈裟一條，以祝聖壽。每山門法會，香燭、茶果、錢帛等恩賜相屬。五年，大具供施，往泗上禮普照塔。慈聖降香及金鉢以助緣。還自唐鄧，所過欣迎迓延請，緇素之衆，朝夕盈前，金繒之施，奔走恐後。六年，自京師鑄鐘，重六千斤，慈聖臨幸興國寺廣嚴殿，畀師迎歸以薦福昭厚諸陵。八年，開寶寺創崇因閣，復召師赴闕下修佛事，以慶其成。恩旨特留，懇辭還山，乃就慶壽宫塑師真儀送閣上，以足羅漢之數。慈聖皇后卒，哭，神宗皇帝遣二中使與内典賓樊夫人賫御前剳子，許乘兜轎，及祠部度牒五道、錢五百貫、彩七十四，召師赴内道場。先是，慈聖嘗令本寺歲度僧一名，上仙乃止。上聞之，即令依舊，遂爲永式，眷禮之重，敻無前比。元豐七年冬示疾，十二月二十二日晨鍾時，囑累訖，右脅告寂，壽七十有五，僧臘六十六。師氣貌温厚，舉止祥順，遇人無高下，和容卑詞，發於至誠，雖甚剛梗，見輒調伏。寺初營繕，僧寮屢易，有粗行狂悖者，忿其遷動，大詬以來。師方宴坐室中，遽揕其胸，負之以出，且曰：『吾與若俱沉於洛爾。』師神色不動，方止衆噪。及河，衆憤發奪取，將訴諸官，師怡然譬解曰：『吾與之戲爾。』聞者無不嗟服。山門無田業，日贍幾五百口，化導殆半天下。有以僞借名其間者，衆謂此不隱辯，恐敗信心。師遽遏其端，退而告之曰：『利養均所趨也，利我以害彼，如佛意何？且辨僞，則真亦疑矣。』頃之歲荒，民流諸方，徒衆多亦散居，師延納有加於常，知事以爲言，師笑曰：『與子共此者，寧力致耶？不思議事，未易以一期歉足較也。』解裝者倍多，又日飴饑民於庭。然饋送之家不遠千里，蓋未嘗闕供也。施雖奉己，一付諸庫，口不與會計，目不領券要，是以愈久益信，至今人以爲法焉。師奉戒精苦，汔無纖缺，日諷《菩薩戒經》七返，《俱胝真言》五百過，月與其徒誦《戒懺悔》、講經論一百二十次。復延名師，并開法席，歲不下五六，學者歸之，户屨嘗滿。瞻護病疾，必加勤渠，營救生命，不可算數。住持者三十年，弟子净惠等五十三人，稟大戒宗裕等四十八人，多爲名僧，受經論善詮等三十二人各專法會，爲四輩圓授菩薩洎五八戒三十餘萬人，皆有籍記。其法緣如此。明年二月十五日，塔於寺西北隅，啓棺舁香彌覆，顔貌如生，衣衾間得舍利光白無數，有祈請者或掇諸土中，或落自空際。宣仁聖烈皇后賜香合椽燭，賻絹五十匹。將窆，道俗齋送，空邑落而遍原野，四遠奔赴，不啻萬人。風景凄變，烏烏號集，悲戀贊嘆，聲動山谷，其感應又如此。紹聖三年春，其徒净良、持稟戒門人有誠等所録事狀來謁文，顧余投迹甚邇，聆風且舊，即爲纂而次之，猶恨闕略。知師者謂師之頭陀行可及也，其方便智不可及也，豈菩薩應世示現説法者歟？抑證無生忍大善知識也已。銘曰：

忍無上業，萬德之筌。師踐履之，同符往仙。行寓諸戒，智通乃禪。於像法季，有大因緣。彼正律藏，率繄宣傳。所至歸德，其聚成廛。慈柔漸平，移慵□□。□□□□，二后淑聖，恩禮後先。神皇欽明，眷接加虔。誠動幽顯，供浹人天。視若不足，乃終沛然。山門增輝，聿世其年。報盡理顯，示人有遷。散設利□，□□□□。□□半百，法施大千。良則是圖，不惟其賢。寺之乾維，松柏森焉。來者瞻慕，潤生敬田。

紹聖三年十二月二十二日，小師净良，寺主賜紫法輪住持傳戒廣惠，永定陵都監、供備庫使李宗立立石。《八瓊室金石補正》卷一〇七。又見《搜古彙編》卷五五，民國《鞏縣志》卷一九。

〔一〕題後原署：『丹川退叟贊皇李洵遠游纂并書，雲寮居士高陽許㬉德制篆額。』

釋文才

文才，紹聖中郃陽戒香寺僧。

郃陽縣重興戒香寺碑　紹聖五年四月

近據臨洽鄉百里社僧文才陳狀，元係河中府榮河縣開元寺十王院授業，於紹聖貳年拾壹月中巡禮到同州郃陽縣臨洽鄉百里社，本村全社人張志用等請文才住持。本社古迹有額戒香寺壹所，初見本寺名額，年歲深遠，累經霖雨，損壞了碑額，欲乞移牒本州造帳司，勘會本寺從初係省帳并敕賜名額，照憑出給收執，所貴久遠住持，伏乞指揮。尋行勘會得僧文才住持戒香寺别無違礙，及打録到本寺舊來開元拾貳年戒香寺碑文，尋牒造帳司照會去後，却准本司牒稱，尋將累年申省僧道等文帳照會得上件戒香寺係古迹，常住地土房舍敕額存留。檢准天禧貳年四月貳拾柒日赦敕節文，係帳拘管，請將前件置碑及重興敕賜年月日照會，仍請指揮前件僧文才等常切看管住持。及自今後，依例供申僧行文帳施行。

右給重興公據，付臨洺鄉百里社張志用并僧文才等同共住持上件戒香寺，每年供申僧行文帳施行。

紹聖四年拾月拾六日，住持戒香寺主僧文才并書。縣尉武，右班殿直、監酒税、權主簿陳，宣義郎、知縣事□，朝散郎、通判知軍州事鄭。本寺地一頃，下院豆莊興善寺地四頃餘。朝散大夫、充寶文閣待制、知軍州事呂。紹聖五年四月初八日立石記。刻字薛隱。《金石萃編》卷一四二。

李芬

李芬，紹聖間隴西（今甘肅境）人。

汝州峴山乾明禪院住持明師預建塔銘　紹聖五年四月

紹聖四年秋，比丘廣賢爲其先師之法眷弟義明捨所售用與其衣鉢，所有爲錢十萬，即其山巘之西南，去院逾□百步，喬木千章，佳城鬱鬱，卜兆得吉，遂穴其地，陶甓而周之，以爲明异日歸葬之所；斫石爲塔而立之，以爲葬所异日之識；狀厥事而乞銘於予，以爲所識之傳。謹按：師名義明，俗姓王氏，世爲龍興人。生有异相，志趣不凡，長樂法門，經業早就。二十歲禮峴山乾明禪院主志岳和尚爲師，後五年試優剃落。師爲人質直無僞，損己利他，綽有材能，力省功倍，粤自受戒，即列知事。峴山連峰跨嶺周百餘里，前此林木障蔽，荆棘荒凉，墾開未施，租入不腆，佛宇僧居，與夫齋粥供用，一切苟簡。自師主之，則親斧斤耒耜之勤，定經界隴畝之制，招徠疲氓，勸課地力，無幾何而功利數十百倍。昔之林木障蔽，變而爲膏腴；昔之荆棘荒凉，易而爲衍沃。若奉佛之殿、演法之堂、居僧之舍、延賓之館、方丈之室、香積之厨，鐘之樓，門之三，高明雄杰，深靖温凉，與時而宜，與用而稱。龍象森列，魚鼓闋奏，食指日千，有羨餘而無不足，四方仰給而來者人滿所欲。師衣弊食糲，泊焉遺形骸外，財利未嘗有毫髪介意，亦未嘗私於己。常曰：『身非我有，烏用利？生非我欲，烏用名？數盡即行，了無一物。』嗚呼，所謂空門依歸，法主種子，捨師而誰？廣賢聞宗旨之微言，敦眷屬之妙契，求文窣堵，成師志也。住持今十有二年，今度弟子十一人，曰廣元、廣隆、廣詮、廣善、廣嵩、廣宗、廣修、廣希、廣完、廣吉、廣文。若乃寂滅之年，僧臘之數，當在异日補其闕文。詞曰：

南北异派，禪律同源。甘露醍醐，一味孰分？良金大圭，珍價俱存。仞身爲有，曷窺厥藩。觀心如幻，直入其門。維道人明，絶醜離群。經論淵微，宗風秘邃。説最上乘，示第一義。法海浩浩，津梁斯濟。智燈煌煌，薪膏不匱。上下虚空，不可思議。維道人明，了達超詣。境絶地勝，峴山岩岩。屯雲陰壑，倚天晴嵐。長林朽枿，荒棘餘芟。嘉生得産，窮□□潜。斧斤耒耜，乃躬乃監。維道人明，身瘁力兼。功利聿興，崇飾塔廟。殿宇樓觀，金碧焜耀。龍象森列，闡揚贊導。四衆仰給，饑病□□。有大醫王，藥食救療。維道人明，餘光普照。私乃公害，利令智迷。生死永昧，輪回莫知。租入供用，毫髮不欺。泊焉宴□，糲食弊衣。眷屬懷感，窣堵紀碑。維道人明，我無愧辭。紹聖戊寅四月十日。道光《重修伊陽縣志》卷五，道光十八年刻本。

釋如覺

如覺，紹聖時僧人。

蜜多院記

休寧縣西四十里，有梵剎曰『蜜多』，乾符元年建置。雲林深邃，遠去井邑氛埃；樓門峥嶸，高倚翠岩丹嶂。昔傳靈异洞中，開千葉碧蓮；今謂幽奇峰頂，挂百尋飛瀑。且兹精舍，唯有佛祠，乃皇祐中前住持僧惠周所造也。歲月綿遠，棟宇傾隤。僧道政重建金仙如來寶殿一座，彩繪漆飾，募信人財同成佛事。創始於紹聖二年季夏，畢工於五年仲春。匪唯宏敞，頗極莊嚴。《齊雲山志》卷二，明萬曆刻本。

潘卞

潘卞，紹聖中爲歷城尉。

齊州歷城縣三壇寺阿彌陀佛窣堵波銘　并序〔一〕

阿彌陀佛窣堵波者，比邱福林爲父母所造也。福林俗姓鄭，父諱朝宗，素學儒經，稱爲長者。元豐五年六月二十四日卒於俗舍，年七十五。時當溽暑，及殮浹旬，顔色如生，蠅蚊不近，良福善之所感也。母畢氏，持齋事佛，布施勤約，元祐六年前八月初四日卒於俗舍，年七十六。老染微痾，雖修懺悔，良順生所報也。福林姊福燈頭陀苦行大戒，卯齋荼毗，其骨負之推置於福林受業齊州歷城縣神通三壇寺，俾近四門石塔東北隅三十餘步，就山鑿石，成瘞坎以藏之，運盤石以覆之，起七級窣堵波以表之，龕阿彌陀佛以事之，求舍利以鎮之。始於紹聖三年六月初三日，第三級功畢成於其年月日，皆悉資薦考妣，以求冥助也。補陀子潘卞尉於兹邑，福林者，適當營建之將成，哀懇求銘，并序始末。既素與善之，又義其孝思，獨力成辦，乃爲作銘銘於塔曰：

號無量壽，四十八願，普度群有。罪滅三途〔二〕。，業資無垢〔三〕。福林建塔，上爲父母。一善從心，千佛授手。劫火雖焚，此塔不朽。李道刊。乾隆《歷城縣志》卷二三。又見《濟南金石志》卷二，《泰山志》卷一七，《岱覽》卷二七。

〔一〕題後原署：『神通寺住持福勝寶山玉福、玉禄、玉正、玉俊，補陀子潘卞撰，應鄉貢進士馮浚書。』

〔二〕三：原缺，據《濟南金石志》補。

〔三〕業：原作『樂』，據右引改。

周燾

周燾，字通老，改字次元，道州營道（今湖南道縣）人，敦頤次子。元祐三年進士。紹聖四年試宏詞科，入次等。初授貴池令，大觀中爲成都府路轉運副使。政和三年知廬州，六年知舒州，七年移知成都，重和元年知揚州。歷兩浙轉運使，終寶文閣待制。見《宋會要輯稿》樂四一之一、職官六八之三二、職官六八之三九、選舉一二之四，《宋史》卷四二七《周敦頤傳》，《沅湘耆舊集》卷一九，《宋元學案》卷一一，《北宋經撫年表》。

多寶佛塔記　元祐八年二月

杭州南新普向院僧月言，少喜技巧，得刻雕三昧。稍長爲僧，鍵其智不得發。元祐二年春三月，始造木塔於院之西偏，而成於四年冬十月。既成，龍井辯才法師爲全書《法華經》《龍女偈》置塔之中，而塔以閣覆之。塔之終始，悉出於言手，而工無與焉。蓋言之初嘗謂院之有浮屠，猶人之眉目，不可一日去之，而南新地小，院且無塔，欲爲之而未能。一日嘆曰：『昔多寶佛於法華會中地涌寶塔爲一大事，而昧者徒知爲佛神通，能出示現，而不知夫一耳目口鼻之妙，能使百千萬億具足，成就發揚之巧者未嘗异也。佛以地涌，而吾以手化。以爲非幻則兩俱不實，以爲幻出則本出非幻。』乃相地擇木而經營之，運斤風旋，迎刃中繩，袖手睥睨，四旁無人，而人不能測其意。於是舍其樸而與人游焉，起居周旋，雍容有餘而未嘗以語曉人，故雖其徒有不知者。閲兩歲有贏月，而塔出矣，其崇三十有四赤，爲層七趾，廣六赤。重甍累瓦，枅櫨柢梧，錯出交映，蹲獸寶網，飛仙摇鐸，出入上下，如動如響。中爲佛菩薩，如其教意，其下爲海須彌山，魚龍神鬼出於海中，皆塗以金彩，眩奪人目。然後觀者知言之塔磅礴於胸中也久矣。平居休佚調伏悦樂，則發而出之爲佛菩薩悲愍之相；勇猛不退，剛决難制，則爲鬼神威武之變。涕唾濡濕〔一〕，住不動之地；欣榮慕樂之意，見於葩華飛摇之間；心算交錯，會於起伏盤糾之勢；高廣大小、光祥開闔，一應於言之頻伸欠呿之中，而人不知也。後之至者款户而入形，不自名而人能名之，千變萬狀，安徐决驟，恍惚如神，而適與意會。佛菩薩鬼神一出，而所謂言則亦不能自得也〔二〕。嗚呼，亦庶幾佛之所謂善巧者歟，非耶？言與塔予皆未嘗接，而參寥師爲予道之，其本末如此，且求予記云。元祐八年二月一日。《咸淳臨安志》卷八五。又見道光《新城縣志》卷二一，民國《杭州府志》卷三八，民國《新登縣志》卷八。

〔一〕『濡濕』句下，民國《新登縣志》有『化爲波濤不定之水，沈寂堅忍化爲』二句。

〔二〕『自得也』句下，右引書有『使求于言，則亦不能自知也』二句。

吕益柔

吕益柔（？——一一一七），秀州華亭（今上海松江）人。元祐三年進士及第，授承議郎、簽書保信軍節度判官廳公事。元符中爲太學博士。崇寧三年爲中書舍人，以擅改役法罪罷，提舉杭州洞霄宫。政和三年以顯謨閣待制知鄭州，改知越州，五年移知揚州。以知鄭州日市井闔閉降一官。官終朝請大夫、顯謨閣待制。七年卒，贈大中大夫。著有文集五十卷、奏議一卷。見《續資治通鑑長編》卷四一〇，《宋會要輯稿》儀制一一之一一、職官六八之三四、食貨一四之一四，陸佃《陶山集》卷四，翟汝文《忠惠集》卷二，嘉泰《會稽志》卷二，《宋史》卷二〇八《藝文志》七，《至元嘉禾志》卷一五，乾隆《江南通志》卷一一九，《北宋經撫年表》卷四。

勝果寺妙悟大師碑

師諱希最，族姓施，世爲湖州人。其母感异夢而生，乳中遇相者曰：『是子骨法异常，勿染於俗。』因捨之出家，依郡之廣化寺僧實新爲師。四歲遇天禧霈恩，祝髮受具足戒。十五歲學天台教於錢唐名師慧才，盡傳其學，悉明奥義。慧才善之曰：『天台教門又得人，宗風益不墜矣。』擢居上首，緇流競名者愛而畏之，號曰義虎。治平中，遂挈經笥來講秀州青龍鎮隆平之塔院。師平日不特講説而已，其舉動語默必與其法相應而後已。名實既符，道俗咸嚮。講塔院者累年，一日不得意于鎮宰，即拂衣去之霅川。師既去，學徒什五散矣，昔之妙香寶華之所，一變而爲積塵茂草之場。信士過之，莫不徜徉，重惜師之去也。鎮宰替，師復來，則不復主持矣，遂買居於勝果寺，講説如初。寺僧子雲之室夙有祟，師乃咒塊土，擲于怪室中，須臾得片紙，書曰：『今被法來遣難捨，法力没，余當復來。』於是寧息者累日，其後擊物飇火，變怪大作。子雲惶怖，復請師禳之。師至怪所，訶之曰：『汝果何物耶？得非未離幽壤之苦，將丐慧力以求生者耶？何爲擾人不已耶？汝不聞惱法師者頭破七分乎？』爲之講説輪迴因緣，仍令衆僧聲咒，以破其罪障。俄而空中轟然有聲，視之得朱書數十字，自稱有漢烈士沈光，大略止過悔謝罪，自蒙懺解，中夜已生他化矣。師謂他化天也。嗚乎，怪哉！余嘗讀《高僧傳》，至于法蘭精勤經典，山中神祇皆來受法，人謂德被精靈，余竊疑其誕。及觀此，則知佛慧神通，足以斥陰妖之靈嚮，拔重泉之沉魂，明暗兩塗，各獲安利矣。夫怪者聖人所不語，將爲後世好誕者戒也。然孔子嘗謂『敬鬼神而遠之』，又曰『幽則有鬼神』，是豈以鬼神爲無哉？今沈光變見，顯赫若此，則凡包禍心以欺諸幽者，得不聞是而懼乎？此余所以雖怪而必書也。師臨終尚説法作偈頌，偃游坐亡，時元祐庚午季秋六日。以其年孟冬十八日闍維，得舍利數十，瑩采陸離。臘七十三，壽七十六。其徒寶覺、惠圓、惠軫，用浮屠法散骨於水，因求文以貽不朽。銘曰：

禪律雖殊，歸則同揆。冰泮雪消，俱成一水。師之持律，古佛是擬。聞思惟修，小不逾咫。謹明妙教，名流伏膺。解破幽障，沉魂獲升。利物既足，坐躋上乘。慧績若此，宜以銘稱。《至元嘉禾志》卷二一。又見紹熙《雲間志》卷中，《古今圖書集成》神异典卷一九八，康熙《淞江府志》卷二七，光緒《青浦縣志》卷二九。

釋智超

智超，哲宗時僧人。

迪公和尚塔幢記

本師和尚諱迪，俗姓秦，相州安陽縣黄口村人也。景祐二年三月内禮天平寺思公爲師。皇祐二年三月内北□□□□，當年五月□□得祠部牒。皇祐三年内東京相國寺授戒□。元祐三年住持，至元符二年六月初六日遷化，享年七十□□□到小師七人：智超、智林缺。元符二年七月二十四日。

民國《林縣志》卷一四，民國二十一年石印本。

宗　澤

宗澤（一〇五九——一一二八），字汝霖，婺州義烏（今浙江義烏）人。登元祐六年進士第，授大名館陶尉，歷宰衢州龍游、晋州趙城、萊州掖等縣，通判登州。靖康元年，擢知磁州。會康王趙構赴金求和，途經磁州，澤勸止之，遂回相州。奉詔以副元帥從康王入援，所至皆捷。高宗即位，除龍圖閣學士，知襄陽府，改知青州，徙開封府。尋除延康殿學士、東京留守，兼開封尹。澤力爲戰守之備，又聯絡河北義軍，識拔名將岳飛，累挫金兵。時高宗駐蹕江南，澤亟請回鑾，以安民心、振士氣，以圖中興。表疏凡二十餘上，惜爲奸臣所抑，壯志未酬，憂憤而卒。時建炎二年七月，年七十，謚『忠簡』。著有《忠簡公集》。見《宋史》卷三六〇本傳。

義烏滿心寺鐘記　宣和六年十一月

如來以大悲心，欲令衆生於十二時中，因耳所聞，生利益見，不爲欲所沈迷，不爲邪所障蔽，斷除惡念，滋種善根。於是建置洪鐘，以時撞擊，俾有識無識，虚懷聽受，隨所聞聲，夤緣入道。譬如雷霆蟄驚，凡牙甲昆蟲，悉皆感悟。所以者何？日將旦，群動咸作，奔趨争逐，擾擾競前，於是警之，廣令衆生起戒懼心；暨至食時，饑火煎迫，啖涎貪噬，腥膻無厭，于是警之，廣令衆生起齋潔心；日之方中，交易爲市，矜智嚇愚，籠絡利己，于是警之，廣令衆生起方便心；昧谷斂昏，陰邪氣盛，一念差誤，爲盗爲淫，于是警之，廣令衆生起畏懼心；至夜未央，神識俱晦，夢想顛倒，莫覺莫知，于是警之，廣令衆生起修省心；人之云亡，氣魄隨去，倀倀冥行，莫知所趨，于是警之，廣令衆生起依歸心。如是等心，悉繇中起，念念勿絶，證無上緣。因知衆生因鐘以聽其聲，因聲以考其意，因意以明其心，因心以會其道。如來所寓，思宏濟人。滿心，古精刹也，形勢盤礴，據湖山之勝。舊雖有鐘，形度小瑣，發響焦急，無從容韵。寺僧有宗遍募檀越，弋陽主簿葉天將捐財倡之，寺衆環喜，和者沓至。於是大體鈞模，采鳧氏法，規天地以爲爐，翕陰陽以鼓氣，回禄騰焰，飛廉助威，熠耀璀燦，融爍銷液，神施鬼設，一瀉而就。頂蟠蒼虬，螻蛇鈎搦，徽以金索，懸置挈之，隱隱闐闐，滿虚空界。應四生六道，濡滯幽冥，聽此法聲，悉皆解脱。兹勝事也，樂爲頌云：

人得是身，不自愛重，貪殘暴忍，長惡弗悛，劫劫輪回，歷盡苦報。如來悲憫，以鐘代言，俾衆生聞，警覺省悟，隨聲懺悔，滋益善心。予適宰官，代佛宣説，願咸諦聽，無量無邊。金華叢書本《忠簡公集》卷三。又見《金華文徵》卷五，《居士傳》卷三〇，嘉慶《義烏縣志》卷一八。

義烏景德禪院新建藏殿記

夫百億妙門，三藏爲總。大哉利生之本，不可得而思議也。如來出世，以大士因緣，示悟衆生，繇一道清净，用一音演法，機感不同，而所聞亦异。故五時五味，半滿權實，圓機定數之義，播列諸部，星躔霞布，没世不能誦其文，終身不能發其藴。于是彌勒大士，闡大方便，聚諸經以歸三藏，使流通教典，盡載一輪，塵沙法門，同歸一揆，聽衆生信而揚之。則不須朝講暮習，於彈指頃間，含受法要，心怡神悦，蕩釋諸苦，發探蒙愚，展迪聾瞽，復性命之真，救迷妄之失，可不謂無窮之利乎？烏傷之北，附縣一舍，有院曰『景德』，肇荒于唐。山主琳師，始建經藏，寫經律等僅一百函。師歸寂，缺而不講。越治平二年，院之徒契湜，遍募士庶，經滿其數，置函五百，成卷五千有八。星環金晃，墨寶珍嚴，燦然焕赫。顧舊藏不足以容，時竊景慕。至元豐中，居士葉詵，崇信佛法，誠謂長者。一旦發念出家。聚材孱工，作轉輪以廣其度。住持沙門契海，又化檀信，益爲經理其屋十八楹，越二年畢乃告成。隆厦廣闊，飾以珠貝，華輪盛麗，負以虬龍，窮極雕繪，間錯文藻，内外一新，遠近信仗，四方之人，皆得轉輪。是猶振風之過衆竅，甘雨之成百穀，然後美根長固，惡蔓除滅，芬芳嘉實，皆得饒益。設有下愚至賤之人，若見若聞，或瞻或禮，隨其根莖，各有所潤。譬夫饑者入太倉，觀夫穀粟，雖未得食，固知可以飽其饑矣；病者之藥肆，觀大劑料，雖未投藥，固知可以療其病矣。以此法味，永施衆生，則饑能充而食難盡，病有止而藥無窮。究其旨歸，何須外求，周旋于方寸，運動於日用，從容中道，左右逢源，動無所牽，止無所累，行無所遮，奚俟輪哉！今觀葉氏所謂藏者，如是如是。至於布琅函，列朱軸，誠爲除衆生饑病方便法也。

《忠簡公集》卷三。

晁説之

晁説之（一〇五九——一一二九），字以道，又字伯以，自號景迂生、老法華、天台教僧，清豐（今河南清豐）人，端彦子。熙寧中，父官杭州，隨侍。元豐五年登進士第。歷任兖州司法參軍，蔡州、宿州教授。元祐中，群公以博極群書、雅有史學科薦，蘇軾以文章典麗、可備著述科薦。元符三年應詔上書，坐入邪籍二十餘年。崇寧中，爲承議郎、知磁州武安縣、定州無極縣，監陝州集津倉。大觀末監明州造船場。宣和中通判鄜州，知成州。靖康元年以著作郎召，除秘書少監兼太子諭德。未幾，除中書舍人兼太子詹事。坐請補外落職。金兵南略，避難高郵。高宗繼位，召爲徽猷閣待制兼侍讀，提舉萬壽觀，再請，得提舉杭州洞霄宫。建炎三年正月卒于江寧舟中，年七十一。博通六經，尤長于《易》，著述多達三十餘種，今存者僅《嵩山文集》（又名《景迂生集》）、《晁氏客語》。見《晁氏世譜節録》（《嵩山文集》附），陸游《景迂先生祠堂記》（《渭南文集》卷一八），范祖禹《手記》（《范太史集》卷五五）。

宋成州净因院新殿記

佛法自西來，至秦鳩摩羅什而大矣。什之弟子曰生、曰肇、曰融、曰睿，號爲關中四聖。其後通教則廬山遠公，别教則少林達摩，玄教則天台智者，始若變見於什門之外，而卒會歸焉。無二無别，惟南山律師宣公爲能體融之也。南山上巇天根，下巇地軸，日月萬象生焉。語其人則宣公是已。其山之迤邐嶠崒而西者，是謂成州之諸山，後之人各以名名之，其實南山之列也。不知在禹之《西山經》爲何山歟？於是乎襲宣公之遺風，而佛刹高下相望，雖督府會郡不是過也。州治之所有净因院者，遠莫知其所自起也，而耳目之所及，則佛殿修在唐長興四年，其得今名在晋天福三年。殿初三間，歲久而圮，若俄頃摧覆者。是院受業比丘廣圓嘆曰：『我雖不得與乎雨花之席，而幸生於法華之後，豈不聞佛種從緣起乎？吾之次第緣若在此，吾之四衆所緣緣若在此，則吾佛之增上緣在此，其易故而新之。增楹三爲五闢門，所鄉之正位必有以加被我者。』此心既運，而語猶未音，無遠邇强弱，咸願樂布施者，汲汲競後先也。初曰是役也不三年，若四年則不可，而乃告成於累月之中。山有异材，疑若鬼神之守衛而有待者，衆願納諸斧斤。而岩阻溪拒，無可徑術之繇。及其首而舉之，若一葉然。先是此院之東有大梵寺，制度嵲然，非此院之比，而易爲神霄玉清萬壽宫則稱。有三大像，乃仆卧於他寺寒廡敗席之下，或信因果者慘若疾痛之於躬也〔一〕。廣圓乃建飾于新殿，恍如此世界外東方八百萬億净光莊嚴世界，過去諸佛以無相之法身助今釋伽文佛，接導群迷，其感之以開入者幾何人耶！廣圓先爲衆披草莽，建天寧萬壽寺。績已不貲矣，乃復不厭於此，則又難也。説之世奉真如法門，爲此郡守無狀，靡有風教，錙銖夙夜事惟愧。逮此崇新殿，嚴故佛，則樂從圓之請以記之，庶幾善善爲邦人之勸也。宣和五年癸卯十月七日丙戌，朝請大夫、知成州、賜紫金魚袋、嵩山晁説之記并書。四部叢刊本《嵩山文集》卷一六。

〔一〕信：原作『者』，據四庫全書本（簡稱『四庫本』）改。

成州新修大梵寺記

昔王通謂佛西方聖人，温公斥之曰：『聖人豈有方所邪？』蓋大夫學士苟知修正者，必期放諸四海而準也，以所地論聖人可乎？中國之有佛，雖自漢明帝始，而傅毅者果何自以對帝之所夢？豈不前有所聞哉？漢武帝昆明池胡人之對，向《神仙傳》之所載，哀帝元壽元年受大月氏王使浮圖之書猶信也。但武帝甘泉宫列霍去病所得休屠王祭天金人，與夫張騫使大夏聞有身毒之俗，特其名物未闡明，若後來所稱謂云云爾〔一〕。而議者指此教斷自漢明，則淺之其爲言也。今東有五臺山之文殊，西而峨眉山之普賢，南而雁蕩山之羅漢，北而鼓山之羅漢，亦自漢明帝而始邪？惟以不思議境照不思議心者，可與於此。若其精舍以府寺名之，亦非天竺之本名，蓋始出於漢有司梓匠之後，遂同乎府寺而得名焉，初無禍福奇麗之説也。逮梁武帝自知平生惡德有不可贖者，乃殫竭民力於土木而適侈心焉，顧豈佛之律哉？宜夫達摩面斥其無功德，而當時廷臣有正直不阿諛者，亦頗知諫争。豈人人皆與達摩同致邪？又何必以達摩爲超絶卓异之論乎？僕觀《洛陽伽藍記》，見元魏而來，王公將相既得意，必作寺宇以相尚，否則若有屈於人者。九州四裔之珍，隨珠和璧，异花怪石畢具矣。無幾何，其人既自抵法，而所謂危樓杰觀者，從而灰燼爲瓦礫，則佛言因無常者於是乎著矣。雖然，亦嘗一日有清净士居於兹也，則其惡果復生善因矣。前日灰燼兵戈之餘，往往復出於故地，此佛一事必具三世，而三世該乎九世，以覺世間者，博乎其大者也。傅毅之言，梁武之作，尚何觀哉？成州有仁王院，其廢已久，不敢億措其所以廢之之因也。何爲久而未之復興乎？其地污瀦榛莽，更幾姓而不居，有所待邪？屬者故大梵寺僧法詮，念其大梵寺建在唐大中二年，今其寺之賜額，荷恩厚不毁也。乃請於州，以仁王之故地復大梵之舊額，凡四分律之所不可闕者，謹以創作。僕適知州事，法銓請文以記之。僕念《華嚴》之先照高山，《净名》之始坐佛林，《般若》之從牛出乳，逮乎《佛藏》之相，《楞伽》之行，《地持》之教，必待《法華》而成焉。維爾法銓，尚其勉諸。宣和六年甲辰三月二十一日己巳，朝請大夫、知成州嵩山晁説之記并書。《嵩山文集》卷一六。

〔一〕云云：原作『去云』，據四庫本改。

宋故明州延慶明智法師碑銘

釋迦世尊鶴林滅度，法付聲聞則維迦葉，其付菩薩則有文殊，領受言教則在阿難。既有是三，孰可闕一？迦葉之後，二十四傳至于師子，或曰二十八傳至于達磨。達磨在梁武時，始來東度，於六度中特以禪名。達磨壁觀，人謂七年，我知何日。雖曰頓示，有漸方便。初傳《楞伽》，後五六葉則尚《金剛》。既而南北分宗，蕩然同异。在迦葉傳十有三世曰龍樹大士，所著大論，譯傳東度。至北齊時，慧文禪師一見證入，以傳陳南岳慧思禪師，九十日而證。再傳隋天台智者顗天師，十有四日而證。於是乎備六度，融萬法，定而三止，慧而三觀。質其宗焉，一言之曰具，二言之曰法性。離數而有三千，即經而專觀心。經之宗曰《法華》，則《華嚴》《阿含》《方等》《般若》，終於《涅槃》，衆皆爲《法華》，其爲迦葉、文殊、阿難，皆吾祖師。天台實傳唐章安灌頂，章安傳縉雲智威，縉雲傳東陽慧威，東陽傳左溪玄朗，左溪爲達磨宗者二十年，乃自東陽傳荆溪湛然。至荆溪而後，智者之言畢載於書，智者之言悉歸乎正。其爲一大時教，不可得而加已。荆溪傳天台行滿，滿傳廣修，修傳物外，外傳梁元琇，琇傳周清竦，竦傳有宋義寂。寂以上皆在天台。晚傳四明義通，通傳知禮，是謂四明尊者，亦曰四明法智。禀生知之上性，思義於童子之時，其於天台之門，猶諸荆溪。于時斯教特盛，异同亦多，其人往往龍象重望，未易柔服。或始同而終异，或始异而卒同。一言之辯，勤乎十返，往來江山，綿亘歲時，非苟合者。如事理總别者，三千具造，不觀真心，惟觀陰入，至今稱四明尊者云。時有大禪德在雪竇，相與亦傾盡，具傳廣智尚賢。廣智初得於《净名》，最深乎性相，審知佛法爲境。其傳神智鑒文。神智破衆潰以澄法智之海，炎慧炬以緝廣智之明者〔一〕。其載三智之美，可傳而不可朽者，有永嘉繼忠。其師神智而賢忠者明智中立，姓陳氏，明州鄞人，父榮。母朱初夢日入懷而生，夜不三浴啼不止。初與群兒戲，兒輩怖之。因使出家，纔九歲，授經不再讀。嘉祐八年，試開封府得度。治平元年受具足戒。依延慶智廣〔二〕，智廣异之，曰：『年少新學，能辨析如此。』廣智卒，遂師神智甚力。熙寧中，神智開幃設問，凡二百餘人，無有出師右者。爲延慶首座，代神智講。神智自謂不如。去，禮天台智者塔，遂謁忠于温州，周旋者二年。將歸，忠曰：『行必紹法智之席，予有私焉。』嘗夢摩利、韋陀二天，幸爲位於延慶懺堂。』居有間，神智去延慶，師固辭不果，非特符忠之言，實慰遠邇士衆之望，二天位焉，後衆道場咸取以爲法。元祐間，高麗佑世僧統義天者，聰明瑰偉之士，初爲嘉興源公而來，纔際海岸，見師升堂，聞未嘗聞，咨嗟失色，且嘆曰：『中國果有人焉。』既而義天接談，辯者累夕，傾其所學，欲折其鋒，竟不得毫髮。主客楊次公多之，爲師作真贊，以師爲玉池蓮中之人。蓋師每以浄土法門誘進學者，欲使人人知釋迦有浄土，彌陀來穢土。他時所志於心者，一日必矚於目。乃依《十六觀經》而出視之，爲彌陀大象以臨池，周之以十六觀寮。池蓮鳧雛，天風翱翔，觀士槁坐，人音斷絶。一涉其境，道心百倍，寧論信與不信，固自疑其身非聖非凡。其費巨萬，而施者却之愈來，工度累歲年，而落成不周歲。任其役者曰僧介然，不勞不矜，若未嘗有所事。蓋是境也，古未之有，今不知何爲而有。既二浙之所無，則天下之所無。唐支硎山遵公所建法華道場，其能勝此者，有兵部劉尚書晏等所請敕號爾。師一日辭去，衆留之不可，雖太守亦不得强，且曰：『待六十歲再來。』居隱學山栖真寺。衆方從之卒業，會僧職須才，復不能捨師，太守躬駕者五六。出住寶雲，實其祖師通公之道場。時寶雲頽圮，無一全椽，師復新之。咸曰師前日隆其三世之居，今又興其四祖之宅，孰謂像法之末哉！先是伽藍神腹中得願文一紙，後更百年，肉身菩薩重興此地，師復退白雲山，視隱學山爲遠，殆絶人迹。衆以師之來居，爲之築庵像寶雲院，凡四年，亦無一日不講。至止觀不思議境，嘆曰：『吾道極此矣，有不思議境，則有不思議心。』爲作《不思議境辯正》。又指五章之裂大綱曰：『寄果明因，以解成行。舉佛攝生，全生是佛。』作《止觀裂綱指歸釋疑》。太守俾令佐請師出住西山資教院，辭之。又請住延慶，不得辭，時六十歲。師之道業日厲於前，四衆依歸，亦視前爲盛。政和四年甲午四月辛亥，師謂侍者法維曰：『吾嘗疾病，今聞异香，吾意甚適。』乃召十六觀寮長懺人出曰：『吾今與汝輩訣別。』各默坐久之。

明日又告法維曰：『异香載聞。』悉召其徒至曰：『各宜修進，再相見於諸佛會中。』趺坐面西而逝。越三日掩龕，顔色如生。享年六十九歲，塔在南城崇法院祖塔之東。師首度弟子十有四人，稟法弟子、領徒傳道者百餘人，其往來登門者不啻萬人。佛事中所謂歲懺者，行於江浙，盛於温、明，明之盛又在延慶。師率其徒數百餘人，七晝夜行道坐禪，歲復增盛。其在歲懺外，又擇其徒修法華懺者十年，一日，懺終禪觀中見大舟一〔三〕，衆欲乘之不可，師獨以往來，自是慧解一發。其講《法華玄義文句》《止觀》《净名》《金光明經》凡數十過。師身不及中人，而望之凛然。其言平居殆不勝出口，而講雄毅，聳聽折心。或退接於室中，屈辯申談，雲興泉涌，不足爲喻。具與儒生言，則反質之曰：『此道在孔子如何？此語在《詩》《書》如何？』儒生不能對。師與申言之曰：『無乃其若是乎？』蓋師於周、孔、老、莊之書亦無不究觀，翰墨詩章皆出人上。其誦《法華經》，平生以萬數，諸佛號不在數中。所著述曰《蛣蜣示迷》《裂網指歸釋疑》《不思議境辯正》各一卷，《南岳止觀科》二卷，又有《諸經題義》《諸文問答》《門人授辭》《雜文義》四種，未就卷第。師晚在延慶，爲衆置田數十頃，曰：『願以有限之田，爲無盡之供。』連年爲俱僧大佛會中，曰：『不作大因，焉得大果？』師之所爲，必兼本迹，而後得之。至於音聲之餘，咒誦之功，除民疾，却鬼魅，救旱灾者，則人莫得而言矣。師之高弟曰法中等，以説之頃歲宦游四明，庶幾知師者，乃以法維狀師行實，走東里求説之爲之碑，義不得爲辭。伏念智者之爲智也，异哉！龍藏之傳，身而覯之，固宜畢載。而三觀之外復著乎《圓覺》，四行之成就著乎《楞嚴》，智者言之於隋，其經譯之於唐，雖欲不信，其可得乎？所謂靈山親聞者，此亦其躅與？是故其教東及於日本，西返乎天竺，未之與亢也已。或曰教外别傳，不知教無等等，何外之有？傳授圓成，何外之有？韶國師者，故自斥之。當絶語言，不知此方以何爲佛事？或曰不立文字，不知文字非真亦非妄，乃以何者爲文字？嘗求乎其人矣。前乎智者而導其教者，曰梁傅大士，北齊稠禪師；後來推極智者之教而尊之者，曰南山宣律師。其餘達磨法門義同贊者曰皎然禪師，晚則韶、壽二禪師。其密弘而取證者永嘉禪師，雖异塗而不敢不贊者曰賢首藏師，或叛去而竊用其意者曰華嚴觀師，有公而异同，而意自有所在曰慈恩基師。唯是圭峰密弘用其言，而妄相排斥，專以四禪八定次第之學，何异兒戲以侮耆德。唐諫議大夫杜正倫嘗作《天台教記》，惜其不傳。善乎梁肅之言曰：『佛法以天台爲司南。』李華爲左溪言曰：『祇樹園内，常聞此經，燃燈佛前，無有少法。』柳子厚爲無姓和尚言曰：『佛道愈遠，异端競起，惟天台得其傳。』又於永州龍興浄土院書《天台十疑論》于墻宇，使觀者起信。又爲龍安禪師言曰：『傳道益微，言禪最病〔四〕。今之空空愚夫縱傲自我者〔五〕，皆誣禪以亂其教，冒乎囂昏，放乎淫荒。吾將合焉，馬鳴、龍樹之道也。』唯是明智，其生既晚，异端益肆，積德於躬，無辯於彼，將自屈伏。我言則光，顧予何者，輒與斯事？竊少聞大道於圓照禪師。且有言曰：『他日勉讀經教。』其後三十年果得明智於四明，視彼暗證禪魔禪鬼定文字法師乘壞驢車，無以正之，則不敢不自勉。謹爲明智序禪教之本末，而爲之銘曰：

佛道譯華，聖言彌彰。禍人以懼，仁人以昌。有來達磨，壁觀而止。傳失其序，竛竮之子。前是龍樹，五百年餘。傳乎迦葉，承乎文殊。著論既大，阿難所集。我道已圓，佛乘之一。慧文禪師，龍樹崔嵬。邃乎南岳，焕乎天台。惟我天台，法華三昧。昔在靈山，雨華同會。荆溪四明，先後有聲。一念三千，克一圓乘。山外山衆，孰如三智。立公昭昭，三德而四。既隆父席，亦興祖基。百界千如，非我而誰？彼大寶舟，獨乘而上。豈我敢私，諸佛所向。待絶滅絶，其然胡然？穢土不除，净土現前。法華净名，金光明觀。所未及者，涅槃緣斷。儒生之來，有文可載。宴默何居，白雲油海。异端久出，矧我所逢。我不爾辯，冰泮於風。蠱神癘鬼，咸知尊事。雖曰盲俗，豈不思致。异香既聞，我將以歸。其歸有所，涕泗孰依？祖塔之東，琢此新石。以告來者，永敬修德。《嵩山文集》卷二〇。又見《四明尊者教行録》，《寶雲振古集》，《佛祖統紀》。

〔一〕炎：原作『矣』，據四庫本改。

〔二〕智廣：疑當作『廣智』。

〔三〕舟：原作『再』，據四庫本改。

〔四〕最：原作『散』，據柳宗元《龍安海禪師碑》改。

〔五〕『今之空空』句：右引作『今之空愚失惑縱傲自我者』。

高郵月和尚塔銘

夫與世士而論出世之法，難矣哉！惟觀乎世間者，斯得不二法門也。連城之寶，照乘之珍，其貴在宗廟郊祀者，孰不有敬心哉？然是器也，或藏而不出，或出而不耀，衆未必能觀之，况得而名之耶？蓋四岳之外，又有高山存焉。今之禪宗最盛者天衣之徒，天衣之大弟子曰北京元公、慧林本公、法雲秀公，隱然名聞於天子，而累朝耆德大臣暨公卿大夫士，莫不降辭氣以禮之。而三公之嗣法者，其盛尚勝計耶？惟是三公之外〔一〕，又有長蘆夫公，則高山在四岳之外者也。夫之嗣法曰高郵軍乾明禪院第十三代師曰寶月，姓顔氏，揚州天長銅城人。母許氏，夢梵僧而生師。母于時談勝如舍利弗，視師有伏犀奇骨〔二〕，眸子炯炯，則夢中之僧也。年十九爲僧，受具戒，謁夫公於北固山〔三〕，得與琅琊愿爲友，率愿同見四祖演、東林總，而師留侍演及總。又至長蘆見秀公〔四〕，時佛國白爲長蘆首座，欲友師而不可得也。師久悟楞伽山宗通説通爲一致，永嘉真其人也〔五〕。蓋元公、秀公自講而禪，本公、夫公由禪而勸人以講，其視今之啞禪、魔禪、暗證禪爲如何哉！而師又特有异者，以謂南方之講與吾之禪近，則吾絶待之功淺，惟北方之講敻异吾之禪，庶幾深吾絶待之功也。乃入洛聽《華嚴》《金剛》《圓覺》五年，極北律枯槁摧朽之行，莫知其初禪人也。師於是乎得師子奮迅入三昧，又得師子奮迅出三昧矣。庵居於高郵久之，遂應其乾明之請。師爲人朴直，深静寡言，一日高座，上天雨曼陀羅花矣。其後不問不言，不利物不言，不知世間有聲名不也。古者避名而名隨，今不求名不得名也。師則湛湛慮絶，沈沈名斷者矣。其來四方之供，新久廢之居，則皆實相第一義諦也。凡十有四年，猶少食頃爾。弟子道浹者可童也，師稱之曰『法器』，『可與觀聖種性，特不保其生緣幾何年也』。無幾何，浹卒，師嘆曰：『吾亦何生？』政和七年九月十三日師因疾病告衆曰：『俟鐘聲而去矣。』壽六十一，臘四十三，以靖康二年四月二十五日建塔城北金塘鄉。弟子道源等三十人，道滋今住乾明，浹之母兄也。予去年冬避金賊至高郵，識滋，滋來乞銘，以予嘗名琅琊愿也，不得辭，爲之銘曰：

草木及墻壁，熾然説無時。是謂所説者，其能説者誰？稽首能説者，夫人大導師。無謂我凡夫，一念我見之。地固山夫公，曠勉有因緣。今日所得法，十方佛現前。夫語演亦語，夫默總湛然。惟圓乃稱珠，惟珠乃同圓。《華嚴》一法界，《圓覺》三净觀。《金剛》空不空，與我互主伴。我法實如是，世人莫我誑。我與鐘聲同，非常亦非斷。《嵩山文集》卷二〇。

〔一〕三公：原作『二公』，據文意改。

〔二〕視：原作『毋』，據四庫本改。

〔三〕固：原作『同』，據右引改。

〔四〕秀：原作『秀秀』，據右引删。

〔五〕其：原作『其其』，據右引删。

范致明

范致明（？——一一一九），字晦叔，建州建陽（今福建建陽）人，致虚兄。元符三年進士及第。崇寧二年四月除殿中侍御史，八月罷。歷官承德郎、權發遣廣濟軍，以宣德郎謫監岳州商税。累官奉議郎、知池州。宣和元年卒。著有《岳陽風土記》一卷（存）。見《宋會要輯稿》儀制一一之一三，道光《福建通志》卷一四八，民國《方城縣志》卷八。

大乘山普嚴禪院記　崇寧五年十一月

方城東三十里，有山曰大乘，有僧園曰普嚴院，乃唐吉本禪師道場也。左黄城，右桐柏，泉石幽深，林巒秀峙。妙高峰上，足建寶坊；逝多林中，可敷法座。至於隨緣見性，對境悟真，則空谷應聲，虚室生白，以自本覺，覺自本心，可以得智慧三昧；一鳥不鳴，萬籟俱寂，澄諸念慮，净慧發生，可以得解脱法門。所以達人先德來此立緣，後學初機於兹成道也。本禪師，南岳讓之曾孫，百丈海之嫡子，傳佛心印，得大總持，四衆雲集而示以不言，二乘鼎峙而機鋒壁立，當時之尊宿，一代之祖師也。元和以後二百餘年，傳記無聞，廢興莫考，中間有見含珠哲禪師者，唯著大乘山和尚之目，亦已失其名號。皇朝開國，有慧果禪師嗣廣教省，德遵禪師嗣石門徹，皆闡道兹土，廣開法會。自爾荒蕪，廢爲講席者又六十年。天禧中，慧燈駐錫于兹，未久復廢。紹聖中，雲漸傳燈于此，亦不克振。闡揚般若，其難若是，豈盛衰之數亦自有時歟？惟普嚴有田園之利，可以具齋粥；有邸舍之直，可以供香火。聚諸方之衆，撞鐘擊鼓，爲國家嚴修佛事，蓋優爲之。不幸貪得嗜利之徒，欲私之以爲法屬弟子之利，往往伺間窺隙，攘而據之。然則普嚴所以屢爲講席，非但緣契，亦人事有如此者。崇寧天子新美大政，民俗阜安，中外禔福，詔天下咸建崇寧萬壽寺。於是郡以詔書從事，又且上體朝廷之意，取舊所爲禪林，而今爲律寺者，皆以大長老主院事，聚徒傳法，祝延皇帝千萬歲壽。由是普嚴復爲什方禪林，乃請大洪僧自覺來紹法席。始至之日，闢僧房爲海會之室，易講所以師子之座，振大法音，鳴大法鼓，遠近僧俗，見聞攝授。自堂序庭廡，皆易而新之，使來觀者，如入廊廟，雖未睹羽儀，悉生恭謹；如聞簫韶，雖不知音，亦有樂意。故耽道腴、味禪悦，自拔於羼提之門者多矣。覺，長安人，有操行。斷緣捨俗，師事净因大長老道楷，得骨與髓，竟一大事。予自巴陵蒙恩試守定陶，過家待次，每聞其言，翛然有遺世之意，古所謂善知識者。覺傳曹洞心印，自清原而下四世，而出洞山价。价傳之九峰滿，滿傳之同安威，威傳之同安志，志傳之梁山觀，觀傳之大陽延，延傳之投子青，青傳之净因楷，楷以傳覺。威僅見纂録之末，青才得之寄付之餘。蓋其中不絶如綫，此始與普嚴之屢廢興無异，真若符契所偶。故予并叙之，使後有考焉。崇寧五年冬至日記。民國《方城縣志》卷八，民國三十一年鉛印本。又見乾隆《裕州志》卷六。

朱日初

朱日初，大觀時宣城（今安徽宣城）人。

寶勝院造塔記　大觀三年六月

宣州宣城縣宣義鄉官里社居住奉佛弟子朱日初，與母親胡氏二娘、妻孫汪氏七娘、弟新婦劉氏四娘、男韯、新婦汪氏三娘、姝隝、新婦李氏九娘、孫炳、新婦孫汪氏五娘，同啓誠心，特施净財，詣涇縣寶勝禪院，建造寶塔第三層，并入舍利佛牙種種珍异，永鎮内藏者。切以敬崇巍構，獲諸天捧護之功；能使有情，作萬劫依歸之地。聖時君相仗以答酬，本命星官咸兹報謝。然願日初等仰承慧力，默佑闔家，倉庫豐盈，行藏亨泰。兒孫就學，早步青雲；祖禰承休，俱超净土。良因畢集，惡趣不沉。蕩積世之宿愆，成當來之勝果。菩提路上，得悟真乘；龍華會中，同爲善友。虔伸懇款，用勒碑珉。三界無私，證明是願。大觀三年六月初一日，弟子朱日初記。嘉慶《涇縣志》卷一二，民國三年刊本。又見《搜古彙編》卷五六，民國《安徽通志稿·金石古物考》卷一五。

釋祖演

祖演，宋僧，元符間住安徽桐城縣浮山華嚴寺。

華嚴寺造釋迦羅漢石座記　元符二年二月

伏見本岩先有釋迦羅漢木座，年久深壞。謹化到遠近信心弟子并石匠同造石座一所，以爲久遠。具名如後：弟子張守贇、王忠太、魯政、吴安、劉輔、王文德、陳靖、許同、安清、仵進、張守真、郄令宗、李士周、許繼周、王熙、李懷龍、陳守欽、陳吉、郲士周、何用卿、朱昂、王繼周、全見幾、劉子收、劉乂吉、陳僎、沈回、胡清、楊伯通、王文義、禹□皋、彭子朝、郲士和、戴文德、鮑信。□手石匠王子珪、李經、李和、李文遂、□守安、茆德清、甘吉、倪士佳、□□和、趙士端、倪亨。□上功□□□德，并用裝嚴。十方施主，各人增延福壽，家門清吉，長少乂寧，凡向時中，所爲稱遂者。皇宋元符二年二月十五日，住岩比丘祖演謹記。茅守信刊石。《安徽通志·金石古物考》三。

趙宗輔

趙宗輔，哲宗時鄜州鄜城（今陝西洛川東南）人。

宋故京兆府鄠縣白雲山主利師塔記〔一〕　元符二年十月

夫寂滅之道，寒暑無以迭遷；妙極之源，生死無以交謝。良由空華生乎翳目，輪轉出乎妄心，若匪大明，難除重暗。况乃滅無所滅，生無所生，身存身亡，誰取誰捨？不以驚懼于懷者，即白雲和尚矣！師諱得利，字子益，姓王氏，京兆府高陵人也。祖父并儒門之士，母性仁慈。始自幼年，不爲童戲。宿植善本，深慕玄門。誓志出家，辭親弃俗，遂依鄠縣白雲山净居禪院守鑒大師，肄承佛業，朝參夕奉，未嘗懈然。於天禧三年慶蒙睿澤，削髮受具，着如來衣，脱三界之塵累，履一真之正路，宏道爲美，積德爲欣。乃南訪禪宗，研味經律，定根益固，慧目增明。既還白雲，住持净刹，締構華宇，繪飾聖容，不以榮辱而見憂喜。非施則不受，非時則不食。焚誦無綴，孜孜是務。持《法華》《金剛》《上生》三經，計十大藏。由是心地無塵，慈雲有潤，德風遠振，高譽遐飛。

復詣鄉邑，住毗沙隆昌寺，度小師一人，法稱惠滿。實慶曆三年乾元聖節，試中經業。抑亦性閑了義，續慧焰以長暉；拔濟含靈，俾正法而悠久。自非師資敦遇宿契宏因者，何其使然耶？師以治平三年十一月十一日托疾而化，僧臘四十七，俗壽七十一。門人惠滿荼毗收骨，瘞于幡竿村古佛院所，迄元符元年建成窣堵，每歲開闡真乘，仰伸報效。以其先師之道業，願得爲記。余深愧無文，直而書之。二年己卯十月庚子，鄜畤趙宗輔記。元孫善明、宗緣，曾孫澄愚、澄意、澄睹、澄照、澄譽、澄月，講金剛圓覺經僧澄靖，孫講圓覺經僧道因。小師講經律論傳戒僧惠滿立石。安民刊。

《金石萃編》卷一四二。

〔一〕題下原署：『講經律論臨壇僧道雅書并題額。』

釋祖迨

祖迨，宋杭州承天寺僧人，元符間在世。

宋慈雲寺普會寶塔記　元符二年正月

杭州承天寺僧祖迨奉募清信弟子，謹施净財，建東城慈雲禪院僧俗普會寶塔一所。集兹殊利，奉爲四恩三有、法界含生，俱仗妙緣，咸登覺地。時大宋元符二年歲次己卯正月十五日，僧祖迨謹記。本院首座僧、修度僧祖還，句當住持□法沙門道清。《兩浙金石志》卷七。

鄒浩

鄒浩（一〇六〇——一一一一），字志完，號道鄉先生，常州晉陵（今江蘇常州）人。元豐五年進士及第，調揚州、潁昌府教授。蘇頌用爲太常博士，來之邵論罷之。元祐八年，差充襄州州學教授。元符元年，哲宗親擢爲右正言，累上疏論事，直言敢諫。賢妃劉氏立，浩上疏論其不當。章惇爲相，詆其狂妄，以元符二年削官，羈管新州。徽宗立，亟召還，復爲右正言，遷左司諫。改起居舍人，進中書舍人。崇寧初，遷兵、吏二部侍郎，以寶文閣待制知江寧府，徙杭、越州。蔡京素忌浩，乃使其黨陷害之，遂再責衡州別駕，尋竄昭州，五年始得歸。稍復直龍圖閣，瘴疾作，以政和元年三月卒，年五十二。建炎三年追復龍圖閣待制，又贈寶文閣直學士，賜謚忠。著有《道鄉集》四十卷。《宋史》卷三四五有傳。

承天寺大藏記　紹聖四年

毗陵郡城中名刹相望，而傳法者凡六院，惟承天據城之東南，實隋司徒陳杲仁之别圃。杲仁死非其所，其妻用浮屠法薦助之，遂捨以爲寺。唐長慶二年，賜號正勤。至真宗皇帝即位之初，改賜今額。越在一隅，風埃不到，眺聽所接，闃如岩栖，四方禪者樂居焉。顧經藏未建，衆以爲慮有年矣。元祐某年某月，道人德岑既領住持事，遂以告於人曰：『夫五千四十八卷，雖不足以盡禪之説，然其語非不多也，而祖師《心要》猶以爲教外别傳。審如委付，示以全提，則雖繞床一匝，適半藏爾，况區區於五千四十八卷乎！然初機者以此篤志，罷参者以此證解，游戲自在者以此遮眼，一言半偈，皆是善因，展軸抽函，無非妙用，以方便濟群生者，亦何可廢也！』信者翕然出力，爲新其厨堂，新其浴室。最後紹聖四年某月，因水陸殿廣之爲藏院，集所謂五千四十八卷者爲若干函，以栖於其中。然後院之形勝益閎偉動人，而人益信岑之所存爲可尚也。岑嗣揚州建隆昭慶禪師，蓋臨濟之苗裔也。方圓照禪師宗本傳法中外時，岑未嘗須臾離左右。一旦受請，孰不曰此圓照之的子也。及升座焚香，不嗣圓照，則嘈然非之，而聞者亦耿耿不快，宜其建立莫有應者，而所成就反如此，何哉？余聞衆之初非岑也，甚者面斥，無所不至。岑不爲沮，徐告之曰：『吾心了然，不敢自欺耳。』余嘗怪世之禪者見圓照法席之盛，自京師至於東南，自王公至於士庶，莫不歸仰，往往諱其得法之自，望風承托。世曾不察，亦争嚮之，寧廢父母晨昏之奉，而惟恐不當其意；寧奪貧窮毫髮之入，而唯恐不厚其施。意彼欺世以自售且如此其偶，而况不自欺其心者乎！不自欺其心者，誠也，不期於誠而誠至焉者也。由方寸以充之，神明以生，變化以形，天地歸吾掌握，萬物出吾埏鎔，何往而不濟，而况介然於其間者乎！此岑之所以賢於其徒而經藏不勞而成者也。昔住是院者多矣，百餘年間，如藴、世珍、了素、仲文四人者尤以道德爲世所高。珍嘗南徙其門，又爲大殿而塑繪其像。素爲法堂，又爲僧堂，又爲東西廊，又爲後架，又爲屏隈之所。藴則至今真相存焉。郡人尊奉之，有禱輒應。以其俗韓氏，號爲韓長老，所以護助其院甚厚。今又得岑以成之如此，又將易其路以正于南，而跨池爲梁，以便往還，是可書也。於是迹其院之本末而并載之，使後之覽者得以考焉。清道光三年鄒氏留餘唐刊刻《道鄉先生文集》（簡稱《道鄉集》）卷二六。

永州法華寺經藏記　紹聖元年

零陵郡城中舊無禪刹，元豐四年，郡守李杰始以太平請于朝，賜額爲元豐太平禪寺。元祐六年，權守楊宗惠又以法華請焉，詔因舊額以爲禪寺。明覺大師義霞實爲法華初祖，霞既受疏，升座爲潭州龍興智傳禪師焚香，舉揚一大事因緣，於是徹舊宇而新之。南爲三門，北爲法堂，又北爲暖堂，又北爲方丈。東爲五百羅漢堂，爲香積厨，爲庫院。西爲大聖菩薩殿，爲雲會堂。而釋迦佛殿據中，爲尊禪居。規模亦云備矣。顧念《般若經》六百卷，《寶積經》一百二十卷，《華嚴經》八十卷，《般涅槃經》四十卷，於大藏中卷數特多，號四大部。寺所有者，乃後唐清泰中寧遠軍節度使馬存之所施也。分散多處，懼不克久，遂即西廊爲殿三間，中爲機輪，函經於其上，爲佛菩薩以周其四面，爲神龍以繞其四柱，若形若色，妙絶衆巧。歲時邦人來會，稽首作禮，藏爲旋轉，或三或五，至于七，人人歡踴，各滿志願。夫世習移人舊矣，鷄鳴而起，隨所好而趨焉，擾擾紛紛，奚暇有所決擇？一旦睹相虔恭，諸緣驟息，雖未足以語教外別傳，然卷開而善心亦開，藏轉而妄情亦轉，則經之不可思議，一念皆圓矣。縱未能造次顛沛常必於是，其爲利益亦何可勝言哉。争訟由此衰，和協由此興，風俗由此厚，豈不能助守長承流宣化，如父如母之意乎！豈不能助主上博恩廣施，如天如地之意乎！初，霞之圖爲此藏也，囊無繫蟻之絲，厨絶聚蠅之糁，形孤影獨，朝不謀夕。而命工選材，反急於衣食計，人以爲狂。已而得郡人高齊倡導曁蔣嵩等欣助〔一〕，爲錢逾一百五十萬。自紹聖元年三月肇基，至八月畢功，爲日纔三甲子。孟子曰：『至誠而不動者，未之有也。』霞之謂與。惟記之久未立也，屬某貶謫至此，且於循省之隙取經閲焉，以啓迪昏蒙，以洗湔釁咎，以仰稱仁聖矜容，使之自新之賜。霞以故懇請記其本末，遂爲之記。《道鄉集》卷二六。

〔一〕倡：原作『但』，據明成化六年鄒量刻本（簡稱『成化本』）、明正德七年鄒翎刻本（簡稱『正德本』）改。

華嚴閣記

鄒浩

桂州興安唐叟元老居邑之近郊，郊有僧居，曰德雲院。元老即院構閣，以其平日誦持《大方廣佛華嚴經》藏焉，而以『華嚴』名之。夫經之所載備矣，毗盧遮那應正等覺，轉大法輪，普利群生。《世主妙嚴》等六品，則菩提場之所説也。《佛名號》等六品，又十等十一品，又《離世間》一品，則普光明殿之所説也。《升須彌山頂》等六品，則須彌山頂之所説也。《升夜摩天宮》等四品，則夜摩天宮之所説也。《升兜率天宮》等三品，則兜率天宮之所説也。《十地》一品，則他化自在天宮之所説也。《十一地》一品，則三禪天宮之所説也。《入法界》一品，則給孤獨園之所説也。凡十會，惟普光明殿會至于三；凡四十品，惟《十一地》一品不傳于世。有説如來自證之法者，第一會、第二會，合十二品是也。有説群生同證之法者，第三會至第九會，合二十七品是也。有説證法之人，如善財童子見南方善知識五十三人者，《入法界》一品是也。佛所自説，惟《阿僧祇》《隨好光明功德》二品，佛只説名，惟《十定》一品，餘皆菩薩更相問答，佛但放光表之耳，未嘗説也。自法言之，不可説、不可説轉猶未足以盡其秋毫之端，萬分之一。舉要言之，不過十信、十住、十行、十回向、十地、十一地六位而已。貫之以六相，該之以十門〔一〕，主之以十波羅密，如五行、四時、十二月還相爲本，如五聲、六律、十二管還相爲宮，如五味、六和、十二食，五色、六章、十二衣還相爲質，而經之大旨庶幾其可知乎。若言之所不能論，議之所不能致，不期精粗焉，則非即此而能證，亦非捨此而能學，神而明之，存乎其人。元老久參諸方，見天下大禪，晚以經行應詔，現宰官身，以己覺覺人，以己利利物。今又藏經於此，而院額實以『德雲』榜焉，則文殊師利令善財所見善知識第一人之名也。善財於德雲所得，憶念一切諸佛境界，智慧光明，普見法門，以表十住之初，初發心住，一刹那間，六位頓入，在此時矣。其後所見諸善知識，皆重説偈言者也。興安既當南方入界之首，元老又即是院以待無窮之來者，使其不必遍歷天宫而盡聞諸佛菩薩之所説，不必遠游南方而盡得善財童子之所證。十方刹海，普現一毛孔中；六趨輪迴，悉入大悲光内。在在處處，皆是道場；世世生生，常居法界。則登斯閣也，睹其名而問其故，雖全無信心之人，且爲元老願力所感，自回心而生信矣，况信受奉行如佛付囑者乎！經言有大經卷，與三千大千世界其量正等，而全住在一微塵中，一切微塵，悉亦如是。時有見其事者，即以方便破一一微塵，出一一大經卷，一切衆生，咸得饒益。然則元老建閣於此，非特以藏吾經卷而已，又以出大經卷於微塵中，將不可以量數而劫論也。其覺人利物，尚奚所容聲？《道鄉集》卷二六。又見《粤西文載》卷四一，嘉慶《廣西通志》卷二四〇，道光《興安縣志》卷一三。

〔一〕十：原作『六』，據成化本、正德本改。

衡岳寺大殿記

衡岳寺，實梁海尊者道場，唐德宗賜寺額。本朝改律爲禪，元祐初，主僧道辯念佛付囑，誓以興起，而大殿者，馬氏之所建也。歷年茲多，棟橈不支，不足以嚴奉世尊，導人歸向。辯亟以爲先務，選於其徒，得知和者，丐力於樂施之人。時耒陽李仲賀財雄一方，病痁積年良苦。一夕，夢僧自南岳來求供曰：『吾梁海尊者，如所求，痁立愈。』李方覺而和及門，竦然异之，語以其故。和適有藥，服之果愈。於是殿之製作當鼎新者，李畢以爲己任。始於歲庚午，成於歲癸酉。造其宇者，疑兜率陀宮移在人境；瞻其像者，疑佛菩薩衆出現世間。慢者虔恭，謗者贊嘆，十不善業靡然善矣。辯没，義臻、奉能繼踵住持，廣堂以説妙法，高閣以藏御書，長廊以環繞於外，亦賴李而一新焉。李之三子修、攸、倚又咸率父志，圖惟纖悉，無吝色。余初入湖湘，聞耒陽士李修弟兄勇先甲族，出錢以完學舍，分田以裕學糧，致一邑之士惟德行道藝之知而無他營，固已賢其所爲。及經衡岳，詢覽形勝，又得其父子本末如此。觀夫爲我之弊，有拔一毛可以利天下而不爲者，其極至於無君。此有識之所共嫉而前聖之所深辯也。李氏乃能不愛其貲，獨成寺事，俾僧若俗於以作禮，祝天子億萬年，與南山同壽，豈不重可賢邪！然則尊者所以兆於其夢，信非偶然也，故因奉能請記而并載之。《道鄉集》卷二六。又見《南岳志》卷一一。

鄒浩

張某

張某（原闕其名），號慈林居士，孫永客，北宋後期人。

潞州長子縣慈林山寺先賢堂記

長子治境，地勢夷衍，南有慈林，實襟馮之鎮，與紫雲山連麓對峙，巋然在乎其右。周覽形勢，不甚壯觀，粗有可采。孤峰峭拔，林壑邃幽。其踞地堀起，則驤首偃蹇；其分勢掩抱，則交臂拱揖。樵竪紀其勝概，麻衣目爲福地。秀氣所鍾，挺生賢哲，有宋名臣曰文康公，實生其間。自公童稚時，秀穎不凡，及長，文章深醇，蔚爲儒宗，踐更膴仕。及登台輔，佐佑仁宗，勛在王室。始，公之父來自晋陽，五季兵亂，卜幽避地，遂隱居山寺，爲終焉之計。逮文康衣錦，追念遺迹，愾然興懷，買地施僧，永充常業，戀戀於桑梓之情。自天聖二年迄今凡一百餘年，寺僧耕植自養，可度歲臘，□飽□□，私自念言：我大雄世尊尚有乞食之勞，今我比丘食指稍衆，所仰哺者，歲有倉箱之望，此大檀越所賜，其利無窮。相與諷唄作禮，薦以冥福。舊有祠堂，繪像王氏，自隱士而下至不疑，凡五人。隱士諱□純，字太樸，贈太子太師。文康公名犯廟諱，字晦叔。長諱益恭，官至司農少卿，贈特進。次子諱益柔，官至龍圖閣直學士、特進。子諱慎言，字不疑，官至中散大夫，居洛社，爲九老。又有孫尚書衡升伯及其孫永曼叔，亦居其中，本陽翟人，俱以文章擅名。曼叔帥初，升伯爲本路漕使，繼守是邦，以謂慈林山地産巨賢，挾節來游，賦詩作記，稱述厥美。曼叔帥并門，親題榜額，屢貽竿牘，嚴護儀像。客有居士，面山而居，慕林泉之樂，因以爲號，逍遥禪刹，徘徊祠宇。主僧告居士曰：『某□自幼出家，受檀越供養爲粥。或僧德公之賜，銘感於心，懼有遺忘，或書題漫滅，來者不知，願居士記其本末，刻之堅珉，以告夫後之人，以衲子之不忘本也。』居士曰：『汝談空之流乎！有形者終壞，有象者終滅。祠有象也，祠存則思其人，既隳則已；石有形也，石存則規其石，既勒則已。惟有德者感人也深，而其傳無所終窮，又奚待於鄙文哉？雖然，無字碑寓意於無書，或謂無字安用碑？亦太高之詒。夫有有則有無，無有則亦無無；有之則其利，而無之亦其用。石者其有也，記以文者，蓋托其所無耳。惠人之恩德，因垂不朽，□其所托耳。佛子知恩，以記報恩，□□情之所喜也。』遂因以書。慈林居士張□記。光緒《長子縣志》卷七，光緒八年刻本。

張　某

李潛

李潛，字幾道，號廬峰隱者，哲宗時在世。

崇明寺大佛殿莊功德記　元符三年正月

直俗互即，故聖凡所以交歸；相用同時，而理智所以融會。然而現身雲於金地，布法雨於祇園者，豈徒爲哉！蓋悲憫於有情，而示迹以受生故也。繇是佛佛紹補，彌勒將次於降神；燈燈繼明，天親夙承於顧命。教所謂不動真際而爲諸法立處者，乃聖人之能事矣。句容崇明寺，即西晋之義和也。暨唐以會昌之難，因而見廢。宣宗即位，從而復之。皇朝太平中改賜今額，其正殿乃尊彌勒像焉。綿歷歲遠，相好日昏，有大比丘紹明，喟然嘆曰：『吾輩爲法王子，享如來蔭，像貌勿嚴，甚非其徒所以奉崇之意，將曷以報思於至德哉！』因議寺有歲輸之粟，既得請，又出囊資及募緣，適周其用，與文殊、普賢侍衛之神，凡七軀，中有儀制未備者，增而飾之。於是繪事畢集，而心匠惟精；彰采燦然，而英華盡美。聚紫金體，端穆穆之聖容；秀青蓮眸，湛昭昭之離象。諒彼兜率之妙相，寶宫之梵儀，其能异於此乎？使無擎跽而瞻嚮者心生景慕，誠加肅敬，兹豈獨弭罪希福而已哉！致一信之善，將見乎有以自性之本，其爲拯物之利，亦以大矣！明公嘗學諸方，得法於廬山栖賢遷禪師。既而歸以駐錫，每見其衆共之所，有□未完，慨然圖治，孜孜焉過於己居之急。若鐘樓傾敝則新之以大壯，庭階荒翳則甓之以如砥。凡先後材用之費，計其緡錢無啻二百萬，皆出於誘化之力，實自精誠之致也。余以謂釋子之學者專，或習禪那，輒忘興於佛事；或勤修梵行，遂復昧於已靈。且聖人之意，烏乎相戾哉！蓋所趣者异也。今明公解於行兼而兩得之，故樂爲之道。時元符庚辰正月望日，山陽李潛記并書〔一〕。《江蘇金石記》卷一〇。又見《句容金石志》卷四。

〔一〕原碑此後書有立石人名：『比丘希文、表白比丘慶實、表白比丘惠良、寺主比丘應滿、勸緣監寺比丘從覺立石。』碑側書有捐款人名，此略。按此李潛自題爲山陽（今江蘇淮安）人，與前一李潛未知是否爲同一人，以時代相近，姑合編於此。

劉渭

劉渭，明州象山（今浙江象山）人。元祐六年登進士第。授荆門軍長林令。崇寧初權婺州永康縣事。見《寶慶四明志》卷八，乾隆《浙江通志》卷一二四，《宋詩紀事補遺》卷二八。

蓬萊山壽聖寺記　崇寧元年三月

四明東海之上有象山，象山境之西南有佛刹焉。五代之梁創之以『蓬萊』之額，是爲龍德二年。我朝之宋錫之以圖書之文，是爲太平興國四年。准敕聽以甲乙住持者，天聖三年也。蒙恩易以壽聖之名者，熙寧二年也。是院隱然介衆山之中也，雖無崇岩巨壑盤亘千里，高插雲天，雄壓地軸，而佳巘蒼岫，周遭映帶，卑相附，遠相揖，亭然起，崒然止，而朝陽暮靄，露花霜竹，出没於空曠有無之間，恍然若圖畫中見也。太僕卿、直秘閣林公旦昔宰是邑，尤意愛之，且嘆基址頽圮，榛棘出人，庳堂隘宇，上破而旁穿，殆不足以擅斯景而奄有也。因命釋永净主院事焉。蓋永净者，余聞之操行謹潔，智敏捷而謀多，又卒之以不私。於是登高而望，默畫於方寸，葦糞壤，焚榣翳，却立而視，爲之瓜分棋布，地形之崇卑，檐宇之闊狹，瞭然在目中矣。乃始即其舊而新之，規其小而廣之，三門峙列，兩廡翼張，閲經有堂，獻供有厨，澡身有室，休賓有館，輪焉奂焉，一切鼎新，有若鬼神陰來相之。獨所謂佛殿闕焉，居者無以寓歸依之誠，來者無以聳瞻仰之禮。適得邑之信向者相與出力，而巍巍之殿屹立矣。復建寶藏以居殿之中，金函玉軸，層見疊出，所謂妙典秘偈，悉募僧行筆之。蓋其徒寶山倡其初，義肱賡其終，積之數年，而五千四十八卷之文燦然完成矣。既又闢田三百畝以贍二時之供羞，植松十萬本以助衆山之森立，亦其徒慧初、義琛與夫郡豪吴君驥有力焉。竊嘗謂事以速而不達，以久而有成，天下之理也。是院由五代以迄於今日，寥寥二百餘年，乃始修壞而成，補罅而完，易隘而曠，潰質而文。工告畢，事告成，豈一朝一夕爲哉？又況永净與其徒數人協心聯力，卒之以不私如是，宜其有成也。若夫升猊座而獅子哮吼，震雷鼓而法雨沾濡，聞之者聲上上之真機，飲之者味如如之妙旨，此又有待於來者焉。崇寧元年三月一日記。

《延祐四明志》卷一八，影印文淵閣四庫全書本。又見《四明圖經》卷一〇，雍正《浙江通志》卷二三〇，民國《象山縣志》卷三一。

劉　渭

鮑慎由

鮑慎由（南宋人避孝宗諱省稱「鮑由」），字欽止，處州龍泉（今浙江龍泉）人。元祐六年進士。嘗從王安石學，又親炙蘇軾，爲文汪洋閎肆。崇寧中召對，除工部員外郎。責監泗州轉般倉，歷河東、福建路常平，廣西、淮南轉運判官，知明州、海州，奉祠卒，年五十六。嘗注杜甫詩，有文集五十卷（《直齋書録解題》卷一七著録《夷白堂小集》二十卷、《别集》三卷）。見雍正《浙江通志》卷二一四，《宋史》卷四四三有傳。

靈感觀音碑記　代陳軒撰　紹聖四年

紹聖二年，軒自合肥移守錢塘，明年奏疏於朝曰：「臣所領州之西偏，湖山之勝甲於天下，而天竺山在焉。自五代時，僧翊得奇木，不能名，刻爲觀音菩薩像，僧勛又以佛舍利内置頂間，其後像見光怪，與人作福祥，遠者載金石，近者口相傳不絶，不復概舉。臣自去秋視事，民方薦饑，今年春、夏，雨彌月不止，吴興苦卑，連歲水灾，父老日夜憂懼。臣即率官屬躬禱像下，衝雨入山，衣帽沾濕，渠决壞道，從者皆涉。比臣之還，天宇開霽，纖雲不興，白日正中，清風穆然，邦人合爪嘆息。既又興致城中作佛事，與民祈禳。已而雨暘有時，農不告病，稼穡旆旆，遂爲豐年，實兹像之庇此土也，所不可忘。臣切考《圖志》，惟天竺山粤自晋末嘗爲道場，逮聖朝天聖，始分上下方，而觀音像所在，歷載崇奉。在治平中，賜號靈感，因以名寺。在熙寧中，許寺歲度一人爲僧。朝廷每遣中謁者走香幣，其所封識，用御府寶璽，蓋嚴恭如此。惟是殿宇之建，垂六七十年，日就頹弊，不足以揭虔妥靈，宜有加飾。臣不勝大願，願給祠部空名度僧牒數十道，貨緡錢，市材僦工，撤而新之，不唯俾東南之人永有瞻式，儻遇水旱禍灾，吏不能力者，亦庶幾有所控告。臣皇恐以聞。』奏下尚書禮部，禮部則以敕令從事，許裒一路祠廟施利以充其費。於是毗陵胡公宗哲、番陽張公綬偕爲轉運副使，特主其事，乃得錢五百萬，民樂施者，又若干萬。是役也，凡在見聞，智者獻謀，巧者出技，富者薦貨，貧者效力，良材密石，盡山澤之選，經始於某年某月，而某年某月告成。爲殿屋若干間，高明奥深，嚴翼宏大，復闢其前楹以爲懺堂。金碧丹堊之飾，炳焕奪目。至於香火之具，瓜華之供，無物不備。睟容妙相，巍然益尊，過而禮者，恍若梵天帝釋之居，又疑身在圖畫，或以謂三昧力所變幻也。蓋如是而後足以侈上之賜，而顯揚菩薩之威靈，以慰夫邦人父老之心。四年，某移金陵，住持某、大師某以書來乞銘，將作石以詔於後。既爲撰次其本末，又爲之贊云：

白衣仙人無住著，補陀落迦眇雲海。爲大導師安樂國，欻然遍應河沙刹。世間熱惱或有聞，曾弗旋踵垂覆護。衆生心念非一種，皇皇不足常有求。如饑須食渴須水，顧亦何從滿其願。我觀聖心等太虛，其視萬物猶一物。細視一物如一身，是身四大猶不有。萬物何能作留礙，殊功妙用濟十方。欲求功用不可得，群生歸報可兩忘。爾固無餘我無欠，嘗觀瑞像現寶光。如净明珠時白赤，留犁虎魄雜蒼玉。熒煌璀璨照眉宇，山顛或見初日升。匹素曳空烟縹緲，凡夫顛倒作思惟。須臾變滅無復初，非空非色非有無。菩薩應世亦如是，堂堂秘殿表東南。山君海王盡回嚮，觀音智力不思議，佛子當作何等觀。《咸淳臨安志》卷八〇。又見《杭州上天竺講寺志》卷二。

鄭整

鄭整，亳州蒙城縣（今安徽蒙城）人，徽宗時在世。

興化寺修塔記 崇寧元年三月

大宋國亳州蒙城縣萬善鄉繩村保居住清信奉佛男弟子鄭整，與闔家眷愛等同發志誠，管修當縣興化寺磚寶塔第四級。功緣了畢，所集勝利。上祝皇帝萬歲，臣宰千秋；雨順風調，法輪常轉。然願家門肅静，長少安寧；法界群生，同登樂果。時崇寧元年壬午歲三月十五日謹記。鄭整并妻馮氏；男鄭□并妻陳氏；次男二□，妻趙氏，孫男大郎、二郎、三郎、四郎。同管勾修塔信士張文□□。修塔功德主信士孫温。都化緣修塔功德主僧法倫。住持寺主僧智先。匠人夏立言刊。民國《安徽通志稿·金石古物考》卷一五。

張靖

張靖，政和時林慮縣（今河南林縣）人。

白佛村大悲咒石塔銘　并序　政和元年五月

詳夫百年光景，逐四序以推遷；一世浮生，隨二輪而電謝。未抛有漏，難免無常。寄陰界之杳冥，猶人心之不悟。此者靖原自齠齔，以致成人，苦業何深，罪根實重。依栖白社，教養爲生。因驚石火之光，忽念逝波之近。敬爲亡男朱哥，遽自盛年，横沈幽壑。深追喪目之人，偶失成家之器。既如珠碎，得不心傷。空側嘆於孤遺，但悲嗟於舊迹。秀而不實，今也云亡。追念無由，良深痛切。因窮藏教，獲此真經，諸佛護持，人天仰重。童子誦而光落窗間，伽梵譯而花飛樓上。神通莫喻，秘密難思。能資七八種善生，可免十五種惡死。薦拔夭枉，莫大於斯經者也。靖是以百爾心弘誓願，仰諦真宫，難興巨力之功，唯務從微至著。以時計日，荏苒年餘，收萬丱之圓銅，聚百繩之鏹物。命之良工，稱以魂倚，建高聖之寳幢，刊大悲之神咒。長隆兹地，永鎮西峰。使浮福以長新，固殊因之弗墜。渡兹聖善，可滿丹誠。山無枉横之虞，水免湮沈之苦。然後福沾萬類，利及多方，盡法界以常興，希邊方之寧净。聊述序引，用紀年華。愧荒蕪以難銘，故直書而爲記。銘曰：

名假法假，心空色空。一相無相，勿异勿同。刹刹塵塵，處處觀音。心心志志，念念垂臨。千眼遍照，天耳普聆。千手接引，天真護形。諸惡自離，諸善自成。表銘斯地，永福含生。

政和元年辛卯夏五月壬戌朔十五日丙子建塔，功德主張靖記。民國《林縣志》卷一四，民國二十年石印本。

徐敏求

徐敏求，江寧（今江蘇南京）人，崇寧初爲象山縣令。見《延祐四明志》卷一八。

智門禪寺記

西方仙聖立開導引掖之方，俾有生就善避惡，與吾聖人之道初無以异。若其所謂無所住而生其心，夫本覺妙明者，雖百姓日用而不知，至於一切不得已而寓之於迹，俾常情卓見聞之，亦足以革非心而弭貪欲。故以清净恬虚爲禪定，以謙退柔遜爲忍辱，則知心争可得而息也；以菲薄勤儉爲修行，以窮達壽夭爲因果，則賤陋或可得而安也；以隨所作業回復償報爲地獄之説，則爲不善於幽隱之中而幸免名刑者，或知畏憚也。於善俗之政教，實亦有助。聖人因俗之善而導之，有所不禁焉，及其弊滋甚，則繒臺幔闕，銀池玉樹，以爲莊嚴當然；考鼓鳴螺，晝夜梵唄，斷指灼體膚，以爲依歸當然。禱福祈年，忘本附末，紛紛愚衆，波蕩以從，是學佛蔽蒙之徒以迷識佐其高，妄相夸脅而倡其風之過也。韓退之于唐，喟然引聖，力争四海之域，撥衰反正，不使汩爲怪焉者以爲己。則學佛之徒，不可不慎。苟非其人，必肆爲慢靡嵬瑣之行，以害聖治，爲疑政亂政之罪人。縣之西有佛院曰智門，距縣三十里，最爲佳處。先是，院僧相繼主之，姑以前後爲序，不復簡汰，殿宇蕪穢，弗除弗治，其依倚禍福而恣欺惑者，蓋不可道也。崇寧元年六月，衆請於有司，願更爲十方禪居。太守、兵部陸公，傳命廣惠首座僧曇惠、住持慧公，操孤高能其事，曾不閲月，倏然革圮陋爲梵釋龍天之宫。方袍至者，修潔盡敬，人游其地，善心以生。學佛之徒如此，蓋亦無負，土木華構不爲虚設矣。院建於周之顯德，治平中賜名爲智門，迨今始輪奂，完備禪刹，因知地廢與顯，固自有時也。其形勢雄快，足以登臨，耳目所寓，無非至教。海雲合散，空色兩無，潮浪去來，愛緣欲净。泉聲漱玉，與地籟倡和，若出廣長舌相，宣微妙言，則意此地又必有神物護持，須其人而後興焉。余宿官於此，方推行朝廷善令仁政，使海濱之人漸上道化，而慧公頗能知佛之本心，與衆爲善，蠲治塔廟，耻此爲流輩之欺惑，良昇夫迷不自識者，亦可嘉矣。懇余施一言以爲記，故樂爲之書。

《延祐四明志》卷一八。又見民國《象山縣志》卷三二。

謝逸

謝逸（一〇六八——一一一三），字無逸，號溪堂，臨川（今屬江西撫州）人。少孤，師事吕希哲，博學工文辭，善詩文，吕本中列爲江西詩派中人。操履峻潔，再舉進士不第，遂絶意仕進。政和三年卒于家，年未五十。嘗作蝴蝶詩三百首，多佳句，時人譽爲謝蝴蝶。著有《春秋廣微》《樵談》《溪堂集》《溪堂詩》《溪堂詞》《溪堂師友尺牘》多種。淳熙中州守趙燁繪其像于學祀之。見謝薖《竹友集》卷一〇，《直齋書録解題》卷一七、二一，《宋史》卷二〇八、二〇九《藝文志》，《江西詩社宗派圖録》，明弘治《撫州府志》卷二一，清同治《臨川縣志》卷三四，《宋史翼》卷二六有傳。

上高净衆禪院記　大觀二年九月

天下佳山水莫富于東南，有道之士廬其中者十常七八。彼强有力者固不可以貨取，而山川之神亦不得擅而有之，何哉？蓋有道之士得佳山水而廬之，學者皆翔集焉，而斯道不孤矣。山川之神雖避之百舍可也，孰敢擅而有之哉？茱萸山净衆禪院，蓋上高佳山水處也。咸通中，有异僧自鄂渚茱萸山飛錫于此，因得是名。其後萬載謝氏施地爲院，而浄衆之號，治平天子始賜焉。世以父子繼主院事，其徒雖被褐右袒，而行如駔儈，飽食煖衣，懷晏安之耽，而不虞牛後之禍。兹山之神陰欲奪其地以畀有道之士，如蛾赴燭，自投憲網，邑大夫李侯以其奸狀聞于府，而曹使君麗其罪于法，杖其背而黥之，一境大悦。又請于朝，以其院爲禪林，而授法席于長老順公。順公得法于大愚言禪師，蓋有道之士也。順公既尸法席，學者靡然從之，屨溢户外。順公曰：『兹山之禾黍可以穀學者之腹，而棟宇敝陋不足以待風雨，學者何所托宿哉？』于是斬木于山，礱石于江，大興工役，易其敝陋而一新之。未幾而堂皇虚明，廊廡静深。晨香夕燈，像設嚴肅，此前日呼梟擲馬、沐猴鬥狗之地也；鼓板鐘魚，如霆如雷，百夫就食，絶無履聲，此前日封羊刺豕、炮鱉膾鯉之地也；攝衣升堂，舉揚宗教，四衆圍繞，得大歡喜，此前日織屨辟纑、抱布貿絲之地也。院初無刻識，順公懼後世無傳焉，作書走臨川乞記于余。余曰：『古者禪律合爲一，後世禪律分爲二，故學禪者笑律而不知律中有禪，學律者笑禪而不知禪中有律。百丈海公禪師也，而戒行峻潔，不害爲禪；東林遠公律師也，而胸懷曠遠，不害爲律。順公固兩忘于禪律之迹矣。願以此告學者，庶幾不負曹使君革律爲禪之意。』大觀二年九月十五日記。影印文淵閣四庫全書本《溪堂集》卷七。

李新

李新（一〇六二——？），字元應，號跨鼇先生，仙井監（今四川仁壽）人。元豐七年二十三歲入太學。元祐五年登進士第，累官承議郎、南鄭丞。元符三年上書論時政之弊，崇寧初入黨籍爲邪等尤上，編管遂州。大觀間赦還敘官，宣和中累官郡佐，卒。紹興八年追贈朝奉郎。著有文集五十卷（《宋史》作四十卷）、《塾訓》十三卷、《欲書》五卷。見本集有關詩文及《郡齋讀書志》卷一九，《建炎以來繫年要録》卷二五、一一八，《宋史》卷二〇五《藝文志》四、卷二〇八《藝文志》七，《宋史翼》卷六。

長江三聖禪寺記

唐景福中，有异僧洪謹由福建來，結廬此山，驅蟲蛇，刈榛莽，稍稍增佛觀。土人久而敬之，龔重慶捐田以基寺，又益田以贍僧，爲耐久傳遠事目，寺爲新興。時唐已衰弱，凡三蜀有邦冢君、各萌僭僞，盜賊蜂起，四郊屯嘯。洪謹一囊不得着身，今覽官府，想見草間乞命。會耕發三鐵佛於閟藏中，鼓鑄精妙，當時謹師定未有見處。若到居士面前，將烈火渡過，不問覓一粒舍利，提起鈐鍾，看他三身鐵漢作甚伎倆，相與存護。乃至于今，時時放出種種光明，白毫屬天，彩暈繚體，燈炬圓鏡，離合上下，散岩谷間，捏出怪奇，疑信父老。繼無良德，寺壞不振。得今可辨，傾倒智力，化導經營，凡二十年。其嗣了居，克相役事，堂殿輪奂，樓觀飛鶱。二師之誠，鬼亦奔動，浮木於溝，拔石於地，富人達士，乃肯像土圖垣，作梵天相好。辨欲與諸人布種來世，藝豐熟之社。寺既成矣，某自錦官鑿趨寧川，枉道訪辨，辨求予記。且名山大川，凡勝處福地皆伽藍雄據。金碧未就，風雨已侵，曲房洞户，窈窕綿冪，若蜂房蟻穴，淫坊酒肆，盡在其中，然我不禁汝所造。明窗凈几，陳文列疏，支離穿鑿，分條布科，不究妙義，雖致天雨花石點頭，然我不聽汝所説。打毒塗，鼓聚那，又群唤波旬王説外道法，毁禪破律，犯戒叛道，然我不議汝所行。具爍迦羅眼睛，呈通身般若，不立言語文字，直令見性，便是二十八祖、八十一師，驗在目前，然我不問爾所見。辨公建此緣事，以何爲功？但得方袍中人，矗整衣屨，東廡西序，是個本分人，風雨有避就處，寒暑有温凉處，不必走王舍城乞食，得安穩快樂，有洗鉢趺坐處。當餘閑時補罅塞漏，扶傾立圮，爲辨繼立，不作末法魔見，兹豈辨志之耶？劫火洞燃，大千俱壞，寺亦隨去，辨能復之，則予復能記之。年月日記。文淵閣四庫全書本《跨鼇集》卷一七。

九華禪寺記

九華寺權輿，開山拓地。約賦擬中人千金之産，一列侯湯沐之奉，苦營樂施，不知何物。老師長者，無一畫篆隸可按，獨有僞蜀賜書百函在，以故不知所從來。群山逶迤，卧龍蹲彪，右揖左朝，前列如几，石矗矗若墉。行至水窮，坐觀雲起，玆古人植錫處，用意不凡。自眉往，舉武九千，涉大江。自陵往，凡兩舍。間蹊若絲，獾愁鳥悲，高者去天一握，下者及地九泉，天限殊勝，隔離風塵。其徒以律爲家，私鑿户牖若蟻穴蜾裸然，婦蠶息敗行券，責償無一法，叛俗夙傖，奸人羼名粗迹，以爲狡穴疾藪。元祐丁丑，太守楊公慶基上章叩禮部，請革爲禪，邦人講詞〔一〕，願得文禪師主法席。使者五返，然後自錦官載師以歸，緇素車騎，聯沓二百里，道他境，縣令戒候，吏惟肅。未至陵二十里，太守郊迎，吏卒負弩矢先驅，觀者如堵，舉袂生風。鉦鐃賁鏞，鐘聲嘌唄，箜篌洞簫，幡幟寶花，旃檀楓香，非雲非烟，廣列導前。師笑曰：『何關道人？』車至門，扶馬祖、百丈之規以繩下，魚鼓鍧然，趨凫峙玉，細柳號令，不識部曲，猊座傳要，北祖、南宗，杏壇、崆峒，此有遺風。載圮載傾〔二〕，爲屋六百楹，輪奐離异，斯事且置。自無始以來，我與諸人負殺盗淫罪，流浪生死，震旦國土中天佛日争，先睹之爲快哉，與諸人投入嗰僻，自曠以瞽。况今空山蘭陁，色色三昧，便有闌提，宜回心以向是，中無復摩登伽女毁戒，婆羅外道毁法，波旬王毁道，斷自文禪師始。寺有記自李某始。《跨鰲集》卷一七。

〔一〕「講」字疑誤。

〔二〕二「載」字原作「截」，據文意改。

孫沂

孫沂，號練江居士，政和時常州江陰（今江蘇江陰）人。

江陰縣壽聖禪院莊田記　政和元年九月

宋皇祐五年秋，大父瑞安府君與四明僧楚祥游，一日謂祥曰：『吾邑梵宇皆律居，擬建廣厦爲禪林，屈師肇祖，可乎？』祥曰：『唯。』即發篋金、廪粟，立木百楹，書貝文幾萬卷，雄冠吴、楚。齋蔬用度，靡弗周給。其徒洞偕董是役。祥歸鄞江，傳席于偕。遇治平詔音，錫『壽聖』額。大父不幸捐館，偕與先君議置膏壤，王母李氏悦聞，樂傾奩蓄，貿良田數拾畦，施供其衆。歲在熙寧，偕如雲岩，有海淵續燈。厥後逮崇寧末，因祥符院以泛海觀音訟，令佐命淵遷像在兹，士庶咸稱昌隆之可俟。淵休居，覬勢薦者八九人，衆議不允。時等覺大師秘源主法席吾青城，予欲召之，紊書諸名，俱授密器，取决於泛海。前三鬮而皆得源，僉曰：『然，誠慰所望。』大觀初夏四月，果趍予請。源來未久，弊陋鼎新，稚老欽崇，緇流雲會。既安之，以中匱彌憂，念兹乃懷。四年春，縣西舜城近事何瑕造丈室，願將己疇平裂奉施，乃曰：『身猶夢幻，物如泡影，此固無吝。』輒惠書契，徑具情陳于公，而田畝之數伍佰伍拾。以其年七月十二日大會僧俗，伸慶懺焉。嗚呼！吾祖基肯構者，惟我先君。或謂功德竭出一家，尤慳小惠，獨何君良悟世諦，卓然特達，豈隆殺之理，各有時歟？得非源之善化而符合致此歟？抑亦衆力之贊而成其美歟？固之興衰之自然，非人之所能爲也，鄉黨傳爲盛事。源乞記於沂，欲述祖構之因，遂從其請。政和元年重陽日，練江居士孫沂記，男茀書。莊主沙門道浚，俗主沙門慶才，藏主沙門静瑞，典座沙門道初，維那賜紫沙門惠則，監院賜紫沙門宗僅，首座禪鑒大師正自，住持傳法等覺大師秘源立石。梁溪邵詳刊。民國《江蘇通志稿·金石》卷一〇。

蕭宗貴

蕭宗貴，徽宗時宣州涇縣（今安徽涇縣）人。

宋寶勝禪院造塔記　大觀四年七月十六日

宣州涇縣冠蓋鄉花林里布前社奉佛弟子蕭宗貴與弟宗旿，并女弟子王氏十二娘、張氏細六娘、胡氏十五娘姝宗景之可闔家眷愛等，謹施浄財一百二十五貫文足，入寶勝禪院，造塔一面。構乎勛業，保乃軒庭。臻秀瑞於時新，營活緣於日益。富川流之不息，壽椿立之長芳。釁孽永沉，公私多慶。然懺塵情於萬劫，能消輪於三塗。解釋冤憎，圓成種智。無邊刹海，有類衆生，同乘般若之妙舟，共涉菩提之彼岸。大觀四年七月十六日，弟子蕭宗貴記。《搜古彙編》卷五六。

慕容彦逢

慕容彦逢（一〇六七——一一一七），字叔遇，宜興（今江蘇宜興）人。登元祐三年進士第，調池州銅陵主簿。紹聖初，復中宏詞科，遷淮南節度推官、越州州學教授。元符元年，擢國子監主簿，遷太學博士。崇寧初，除秘書省校書郎，歷監察御史、左正言、左司諫、起居舍人、中書舍人。大觀元年，權翰林學士，除尚書兵部、吏部侍郎。嘗忤執政，出知汝州。政和元年，復以吏部侍郎召，兼侍講并議禮局。二年冬，擢刑部尚書。政和七年五月，因疾去官，以通奉大夫、刑部尚書致仕。是月卒，年五十一，謚文友。彦逢受知徽宗，列禁近者十餘年，一時典册，多出其手。所著文集二十卷、外制二十卷、内制十卷、奏議五卷、講解五卷，今存《摛文堂集》十五卷。見《摛文堂集》附録《慕容彦逢墓志銘》。

香山天寧觀音禪院新塑大阿羅漢記

汝爲州，當嵩山之陽。縈帶汝水，土脉膏腴。旁近郡旱潦不登，汝輒豐稔，以故民力優裕。地左許右洛，南襄北鄭，而非舟車衝道。賓旅自遠至，視其閭里，愉愉舒緩，謂之樂郊。然僑寓者多晋人，習尚儉嗇，室宇僅蔽風雨，不厭庳陋。車馬衣服，大率稱是。而獨崇信鬼神，祭奠獻施，無所吝惜。其奉佛尤爲勤至。雖五代干戈擾攘，日不暇給，而境内禪刹，號古道場者三四。其名僧機緣，見於載録者，踵相躡也。香山寺在郡城南百餘里，唐宣律師嘗授之天人，以是爲觀世音菩薩化身之所。士民重趼瞻禮，罔有虚日，竟有祈禱。佛光見前，或小或大，或遠或近，或多或寡，合散轉移，不可測度，乃至見於大雨霧風雪之中，其靈應顯异蓋如此。大觀三年，住持比邱法成謂其徒曰：『兹地殊勝，邦人欽奉，而像設故壞，散列於埃壒之下、網絲之間，四方來觀者生慢易，不可不易。』乃命工造夾苧縷金大阿羅漢十有六，從侍十有四，龕帳供器皆備。費凡三百萬，出常住瞻衆之餘。間有助緣者，初未嘗干丐也。四年秋，設齋慶成，有光見於塔頂，經數日乃散。嗚呼！色見聲來，釋氏以爲邪道。至莊嚴布施，則又以爲必若是，然後爲信心。成師有得於宗乘者，於此宜辨其説矣。然今天下山林勝處，皆建道宇佛祠，而佛祠尤盛。如香山光景效靈，又天人顯告，見於宣律師傳甚詳，非他叢林比也。成師方舉揚真諦，而不廢土木之飾，此非徒然，爲演其意而説偈言：

諸佛之示見，如彼水中月。影隨沾潤生，豈復有量數？群生欲見佛，亟以聲色求。如攫水中影，圓明散何有？莊嚴具百寶，佛子所當知。閔兹迷妄心，方逐萬境轉。瞻言一念起，如土布嘉種。因緣能發明，長養至成就。香山勝妙地，觀音嘗降身。精廬聳摩雲，神物陰護衛。士民輕千里，聞所聞而來。佛光應宵矚，贊嘆世希有。復睹像設姿，樂説無窮盡。有如展轉間，咸發歸依誓。不思議功德，上以贊宸躬。遐算等乾坤，萬邦均慶賴。清光緒二十三年武進盛氏刻本《摘文堂集》卷一二。

焦積

焦積，晋陽（今山西太原）人。政和間曾任京兆府高陵縣主簿。見所作《西山治平莊帳記》、雍正《陝西通志》卷五四。

西山治平寺莊帳記　大觀二年五月

物之廢興，雖係乎數，而事之理亂，實由乎人。西北距太原城二十里，有詔以『治平』名其寺者，即古并之雲溪也。道人隕公嘗居焉，有能詩□，頗爲搢紳先生所推重。陳文惠之鎮并也，□□□□，□賁山谷，由是檀施交至，就座之徒晨暮參請，惟恐其後。逮隕公没，數十年間鼓板鐘魚寂寥不嗣，我有田疇，他人是保，頽垣壞屋，僅有存者。中有義永，落髮未幾，爲衆所推，遂主其事。義永雖文藻□逮隕公，而業履精進過之，盂衲之外無餘資，所謂拾枯松、煮瀑布者也。復故起廢，殿宇屹然可觀。嗚呼！余之所謂事之理亂必由乎人者，豈不信哉！然執券誅負之家未盡去門，而其徒已有誣告者矣。邑大夫張公神明其政，乃曰：『義永之幹局，豪户之兼并，吾與聞之矣。』遂首正其罪，仍以狀聞帥庭，盡根括舊産以付義永，又命刻石以志之。余既嘉義永之能嗣家風，又喜吾邑大夫之政，雖深山窮谷之中，幽微必燭，因援筆記之而無辭。大觀二年五月望日，晋陽焦稹序并書。《山右石刻叢編》卷一六。

尹修

尹修，紹聖時免解進士。

岷州長道縣壽聖院六級寶塔記　紹聖三年六月

粤若龍宫勝事，愛藉□□，□刹良因，實資衆力，非大檀越其能成乎。故我石像菩薩現靈□□，示塵勞，運神通，以破聾聵。聞者見者，皆起信心；或智或愚，悉依正覺。是以宸極賜名，寶構俄峙，岌岌華址，巍巍巨基，不有斯人，熟興盛迹？此王君所以深奉其教，而能成就寶塔者也。然圓明實□，非相之可觀，故清净法身，非形之所諭。即心返照，法譚昭然；認境迷聲，去之遠矣。蓋念修□證之果，積習者佛之因。慧燈之明，萬惡自破；法雨纔布，群疑已亡。如登高山，起於□步，跬步不已，其高可至。如爲植佳，起於毫毛，毫毛不已，其大□□。菩提之果，并復如是，積而不倦，何所不到邪！而謂無修無證，無果無因，放之自然，亦非通論□□既已學吾聖人之道，而又能仰遵釋迦之法，佛之與儒，其名□□□而其道未始有□；迹則异，而其歸未始不同。苟造理以深□□□明仁義者終身之原，□身是爲戒行；盡性者□□□之要，悟□是爲禪定。□本不二，人皆自迷，儻得諸心，何有諸方□邪！紹聖三年六月十□日志。《隴右金石録》卷三。

李桓

李桓，大觀間爲新秦臺理曹掾，宣和中爲邢臺邑宰。

重建三明寺記　宣和三年六月

宣和二年秋，證悟大師□兩來謁於予曰：『三明寺舊有行香大殿，近以水壞，棟宇圮没，今願再有建焉。』太守錢公既可其請，乃即舊址經營，將底於成，屬予以記其事。按圖經：巨鹿縣本《禹貢》大陸之地，更漢、晋、後魏置縣不同。隋於南縣故城改置巨鹿，開皇十年置三明寺。旋以盗賊、民庶僭居，寺遂廢。唐貞觀元年，以縣屬邢州。十四年建寺於舊地。後因水患，人不奠居，寺亦隨廢。垂拱元年，徙舊縣於東南十有一里之新城，乃今邑地。有釋智良與其徒行湛、智達、希寂、善林、大辯乞地創立，逮天寶十有二年，寺始就緒。粤有大殿，正居寺地之中，南向有塔，旁有廊廡，而以衆院環列於外，雖其瓦木之類移自舊城，而此殿之建，自此地始。國家重熙累洽，以迄今日，聖天子在御，百度具舉，庶政維新，四海肅清，人物繁阜。天下之民無有遠近，沐浴加惠，莫不謳歌鼓舞，願祝天子萬年之壽。由是郡邑梵宇，務加修崇。於時天寧，邑之官屬與其士庶，啓建道場，仰祝聖壽，獨就此殿，遂名曰行香大殿。大觀二年秋河決舊堤，流行邑中，寺之所存，塔與羅漢閣爾。水既東下，退淤之地，高餘二丈。政和五年，既浚邑，證悟來自邢臺，以上主院舊嘗受業，刻意完葺。凡六年，殿有堂有庖有室，率其法眷居之。嘗語於衆：朝廷廣闢净土，崇飾精藍，所以使人遷善遠罪，期有補於世也。我輩皈依法門，務廣真教，上報天子之恩德。大殿之役，尤不可緩，惟工用浩大，建立爲難。乃携錫持鉢，之磁、之洺、之北都、之慶源，隨其多寡，乞諸民間，巨細之材，不累月而足。因其近便之地，鳩工聚材，置場於邢臺沙河南和平鄉，采石於堯山。方冬盛寒，水涸路夷，牛牽人挽，車相屬者數百兩。材石既集，土工繼興，遠近翕然，樂爲就工。越今年二月丁卯建木，而落成於六月之丁未。殿崇六十有五尺，其修七十有二尺，廣八十有四尺。規模宏壯，氣象高爽。有輪奂之美而不溢於華，有敦厚之勢而不入於陋。揭其名曰『妙嚴』，蓋以至妙之理而致事佛之嚴也。塑迦藍、釋迦、彌勒佛於殿中，文殊、普賢、日光、月耀菩薩於左右，列圖天官内院六事，因行西方净土九品化生於東西壁，以至三千化佛、十萬菩薩、十六羅漢，各以其類，炳然見於繪色之圖。有先有後，若相界付；有因有果，不妄分别。有先御衛護之儀，有演説聽受之意。自無有法相形之於有相，究無所從來名之於如來，其理至妙，其法至嚴。觀其棟宇張大，象貌岩岩，君子廉之，必以自存，知善之不可不爲；小人過之，必以自悔，知惡之不可不去。於以尊君報上，而致華封之祝。則名殿之意，不其韙與？予被命爲邑，始至之日，以民居未復，城廓未完；田野雖闢，疆界未盡明；桑柘雖茂，林木未可用。遽興此役，當嘆其難。而證悟以戒行素服於人，四方檀越，欣然附之。其立意甚堅，其成功甚敏。遂采前世興廢之迹，與其置殿立名之意書之。宣和三年六月十五日。同治《畿輔通志》卷一八二，民國二十三年刊本。

韓　韶

韓韶，政和中爲承議郎、管勾成都府國寧觀。

隨州大洪山十方崇寧保壽禪院第四代住持淳禪師塔銘 并序〔一〕 政和八年

甚矣哉，道之難明也！分宗列派，所以互揚隱顯，而彼我之論紛起；迴途轉位，所以妙叶理事，而同异之説熾。然趣真者滯於空迹，涉俗者汩於緣塵；履踐相應，絶念而游，抑又何其難也。有導師出焉，虚而不疑，照而常寂，言行無玷，内外一如，自利利他，曾微間斷，先洪山淳禪師是也。師諱德淳，俗姓賈氏，劍州梓潼縣人。自幼不喜葷辛，依縣之大安寺出家，年二十七祝髮受具禮，道凝上人爲師。初即講席，探究教典，頗通義學。既而幡然改曰：『名相累，如泥塗泥足。』乃拂袖游方，遍參知識，歷大潙真如喆禪師、寶峰真浄文禪師、大洪恩禪師室，皆承奬。待後至大陽訪道楷禪師，今沂川芙蓉老人是也。一見師，器之，老人垂示，但云『退步就己，萬不失一』，又云『空劫承當佛未出世時體會』，師忽妙契，由是迴超根塵，頓忘如見。老人後住大洪，命師立僧學，識威儀，爲衆標表，峥嶸道望，推重一方。崇寧三年甲申，王公信玉按刑京右，雅聞師名德，乃徇衆，願請住南陽丹霞山天然道場。將行，老人歷以佛祖傳法偈及諸家宗旨因緣勘辨，師應機響答，焕若冰釋，老人尤嘆异。丹霞叢席久廢，先時圓明大師住持，宗門軌範稍復舊貫，至師乃大振起之，雲水高人風聞輻輳。師於是益闢田疇，繕室宇，以廣延納。事爲之制，條端有倫，一衆蕭然，安禪静慮。山中素闕典師，啓意導化，曲盡經營，迄至有成，靡不蒙益。南陽之人每歲來會，奉持齋律，悟明性宗者莫可殫計。環山十餘里，葷辛不敢入，雖邑吏田夫，猶能漸漬陶染，遷善遠罪，以順師教，况服膺至道者乎！如是旬歲初終不少懈，人根浸熟，祖令宜振。乃辭疾退居於唐州大乘山之西庵。有泉若醴，得於庵之前，汲之不竭，殆爲師而出也。政和五年，隨州太守向公再請師住洪山保壽禪院。院經回禄之後，巍峨雲構，化爲荒墟；師至悉力營繕，增壯於前，逾年之間，復就者十七八，衲子依投，衆幾五百。方緣盛道廣，七年丁酉春，示有微疾，三月十日忽謂侍僧曰：『勿復進藥，時將至矣，安可久留！』翌日書偈云：『來亦無言，去亦無説。無後無前，一輪明月。』是夜五更，僧正覺至問訊，師乃云：『我當自在去矣。』良久，端坐而逝，世壽五十四，僧臘二十七。度弟子悟興等四十三人。嗣法出世者二人：利昇，今住唐州大乘山普嚴禪院；慶預，今住隨州水南太平興國禪院。有語録、偈頌、頌古四卷行於世。師没後八日戊申，門人奉全身建窣堵波於山之南恩禪師塔右，緇素戀慕，雲物哀慘。師平生道行孤潔，貌古而氣和，心真而言厲。韶昔自潁川訪師於丹山，每言吾今生以來未嘗敢造業，當知業不可造，爲患甚深。蓋師自齠齔，立志超邁，擺脱塵勞，及趣空門，勇猛堅定，卓爾不群，可謂真丈夫矣。其操行也深，其見法也徹，以忘機爲化本，以離識爲宗通，故能妙倡偏圓，傳持曹洞，使沂川之道，光焰烜赫。至於接物度生，慈悲懇切，殆忘身以徇之。而住壽若此，弗克永世，兹所以望失群生而悲摧法梁也。韶夙荷獎提，慚微報稱，門人見屬以銘，義不得辭。銘曰：

正法眼藏，孰敢擬議。普應群機，不受一切。大哉師宗，曠然絶謂。了無所了，味兮忘味。師生潼川，岷峨秀氣。善則門開，遍參方外。别有雲山，妙高聳峙。針芥投機，空劫神會。水霜一色，水乳相契。理事兼融，體用無滯。愍諸迷津，悲願洪誓。兩座道場，無説顯示。虚舟以游，應緣絶意。龍象攝伏，遠邇咸至。甘露法雨，普沾庶類。言發成章，乃其餘事。拈出古今，頌明宗旨。白雪陽春，遠繼投子。茫茫群生，巨川將濟。洪浪滔天，慈航忽逝。惟其不没，清風垂世。嗣有顯德，宗風未墜。白雲卷舒，青山秀异。我銘師塔，忱辭無愧。《湖北金石志》卷一〇。

〔一〕題下原署：『承議郎、管勾成都府國寧觀、賜緋魚袋韓韶撰。』

周行己

周行己（一〇六七——？），字恭叔，永嘉（今浙江永嘉）人，學者稱爲浮沚先生。十七入太學，有盛名。風儀秀整，語音如鐘。元祐六年登進士第，崇寧中官至太學博士，以親老歸，教授其鄉，發明《中庸》之旨，邑人始知有伊洛之學。大觀三年，以師事程頤罷歸，築浮沚書院以講學。宣和中除秘書省正字，卒於鄆。有文集凡十九卷。見本集《上宰相書》，《直齋書録解題》卷一七，《宋史翼》卷二三。

閑心普安禪寺修造記

孔子曰：『十室之邑，必有忠信。』吾于小溪得僧顯琛焉。小溪蓋隸于温州，東逾嶺陸行三十里至陶山，自陶山江行五十里至瑞安縣，由縣乘平河北行七十里至州。居民遠僻，依山生活，地褊艱食，苦作以自給。故其民敦重信義，愛惜生理，不肯爲鬥訟以干州縣。琛處其間，和樂慈惠，信于一鄉。鄉人愛而不狎，敬而不疏。熙寧九年，吾家始得吉地其鄉，爲一壙，與琛之居相望，蓋所謂閑心普安禪寺者是也。由寺而南，循山西行三四里，是爲周灣，吾祖葬焉。由寺而南，渡溪西南行四五里，是爲燥原，吾母葬焉。周氏子孫歲時來省二墳，必見琛。琛護視二墳不以利焉，而以初吾祖父葬時，祖母年已高，嘗語琛曰：『婆子亦不久于世矣，他時殖骨此土，幸歲時臨視，以慰幽魂。』越數年，吾祖母果弃養，遂以合葬于祖父之墓。琛能不忘其言，凡時節朔望，必與其徒設香果茶湯，雜作佛事墓上。鄉民因之往來奠謁，游觀不絶，至今數年，遂爲故事。而琛每至墓上，與周氏子孫數數泣下，蓋天資仁慈人也。元祐八年〔一〕，某侍親歸省墓下于是，蓋去鄉里仕于王朝者已十數年，而琛年方六十餘，尚强壯無恙。訪其居，非昔之比。琛揖吾父子，由新路登白雲亭，循坂而上。入門，又循西廡，觀僧堂，登方丈，覽左右軒。復下循東廡而南，視厨倉庫院，觀新鑄鐘，訪其弟子道珂之室。琛曰：『是皆顯琛與道珂十年之勤。昔之敝者更新矣，昔之庳者更崇矣。今之所完，昔之所缺者也；今之所有，昔之所無者也。居者獲安，而游者起敬。以示後人，可無述乎？且琛也老，幸可以休。珂才能主寺事，珂不敢以辱尊公大筆，敢屬之吾子，以幸吾門。』嗚呼！是不可以無述也。惟琛之慈惠，故人之從也悦；惟珂之强敏，故事之成也易。彼其完且有矣，亦既崇且新矣，而琛也獨能不居其成。雖曰未學，其違道不遠矣〔二〕。故吾以謂慈惠者德也，强敏者才也，不居其成者道也。合是三者，舉而措之天下無難矣。是爲述。影印文淵閣四庫全書本《浮沚集》卷四。又見民國《瑞安縣志》卷七。

〔一〕元祐八年：似誤。按作者元祐六年登進士第，下云『去鄉里仕于王朝者已十數年』，不合。

〔二〕違：似誤，疑當作『違』。

净居寺蓋造文

永嘉名郡，圓機故廬。開山五百年來，受業一千餘衆。莊嚴冠于二浙，焚修聞于四方。爰有名代之宗師，實爲此邦之福地。昨因天數，忽遘火災，雲侣星奔，宫竇燼委。星霜之變，將及于歲周；土木之功，罔聞于檀施。某等屬以衆緣，建請使檄來臨，俾爲勸導之人，辦此興修之事。必資巨力，共集勝緣。此生他生，同成于佛果；若男若女，各發于好心。《浮沚集》卷六。

閑心寺建藏院過廊文

不爲之爲，應時而造；能舍難舍，作佛最親。廣大聖經，藏輪已具；莊嚴佛土，廊宇未周。時節因緣，有不獲已。檀那布施，必所欣聞。願發大心，共成兹事。《浮沚集》卷六。

閑心寺置經藏文

金人闡化，粵自西乾；白馬傳經，始于東漢。厥後流通彌衆，逮兹翻譯滋多，并合諸家，共爲一藏。皆是傳心之要，悉明成佛之方。凡我學徒，必勤修證。舍諸經教，何所依歸？闕然貝葉之文，虚此寶華之藏。敢求信士，共集大緣。儻發虚心，請垂芳字。《浮沚集》卷六。

釋法倫

法倫，崇寧間亳州蒙城縣興化寺僧。

興化寺任和修塔記　崇寧五年二月

大宋國亳州蒙城縣石山鄉曹村保居住清信奉三寶男弟子任和，并妻楚氏，有一男任誠，遂啓願心，管修興化寺寶塔第十一級。功緣了畢，集斯勝利，上祝皇帝聖壽萬歲，文武官僚禄位高遷，雨順風調，萬民樂業。伏願家門清吉，保慶平安者。具眷愛姓名如後：任和并妻楚氏；男任皋，妻范氏；次男任昱，妻朱氏；任誠，妻胡氏、劉氏；男馬僧兒、五十哥；女二姑、五姑、七姑、八姑、十一姑；任初，妻張氏；孫男任譔、任政、任元，張氏、蔣氏；楚貴，妻楊氏；馬慶，妻任氏；陳靖，妻魏氏；陳淵，妻任氏；曹誠，妻劉氏；曹坦，妻劉氏；張氏，男王用。崇寧五年二月日，功德主僧法倫記。同修塔功德主孫温、副功德主張文立。住持賜紫沙門智先。《文物》一九六五年第五期。又見民國《安徽通志稿·金石古物考》卷一五。

汪革

汪革，字信民，臨川（今江西撫州）人。登紹聖四年進士第，執教於長沙、宿州、楚州。蔡京當國，欲得名士附己，以周王宫教授召，辭不就。年四十卒。革爲吕希哲所知，與其孫吕本中尤莫逆，而一時名士如張耒、陳瓘皆愛敬之。傍溪築室，名青溪堂，學者因稱青溪先生。著有《青溪類稿》《論語直解》行世。見《新安文獻志》卷七七《青溪汪先生革傳》。

水梁羅漢院鐘樓記　元符二年六月

水梁羅漢院鐘樓，上饒毛君超所建也。經始于紹聖丁丑，落成於元符戊寅。主僧本靖語於余曰：『富商巨賈，逐倍蓰之利，鼎食擊鐘，上埒封君，豈與菜色齊梁談仁義而長貧賤者同日語哉！然有意於吾道者百無一二焉。』毛君少得計然金穰之術，伺時豐凶，權物價之低昂而操其奇贏。妻劉氏善會計，又能相其夫，以殷富。今徙家臨川，築室於靈谷之陽而老焉，與水梁鷄犬之聲相聞也。一日毛君過本靖，入其門，見佛像歲久埃壒黴蝕，君曰：『吾當飾以黄金。』升其堂，見棟宇宏壯而未加藻繪，君曰：『吾當飾之髹丹。』後果如其言，本靖心固知毛君有意於吾道也。自此每來，必彷徨終日而後去。先院有鐘樓，頹毀弗治，岌岌然將壓焉。本靖笑謂君曰：『樓壓矣，鐘獨存耶？』君曰：『吾念及此久矣，行爲師新之。』捐七十萬錢，如弃涕唾。信乎毛君有意於吾道也，不然，何輕財好施如此哉？予謂本靖曰：『師之言辯則辯矣，而未大也。今予以天地爲車，日月爲輪，四時爲馬，凝始挽輪，鴻濛執御，運元氣而俯視，六合之内，種種萬象，皆吾橐中物也。然後挈而施於無何有之宫，俾温伯雪書其事，若是則有意於師之道耶？無意於師之道耶？』本靖竦然起立，茫然若有失，闖然欲言而不得也。遂書以爲記，使歸而刻石焉。元符二年六月望日。同治《臨川縣志》卷一八。

李俊

李俊，大觀中宣州宣城（今安徽宣城）人。

涇縣寶勝禪院造塔記　大觀二年十一月

宣州宣城縣仁義鄉下橋西社城内厢鼓角樓前，居住清信奉佛弟子李俊與孫文聰、仲孫愈真、新婦鮑氏六娘，孫李氏一娘、李氏二娘、李氏三娘、李氏四娘、李氏五娘、李氏六娘、李氏七娘，孫媳婦方氏六娘等，竊願爰從曩世，深植善根，不昧正心，續因今果。于是闔家骨肉，同啓誠心，特捐净財一千貫文足，恭詣奉國寶勝禪院建造寶塔十三級第二層。所□殊利，祝延今上皇帝聖祚綿長，文武官僚俱增禄位。然願李俊見居眷屬榮富壽于永年，倉庫豐盈，盛家緣于百世。懺滌多生罪垢，解釋積世愆雠，并願銷鎔，俱憑洗雪。更冀善芽增秀，道果敷榮。當來彌勒下生，同聞記莂，先亡久逝，净土往生。面奉阿彌陁，耳聆無上道。無邊法界，含識俱沾。種智之因，盡未來際，冤親同出輪迴之苦。謹願。維宋戊子大觀二年十一月初七日記。民國《安徽通志稿·金石古物考》卷一五。又見嘉慶《涇縣志》卷一二。

程邁

程邁（一〇六八——一一四五），字晋道，徽州歙縣（今安徽歙縣）人。登元符三年進士，崇寧中累官至發運使。宣和三年，除直秘閣。建炎三年，授起居郎，充集英殿修撰、福建轉運副使，守太常少卿，命檢正諸房公事。四年，知福州，遷徽猷閣待制。紹興二年知温州，改知信州。八年，爲江淮荆浙閩廣等路發運使。九年，知鎮江府，尋升徽猷閣直學士、知饒州。十一年，以顯謨閣直學士再知福州，充福建路安撫使。紹興十五年卒，年七十八。著有《漫浪編》五卷、奏議啓劄三十卷、《止戈堂詩》一卷。見《宋會要輯稿》職官四二之三二、選舉三四之七，《建炎以來繫年要録》卷一九、二八、三二、三三、五八、一二〇、一二五、一三一，《程公家傳》（《新安文獻志》卷八四），《程邁傳》（《新安文粹》卷七），《宋史》卷二〇九《藝文志》八。

重修涌泉寺碑　紹興十二年五月

鼓山白雲涌泉寺肇始於朱梁開平，定慧國師神晏居之。自晏至今，更住持二十有五，歷年二百二十有四。真宗皇帝在御之二年，始賜院號。紹興乙卯，福唐大旱，斗米千二百有奇。主僧法勛負積券一千六百萬錢，謝事而去。前帥給事張公遷乾元長老士珪董院事。珪以儒生弃緣，早見龍門佛眼禪師，神機默契，得大自在解脱法。貫穿經史，下至諸子百家之説，可與論古今天下事。得檄之夕，負囊以發。平日交游，多一時賢士，黎明交至，問以所闕，瞬息之間，無不辦事。於是大敞覺林，四方衲子争先以趨，有江左廬山盛時氣象。珪方一寢食，均勞力，汲汲行道，啓迪後學。安僧衆堂敞甚，議大新而增廣之。明年，更修五百羅漢閣，下闢三門，傍通兩廊，翼以隨閣，儼然有飛走之狀。又明年，創前資涌泉寮。猶以爲未也，乃於己未歲復立老僧閣，以處高年。恐或遺於後進，化募五千緡，設致長生度僧會。以其餘錢三百餘萬結石爲路，以便行。又明年，大建法堂，規模雄大，幾冠天下。予兄昭遠喜而爲之書額。復出其私，造十方住持之塔。辛酉，修白雲老宿窗以待觀覽，以奉耆舊，而病者之居，受業之室，亦莫不鼎然一新。顧視古佛大殿壯實不撓，姑易其棟而整頓之。凡費錢九千六百餘萬，不待勸率，人争以施。山中常産瀕江，率在洲渚，浮沙聚散，出没不一。歲輸納有司最重，所得不償費。分遣徒屬窮治淪没，整整有緒，圖籍具存。住持六年，而内外大小無不備舉矣。夫天下事每成於至誠，危者可安，敗者可成，難者可易，天理默通，猶如反掌。若非至誠，則人於此不生信心。信苟不生，何以感格？又安能有成之敏速若此哉？予觀珪之施爲，慊然有感於心也，於是輟公家之餘，親爲之記。紹興十二年五月望日，顯謨閣直學士、左中奉大夫、知福州軍州事兼管内勸農使〔一〕、充福建路安撫使、馬步軍都總管、文安縣開國子、食邑六百户、賜紫金魚袋程邁撰。住山傳法沙門士珪立石。《鼓山志》卷七，乾隆刻本。

〔一〕勸：原作「觀」，據文意改。

王詢

王詢，大觀間涇縣（今安徽涇縣）人。

寶勝禪院造塔記碑　大觀二年九月

上闕悲願力闕四字輪王即能遠至，永不淪墜，速得成就圓滿無量性相功德。遞相度脱，接引至無畏處，而用回施法界。一切衆生，願成佛道，虚空無邊，法界無盡，而我願心亦復如是。謹願。維宋大觀二年戊子歲秋九月戊申朔，清信奉三寶弟子王詢，與弟王昂等永記。嘉慶《涇縣志》卷一二。又見民國《安徽通志稿·金石古物考》卷一五。

文軫

文軫，綿州巴西（今四川綿陽）人。登元豐二年進士第，爲朝散大夫以老。著有《信書》三卷。見《文獻通考》卷二〇九。

綿州開元寺石像記　大觀元年冬

大觀元年冬，與表弟朝奉郎李益侯聖舉、通直郎李仲侯君宜，往開元寺觀先輩郡守李同叔所建水閣院。北岩觀唐時令狐文軌施造經像〔一〕，極工緻。嘆其歷會昌以來，漸黯淡，遂醵金彩繪，焕然生色。朝奉大夫文軫記〔二〕。嘉慶《四川通志》卷四三。又見同治《綿州志》卷二八，民國《綿竹縣志》卷二。

〔一〕觀唐時：同治《綿州志》、民國《綿竹縣志》作『貞（正）觀時』。

〔二〕此句原無，據右引補。句中『文軫』原作『文軌』，殆涉上而誤，據嘉慶《四川通志》所述改。

何安中

何安中，蔡州（治今河南汝南）人。政和中爲刑部員外郎，宣和初任開封府司士曹事。見《宋會要輯稿》禮五七之三一、職官六九之二及以下所收文題署。

虎丘第十代覺印英禪師塔銘

淮泗之上有古塔廟，曰普照王。自昔常用大浮圖有宿德妙解、聲振叢林者爲長老，以奉香火。崇寧二年，虚長老之席，中都左右浮圖官衆皆以寶寧覺印爲言。於是傳旨，自金陵詔師居之。普照據諸夏之咽，釋梵所會，而摩尼瑶光之名垂耀四裔。舟車冠蓋閭巷之人，凡道泗往來，以齋祓乞靈塔下，退造師席，而爲飯香積、談不二，皆大歡喜，得諸饒益而後去。抑嘗聞其徒以謂師在普照屢閱歲，平居與男子言不離忠孝，與女子言不離慈順，與離世异俗學道之士言不離空寂，隨其根性利鋭淺深，示以方便。故人人歸信而師名益高，道益廣，户外之屨益滿矣。蓋菩提一乘嗣達摩本統，曩日仰山偉公、洞山文公、栖賢遷公皆提心印，先覺一代，見師眉宇，即推法器。至是機緣圓熟，所遇無作。正猶儒家前輩典刑既存，又經題品，雖言論風旨初未傳聞，而袖手正容自能悟物者也。其所住持，如澧陽之夾山，荆南之公安、二聖，廬阜之羅漢，太平之隱静，與夫保寧普照、水西瑶勝，平江之福昌、雲岩，皆天下名藍勝域。又嘗遁迹藥山，散策少室，在在處處，惟爲未度而作舟筏，惟爲已迷而作指南。所以筌罤之在，學子與竺乾貝葉并行於宗門矣。師七十二歲，五十二臘，一日，坐堂上，鳴鼓集衆，示以滅期。告大弟子智通、法寧等曰：『吾生去住本無後前，而我滅後所付囑者，護法勤道，無愛軀命而已。』暨營龕塔、具僧供，俾勿火其骨，葬于東庵，皆委曲自區處。徐就沐浴，説偈趺坐，如入禪定，倏然而逝。時政和七年七月十四日也。宣和辛丑，通始狀師前躅，與門人罄宜、道淵來謁銘，而余知師爲詳。師名子英，姓懷氏，號覺印，錢唐人。其母自孕不能茹葷，既生，質相卓异，不類常兒。年十五，挺然有拔俗之氣，從長老希言出家。又五年，落髮受具，遂往游方，得法於圓通秀公。先時，師未有省。一夕，夢白衣大士携琉璃瓶，扣以錫杖，聲泠泠如引絲，復注瓶水與飲。自言夢中若甘露灌頂，下爲冰雪，凜毛骨而驚，自是豁然。乃復見秀，秀印可之。故嘗謂：『得吾法者三：曰珣，曰白，曰英。珣、白皆行師道，惟英异日行道超師。』當時或者頗未相然，惟汝南周公秩素深《般若》，以謂頃見師於夾山，雲集百餘衆，解夏餘年，無一人起者。比丘綱維與堂中之士，無一人不摳衣問道者。而通復言，自出世，坐大法會者九，而會如夾山且盛焉。執巾匜、奉杖屨，得度二百五十餘人。説法三十餘年，尤喜室中提撕後覺，軟語諄諄，父教子、兄詔弟也。所謂『超祖』，殆以此歟。常齋惟飯一鉢，蔬蔌鹽酪，悉屏不食。冬夏衣葛與□□□。鬚髮長數寸，目光炯然，植立望之頎秀深静，如古圖畫中高僧老禪在岩壁者。燕居律身甚嚴，與物甚周，蓋爲吾書所以『度已以繩、接人用枻』之説合焉。至於建設、崇飾、調護種種有爲等事，則悉是覺印境中塵埃秕糠，姑置不道。一世賢士大夫聞其風而願識，皆尊禮之。故師高蹈山海而錫虎與服，出應諸方，皆士大夫所俎豆辭畏壘之視而不得者爾。余識師最晚，情最親。始見於水西之瑶勝，又見於虎丘。每見必款，既款必相警。發其語則始於爲善，且謂余可適道也。是後出游六七年，謫官居吴，塵勞世役，纏繞摧敗，欲復見師一洗心地，而師寂已久。是時通老方嗣法席，扶教洪道，名并其師。暇日，余過雲岩，訪通，詣東庵，吊師道像，興懷夙契。噫嘻！覺印果與其不傳者死乎？而林霏自新，山月無恙，境猶昔也。果不死乎？蒲團竹几，濛漫蛛絲，而問無應也。通曰姑銘，於是振衣稽首，系以詞曰：

我有善知識，得佛無上慧。廣開不二門，應緣而住世。化身諸刹土，刹刹皆説法。師説無所説，孰問孰與答。昔於瑶光前，對佛談此事。彼佛爲證明，雨天曼陀華。八部諸鬼神，宰官及居士。一切有情衆，無一不聽者。億劫熱惱心，如以甘露灑。雖聞其音聲，而實常默然。佛謂諸佛子，各各具正眼。顛倒所散遷，正覺懵無有。忽然有本源，初未有增減。譬如遺珠人，不悟我所有。求珠而復得，便謂我得寶。師於菩提座，維此真實語。廣大無邊方，爲人所歸赴。門庭及室宇，道路及津梁。種種善方便，悉以慈悲心。如鴻鐘在虡，小大扣皆應。又如萬竅風，了不見作止。木石而草衣，莊嚴作佛事。是皆有爲法，不能見吾師。算數周沙界，譬喻周大千。是皆下劣想，不能見吾師。吾師空中雲，幻滅了無迹。明明三界中，一燈常遍照。我以思惟心，謂師難值遇。三匝繞師塔，贊嘆復悲涕。以我綺語業，作銘爲懺悔。開封府司士曹事何安中撰〔一〕。《吴都法乘》卷五上之下。

〔一〕封：原作『府』，據《宋會要輯稿》職官六九之二改。

釋惠洪

惠洪（一〇七一——一一二八），又作慧洪，字覺範，易名德洪，號寂音尊者，又自署老僊、甘露滅，筠州新昌（今江西宜豐）人，俗姓喻氏。年十四，父母并殁，從雲庵克文等學出世法。十九歲試經東京，得度，假惠洪籍爲大僧，能通《唯實論》。服勤四年，南歸廬山依克文，又隨克文遷洪州石門。崇寧中，與陳瓘、張商英、黄庭堅等游，主臨川北禪院，遷金陵清凉寺。大觀三年秋，以僧控冒籍訕謗，入制獄一年。張商英、郭天信爲奏得免，并許改名德洪，賜師號。政和元年十月，張、郭被黜，坐交通二人，詔奪僧籍配海南。三年五月被赦還。次年復被拘於并州獄，久之乃得釋還鄉，野服往來九峰、洞山間四年。後又爲狂道士誣爲張懷素黨人，坐繫南昌獄百餘日，會赦得免，居湘中。靖康中，許還僧籍復舊名。建炎二年五月卒，年五十八。惠洪博學强識，工詩畫，有名於世。著述甚豐，今存《法華經合論》《楞嚴經合論》《臨濟宗旨》《智證傳》《禪林僧寶傳》《林間録》《石門文字禪》《冷齋夜話》《天厨禁臠》等。事迹見本集卷二四《寂音自叙》，《五燈會元》卷一七，《僧寶正續傳》卷二等。

潭州大溈山中興記

崇寧三年十一月，大溈山密印禪寺火，一夕而燼。住持僧海評移疾，郡以子方者繼焉，未幾而弃去。寺規模宏大，而經營者非其人，歲移三霜，纔辦法堂、大殿、寢室而已。然又苟簡，齋庖垣廡皆未具，上雨旁風，無所蓋障。故禪學者分處山間林下，蜂房蟻穴，百丈大雄之風，陵夷至此極矣。大觀三年，潭帥曾公孝藴聞之，曰：『溈山，南國精廬之冠，非道行信於緇衲，名譽重於縉紳者，莫能振興之。吾聞天衣懷禪師，在嘉祐、治平之間，五遷法席，皆廢殘荒寂處，而懷能幻出寶構，化成禪叢。今空印禪師軾公者，蓋懷四世之孫，而吴江法真之嗣，方説法於廬山之下，學者歸之如雲，挺然有祖風烈，當能整大圓真如已墜之網。』於是厚禮遣人致之。越明年三月，空印來自歸宗，山川改觀，叢席增氣。登殿拜起，周顧太息，曰：『冠世絶境，大佛應迹，而殿宇卑陋，堂室狹小，何以嚴像設而致吉祥，震潮音而集龍天哉？』皆廣其基構而增修之，使其壯麗稱山雄深。傳曰：『鐘聲鏗鏗以立號，號以警衆也。』寺鐘不足以光焰四海，選佛來者。於是聚銅神運倉之下，穴山爲爐，鐘成萬斤，塗以黄金，建閣館于殿之東廡。佛菩薩之語藏於龍宫，傳自五天，學者所當盡心，所以資智證之妙，而盡細微之惑。即室五千軸者，藏於殿之西廡。又明年，增廣善法堂之後爲雨花堂，含風而虚明，吐月而宏深，夜參既罷，繽紛滿庭。自兩廊之左，繞以復屋，建庫院，所以總庶務也。自祖龕之右，翼以修廊，建堂司，所以牧清衆也。又明年，重修僧堂，廣博靖深，冬温夏凉。曰僧者天人之福田，佛祖之因地，十方如來同一道，故出離生死，曠野深山，聖道場地，皆阿羅漢所住持，世間粗人所不能見。既以廣延其所見，則所不見者敢不敬乎？又刻五百尊者之像，閣而供事之。又明年，得异木於絶壑，斵而爲三，大合抱，長倍尋，刻净土佛菩薩之像。莊嚴妙麗，千花照映，如紫金山并高争峻，建殿于天供厨之南。又特建閣于寢室之前，緑疏青瑣，下臨風雨，奉安神宗皇帝所賜御書。閣成，而東南傾。師默計曰：『增萬牛莫能挽，且天章宸翰之所在，山君水王之所宜謹藏而衛護之，今職弗修，是神羞也。』言卒而風雷挾屋，山岳憾動，俄而閣正，萬人歡呼。昔大圓禪師開法此山也，有衆千人，碩大而秀出者，有若大仰寂子、香嚴閑禪。建兩堂爲學者燕閑之私，而名其東曰香嚴，名其西曰大仰。方欲廣攝异根，則修净土觀法不以宗門爲謙。及其成就法器，則以寂子、閑禪期學者。蓋其方便應機而設教，譬如大海，蚊蛸、阿修羅，飲者皆得飽滿。又明年，重修大三門，宏壯杰立，鏤金鏤碧，實翰飛動於千岩萬壑之上，而太師楚國公爲書其額。却望形勝，衆峰來朝，如趨如俯，如屹立，如蹈舞。有臺自獻其前，以實積靈牙舍利葬臺之中，而建塔其上。千尺九層，蕩摩雲烟，微風徐來，塔鈴和鳴。比丘來往，旋繞作禮，望之如開牒。疑師以三昧力摶取梵釋龍天之宫，置於人間，不然，何其幻怪神异如此其多耶！唐元和中，僧曇叙開基，則有緒言曰：『地靈甚不可葬，葬且致禍。』今三百餘年，僧物故莫敢塔，塔于回心橋南十里。師曰：『事無大小而斷於理，從違不可苟也。僧火化，衆俱臨，先聖令不可違也。禍福之來，以智避就之，不可從也。』遂建普同塔于寺之西，又修大圓禪師之塔，而峙立兩亭，以覆古今碑刻。部從者以其威靈，奏賜真應禪師塔曰淨惠。聖溪莊壟畝爲比鄰所吞，數世且百年，莫敢誰何，師云：『此唐相國裴公施以飯十方僧者，横目何德以堪之？不直而歸，是陷人入泥犁。』遺掌事執券證諸官，竟還二百畝，歲度一僧，上資睿算。有玉泉住持僧死于龍牙山，山中之人不容其葬，弟子抱骨石涕，師哀之，使於潙山擇地建冢塔，叢林義之。師之潜行密用之懿，時時見於與奪，然皆本於仁義，道俗化其德。政和六年，敕補住鎮軍之焦山。師雅意不欲東，解住持事，力辭之，歸庵鸞溪之上。俄詔聽還之潙山。自其始至，中而還，八年之間，百廢具興，非乘願力，何以臻此？雪竇天衣之道，至師大振，叢林歸心焉，興修蓋其游戲也。今嗣法者，自南臺定昭、了山、法光而下，詵詵輩出，棋布名山，方進而未艾也。法義謂余曰：『潙山之雄夸，非空印老師莫能辨之，精神非文字莫足以傳，願求文以昭後世。』不得辭，系以辭曰：

有异比丘清而狂，相山趼足窮衡湘。黄才揃溪行嗅嘗，笑云水作青蓮香。梯空杙險屢仆僵，寢宿霧露衝虎狼。水與石鬥聲春撞，誰挽千乘行羊腸？霄然洞開雲水鄉，横峰側嶺争回翔。咨嗟曰此古道場，山靈乃今發天藏。泥草吟嘯久彷徉，無人告語空夕陽。翩然曳杖還江南，道經新吴山鬱蒼。登山作禮僧中王，骨面氣宇凌八荒。侍其側者矯鸞皇，祐公杰出尤堂堂。袖中肉山傾置旁，瓶錫一笑戲取將。懶安寂子尤敦厖，佐于耨耕立禪房。九世沉溺爲津梁，分燈延聯世相望。既絶復續暗而彰，軾公貌癯中方剛。漆瞳照人儼而莊，食堂十年折繩床。有大長老續遺芳，派出天衣嗣吴江。燼餘爲子整頽綱，機鋒擊電誰敢當？宗風回顧已舉揚，以印印空成文章。凛然面目如冰霜，令人望見折慢幢。叢林邇來頓荒凉，反袂拭面空嘆傷。而師聲價重四方，力能咄嗟辦寶坊。又取佛日重洗光，芙蓉峰峻瀉水長。功德之利建我皇，願同山呼壽無疆。四部叢刊初編影印明徑山寺刻本《石門文字禪》卷二一。

重修龍王寺記　宣和六年春

祝融占南極，其高蓋四千八百丈，與中原相直。其平如衡，故名衡岳。岳之北，崇岡峻嶺，如奔如伏，晴嵐夕暉，星螺掩玉。百里而至陽陂，翔爲奇峰，呀爲深谷。峰之顛有大穴，泉滿石裂，擳雷濺雪，夏冬弗竭，蓋神龍之所蟠蟄，故名龍山。唐貞元間，馬祖傳曹溪心要，隱于岳中，從之游者多得道，散處林壑之佳處，老死而世不聞，矧見之乎？洞山悟本禪師价公游方時，與密師伯者偕行，嘗經陽陂，迷失道路。見溪流菜葉，知有隱者。并溪深入叢薄間，有茅茨，僧出迎，貌癯而老，索爾虚閑，謂价曰：『此山無路，闍梨自何而至？』价曰：『無路且止，老師自何而入？』

曰：『我不曾雲水。』价曰：『住此山多少時？』曰：『春秋不涉。』价曰：『老師先住耶？此山先住耶？』曰：『不知。』价曰：『何以不知？』曰：『我不從人天來。』价曰：『得何道理，便爾歇去？』曰：『我見泥牛鬥入海，直至于今無消息。』於是价班密師伯之下，拜之。拜起，問：『如何是主中賓？』曰：『青山覆白雲。』問：『如何是主中主？』曰：『長年不出户。』問：『賓主相去幾何？』曰：『長江水上波。』問：『賓主相見，有何言説？』曰：『清風拂白月。』价心异之，求依止，僧笑曰：『三間茅屋從來住，一道神光萬境閑。莫作是非來辨我，浮生穿鑿不相關。』即焚其廬而去，莫知所終。故龍山又名隱山。今祖堂王英諸禪師書江西宗派，亦著隱山之號。光化中，有奇比丘名師信，不知何許人，庵于隱山之故基。一衲宴坐，异迹顯著，龍衆皆易形爲王者服，從之聽法。歲旱，民祈雨，輒響應。馬氏據有荆楚，欽事之，不敢名斥，賜號雨禪師，而增名爲龍王山。自信之化世爲禪林，號西禪寺，太平興國改賜今額。宗教下衰，師法大壞，至以大福田之衣，蒙市井無賴。而兹山十世，宣和四年夏，潭帥大學曾公，盡禮致前住道林雲禪師來領院事。雲孤硬，飽參精嚴，臨衆洞山十世之孫，而焦山枯木之嫡嗣也，人望翕然。師解包之日，顧嗟太息，因發其形勝，增廣其基構而鼎新之。聚材鳩工，以歲入輸租、飯僧之餘助成之，不專取於檀信。以謂檀法以信，而發心爲浄，施止增一草，獲福不貲。不然，雖側布，但名住相。人徒見雲法勞熏役，而不知游戲也。有無諸道人上白實陰相之，且從余求文記其事，曰：『价公參道於此山，而雲禪師嗣其法以興修之，疑非偶然。』余曰：『隱山單丁住山，把茅覆頂，刀耕火種而食。兩客及門，焚其廬而去之。今雲公不起于座，使緑疏青瑣以栖千柱，飛薨畫棟以粲萬瓦，層樓杰閣以蕩摩雲烟，虚堂廣殿以吞吐風月。撾鼓升堂，千指圍繞，雲屯川增，方進而未艾也。視其迹若相遠，然其道實相須。如來世尊蓋嘗曰：『不住無爲，不盡有爲。』金剛般若開空法道也，而曰持戒，修福者名發信心。開空法而修福，無住無盡之旨也。隱山之焚廬滅迹，與雲公之幻出樓閣，托斯文於不朽，殆得如來世尊之遺意，於是爲疾書之。宣和六年春，公生明齋記。《石門文字禪》卷二一。

隋朝感應佛舍利塔記

唐僧史曰：同州大興寺者，般若尼寺故基也。隋文帝以魏大統七年六月癸丑生於寺中，赤光照室，紫氣滿庭，如幻出樓閣，而其色赭人之衣。妳母覺時炎熱，以扇扇之，栗然暴寒，幾絶不能啼。有尼自外至，謂太祖曰：『兒乃那羅延也，蓋天佛所祐，不可令處穢雜間，當爲養之。』於是太祖以兒委之，不敢名問，而闢館以延尼，通門往來。一日皇妣闞尼在不，就抱持之，忽化爲龍，鱗角已具，驚仆于地。尼歸見之，怒曰：『乃敢妄觸吾兒，致晚得天下。』文帝七歲，尼告之曰：

『像教堙滅，一切鬼神皆西，兒當父母天下，而教法賴兒而興之。』年十三，乃令還家。四十餘年，足不越閫。周既廢，教尼隱皇家。文帝踐祚，教果重興。尼名智仙，神异不可測，河東蒲坂劉氏女也。七歲出家，其師一旦失之，意必墮井，俄見坐殿楯瓦上，世號神尼。嘗以舍利一掬授文帝曰：『以此福蒼生。』仁壽二年，出以示僧曇遷，置掌而觀，數數有盈縮。遷曰：『吾聞法身過於數量，非智所及，此未可量。』乃分而爲五十三分，詔於五十三州名山福地以建塔，塔下圖神尼之象，有銘，其略曰：『維年月日，菩薩戒佛弟子大隋皇帝堅，敬白十方三世一切三寶弟子，蒙三寶福祐，爲蒼生君父，思與民庶共建菩提，分布舍利，諸州供養，欲使普修善業，同登妙果者。特請兩京名僧，將命奉安之日，皆有祥瑞。』長沙岳麓寺之前，澗陰之上石浮圖，其一數也。山中僧道安嘗爲余曰：『隋朝舍利塔事極奇偉，而五季烽火之餘，銘碣焚毁，道俗游觀，無所質問。』余曰：『豈直此而已！晋建興二年，長沙縣之西一里二十步，有千葉青蓮華兩本生於陸地，掘之丈餘，蓮之根莖自瓦棺而出，發棺而視，但紙衣拴索，而蓮實生頭顱齒頰間。有銘棺上曰：『僧不知名氏，唯誦《妙法蓮華經》已數萬部。既化，遺言以紙爲衣，瓦棺葬于此郡。』以其事聞朝廷，有旨建寺其上，號蓮華，今長沙驛即寺故基也。西城之譙門與湘江之潭，皆以蓮華名之者以此。然邦人無有知者。』安請余并書以示道俗。宣和七年二月，住山道人法光與安化馬章彦達登澗陰，問建塔之因，光乃以余文示之。彦達踊躍，願施錢刻石山中。上巳日除饉，某記。《石門文字禪》卷二一。

潭州白鹿山靈應禪寺大佛殿記

靈應禪寺天人師殿者，無諸沙門用澄之所建，而邦之大檀越劉革之所施也。寺占岩腹，臨清流，發一區之形勝，規模宏大，營建偉杰，綠疏朱闥，吞飲風月，飛檐楯瓦，蕩摩雲烟，寶鈴和鳴，珠網間錯。像設釋迦如來百福千光之相，文殊師利、普賢大菩薩、大迦葉波、慶喜尊者、散花天人、護法力士，又環一十八應真大士，序列以次，莊嚴畢備。道俗拜瞻，其無以异登忉利諸天，至普光明最吉祥地，欽奉慈嚴，親聞圓音也。其費緡錢三千萬，而不聽餘人增一草。鳩工於宣和元年，而斷手於七年之秋。余過襄沔，謁方禪師於潮音堂，而澄前請爲之記。余聞百丈大智禪師之訓曰：『世尊遺教弟子，因法相逢，則當依法而住，飲食服玩，經行宴坐，必爲叢林營建室宇，必先造大殿，以奉安佛菩薩像，使諸來者知皈向，故晝夜行道，令法久住報佛恩。』故又聞德山鑒禪師之語曰：『比丘行脚，當具正眼，誦經禮拜。乃是魔民，營造殿宇，又造魔業。且天下惟奉一君一化，豈容二佛所居？撤去大殿，獨存法堂。』嗚呼，百丈德山皆祖師，一則建立，一則掃蕩，安所適從折中哉？方禪師，黄龍雲居之仍孫，必知其要，乃以問之。方曰：『如醫師之治病，應病與藥。今人病寒，必投以丹砂、烏喙。設或病喘，必投以紫團、白术。寒疾愈，則所謂烏喙、丹砂者姑置之可也；喘疾既去，則雖常服紫團、白术，庸何患？然無病，則焉用藥哉？衆生無明峥嶸，業海横肆，莫知津涘，而以佛爲彼岸，則殿宇之建，像設之嚴，所當然矣。』余拊手曰：『臨濟之後，善説法要如此！』因取以文，次爲之記。澄公外枯而中秀，耐煩冗，甘淡薄，十年不懈其志，非止爲此殿而已，要將咄嗟辦一梵刹可也。九月初吉記。《石門文字禪》卷二一。

重修僧堂記　宣和七年十月

湘南號爲山水之國，故佳處多爲得道者所廬。自唐貞元間，馬祖石頭卜鄰於衡岳，學者散止岩叢。本朝康定間，慈明禪師中興於石霜，望馬祖爲十世嫡孫，兒孫遍天下，而長沙尤盛。元豐、元祐之間，角立杰出者，比比領名刹，諸方指以爲道之所在。今三十年，禪林下衰，以大福田之衣自標識，而號分燈嗣法者，例皆名愧其實。蓋族大口衆，不肖之子乃生，固其所也。龍圖閣曾公之帥長沙，慨然驚嗟曰：『吾祖楚公識雪竇顯公於行間，擢置人天之上，遂爲雲門中興。吾親受大和尚圓照印可，今而坐視，非雪竇、圓照所以付祝之意。』於是删去其甚無狀者。老病物故，懼讐而宵遁者，時或有之。遴選諸方之名德十餘輩，所以扶其顛，整其傾，靈應方公乃其一也。方既至，問其地利之所出，度不足以贍衆，則化净檀爲油麥庫，以生財役力。事衆未有效勞者，則合衆力建度僧之庫。越兩年而告成，又化邑之賢者鍾世高修僧堂五間。鳩工於宣和六年十月，明年秋九月落成之，而余適至，方偕余游觀，其高深壯麗，塗金間碧，香霧爲帳，秋水爲簟，粥魚齋鼓，戢戢而趨。合爪而集，會四海而不爲混，跏趺而禪，休萬緣而不爲滅。余曰：『此曾公發之，而其利如是博也。』方笑曰：『曾公發之，而成之者乃賢令尹賈公也。自公下車，盜賊衰息，風雨時若，民以是安，吏以是畏。風雨時若，則連歲有秋；盜賊衰息，則夜户不閉；歲豐時和，則民樂施，故吾堂成於談笑。使令尹不賢，民且離散，矧所謂沙門乞士者乎？』余愛其言理而明，喜爲之記。十月初吉除饉，某記。《石門文字禪》卷二一。

五慈觀閣記　建炎元年十二月

古之仁人，將有爲於世，必特立獨行，自行其志。漢將李陵之降虜，致武帝疑其臣屬，於是蘇武奉使不屈，牧羊海上十九年，起居必仗漢節。宣帝以智力御世，君臣凛然。既殺蓋寬饒，於是疏廣父子袖手而去。使人主知區區爵禄不足驕天下之士，豈激頹波而獨往，冒衝風而孤騫者歟？豈惟世之仁人如此，出世之聖師亦然。三祖璨公既得法隱於淮山，悼學者枯禪縛律，以地位證修爲歸宿，不信達摩别傳之宗，故作《信心銘》，又名其弟子曰道信，造次顛沛，語言寢息，必以信自心爲勸。嗚呼，吾祖之於法道，深切著明，可以想見其餘風遺烈。東山住持沙門宗致者，臨濟十一世之玄孫，而泐潭準禪師之嫡嗣也。骨面嚴冷，英氣逸群，以荷擔雲庵法道爲己任。說法有辯慧，護教有便行，卑叢林以宗旨爭溝封，以語言爭非是，紛然諸方，方熾未艾。名爲走道，其實走名，射利裨販，無所不至，而正宗微矣。欲弃之而弗忍，欲導之而弗從。於是爲室於方丈之東，名曰慈航，又自名其號曰慈覺。猶以爲未也，建閣于大門，名曰慈觀。蜀僧居竭者，傾長財一百五十萬以助成之。竭生平自奉甚約，所得檀信之施，毛累寸積，四十年之藏，一旦舉以施之，人以爲難。南晋僧子照者，有實行自然之智，如人信手斫方圓，皆中繩墨。慈覺使總院事，事無巨細，談笑而辦。閣經營，照實董其事，垢面龜手，不憚霜雪，伐山相材，運土拾礫，與蒼頭短髮進退，凡半年而落成。竭以財施，而慈覺之志乃克成。師弟子之於宗，皆無所愧，賢矣哉！余與雙峰祖印禪師仲宣來游，遂登是閣，晚望淮山，萬疊自獻，雪盡蒼然，却立周視，朱欄碧瓦，蕩摩雲烟，苾芻往來，午梵方奏，疑其身世之在諸天也。祖印問余曰：『慈覺之慈，宗師之慈，其與佛菩薩之慈奚若？』余曰：『如恒河女子抱嬰兒欲渡，兒墮水中，女子與之俱死，此愛兒之慈也。滿慈子曰：「人罵辱我，我則自幸，曰罵辱非拳毆也。設或拳毆，又自幸曰：拳毆之酷，不猶愈杖擊兵刃乎？」此忍力之慈也。曹溪六祖，夜爲男子張行昌所謀，將施刃，六祖笑曰：「止負汝金，不負汝命。」一以金贈之使去，人無知者。行昌感涕，願落髮爲比丘，所至輒訪道。復至曹溪，而祖授以法要，使分燈于江西。冤親一揆，是謂等慈也。提婆達多每欲害佛，以毒置十指爪中，見佛接足，佛笑曰：「未毒我足，先毒汝手。」又勸國驅千醉象以衝佛駕，象來，佛垂手示之，於是象見十指皆有師子，怖駭遺糞而去，此謂大慈也。若慈覺則不受諸慈管攝，擊塗毒之鼓，死却偷心；鎔凡聖之銅，不存情見。如勝熱婆羅之火聚，無厭足王之刀鋸，使一切衆生觸其焰，蒙其刃，皆獲無分别智，此蓋真慈也。夫豈不然哉？』祖印笑曰：『道人固菩提園中之耆年，何其辯慧乃爾驚群耶！』龍舒禪鑒大師無學犯衆而言曰：『閣成而老師適至，似非苟然，願爲記之。』余曰：『唯。』建炎元年十二月記。《石門文字禪》卷二一。

資福法堂記

資福禪院在金沙斗方之北。奇峰峻岡，環繞以掩映；風林雲壑，秘邃以曠平。自非逃世絶俗，忘軀爲法者，無因而至。崇寧間，蜀僧文慧，嗣百丈九肅禪師説法此山，求心之所决擇，發趣之所歸投，凡叢林之所服用，寺宇之所宜有者，十八九矣。建炎元年十月，住持沙門九琛以書抵印曰：『寺僧紹恂者，無諸人惠公之高弟，有行業，淮山道俗愛敬之。惠公以政和五年遠化，諸大檀越重修潮音堂一所，俾知法上首臨衆演法。以上祝天子之萬壽。恂欣然從之。於是遠近聞之，富者輸財，貧者輸力，藝者輸巧，勸者輸語。越明年七月而堂克成，凡用緡百萬有餘，乃設無遮大會，飯凡聖僧而落成之。未有文以記其事，公爲我記之。』印曰：自後漢摩騰竺法蘭來自五天，館于洛陽鴻臚寺，有經而未有精舍。至吴赤烏中，康僧會入建康，架茅茨，與其徒以行道有精舍，而未有僧。三日，男子朱士行最初落髮，有僧而未分禪、律。迨唐之朝，禪、律并行，曹溪獨號禪宗，而律學乃不敢與之抗行。元和中，百丈大智禪師方建叢林，廢蜂房蟻穴之衆，爲九州四海而建大法堂以總衆，至於天下禪席宗之，知比丘因法相逢，以法爲親，主者升座而坐，學徒雁序而聽，示尊法也。恂能化衆檀以成斯堂，其知本者歟！資福院爲此邦之福田，道俗男女、貴賤老幼者、輸授之者，得長老升堂布法雨以滋灌之，令善種福芽，叢生而并茁。其爲惠利，豈有既乎？不可以無書。

《石門文字禪》卷二一。又見光緒《黄州府志》卷三九，民國《湖北通志》卷九二。

雙峰正覺禪院涅槃堂記　建炎元年十二月

大江之北，夢澤之東，萬山走趨，屹立兩峰。蟠岸千楹，實勢翔空。烟雲開遮，户窗青紅。天花墮飄，舞雨旋風。疑登梵釋，龍天之宫。大鐘横撞，山空玲瓏。犀顱戢戢，步趨肅雍。祖印禪師，蓋其長雄。寬而邊幅，壯而疏通。謙以自牧，衆所追崇。如海下之，百川則宗。論其世家，非侯則公。弃之耻言，安樂岩叢。與彼假我，染衣妄庸。垂涎富貴，忘其頂童。雀廬自誣者，則若不同也。余自襄沔，南歸新豐。道由淮上，托宿山中。欣然見我，如舊游從。日陪杖屨，摧頹兩翁。偶立小語，又指役工。紛然斧斤，聲雜鼓鐘。坐僧日多，其來無窮。庸免包藏，衰老篤癃。跛盲失心，不祥之凶。作堂館之，工行告終矣。要余即之，周行廡廊。入門疏快，密室虛窗。搴幃設簾，宜温宜凉。濯衣栅榻，負喧橙床。藥爐茶鼎，可劑可湯。頤指如意，失其异鄉。即戲問之，欲資抵掌。豈有少年，如邃青狂，法戰不勝，舁入此堂者乎？豈有垂死，如剖倔强，而敢横機，摩叠大陽者乎？豈有英靈，如黄涅槃，杖擿病者，隨起激昂者乎？豈有病愈，枵然空房，而嘗卧處，尚多痂瘡，以火燒之，皆熏陸香者乎？豈有頭陀，以紙爲裳，而其迅機，石火電光，方酬洞山，言訖而亡者乎？祖印愕然，視余嗟咨。如子精敏，亦迷怪奇。甘弃坦塗，而行嶮巇。子知太平，無象可窺，雨露霜雪，自然四時。我廩既高，里無呼追。鷄豚社飲，老幼扶携，安用鱗鳳之與菌芝耶？昔維摩病，卧毗耶離。教誨天魔，使令艷姬。手提大千，戲而擲之。世尊有疾，則舁於是。背痛乃卧，須乳作糜而已，何嘗變化，怖駭群兒乎？余聞其説，乃加敬虔。而僧祖偁，祖印所賢。而余里閈，又掌寺權。婆娑獻誠，願拾此言。丐余文之，爲記以傳。夫千里水，濫觴其源。若合衆流，遂成大川。則知此堂，衆檀成焉。增土爲阜，增毛爲氈。兩尼勤勤，佳其精專。同其調度，所費緡錢，蓋六十萬，净願乃圓。有僧道齊，以身率先。雜衆工中，唱叫挽牽。十方之多，道俗嗟羡。咨爾堂衆，諦觀病緣。此四大軀，無可肇堅。生死之趣，愛見所纏。雖相扶持，終各弃捐。當令以觀，常自現前。授與此疾，非人非天。是我自業，成熟則然。受盡還無，如鷄出㷔。此心自住，如珠在淵。觀苦進道，諸佛憫憐。歲在丁未，建炎改元。季冬初吉，集者駢肩。叙多率衆，二百九員。領衲景修，守珂、守詮。至其綱維，又揀耆年。辦衆法欽，牧衆法璉。叢林精神，照映雲泉。祖印爲誰，住持仲宣。而作記者，寂音老禪。《石門文字禪》卷二一。又見《湖北金石志》卷一一，光緒《黄州府志》卷三九，光緒《黄梅縣志》卷三五。

信州天寧寺記

江南山水冠天下，而上饒又冠江南，自昔多爲得道者所廬，鵝湖、龜峰、懷玉，號稱形勝，而靈山尤秀絶。蓋唐義武初，西平周王發其天藏也，初建精舍名興聖，祥符天子改賜普明。沙門德延以講學聚徒甚盛，弟子德熙者有智略，實陰相之。崇寧二年，詔革以爲禪林，賜田度僧，聽遇天寧節進功德疏。太守周公邠命長老德延爲第一世，而以僧正德熙董其事也。三人者叙立顧瞻而嘆曰：『寺以群居，而自爲户牖，犬牙相接，如蜂房蟻穴，非相臣所以建請，集禪衲，演祖道，上延睿算之意，於是蟬蜕其卑陋而一新之也。入門縱望，序廡翼如而進，層閣相望而起。登普光明殿，顧其西，則有雲會堂，以容四海之來者；爲法寶藏，以大輪載而旋轉之，以廣攝异根也。顧其東，則有香積厨，以辦伊蒲塞饌；爲職事堂，以料理出納。特建善法堂于中央以演法，開毗耶丈室以授道。又閣其上，以像觀世音，示以聞思修令。學者入道也，粥魚茶板，霜顱螺頂，鳧趨而集，寂無人聲餘履聲；而禪齋密室，冰懷雪慮，株枯而坐，不見心相惟身相也。嗚呼，西平王、郡太守雖异世，而姓氏同。前以講，後以禪，而領袖者雖异趣，而名號同也。吾聞浮圖未成，故裴公美爲玄度之後身；千尺像畢，而僧護爲僧祐、道宣之前身。古今所傳不可誣也。宗衍禪師出自白牛法窟中來，嗣延公之法席，分照覺之祖焰，道行孤峻，爲邦人所欽。然人但見其能集前人之大成，幻出樓觀，而不知其游戲也。政和元年八月，又詔以天寧萬壽名寺。七年三月遣僧慶瑫來乞文，以記其事。余雖未獲覽山川之佳氣，披華構之雄誇，然能系而爲之詞也。辭曰：

群峰寶勢争岧嶢，雲收眼寒空翠摇。靈山獨受王水朝，跨水誰作朱飛橋？蒼官馬鬣低龍腰，谷風吹空翻海潮。忽驚寶坊礙層霄，天花細雨紛墮飄。草衣大士唾霧消，定力持之日劫超。太霞仙子坐可招，夜晴往往聞吹簫。西平賢王想風標，長劍拄頤氣勇驕，擅此興聖開前朝。宋興和氣彌宇宙，佛宫道祠恩益厚。初此毗尼相講授，易爲禪林冠江右。大鐘横撞午梵奏，紫金光聚世福祐。苾芻千指聚拜手，太平天子千萬壽。切雲樓閣誰所構，臣子净願力成就。白牛乳犢師子吼，虎溪嫡孫氣奇茂，學者趨之俯并首。我作銘詩招爾後，斯文與山俱不朽。

《石門文字禪》卷二一。又見康熙《廣信府志》卷三四上，道光《上饒縣志》卷三一。

普同塔記

人之有死生，如日之有明暗。死生相尋於無窮，而明暗迭更，未始有既。然知其明暗者，固自若也。生順而死逆，衆生當其變，則駭异之。孔子但曰：『原始要終，知死生之故。』知其故則知其不駭，蓋不欲深言之。莊子曰：『死生亦大矣，而不得與之變。』既不與之變，當卓然而獨存者也。莊子著其理而未盡其情，若西方之教，則痛言之而盡其情曰：若先有生而後有死者，則世未見不死而生；若先有死而後有生者，亦未見有不生而死。譬如尋始末於環輪之上，求向背於虛空之中，則死生之情盡。自佛法入中國，奉持之者，纜總其法度，參差不齊，獨百丈大智禪師以禪律之學，約之人情，折中而爲法，以壽後世。故其生依法而住，謂之叢林；及其化也，依法而火之，聚骨石爲塔，號普同塔。諸方皆建塔近僧坊，遠不過一牛鳴。蓋大衆將送火化，則荷薪而臨。潙山獨拘於陰陽之説，謂近寺不宜爲葬地。自開山迄今三百年，建塔於回心橋之南，其去寺十里，故親臨之法，往往不能繼也。空印禪師軾公住山十餘年，百廢具興，其所以安僧宜有者大備，獨以普同塔未建爲憂。一旦與侍者登山之西崦，相其形勝，施長材鳩工以爲之，開大穴以石爲宫，又屋於其上，棟楹翔空，雲烟蔽虧，萬衆歡呼，聲應山谷。興修於宣和二年之春，斷手於秋八月。空印恨未有記，以紀其歲月，遣侍者覺惠來求文。余嘆曰：叢林之衰，諸方皆輕僧，厭其多而窘於食。空印既成堂宇，浩然如江河之無極，至者必納。又爲造塔以待其終，其敬僧荷法之心，可謂至矣。嗚呼，僧者佛祖所自出，厭僧厭佛祖也。安有稱傳佛祖之印，而反厭佛祖者，能契聖乎？空印之意，可無書乎？《石門文字禪》卷二二。

潙源記　宣和二年八月

岷江因山爲名，初發泫然濫觴，漫衍而至楚，則爲際天之雲濤，萬斛之舟，解風而不敢濟。潙山因水爲名，衆泉觱發於烟霏空翠之間，旋紺走碧，滙爲方淵，蒸之成雲雨，放之成江河。蓋岷江資之者衆，而潙水善養其源也。住山空印禪師笑曰：『一法界中，無假法者。』故揭於大仰堂之南榮曰潙源，欲學者觀水之有源，知自心之靈源未嘗竭也。蓋岷江之資衆，知衆智之不可不學也。然先究自心，後資衆智，道之序蓋如此。故善財童子南詢諸友，必曰：『我先發菩提心，如何名菩薩行？』有人於此，因山中之氣候，更四時之晴陰，入重重法界。方其宿霧蒙蔽，微見淵色，則若凡夫，雖有染心，而性常明潔。霧開而澄滓，日光下徹，則若二乘已澄諸念，定慧超越。更昏昕之湛然，視纖埃之不隔，則若人牛兩忘，而蓑笠未徹。微風徐來，方淵鱗鱗波波之中，頓見方淵而波非大，方淵遍入衆波而淵非小，則若斂目於樓閣之前，見三世於一念。嗚呼，潙山爲湘南大叢林，而空印道光兩本，撾大鼓，臨人天。萬指圍繞。今乃退藏於不言之中，借山泉爲嶔體，聽萬象以説法，何也？蓋道不可以言傳，故前聖賤言語，小譬喻。又欲學者自得之，故設象比興，以達其意，鞞瑟支羅不言，佛身不可以色相求也。而供養栴檀，塔座多寶。如來不言，根塵俱寂，即是自身也，而以寶塔聽經。余觀前聖莫不然，何獨空印哉？宣和二年八月初吉，會余於湘西之瀕，夜語及山中之勝，曰：『恨子未見吾泉，然强爲我記之。』余戲曰：『師以山泉爲舌，爲衲子説法界，自在緣起無生之法，而余以翰墨爲五色藻，辯才而畫圖之。他日有尋流而得源，悟意而忘象者，可以拊手一笑。』中秋前一日記。《石門文字禪》卷二一。

栽松庵記　建炎元年十一月

《僧史補》曰：四祖道信禪師，以唐武德七年至破頭山，愛洞壑深秀，有終焉之志。禪者相尋而來，遂成叢林。有僧不言名氏，日以種松爲務。私請祖曰：『衣法可以見付乎？』祖師老之，曰：『汝能再來乃可耳。』於是僧出山至濁港，見女子浣，呼曰：『我托宿得否？』女曰：『我家具有父兄，可從問之。』僧曰：『汝諾我乎？』女曰：『諾。』女周氏之季也。僧即還山中，危坐而化。周氏之女因有娠，父母怒而逐之於衆屋之中，日庸紡里閈間。已而生子，女以爲不祥，弃濁港中。明日視之，跏趺波間，溯流而上，异之，收養。七歲隨母往來黄梅道中，四祖偶見，問曰：『童子何姓？』曰：『姓固有，但非常性。』祖曰：『是何姓？』對曰：『是佛性。』祖曰：『然則汝無姓耶？』對曰：『惟空故無。』於是四祖笑之，乞於其母，爲剃落。二十授以衣法，爲第五祖。即游霎峰，見栽松之全身，又至東山，見周氏之全身。濁港周氏子孫之盛，殆今甲黄梅，三尺童能言其事。僧贊寧《僧史》曰：『五祖弘忍禪師者，姓周氏，本河南，遷止蘄之黄梅。誕生之夕，异香滿室。』此矯誣之詞也。然可證佐者，母既出於周氏，而曰祖師姓周乎？僧契嵩作《定祖圖》，亦不能辨，何也？豈當衲子以常理疑之乎？夫聖人之托化，豈假父母之緣？如伊尹生於空桑，寶公生於鷹巢，獨不論父母之緣耶？自唐至今，學者疑信相半，不能决也。建炎元年十一月記。

《石門文字禪》卷二二。又見光緒《黄州府志》卷三九，民國《湖北通志》卷一一。

華嚴院記　代

政和四年春二月，余自高安赴官臨汝，行豐城境十餘里，奇峰秀深，沃野自獻，有白沙清流、茂林修竹之勝。望林表，出楯瓦，路人曰：『其下華嚴院也。』遂造焉。碧杉修徑，苾芻戢戢出迎客。厦屋崇成，如幻出禪齋，風欞金碧隨目，殆應接不暇。問住持僧惠訥曰：『院以父子傳器而服玩不滅禪林，何哉？』訥曰：『教有頓漸，道無禪律。今兩者相攻以其私，而佛法微矣。譬如棗中蟲，徒自蠹壞。出家蓋大丈夫事，其説甚高，緒餘土苴足以道廣孝慈，上助清化。今其衰，其徒特不足知此，如鳶翔青冥而心不忘腥穢。求教之興，三尺童子知其難。』余首肯其説，而心奇之。秋七月，訥遣僧抵余曰：『吾廬居，於唐光化之元年名報恩，迄本朝治平之三年詔改賜今額。嘗燼火廢爲丘墟，草屋數楹，僅蔽風雨者。自善明至懷珍七傳，訥實繼珍，後因浄檀首建三門，作兩序屋，修普光明大殿，前峙雙閣，一以像僧伽，一以館鐘虡。東爲香積厨，繞以複屋，闢典事堂，有廪有厠。西爲三聖堂，增其後架設賓客館，有湢有厩。造演法潮音堂，總屋於其中。又建華嚴閣於寢室之上，以實毗盧法寶之藏。高深雄麗，呑風吐月，凡禪林所宜有者畢備。僧至如歸，轟轟鼓魚，泯泯作息，要不墮諸方。經始於崇寧癸未之春，斷手於政和乙未之冬。吾方念能事雖畢，而後之來者未知飯僧報佛無窮之意，而公適儼然辱而臨之，非夙緣乎？幸强爲我記之。』余曰：今人持左券以取寓物，未敢必得，然争毛髮之利，斫頭穴胸，何知慮刑？而訥宴坐一室，影不出山，能使施者填門，不十年之間，化瓦礫之墟爲梵釋龍天之宫，此其才必有過人者。視其中渠渠，欲置人於慈祥之域，而專欲以精嚴自礪，與夫裨販如來以自賊者异矣。使其聞訥之風，亦可以少沘其顙云。

《石門文字禪》卷二二。

吉州禾山寺記　代

始，達磨自西來，以法授少林慧可，而衣鉢爲信，五傳至曹溪慧能。能知其道信於天下也，藏其衣鉢而化，故世稱曹溪之門得道者，不可以數計。然獨大長老行思、懷讓克肖前懿，號二甘露門。思眷廬陵山水而老於青原，讓亦庵於衡、霍之下。石頭希遷者，思高弟也，從讓游，思實使之。馬祖道一者，受讓記莂，卜鄰青原，久之，遂終於石門，讓實使之。今天下指目江西爲禪宗法道之源者，以曹溪一子一孫，首辱居焉。永新爲江西山川形勝之地，城南有山，巋然深秀，晴嵐夕暉，應接不暇者，唐僧達奚栖遲之所也。奚不知何許人，以文德初始至，刀耕火種，住成法席，致嘉禾之瑞，因以名山，號大智禪院。院僻嶮，初未著於諸方。吳順義二年，僧無殷中興之，恢復法度，學者趨之如雲。殷，九峰虔禪師之嗣，青原八世孫也。方是時，禪學之弊，巧見异解，殷以擊鼓之機，脱略窠臼。於是宗風大振，學者賴之。嗣殷者有契雲，自雲歿，代居者名存實亡。大中祥符初，詔改賜甘露禪院。有楚材者，道價重一時，法席之盛追比殷時。又十世而有德普，有高行，自黄龍窟中來。普歿七世而有妙湛大師法安，初以政和元年自祥符移居之，五年視前營構，增其所未有者，新其所已壞者。於是莊嚴紫金光聚則有殿栖，稱如實旁行之書則有藏會，四海苾芻求寂則有堂，辦香積伊蒲塞之饌則有厨，像祖師則有閣，館鐘虡則有樓。升座法施之堂則曰無畏，集定傳道之室則曰大智，而閣於室之上，名善應。修廡複屋，高深壯麗，冬温夏凉，重規叠矩，叢林號廬陵第一。嗚呼，妙湛之游戲於是作，可謂集諸老之大成者也。安走使京師，乞文記其事。余方困頓黄塵，寄逸想於雲泉杳靄處，恨未能角巾梨杖，與山中高人游，厭飫清境。然余非學佛者，其詭秘多溟涬。然竊嘗論之，忠孝碩大如宋王彧、唐魏元忠、徐有功輩，初未必皆深於佛理。觀其臨禍福，超然自得，豈所謂所聞或淺，而其義甚高者歟！故余於禪學，凡鈎章棘句，凌跨方等，汗漫横流者，則非肉眼所能勘驗。至於生死之際，有不容其僞者矣。無殷將化，集衆謂曰：『後學未識禾山，今朝識取。』因怡然而逝。德普之將化，飲食畢，談笑而寂。然其言論風旨，無所傳聞。妙湛，雪竇之後，又青原之遠裔，吾將觀焉。既論之，又系之以詞曰：

龍溪落石雪浪奔，萬山環之如虎蹲。凌霄白雲相弟昆，七十一峰讓其尊。烟霏摇空含朝暾，微風徐來掃靄氛。樓閣時爲金碧痕，聰明澄泓自吐吞。三偉不見陳迹存，异哉僧奚貌粹温。澗飲婆娑麋鹿群，誰中興之殷澄源。咄嗟萬指魚鼓喧，普公高喉已語言。得法來自黄龍門，弟子生莫手自捫。放箸蟬蜕撼不聞，大士法戰著策勛。睨視生死等旦曛，君看妙湛願力熏。樓觀幻出高切雲，美髯説法起機輪。自云的骨雪竇孫，江山偃蹇驕氣噴。不受彈壓無杰文，願乞名詩刻雲根，導廣孝慈酬帝恩。《石門文字禪》卷二二。

寶峰院記　代

余家筠溪，溪出新吴車輪峰之陽，其陰鳳皇、幕阜諸峰，黛横玉立，娠奇畜秀，解楚山而益峻，隋朝而來，爲得道者所廬。又黄龍、龍安、興化、雲岩四大刹，皆其遺地，相去百里，叢林之盛，冠映諸方。自大長老寶覺、佛壽相續而興，禪學宗天下，衲子動成阡陌。而寶峰善思院者，世以律居。然夕燈午梵，齋魚茶板，與四大刹者争雄長，而鳳皇、幕阜之雄深，亦讓其形勝。余外舅家西安，往來聞之熟矣。宣和三年罷官臨汝，道經雙井而造焉。渡溪東望，奇峰峻岡，墮吾馬首；據鞍回視，飛楹畫棟，翔出林表。入重門，顧兩廡翼如而入焉，禪齋雲堂，緑疏青瑣，大殿層閣，塗金間碧，像設之妙，服具之華，見者知焉。登法堂，望寢室，窅然靖深，耆年僧雛，倒屣迎客，客至如歸焉。退視其私，則厨庫廩廐，莫不整潔，游衲解包，頤指如意。於是慨然嘆曰：『誰爲之者？何其材乃爾有餘耶？』住持僧守道曰：『院基于唐，有田畝山林。五代烽火之餘，券牒亡失，多爲比鄰所侵，院因荒殘，如逃亡人家者二十餘年，詔賜今額。熙寧之初，僧圓智者白官，請牒來居焉，有恢復之意。未幾物故，至是化爲麋鹿狐豹之區。元祐六年，縣以玉溪僧子腴領住持事，經畫三年，未舉而化。守道實傳器於腴者，母李氏，憫其頹壞，施妝奩以開墾田畝，用陰陽家之説，下舊院百步，伐山爲基。鳩工於崇寧元年之春，斷手於政和八年之秋，而吾院克成。』其弟守達者實陰相之。余聞曹溪祖師也，而腰石夜舂；牛頭宗師也，而躬自負米，皆以供僧也。及其衰也，稱嗣祖傳法者，護食而拒僧。道公於是時，乃能犯拒僧者之怒而延納之，此心日月不能老也。道曰：『吾非有心，以時特愛。惜普光禪師與衆力耕，見金而不取，同伴詰之，曰：「今吾未用也，俟吾他日。」一把茅蓋頭，資以飯僧。味其存心，與今認十方僧物爲己有者异矣。』道慧敏而老，其立事有過人者。遣其徒寶宗來求文以記，余愛道所論，并爲書之。（《石門文字禪》卷二一）

永明智覺禪師行業記

師諱延壽，餘杭王氏子。兒時知敬佛乘，及冠，日一食，誦《法華經》五行俱下，有群羊跪聽。年二十八，爲華亭鎮將，嘗舟歸錢塘，見漁船萬尾戢戢，惻然皆易之，放于江，裂縫掖，投翠岩岑公學出世法，吴越文穆王聞而慕悦，聽其弃家，爲剃髮。自受具，衣不繒纊，食無重味，持頭陀行。常習定台天柱峰下，有尺鷃巢衣褶中。時韶國師眼目世間，北面而師事之。韶曰：『汝與元帥有緣，他日大作佛事，惜吾不及見爾。』初説法雪竇，建隆元年忠懿王移之于靈隱新寺，爲第一世。明年又移之于永明寺，爲第二世。衆至二千人，時號慈氏下生，指法以佛祖之語爲銓準，曰：迦葉波初聞偈曰：『諸法從緣生，諸法從緣滅。我師大沙門，常作如是説。』此佛祖骨髓也。龍勝曰：『無物從緣生，無物從緣滅。起惟諸緣起，滅惟諸緣滅。』乃知色生時但是空生，色滅時但是空滅。譬如風性本不動，以緣起故動。倘風本性動，則寧有静時哉？密室中若有風，風何不動？若無風，遇緣即起。非物風爲然，一切法皆然。維摩謂文殊曰：『不來相而來，不見相而見。』文殊乃曰：『如是居士若來，已更不來；若去，已更不去。』所以者何？來者無所從來，去者無所從去，所可見者更不可見，此緣起無生之旨也。僧問長沙，偈曰：『學道之人未識真，只爲從前認識神。』無始來時，生死本痴人，唤作本來人，豈離識性别有真心耶？智覺曰：『如來于首楞嚴會上，爲阿難揀别詳矣，而汝猶故不信。阿難以推窮尋逐者爲心，遭佛呵之。推窮尋逐者，識也。若以識法隨相行，則煩惱名識不名心也。意者憶也，憶想前境起于妄，并是妄識，不干心事。心非有無，有無不染；心非垢净，垢净不污，乃是迷悟。凡聖行住坐卧，并是妄識，非心也。』心本不生，今亦不滅。若知自心如此，於諸佛亦然。故維摩曰：『真心是道場，無虚假。』故智覺以一代時教流傳此土，不見大全，而天台、賢首、慈恩性相三宗又互相矛盾，乃爲重閣館三宗知法比丘，互相設難，至波險處，以心宗旨要折中之。因集方等秘經六十部，西天此土聖賢之語三百家，以佐三宗之義，爲一百卷，號《宗鏡録》，天下傳誦焉。僧問：『如和尚所論，《宗鏡》唯立一心之旨，能攝無量法門，此心舍一切法耶，主一切法耶？若生者是自生歟，從他而生歟？共生無因而生歟？』答曰：『此心不縱不横，非他非自。何以知之？若言舍一切法即是横，若言生一切法即是縱。若言自生，則心豈復生心乎？若言他生，即不得自，矧曰有他乎？若言共生，則自他尚無有，以何爲共哉？若言無因而生者，當思有因尚不許言生，况曰無因哉？』僧曰：『審非四性所生，則世尊云何説意根生意識心？如世畫師無不從心造，然則豈非自生乎？又説心不孤起，必藉緣而起，有緣思生，無緣思不生，則豈非他生乎？又説所言六觸因緣生，六受得一切法，然則豈非共生乎？又説十二因緣，非佛天人修羅作性，自爾故然，則豈非無因而生乎？』智覺笑曰：『諸佛隨緣差别，俯應群機，生善破惡，令入第一義諦，是四種悉檀方便之語。如以空拳示小兒耳，豈有實法哉？』僧曰：『然則一切法是心否？』曰：『若是即成二。』僧曰：『審爾則一切不立俱非耶？』曰：『非亦成二。汝豈不聞《首楞嚴》曰：「我真文殊，無是文殊。若有是者，則二文殊。」然我今日非無文殊，于中實無是非二相。』僧曰：『既無二相，宗一可乎？』曰：『是非既乖大旨，一二還背圓宗。』僧曰：『如何用心，方稱此旨？』曰：『境智俱亡，云何説契？』僧曰：『如是則言思道斷，心智路絶矣。』曰：『此亦强言，隨他意轉，雖欲隱形，而未忘迹。』僧曰：『如何得形迹俱忘？』曰：『本無朕迹，云何説忘？』僧曰：『我知之矣，要當如人飲水，冷暖自知。當大悟時節，神而明之。』曰：『我此門中，亦無迷悟，明與不明之理，撒手似君無一物。徒勞辛苦，説千般此事，非上根大器，莫能荷擔先德。』曰：『盡十方世界，覓一人爲伴，無有也。』又曰：『此是一人承紹祖位，終無第二人。若未親到，謾疲神思，借曰玄之又玄，妙之又妙，但是方便門中旁贊助之語，于自己分上親照之時，反視之，皆爲魔説。虛妄浮心，多諸巧見，不能成就圓覺。但以形言迹，文彩生時，皆是執方便門，迷真實道。要須如百尺竿頭，放身乃可耳。』僧曰：『顧丐最後一言。』曰：『化人問幻士，谷響答泉聲。欲遠吾宗旨，泥牛水上行。』又常謂門人曰：『夫佛祖正宗，則真惟識。纔有信處，皆有爲人。若論修證之門，則諸方皆云功未齊于諸聖。且教中所許初心，菩薩皆可比知，亦許約教而會，先以聞解信入，後以無思契同。若入信門，便登祖位。且約現今世間之事，衆世界中第一比知，第二現知，第三約教而知。第一比知者，且如即今有漏之身，夜皆有夢。夢中所見好惡境界，憂喜宛然。覺來床上安眠，何曾是實？并是夢中意識思想所爲，則可比知覺時之事，皆如夢中無實。夫過去未來現在三世境界，元是第八阿賴耶，識親相分，惟是本識所變。若現在之境，是明了意識分別。若過去未來之境，是獨散意識思惟。夢覺之境雖殊，俱不出于意識，則惟心之旨，比況昭然。第二現知者，即是對事分明不待立。況且如現見青白等物時，物本是虛，不言我青我白，皆是眼識分與同時意識計度分別。爲青爲白，以意辨爲色，以言説爲青，皆是意言自妄安置。以六塵鈍，故體不自立，名不自呼。一色既然，萬法咸爾。皆無自性，悉是意言。故曰萬法本閑，而人自鬧。是以若有心起時，萬境皆有若空心起處。萬境皆空，則空不自空，因心故空；有不自有，因心故有。既非空非有，則惟識惟心。若無于心，萬法安寄？又如過去之境，何曾是有？隨念起處，忽然現前。若想不生境，亦不現此，皆是衆生日用可以現知。不待功成，豈假修得？凡有心者，并可證知。故先德曰：「知大根人，知惟識者，恒觀自心，意言爲境。」此初觀時，雖未成聖，分知意言，則是菩薩第三約教而知者。大經云：「三界惟心，萬法唯識。」此是所現本理，能證正宗也。』智覺乘大願力，爲震旦法施主，聲被异國，高麗遺僧航海問道，國王叙弟子之禮。以開寶八年十二月焚香告衆，跏趺而化，閱世七十二，坐四十二夏。

贊曰：予初讀《自行録》，録其行事，日百八件。計其貌必枯瘁尫劣，及見其畫像，凛然豐頤，眉目秀拔，氣宇如玉。味其平生，如江干之月。研其説法，如禹之治水，孔子聞《韶》，羿之射，王良之御，孫子之用兵，丘明、太史之文章。嗚呼，真乘悲願而至者耶！《靈隱寺志》卷六上，康熙刻本。

宗鏡堂記略〔一〕

余嘗游東吴，寓於西湖净慈寺。寺之寢堂，即宗鏡堂。東西廡建兩閣，甚崇麗。寺有老衲謂余言，永明和尚以賢首、慈恩、天台三宗互相冰炭，不建大全，故館其徒之精法義者於兩閣，博閲義海，更相質難。和尚則以心宗之衡準平之。又集大乘經論六十部，西天此土賢聖之言三百家，證成唯心之旨，爲書一百卷，傳於世，名曰《宗鏡録》。其爲法施之利，可謂博大殊勝矣。今天下名山莫不有之，而學者終身有未嘗展卷者，唯飽食横眠，游談無根而已。謂之報佛恩乎，負佛恩乎？右《宗鏡録》一百卷，智覺禪師所撰，切嘗深觀之，其出入馳騖于方等契經者六十本，參錯通貫此方异域聖賢之論者三百家，領略天台、賢首而深談唯識，率斥三宗之异義，而要歸于一源，故其横生疑難則鈎深頤遠，剖發幽翳則揮掃偏邪〔二〕。其文光明玲瓏，縱横放肆，所以開曉衆生自心成佛之宗，而明告西來無傳之的意也。錢氏有國日嘗居杭之永明寺，其道大振于吴越。此書初出，其傳甚遠，异國君長讀之，皆望風稱門弟子〔三〕。學者航海而至、受法而去者不可勝數。禪師既寂，書厄于講徒，叢林多不知其名。熙寧中，圓照禪師始出之，普告大衆曰：『昔有菩薩晦無師智、自然智〔四〕，而專用衆智，命諸宗講師自相攻難，獨持心宗之權衡以準平其義，使之折中，精妙之至，可以鏡心。』於是衲子争傳誦之。元祐間，寶覺禪師宴坐龍山，雖德臘俱高，猶手不釋卷，曰：『吾恨見此書之晚也。』平生所未見之文，功力所不及之義，備聚其中，因撮其要處爲三卷〔五〕，謂之《冥樞會要》，世盛傳焉。後世無是二大老，叢林無所宗尚。舊學者日以慵惰，絶口不言；晚至者日以窒塞，游談無根而已。何從知其書，講味其義哉？脱有知之者，亦不以爲意，不過以爲祖師教外别傳，不立文字之法，豈當復刺首文字中耶？彼獨不思達磨以前，馬鳴、龍樹亦祖師也，而造論則兼百本契經之義，泛觀則傳讀龍宫之書。後達摩而興者，觀音、大寂、百丈、斷際亦祖師也。然皆三藏精入，該練諸宗。今其語具在，可取而讀之〔六〕，何獨達摩之言乎？聖世愈遠，衆生相劣，趣慮褊短，道學苟簡，其所從事欲安坐而成，譬如農夫惰于耰耘，垂涎仰食爲可笑也。吾聞江發岷山，其源濫觴，及其至楚，則萬物并流，非夫有本，益之者衆耳。有志于道者，常有取於此。吾徒灰冷世故，安樂雲山明窗净几之間，横篆烟而熟讀之，則當見不可傳之妙，而省文字之中，蓋亦無非教外别傳之意也。《敕建净慈寺志》卷二，武林掌故叢編本。又見《石門文字禪》卷二五。

〔一〕《石門文字禪》卷二五自『右《宗鏡録》一百卷』以下自爲一文，題《題宗鏡録》，今并歸於此。

〔二〕則：原無，據《石門文字禪》補。

〔三〕門：原無，據右引補。

〔四〕有：右引無。

〔五〕撮：原作『提』，據右引改。

〔六〕讀：右引作『觀』。

題清修院壁　宣和七年八月

昔余庵于湘西，與希一爲鄰，相歡如价密。宣和四年冬，居一遷于兹山，然每會面，夜語達旦。七年秋余將歸老玉峰之下，來謁别，爲留兩昔。言意俱盡，而情則有餘，桑下三宿，前聖丁寧者，正箴余今日之病。曉陰閣雨，千掌在有無中，出山有不勝言者。中秋後二日題。《石門文字禪》卷二六。

題白鹿寺壁

希先昔游公卿間，與鄒至完、曾公衮、蔡子因、吴子野厚。居自江左，還南岳，庵方廣十年，叢林高之。湘南使者勸請開法此山，希先持一鉢欣然而來。既至屋老，過者疑將壓焉。殘僧纔十許輩，大率如逃亡人家。未五白，殿閣宇室，間見層出，如化城，如梵釋龍天之宫，從空而墮人間。此邦之檀信，往來之士大夫太息以爲勤，不知希先蓋游戲也。余自長沙來，館余四昔。時故人傳彦濟試手作邑，攙奸推滑，民驚以神。當暇日，携僚佐，時時舟而至。其登高臨遠，烹茶賦詩，則兹山之風月，未至乾没也。《石門文字禪》卷二六。

題觀音院壁

□□祖師相授法者三世，塔廟在淮山，從之游，得道者多庵於蒼岩大林之間。路由蘄春，真身存者無慮八十餘處。黄於蘄爲接壤，太平興國初，僧昭信始見琳公於大石之間，大安、龜頭相繼而出。竹瓦之東石尉村有古松兩株，參天合抱，邦民歲禱雨暘於其下，其應如懸響。垂拱初，耆舊相傳爲觀音院。嗚呼，豈非祖師之門，得道出世於兹，已嘗建寺，毁壞而不可考者乎？有僧祖欽投牒疏其事於郡太守待制韓公駒，欣然給據付之，使中興其院。欽敦厚坦夷，道俗愛之，翕然而成。余建炎元年□□過焉，到門却立，縱望雲間，萬峰來朝，兹地也其興乎！《石門文字禪》卷二六。

明白庵銘 并序

余世緣深重，夙習羈縻，好論古今治亂是非成敗，交游多譏訶之。獨陳瑩中曰：『於道初不相妨，譬如山川之有飛雲，草木之有華滋，所謂秀媚精進。』余心知其戲，然爲之不已。大觀元年春，結庵於臨川，名曰明白，欲痛自治也。瑩中聞之，以偈見寄，曰：『庵中不著毗耶坐，亦許靈山問法人，便謂世間憎愛盡，攢眉出社有誰嗔？』於是堤岸輒决，又復滚滚多言。然竟坐此得罪，出九死而僅生。恨識不知微，道不勝習，乃收招魂魄，料理初心，爲之銘曰：

雷霆發聲，萬國春曉。聞者不言，心得意了。木落霜清，水歸沙在。忽然震驚，聞者駭怪。合妙日用，如春雷霆。背覺合塵，如冬震驚。萬機俱罷，隨緣放曠。尚無了知，安有倒想？永惟此恩，研味其旨。一庵收身，以時卧起。語默不昧，絲毫弗差。蒙雜而著，隨乎于嘉。《石門文字禪》卷二〇。又見《林間後録》，乾隆《臨川縣志》卷一〇。

圓同庵銘

空印之庵，圓何所同？睨而視之，同太虚空。弗設户牖，無南北東。而庵中人，來無所從。廓然現前，以道爲容。我此法界，遇緣即宗。自受用境，出生無窮。使令服玩，地獄天宫。各各無礙，如空行風。我非文殊，齒豁頭童。以問法來，罄折其躬。而師應機，如隨扣鐘。聊觀此老，游戲神通。不起于座，瞬兩漆瞳。以大千界，置于針鋒。以香水海，藏于睫中。一切人天，之與魚龍。不覺不知，如盲如聾。萬像歡呼，聲摩蒼穹。天魔外道，以手搗胸。欲折困之，面爲發紅。如環輪上，尋其始終。於是雌伏，仰此法雄。我雖衰退，氣猶如虹。未甘見删，終依禪叢。斯文之作，蕩除執封。當以理勝，文則非工。潙山之陰，磐石可礱。書以刻之，昭示童蒙。《石門文字禪》

卷二〇。

覺庵銘　并序

道人聞公以四威儀爲庵，而以覺名之，隋身叢林之别名也。余游此庵中，微塵數劫，適今始讀其號。如人静坐，忽見鼻端，心知之而不可以語人。名之所解，又如風中鼓槖，雖有神禹之知，莫能分别。特相視一笑而已。銘曰：

明暗色空成住壞，即大寂滅究竟覺。居以名庵是增語，而我銘之添注脚。如湯消冰無别冰，冰湯之相未全脱。何如睡足百事懶，軒納林光鳥聲樂。當知今在衡岳中，門外今無覺衡岳。道人撫掌笑軒渠，注經不必居牛角。《石門文字禪》卷二〇。

如庵銘　并序

吾鄉日公謂余曰：『吾以經行坐卧爲庵，以分别塵勞爲如。』且求銘，銘曰：

日用現前，隨眠煩惱。去之即生，如石下草。蓋其妄覺，取舍顛倒。小根怖之，冰炭懷抱。我以慧眼，燕坐默觀。一切异相，如珠走盤。是時日公，非内非外。是非死生，合成一塊。《石門文字禪》卷二〇。

朴庵銘

履長老禪，而色貴白。老禪有終，白不受色。道人游方，學至無學。如役六用，則思返朴。有山可看，有飯可飽。乃笑諸方，何必百巧？爐烟未殘，跏趺袖手。雪窗無塵，鳥啼清晝。《石門文字禪》卷二〇。

夢庵銘　并序

弛擔假寐，入大槐之宫，嘗王者樂。覺來欠申，炊未及熟耳。輟薪得鹿，翳諸隍中，俄而忘之，意以爲夢。且行且咏，路人用其語而得鹿，一以爲虚，一以爲實，此世間之論也。夢中無女色，而欲成辦，非實非虚，此出世間之論也。衡岳素公高行著叢林，寄傲一庵，而以夢名。銘曰：

一境圓通，而法成辦。五根不行，而意自幻。晝思夜境，塵劫無間。而睫開斂，初不出眼。知誰妙觀，鏡于心宗。以世校夢，乃將無同。爲魚泳波，爲蝶翔空。在素曲肱，吉祥止躬。即庵是夢，問井得水。即夢是庵，緣飯識米。於一意地，無能無二。若見主人，夢庵俱弃。《石門文字禪》卷二〇。

痴庵銘 并序

衆生以貪、瞋、痴爲三毒，三毒之過，能致生死。諸佛以戒、定、慧、方便觀照，而用治之。余至龍山，翊道人引余坐於明窗净室之間，曰：『此吾痴庵也。』翊頎然秀發，論議精到，余不見其痴之相。山雲朝升，璧月夜挂，翛然無營，余不見其痴之理。禪者方以精嚴黠慧，自矜機辯，逸群勝物，其肯甘爲痴哉？顧虎頭之痴於畫，王述之痴於不言，率爲世傳，是好名之痴也。上人泯泯與衆卧起，不知人間是非榮辱，貴賤功利，如三世諸佛之白牯，可謂之痴。雖以自志，然余以謂其未能絶對，余爲之銘，又可乎？上人之痴，不事於名，則余之銘，於義未失。銘曰：

導師黠慧，出三界痴。於無痴中，致衆生疑。未若翊禪，淡然無爲。以痴爲庵，聊以戲之。亦有痴侣，論痴要訣。若見大智，紅爐片雪。《石門文字禪》卷二〇。

懶庵銘　并序

放似狂，静似懶，學者未得其真，而先得其似。山林雲壑之人，狂放一致，静懶同川。然胸次涇渭，笑時真率，瞭然得於眉睫之間。融懶亦能負米，瓚懶亦能拭涕，安懶亦能牧牛，未能真懶也者。南州仁公以勃窣爲精進，以哆和爲簡静，以臨高眺遠、未忘情之語爲文字禪。然則結庵自藏，而名以懶，殆非苟然。甘露滅爲作銘曰：

惟融與安，品坐客瓚，於禪林中，是謂三懶。秀媚精進，辯慧擔板。唯道人仁，俱透此患。水不洗水，眼不見眼。以之名庵，蓋亦泡幻。鳥啼華笑，日用成辦。睡起密傳，露芽一盞。《石門文字禪》卷二〇。

墮庵銘

心非言傳，則無方便。以言傳之，又成瑕玷。蓋言不言，俱名污染。飲光華笑，智海篔卷。非言不言，驚如掣電。异哉曹山，法幢特建。以墮一字，雪諸情見。在聖非貴，在凡非賤。雜之不藏，著之難辨。二乘骨驚，十地魂戰。而解空子，乃圓笑靨。善刀藏之，不露鋒焰。不動聲氣，降伏魔怨。《石門文字禪》卷二〇。

喧寂庵銘 并序〔一〕

高安居士王詢温甫，和易寡欲，靖專無營，特刻意事佛，精嚴弗懈。雖年運往矣，而視聽聰明，惟履無玷，故聲稱閭里，雲庵道價值天下。元豐間游金陵，舒王施第爲寺，以延叢林，號内外護。元祐初，退休來歸，説法於洞山九峰，温甫忘冠巾而師事之。其法嗣佛照禪師惠泉者與之交善，自泉住上都名刹，士大夫有稀見之者，而與温甫日親法喜，偈語酬唱不絶，豈所謂千里同風者乎？政和七年秋結制，對其所居，名曰喧寂。余適以事至，訪之，温甫方負暄閲經，置卷坐語，語少而理多。於是自愧羈官四方，畏首尾，思蟬蜕垢紛、縱浪間曠而不可得，乃銘其庵而去。銘曰：

孰談無生，唯老居士。孰爲聽徒，團欒妻子。以諸塵勞，而作佛事。視其家風，老龐是似。名聞諸方，流輩追崇。餘四十年，一節保躬。老則結屋，置闤闠中。即喧而寂，蓋將無同。賢哉斯人，不二於物。蹇寓于世，莫知歸宿。我睨而視，亦見彷佛。出生太虚，陶鑄魔佛。《石門文字禪》卷二〇。

〔一〕序中自稱「羈官四方」，則是篇蓋代人作，或僞作誤入，俟考。

破塵庵銘　并序

道人堪師庵於水西南臺之下，名曰破塵。爲之銘曰：

取大經卷，破此一塵。何以破之，智爲斧斤。塵非斷空，可破非有。了然而知，空亦不受。异哉湘麓，庵此老堪。視其庵名，如車指南。堪雖可即，語默弗及。如指自觸，如眼自覿。《石門文字禪》卷二〇。

報慈庵銘　并序

武寧西峰達上人，年方妙而孝思度越流輩，父母喪則重于墳所，旦夕誦唄以時臨，遂自名其庵曰報慈。嗚呼，達可謂知如來大師律。我比丘之意經，豈不曰孝名爲戒乎？余謂其所爲，有補於名教，乃爲之銘曰：

竹叢生謂之慈竹，烏返哺謂之慈烏。豈吾含齒而戴髮，乃彼烏竹之不如？故有終天之痛，心再折而情枯。蒔松楸以上雲雨，就樹陰以縛屋廬。營出世之冥福，生五濁之芙蕖。知輪珠以行道，明月□皎其影孤。念此風之可尚，聊以起精進而激懦夫。《石門文字禪》卷二〇。又見同治

《武寧縣志》卷三六。

甘露滅齋銘 并序

政和四年春，余還自海外，過衡岳，謁方廣譽禪師，館于靈源閣之下，因名其居曰甘露滅。道人法太請曉其説，余曰：三祖北齊天平二年得法於少林，隱于皖山，終身不言姓氏。老安隋文帝開皇七年括天下私度僧尼驗勘，安曰：『本無名。』遂遁于嵩山。二大老厭名迹之累，而精一其道蓋如此，余實慕之。乃爲之銘曰：

吾聞甘露，食之長生。而寂滅法，乃有此名。寂滅而生，谷神不死。唯佛老君，其意如此。我本超放，憂患纏之。今知脱矣，鬚髮伽梨。安遁嵩少，璨逃潛霍。是故覺範，老于衡岳。山失孤峻，玉忘無瑕。當令舌本，吐青蓮華。《石門文字禪》卷二〇。又見《林間後録》，《南岳志》卷一六。

明極堂銘　并序

道人法太少年追隨翰墨，所與游多一時顯人。晚居衡岳，一衲窮年，垂涕捫虱，猥衰坐睡，守糞壚煨芋，直名其所居爲明極，取《首楞嚴》『餘塵尚諸學，明極即如來』義。欲以道人坐進此道，爲之銘曰：

見明之時，此見明者，緣明開達；則見暗時，此見暗者，不明自發。見則常明，寄根成就。見豈明生，暗能昏否？我觀明暗，尚難掩藏。豈生死門，乃欲存亡？惟道人太，以壁爲口。全機現前，不落滲漏。《石門文字禪》卷二〇。

昭昭堂銘　并序

虎城永上人游方，晚館漳水上藍。余適還太原，見之，話臨川舊游，累日不厭。時方解王事，縱望雲山，神魂若飛動，而亦有落葉之興。曰欲於崆峒之下作堂，昭昭名之，而乞言於余。爲之銘曰：

維塵勞海，是無明窟。衆生以之，生死出没。而此昭昭，首出萬物。廓然十方，寂湛遍周。目雖可見，而不可求。倩汝名之，爲物之尤。一堂收身，丈尋之闊。斂目大千，都寄毫末。乃欲見見，如鹿方渴。大哉此法，明白坦夷。昧者迷失，知者得之。故甘露滅，爲作銘詩。《石門文字禪》卷二〇。

要默堂銘　并序

南楚山水，湘西爲甲。湘西法席，保寧爲甲。余既幸館于其中，無别職事，一堂窅然，終日卧聽樓鐘而已。則又以今寂爲甲，乃名其堂曰要默。爲之銘曰：

此無比法，如難信珠。雖曰得之，非實非虚。默而未説，豈有説乎？虜中吾趾，矢貫其膺。即烹汝父，遺我杯羹。直中有曲，令爾當行。是法平等，無有高下。定當作佛，普告來者。而常不輕，乃遭詬駡。其珠圓徹，内外俱定。自牖見子，呼之聽瑩。顧其糞除，則肯受命。自是而觀，則有綱宗。以火觸火，鍛凡聖銅。縱使自返，窒使求通。面壁而坐，理鋤而扃。要使求者，鼻直眼横。是爲大智，破滅無明。提婆祖以無所嗜好，祈神求信，自貶其道。校此兩士，則爲顛倒。湘西之麓，古屋數椽。卧德樓鐘，餞吾華顛。謂終不説，夫豈真然？《石門文字禪》卷二〇。

一麟室銘　并序

南臺禪師昭公住山之明年，新其丈室，而以『一麟』名之。使叢林想見哲人之遺風餘韵也。甘露滅某爲銘曰：

麒麟之性，不可縶羈。非如犬羊，可驅東西。有大比丘，人類精奇。在驅烏中，服勤祖師。及其將化，使之尋思。賞其神駿，思則有辭。衆角一麟，遷其以之。禪師昭公，來自大潙。分空印澄，名譽日馳。顧瞻山川，憮然嗟咨。想其高風，屋宇故基。以麟名室，非苟然爲。佳羽百鳥，宗教日衰。庶异人出，支此頹隳。耆闍倚天，勝氣華滋。當磨雲根，刻此銘詩。《石門文字禪》卷二〇。

宜獨室銘

金沙僧道明，勤道如智海，事師如小朗機，陪清衆於宿德寮之後。别開小室，僅可容膝，日晏寂其中。昔偉禪師在黄檗，親老積翠，其静住政如此。人問其故，答曰聚語〔一〕。《石門文字禪》卷二〇。

〔一〕按以上文字不似銘而似序，疑有脱文。

藏六軒銘　并序

端首座從吾磊苴兄游有年，方埋光彩禪林，而學者已相仍矣。開軒於室之後，乞名於余。余爲名曰藏六，且以諷後學事虚名、爲實效者耳。銘曰：

寡欲養心，以直養氣。抱其德全，龜以蟬蜕。情緣峥嶸，欲犬怒吠。端方藏六，攫搏無地。學者闃門，伫思擬議。如大火聚，不宿蚊蚋。我觀此老，非愚非慧。人趨所争，師取其弃。《石門文字禪》卷二〇。

俱清軒銘

曉雲滅盡，群山蒼然。倚杖凝睇，如開青蓮。夜籟以寂，繞除流泉。曲肱而聽，如鳴朱弦。有大禪衲，不礙見聞。以雲門印，印空成文。對是净境，深炷爐熏。人牛兩亡，蓑笠具存〔一〕。《石門文字禪》卷二〇。

〔一〕笠：原作『苙』，據文意改。

解空閣銘

以色礙眼，鏟其雲山。以聲聒耳，惡禽間關。有大開士，倚欄微笑。以眼聞色，以耳觀鳥。石屏玉立，泉以珮鳴。乃知解空，不離色聲。《石門文字禪》卷二〇。

延福寺鐘銘　并序　政和四年五月

梁武帝假寶公神力見地獄，相問何以救之。寶公曰：『衆生定業，不可即滅。唯聞鐘聲，其苦暫息耳。』武帝於是詔天下佛廟，擊鐘當舒徐其聲，欲以停苦也。宜豐李元與弟施延福院大鐘，願資延母夫人周氏壽祺，且雪夙障。余以謂李氏知所施矣。晋許遜白日仙去，天詔書曰：『赦汝不事先祖之罪，佳汝施藥咒水之功。』夫施藥咒水，脱人於苦者也。唐崔祐甫本貴且壽，以任情殺戮，囚繫不釋，遂不壽。囚繫殺戮，置人於苦者也。嗚呼，壽固無象，脱人之苦則增，置人於苦則損。夫鐘之功利，博大昭著者也。以之爲施，周氏之罪滅壽延，理有固然者矣。因爲銘曰：

衆生大夢營黑業，玲瓏擊鐘與開睫。功德之大吾敢喋，願移慈母離障結。如聲度垣即超越，孝哉伯仲俱勇決。依仗佛力等痛切，如取寓物執券牒。願壽慈母春在頰，如鐘常撞無盡竭。政和甲午夏五月，誰爲銘之甘露滅。《石門文字禪》卷二〇。又見《林間後録》。

夾山第十五代本禪師塔銘 并序

師諱智本，筠高安郭氏子。生五歲大饑，有貴客過門，見其氣骨，留萬錢與其父母，欲携去。祖母劉適從旁舍歸，顧見怒曰：『兒生之夕，吾夢天雨華吾家，吉兆也。寧饑死，不以與人。』推錢還之。既長大，游報慈寺，聞僧説出家因緣，願爲門弟子。劉氏喜曰：『此吾志也。』年十九試經爲僧，明年受具足戒，即往游方。時雲居舜老夫、開先暹道者，法席冠於廬山，師往來二老之間。久之，聞法華端禪師者深爲法窟，氣壓叢林，蓋臨濟九世之孫也，而楊岐會公之的嗣也，師往謁之。遂留十年，名聲遠聞。舒州太守李公端臣，請説法於龍門，辭去之日，端領衆送之。師馬逸而先，顧端曰：『當仁不讓。』端笑謂大衆曰：『國清才子貴，家富小兒驕。』其父子法喜游戲多類此。未幾，屏院事，乃還廬山。時曾丞相由翰林學士出領長沙，以禮迎居南岳之法輪，學者争宗向之。遷居南臺，自南臺遷居道林，自道林遷居雲蓋，自雲蓋遷居石霜，凡十三年，道大顯著，勸請皆一時名公卿。師既老矣，而湖北運使陳公舉必欲以夾山致師，師亦不辭，欣然曳杖而去。人登問之，答曰：『係情去留，豈道人事？湖南、湖北，真一夢境爾，何優劣避就之耶？』以大觀元年上元夕，沐浴更衣，端坐終於夾山之正寢，閱世七十有三，僧臘五十有二，闍維齒骨，數珠不壞，葬於樂普庵之西。師性真率不事事，膽氣蓋於流輩，作爲偈語，肆筆而成，亦一時禪林之秀者。余未識師，聞清涼洪禪師言其爲人甚詳。後二年，門人處曉出開福英禪師所撰行狀來乞銘，銘曰：

定慧圓明，力無所畏。顯於湘南，遂起臨濟。學者如雲，异人輩出。唯會與南，絶群超逸。號末法中，二甘露門。唯夾山本，實會的孫。七移法席，籍其聲華。迅機雄辯，能世其家。放懷清真，亦足風味。睥睨死生，蓋其一戲。白塔林間，矯如飛鶴。不涉春緣，碧岩花落。

《石門文字禪》卷二九。

鹿門燈禪師塔銘　并序

西蜀世多名僧，而魁奇秀杰者尤見於近代。有如寶梵大師昭符者，弘經解義，足以增光佛日。太史黄公稱之曰：『知文知武，染衣將相者也。』嗣承其學，有如圓明大師敏行者，家聲辯才，足以舟航苦海。』内翰蘇公稱之曰：『能讀内外教，博通其義，以如幻之三昧，爲一方首者也。』兩公今朝第一等人，意所與奪，天下從之。而寶梵、圓明特被賞識，兩川講徒增氣，四海縉紳想見風裁也。鹿門禪師蓋嘗以父事圓明，以大父事寶梵，觀其規模弘大，教觀淹博，熏烝見聞，有自來矣。師諱法燈，字傳照，成都華陽王氏子也。自幼時則能論氣節，工翰墨，逸群不受世緣控勒。年二十三剃落於承天院，受具足戒。即當《首楞嚴》講，耆年皆卑下之。時黄太史公謫黔南，與圓明游相好，每對榻横麈，師必侍立，看其談笑。公撫師背，謂圓明曰：『骨相君家汗血駒也，他日佩毗盧印，據選佛場者，必此子也。』常夜語及南方宗師，公曰：『今黄龍有心，泐潭有文，西湖有本，皆亞聖大人，曹溪法道所在。或欲見之，不宜後。』於是圓明弃講出蜀，師侍其行。至恭州而歿，師扶護歸葬成都，辭塔而去。下荆江，歷淮山，北抵漢沔，遍謁諸老。所至少留，機語不契，振策即行。登大洪，謁道楷禪師，楷問：『如何是空劫自己？』對曰：『靈然一句超群象，迥脱三乘不假修。』不落有無，更道取一句曰：『待某甲無舌，即與和尚。』道楷駭之。師乃伏膺戾止，承顔接辭，商略古今，應機妙密，當仁不讓。師資相歡，不減溈山之與寂子，趙州之與文遠也。大觀之初，楷公應詔而西。三年，坐不受師名敕牒，縫掖其衣，謫淄州〔一〕。師趼足隨之，淄之道俗高其義，太守大中大夫李公擴，虚太平興國禪院以居之。於是洞上宗風，盛於京東。政和元年，楷公得釋，則東遁海瀕千餘里太湖中，而止草衣澗飲，若將終焉，豈非厭名迹之爲累也歟？師猶往從之，楷以手揶揄曰：『雲岩路絶，責在汝躬，行矣。』師識其意，再拜而還。七年，解院事，西歸京師，名聞天子。俄詔住襄陽鹿門政和禪寺，師謝恩罷，退飯丞相第。堂吏抱牘至，白曰：『江州東林寺當改爲觀，從道士所請。』師避席曰：『廬山冠世絶境，東林又其勝處，世爲僧居，如春湖白鷗，自然相宜。今黄冠其中，絶境其厄會乎？』丞相大以爲然，東林之獲存，師之力也。既至漢上，郡將諷諸山辦金帛，詣京師，作千道齋。師笑曰：『童牙事佛，有死無二。苟非風狂失心，輒以十方檀施之物，千里媚道士耶？』郡將愧其言而止。然天下叢林，聞而壯之。鹿門瀕漢江，斷岸千尺，寺嘗艱於水。師坐岩石下，念曰：『吾欲叢林此地爲皇朝植福，而泉不能贍衆，山靈其亦知之乎？』師以杖擿草根，俄衆泉觱發，一衆大驚。山中之人目之曰燈公泉。師初依夾山齡禪師，齡道孤，化而無嗣之者。僧惟顯得其旨，隱於南岳，師以書抵長沙，使者迎出，以居龍安禪寺。聞者伏其公，貴其行。初，惠定禪師自覺革律爲禪，開創未半而逝，蟻藏蜂聚，故窠遺垤十猶七。師爲一新之，長廡廣厦，萬礎蟠崖，冬温夏清，崇堂杰閣，十楹照壑，呑風而吐月，椎拂之下五千指。十年之間，宗風大振。人徒見其婆娑勃窣若游戲，然不知其中至剛峭激也。篤信所學，雖威武貴勢不敢干以非義。性喜施，不計有無，傾困倒廩，以走人之急。靖康二年春，金人復入寇，兩宫圍閉。驚悸不言，謝遣學徒，杜門面壁而已。門弟子明顯白曰：『朝廷軍旅之事，何預林下人，而師獨憂念之深乎？』師熟視，徐曰：『河潤九里，漸洳者三百步；木仆千仞，蹂踐者一寸草。豈有中原失守，而林下之人得寧逸耶？』五月十三日中夜安坐，戒門弟子，皆宗門大事，不及其私，泊然而逝。檢其所蓄，道具之外，書畫數軸而已。閱世五十有三，坐三十夏，度門弟子明顯等七十餘人。受心法，蒙記莂，潛通密證，匿迹韜光者甚衆。二十二日，全身塔于山口別墅惠定塔之東，明顯狀其平生來乞銘，銘曰：

空劫日用，易知難分。汝欲分之，如聲與聞。何嘗有間，月遍溪谷。何嘗有斷，風偃松竹。於一毫端，捏聚古今。粲然明了，而不可尋。無功之功，無位之位。爲物作則，無容觸諱。唯此正傳，洞上所宗。當有神穎，振其頹風。堂堂燈公，龍象回顧。負戴之重，徐行安步。漢南盤本，兩坐道場。枵然一室，名聞諸方。孝於事師，忠於事佛。俯仰無愧，雖化不没。聞名在世，决不可除。則於心外，法有遺餘。竟欲除之，出以示我。笑而不言，如冰在火。蘇嶺萬仞，蕩摩雲烟。曰塔其下，望之巋然。緬懷高風，叢林殞涕。我作銘詩，以範來世。《石門文字禪》卷二九。又見同治《襄陽縣志》卷一，《湖北金石志》卷一〇，民國《湖北通志》卷九一。

〔一〕淄州：原作『緇州』。按宋代無緇州而有淄州，徑改。

蘄州資福院逢禪師碑銘 并序

自達磨入中國，授二祖心要，而以衣爲信，故六世爲之單傳。至曹溪藏其衣，故諸方得者輩出。其魁壘絶類，碩大光明，有若衡山觀音、廬陵清原者，特爲學者之所宗仰，天下號二甘露門。令逢禪師者，清原九世之嫡孫，黄龍機公之高弟也。此先蓋福州閩縣人，生於陳氏。自其少時，英特開爽，不愛處俗，耆年敬愛之。唐乾元初，落髮於隱真寺。明年受具足戒，即策杖游方，聞黄龍參出岩頭，門風孤峻，自荆楚舟漢江，抵鄂渚，而機公杜門却掃，棧絶世路，學者皆望崖而退。師獨扣其户，俄聞疾呼曰：『擊門者爲誰？』答曰：『令逢。』曰：『未來此間亦不失。』答曰：『若失争辭與麼來？』曰：『來底事作麼生？』答曰：『昨日親自渡江黄龍。』於是開扉，笑而器許之。師從容游咏，日聞智證。雖不事接納，而户外之屨常滿；痛自韜晦，而人間之譽益著。以順義癸未之秋，辭黄龍北游，戾止祁陽月峰之下，創爲茅茨。一飯奉身，跏趺終日，學者追隨而至，川輸雲委。前刺史奇章公拜謁受法要，而請升座，道俗歡呼，謂一佛出世。遂成叢林，號南禪男子。張宏甫施宅爲寺，莊嚴之妙，疑絳闕清都從空而墮也。歲在戊子夏，浄髮更衣而坐，謂門弟子曰：『吾委息後，衣麻饌客，號踊哭泣，皆不可爲。苟違吾言，則非吾法侣。』於是以書遍辭檀信，六月八日示微疾，泊然而化。閲世五十有一，坐三十四夏。塔于郡城之北。太和中，忽見夢於父老曰：『吾欲出塔，大作佛事。』於是啓塔，而顔貌如生，萬衆作禮，龕而供事之。自是則能指揮造化，縱奪禍福，使雨暘時若，百穀茂遂。民建寺其旁，世以父子傳器，夜燈午梵，自唐迨今不替。政和之間，禪林易之，更兩代，荒殘如逃亡人家。宣和太守林公以嘉祐寺彌勒院僧擇文主之，從檀之請也。文疏通解事，材智有餘，道行信於邦人。初至之夕，適大雨，九徙其床。一年而施者填門，冠蓋無虚日。二年而修廡密室，緑疏青鎖。三年而崇殿杰閣，間見層出。游僧過客，摩肩仍袂，已至者忘去，方來者如歸。余嘗與林敏功子仁過焉，仁曰：『寺以律名，而禪規不減諸方；廪無餘粟，食堂日集千指。非有以大過人，何以臻此！』余曰：『昔臨濟北歸，仰山嘆曰：「此人他日道行吴越，但遇風則止。」溈山問有續之者乎？對曰：「將此深心奉塵刹，是則名爲報佛恩。」故世稱念法華爲仰山後身，庸詎知文非逢公邪？』子仁曰：『彼以荷擔大法，此方從事有爲，仰山、逢公若是班乎？』余曰：『昔普净禪師不務説法，庵於王城之東，日浴萬衆，曰時機淺昧難提正，令姑使善法流行足矣。又安知逢公之意，不出於此乎？』明年冬，遣其徒來乞文，又系之以辭曰：

我懷岩頭，僧中之龍。本無實法，但識綱宗。乾笑德山，怒呵雪峰。如師子吼，香象失踪。又如麒麟，不可縶羈。羅山控勒，明招追隨。逢則晚出，天骨權奇。振鬣長鳴，萬馬不嘶。清侯之上，駐我巾瓶。笑示死生，洞開户庭。意行出入，不施鐍扃。至今城北，白塔亭亭。寶鈴和鳴，上干層霄。下有全身，百神來朝。劫火洞然，大千焚燒。而此堅固，無有動搖。咨爾邦民，當加敬虔。蓋此大士，是汝福田。如黄琳公，如和褒禪。刻此銘詩，以壽山川。《石門文字禪》卷二九。又見光緒《黄州府志》卷三九，《湖北金石志》卷二。

三角劼禪師壽塔銘　并序　宣和五年十月

禪師道劼，生謝氏，邵武人也。得法於洪州石門乾禪師，初住臨川之景德寺，後住長沙之角山。道望著三湘，學者至如歸。十餘年遂爲終焉之所，門弟子爲建壽塔于白雲衝之陽。甘露滅某宣和五年十月初二日過焉，劼導余至塔所。乃爲銘之，銘曰：

東林法道，盛於石門。在元祐間，歸者如雲。後三十年，三角有聞。石門嫡子，東林諸孫。道如平地，世不舉步。陟危值谷，自爲險阻。有來求者，弗答弗顧。但以此心，一酬佛祖。白雲之衝，卵塔已成。如魚千里，時繞之行。千岩月色，萬壑松聲。欣然而笑，誰爲死生？《石門文字禪》卷二九。

岳麓海禪師塔銘 并序 代

師名智海，姓萬氏，吉州太和人也。幼静專，無適俗韵。去事普覺道人楚金，爲弟子。年二十一，剃髮受具，辭金游方。金出鄧峰永公門，父子道價，逼亞東林總、玉澗祐。故師依玉澗、東林最久，然無所契悟。晚抵仰山，陸沉於衆，佛印元公獨异之。師方鋭於學，喜翰墨，元呵曰：『子本行道，反從事語言筆畫。語言筆畫借工，於道何益？矧未工乎？』師於是弃去，經行湘南諸山，依止大潙十年。真如門風，號稱壁立，學者皆望崖而退。師獨受印可輩流下之真如。赴詔住上都相國寺，師雅志不欲西，首衆衲於衡陽花藥山，分座説法。元符己卯，開法於城東之東明。崇寧乙酉，遷居於湘西之岳麓，勸請皆一時名公卿。明年正月八日，麓火，一夕而燼，道俗驚嗟，以死吊。師笑曰：『夢幻成壞，蓋皆戲劇。然吾恃願力，宫室未終廢也。』於是就林縛屋，單丁而住，雜蒼頭厮養，運瓦礫，收燼餘之材，造床榻板隔，凡叢林器用所宜有者皆備。曰：『棟宇即成，器用未具，是吾憂，故先辦之。』聞者竊笑而去，師自若也。未幾月，富者以金帛施，貧者以力施，匠者以巧施。十年之間，厦屋崇成，盤崖萬礎，飛楹層閣，塗金間碧，如化成梵釋龍天之宫。人徒見其經營之功日新，而不知其出於閑暇談笑。宣和己亥七月九日，以平生道具付侍者，使集衆估唱，黎明漱盥罷，坐丈室，聞粥鼓，命門弟子，因叙出世本末，祝以行道勿懈，説偈爲别。有智暹者進曰：『師獨不能少留乎？』師以手摇去，復周詢左右良久，右脅而逝。閲世六十有二，坐四十有二夏。又七日，闍維收骨石，塔於西崦舜塘之陰。余官長沙，始款師，雖其道眼無分别相，而州里情親，若出自然。故知其爲人惠敏，有智略，恤孤老，赴急難，常器人於羈賤中，屢折不困。其尊禮賢者，樂於人爲善，則其天性。嘗叩其論於宗門，號飽參於教觀，甚博而知要。不見十日，而以訃聞。嗚呼，余聞論事易，成事難，捨生易，處死難，師皆返是，豈無德而然耶？南牧齊公狀其平生，乞銘於余，因爲之銘曰：

臨濟綱宗，遇風則止。昭覺其識，得念而喜。湘南有圓，汾陽之嗣。遂興其宗，克肖前懿。衲子方來，歸之如雲。南真兩俊，絶塵逸群。海公於真，蓋其的孫。獨敢袒肩，荷擔宗門。天資慈祥，一目貴賤。幻出寶坊，實依净願。冤親贊毁，初莫能辨。及其將化，則有明驗。人死之難，如登焚輪。師獨易之，如臂屈伸。塔曰無縫，豈有新陳。我作銘詩，昭示學人。《石門文字禪》卷二九。

郭瑗

郭瑗，歷官承議郎、大理寺丞，元符間以通直郎知壽陽縣。見《擒文堂集》卷六授官制及本書所收題名碑。

政禪師行迹碑文

禪師姓羅氏，太原府平晋縣古城北洞子鎮人，通《華嚴經論》。熙寧五年，壽陽縣父老於方山上方靈松岩下金剛泉側以石界爲龕，請師居龕講《華嚴經》。熙寧五年〔一〕，南游至潤州甘露寺，依廣照禪師。一日辭廣照，游廬山，廣照曰：『汝他日當坐古菩薩道場，有肉身大士先已爲汝發揚化衆興建也。』元祐初至西京大字院看《藏經》，縣郭三社與山前六村善友，請師住持，至紹聖中，開墾山田，建下莊院一所。崇寧二年奉敕賜額，并逐年撥放童行一名。敕下之日，山前布金色銀色世界，種種化現。大觀三年鑄洪鐘一口，重一萬斤，其聲響徹兩縣。度門人弟子宗悟等一十六人。政和三年，師無疾不食，唯飲浄水。善友等數十人繞師左右，謂曰：『願得師久住世間，興隆佛法。』師曰：『時至即行，諸佛每然。』因問弟子宗弁曰：『日在何時？』弁曰：『午時。』師曰：『從來道底。』衆云：『是什麽？』師曰：『清風吹不盡，明月照還晶。』師偃息，乃雷頌曰：『天長地久，莫之能守。涅盤妙心，幾人能透』。附床一下，卧右脅而終，遂收舍利一千粒。俗壽七十一，僧臘五十三。光緒《壽陽縣志》卷一三，光緒八年刻本。

〔一〕原注：『按此疑有誤字。』

江　椠

江椠，哲宗、徽宗朝在世。

龍泉寺記

朱陂當華蓋往來之衝，而龍泉精舍適據上游。四方士民旁午於途，非過門少休，則投暮假館，故地雖僻左，而經從之人視他所爲尤多。惟主山者恝然視所居如逆旅，傳舍屋數十椽，風雨莫庇，瓦礫荆榛，混爲一區，由是居者糊口於他方，行道之人弗顧，不知其幾弦晦於此矣。元祐癸酉，子勤上人杖屨自石繩來，因衆力裒助，日積月累，凡十有三期，爲大殿、爲法堂、爲僧寮、爲客次、爲庖、爲廡、爲像。已又有檀越陳玉者爲齋室，陳成者爲山門。首元符改元之戊寅，而迄於崇寧三年之甲申乃成。夫然後累世之敝，一旦興起，四方之往來者、休息者，入其門，升其堂，莫不肅容而改觀。予它日至其處，愛其山水幽遠，景趣岑寂。有峰列於門外，其直若屏，春濃而秋淡。有泉出於其下，其澄如鏡，夏冽而冬温。可以蠲煩爽襟，可以游目騁懷，使人欲去不能，歷覽不倦。余因詢上人以所謂龍泉之自，與夫興置之由，漫不能對。問其碑刻之紀録、□器之款識，皆曰亡。夫然後知所謂故踪遺物無或一存，□易而從新矣。惟碎古像腹中得尺牘，視其題則慶曆二年五月一日住持惠恩所録，乃知昔有所謂恩者住此。今按圖以考，向之物産入於上人者十且二三矣。恩没而傳之守能，能没而再傳子勤，上人實始繼之。其貲雖一出之衆，兩陳君之助爲尤多。他日勤遣其弟子普惠索予記，且道其積累之艱難如此，因爲之記事，俾歸而刻之於石。乃若勤之經畫有宜，精進不懈，來者視其文可以知之。同治《崇仁縣志》卷二，同治十二年刻本。

鄭雄飛

鄭雄飛，崇寧中以承務郎爲嵊縣尉。

嵊縣圓超禪院記

圓超禪院舊曰靈岫庵，有老僧獨居，禮觀音。觀音乃舊工王温夾苧爲之。治平初，國子博士鄭公宰剡，秋夜月明，夢一人儀形有异，進而前曰：『衣敝久矣，幸念之。』一日詣寺，見大士像，喟然曰：『感夢者非此乎！』命工繢飾。宰及瓜，謂院僧曰：『大士常感於予，願輸金易之以去。』僧合謀曰：『金雖多，豈若大士在山中可爲無窮之福利也。』賫金請于宰。前一夕，宰之家人皆夢大士曰：『翌日當訣矣。』宰見僧至，遂奉以歸。自是，剡人益奇其事，乃記大士靈感之因、大士靈感之迹云。崇寧五年四月旦，承務郎、尉鄭雄飛記。《剡録》卷八，影印文淵閣四庫全書本。

釋永慶

永慶，崇寧間僧。

重建治平院記　崇寧五年七月

□□山□□院修建住□□□□□□□□□□□北□□十里有谷□□□□□□□□□□□□□□實□地之所有寺□□□□□□□□□□碑□□大像存焉。□□□□□□□□□□□□□名□□□有□□□□□□□□□□□□□奉□妣□殷氏□□□□□□□□□以興多歷□□立學之□□□□起□□□□因從開元□□□院焉。方是之時，寺□住此□□像篆玄，迄周廣順間五臺真容院□□龍飛□伏錫□聖至期□慕視荆□之受□在聖像□□露門□□□□作斯爲募工人□聖王□□□廢基□□□□翌年起小□□□人有□特暴露，像得以芘籍帳供於開元□□□居之，寨□之聖佛自是僧居且安，相繼增緝，一皆□固。暨我宋建隆初，敕有古寺故籍供本□，俾度門人。時住持者普□之徒□□□等□□門人，其間卓爾可稱者，雲速其人□□十數年間，一新其院，又重建護碑問功□□初安慈氏羅漢□其上皆飾以金，次西創五十三佛殿五間，朱漆其帳，以安聖像。度所費僅萬緡，自備其二，一出衆助□然師克勤□身，躬耕節儉，情□□餘歲嘗□優饒，是亦人之難能也。况佛之德，以無心□俗累爲自得，以解脱淫濁爲俗範，惟師爲能之□高□衣則不華，食則不重，同於流俗而實離塵，可謂出於其類，兹又人之罕至也。治平年中，嘉譽上達，衆與其善，因□敕以治平號其院焉。噫！師享年八十七，僧籍六十四，紹聖六年十二月二十七日無疾而終。門人崇珪、崇仙等葬寺之西北隅，起幢爲記，示不忘也。崇珪繼家幹蠱有方，創建觀音閣五間，連樓大殿輪奂，殿中壯麗增級，丹艧焕耀，自是車馬□益皆趍上着綱，開嶮路，鑿□石，使其冷坦□桂，未免鋸齒之厄。然庫有積粟，足以延厥徒；堂有大士，足以□法輪，斯亦一時之懿歟！永慶實法眷普俊之裔，住大陽村資聖寺日，雲惠度門□永琮等，雲清度門人永慶等，其於雲速，乃普□之徒歟。今先師雲清乃法眷之列序矣，今既宰□公實德見於住持之能所義不忘乎法眷，因講其□來，以叙先師之勤劬，俾後徒知尊卑之序，以明修□廢興之終始。見祝爲記，義實難辭，直書其事，用□□珉。崇寧五年丙戌七月庚寅朔十一日，資聖寺講經論沙門永慶撰記。住持沙門崇珪立石，供奉住僧崇仙。《山右石刻叢編》卷一六。

殷智皋

殷智皋，徽宗時涇縣（今安徽涇縣）人。見嘉慶《涇縣志》卷一二。

寶勝禪院造塔記

佛弟子殷智皋，與母親汪氏四娘，妻吴氏九娘，男宗輔、宗慶，三十七新婦，朱氏十二娘，女殷氏細一娘、細二娘、細三娘眷愛等同發誠心，謹施净財一百二十五貫文足，就寶勝禪院建造寶塔一面。所哀妙利，以仗殊勛，上報四恩，下資三有。宗先亡過，咸願超升，寶地優游，天官快樂。仍懺智皋等多生罪垢，累世冤愆，并將此日之功緣，乃作不時之蕩滌。然乞門闌清肅，莊務進興，灾消赫日之霜，福瀉洪江之水，珍祥并集，人口康寧，壽延日月之長明，禄蔭山川而不朽。信林永茂，道雨溥滋，開般若之覺花，結無爲之勝果。嘉慶《涇縣志》卷一二，民國三年涇縣石印本。又見民國《安徽通志稿·金石古物考》卷一五。

吴鑲

吴鑲，開封（今河南開封）人，政和間在世。

永福寺新鐘記

釋氏以空寂教立象明機，物物之陳，皆寫微意，故學者得以因有達空，緣動反寂。器類之設，厥不可後，乃取諸物之爲物，有聲之大者莫若於鐘鼓之於藍，聲聞於外，教合所在，斯得鏗然而發之。至於重門密室，幽郊遠居，咸使有聞。聞者和聲入耳，銘藏於心，雖目不睹金仙，足不履净刹，而向化之志油然生矣，其利樂博濟無礙。若此佛子之居未之有建者，是謂闕儀。永福主僧重辯能明斯事，作鐘其處，經營十餘年，凡兩鎔而不克就。議者以謂佛之法緣有付仕人，况一境内事之廢舉、物之成敗，豈不係於撫字者乎！今仁宰宋公實有力，助緇徒善民之願欲不啻作物，故冶金弗躍，一鑄而成。歲在政和丙申二月庚午，越七月庚戌，植之閣上，屹然中峙，既考既鼓，厥道是鳴，環拱瞻聽，一新未聞之耳目。予因謂其徒曰：『非特梵林增氣，又俾邑社有聲，亦爲盛焉。然肇造法器，振舉潮音，豈可無人乎！而又鐘質純鐵，聲復和宛，一若銅韵，匠不論其巧，工弗知其神，人疑以爲作者法緣感格，爲休報之應，斯可异也。』師避而辭曰：『豈一辯之力哉！嘗考古之製術，厚薄之所震動，侈奄之所由興，莫不有法。厚則石，薄則播，侈則折，奄則鬱，數者不至，乃成中聲，此則人工之極也。若乃質賤而聲貴，非有神爲之而善畀其造物者，則人力幾何而可得也！』辯來條陳以懇文，遂與爲之記。光緒《屯留縣志》卷六，光緒十一年刻本。

周鉷

周鉷，鄞縣（今浙江寧波）人，師厚次子。崇寧二年進士。高尚不仕，與兄鍔偕隱，相與徜徉山水間，唱酬成編，鄉人慕之。有集二十卷。見《寶慶四明志》卷一〇，《宋元學案》卷六，雍正《浙江通志》卷二四八，《宋史翼》卷五。

天壽院記

四明山盤亘千里，隱如疊浪，而西南諸峰，惟灌頂、定光爲最高，旁有瀑布瀉於兩山萬疊之間，峭壁參雲，足不可到。其下有三井焉，泓然澄深，清澈見底，是爲天井。歲時大旱，郡邑之人不遠百里來禱於井，隨求而應，變現俄頃。有金綫蜥蜴之狀出，而赴感作爲雲雷，沛爲膏澤，爲一方千里之惠，而歲每用豐，以故此邦之人咸生信仰。建隆初，有僧道凝自福唐來，愛其峰林深秀，遂卓錫於麓，捫蘿而上，危磴嶔嵌，行三里餘，始至其井。旱時，靈響浸聞，緇徒日衆。殿堂重復，長廊廣廡，幾至百楹。鄉人遂以『天井院』名之。咸通中，刺史李伉以祈禱累驗，乃即崇壽宮建五龍堂以答休，俾郡人咸使香火，有石刻在焉。治平中郊祀大饗，得請於朝，始以『天壽』賜額。宣和三年春，予游定光，愛其山水勝絶，盤桓累月，見所謂天井瀑布不絶如綫，而佛刹殿宇俯視於烟雲晻靄間，欲一到，未果也。一日，住持僧净高自天井來訪予，語及院之所以興與所以得名之因。异日，數過予於水西，輒求記於予，以紀歲月，且將刻賜額、敕黄於石。予因以山川游覽之勝，三井靈异之感，并净高之言，叙次以書。乾隆《鄞縣志》卷二五。又見《敬止録》卷三一。

趙公杰

趙公杰，大觀三年爲左班殿直、監温州瑞安縣商税務。

明因院寶塔施磚記　大觀三年三月

左班殿直、監温州瑞安縣商税務趙公杰，并妻任氏及闔家骨肉等，特發虔誠，施磚五十口，起造白岩明因院寶塔第三層使用。伏乞三寶明鑒，保護家眷□□安寧，免有決滯。大觀三年三月十三日謹施。《東甌金石志》卷四。

張徽

張徽，大觀時宣州宣城縣（今安徽宣城）百姓。

寶勝禪院造塔記　大觀三年九月

宣州宣城縣清流鄉上灣社居住清信弟子張徽，與妻李氏三娘，男顯明、顯榮、顯仁，闔家眷愛等，同發誠心，特施净財一百二十五貫文足，恭就涇縣奉國寶勝禪院建造寶塔一面。所集無涯之善，上憑有利之薰，祝聖日以長明，贊真風而永固。次願徽家緣肅穆，眷屬咸寧，時居四序之歡，月涉千祥之美。田莊進益，店庫興隆。榮活計于長年，富子孫於百世。公私和允，火盗沉縱，履歷暄凉，龍神加護。仍懺多生罪咎，累世愆瑕，仗此勝緣，俱希解釋。他生善國，道果無忘，得親諸佛會中，了悟證真常樂。時大觀三年九月二十六日，清信奉佛弟子張徽并妻眷等謹記。嘉慶《涇縣志》卷一二，民國三年刊本。又見民國《安徽通志稿·金石古物考》卷一五。

范域

范域（或作棫），洛陽（今河南洛陽）人。程頤門人。頤之喪，洛人畏入黨，無敢送者，祭文唯域等五人。歷金部員外郎，政和中累官奉議郎、權發遣提舉京西南路常平等事。見《宋會要輯稿》職官六八之一三、食貨五三之二一，《宋元學案》卷三〇。

隨州大洪山十方崇寧保壽禪院第一代住持恩禪師塔銘 并序〔一〕 政和三年四月

昔曹溪付法於青原，實爲嫡嗣，五傳而有洞山价，又傳而有曹洞寂。由是曹洞一宗，如懸日月，其道尤孤高峻潔。自昔嘗難其人，至大陽明安禪師，寧其宗絶，不輕印可，乃以衣履屬浮山圓鑒。鑒晚得投子青禪師而後付之。世俗謂青非親授，不知聖無先後，以契爲傳。其所從來，若執券相質，貫珠相承，蓋有冥會，非偶然者。投子既復振斯道，而後异人間出，大洪禪師乃其法嗣也。師諱報恩，其先衛州黎陽劉氏，世以武進，家喜事佛。其母牛氏初禱子，夢佛指所謂阿羅漢者畀之。既妊生師，果有殊相。嘗遇异僧若化身者，撫之曰：『我輩人也。』熙寧九年，未冠，舉方略擢第，調官北都。忽喟然嘆曰：『是區區者，何足以了此生？願謝簪紱，求出世法。』有司以聞，詔詰其故，師云：『臣祖死王事，顧無以報厚恩。惟有薰修之功，庶資幽冥之助。』制曰可。師先名欽憲，神宗皇帝親灑宸翰，改賜今諱。於是就禮北都福壽寺僧智深，爲祝髮。師既受具戒，游歷諸方，謙約退静，枵然山澤人也。聞青禪師之道而悦之，乃往依焉。青識其法器，師一日凌晨入室，青問：『天明未？』師曰：『明矣。』云：『明則卷簾。』師從之，頓爾開悟，心地洞然。遂以所得白青，青韙之，留侍巾匜，頗有年數。逮青順世，又從圓通、圓照二禪師游，二公甚器异之。丞相韓公尹河南，延師住持嵩山少林寺。席未暖，紹聖元年，詔改隨州大洪山律寺爲禪院。人謂大洪基構甚大，而蕪廢已久，非有道德服人，不可以興起。部使者奏請師住持，已而丞相范公守隨，復左右之。師普施法雨，遠邇悦服。於是富者薦貨，貧者獻力。闢荆蓁蓬藋之場，爲像設堂皇；化豺狼狐狸之區，爲鐘魚梵唄。而又以其餘建戒壇，掩枯骴，更定禪儀，大新軌範，由是大洪精舍壯觀天下禪林矣。崇寧二年，有詔命師住東京法雲禪寺，從駙馬都尉張公請也。師志尚閑遠，安於清曠，曾不閲歲，懇還林澤，朝廷重違其請，聽以意徑詣嵩山，旋趨大陽。屬大洪虚席，守臣念師之有德於兹山也，五年，再奏還師於舊。固辭不獲，復坐道場。凡前日之未遑暇者，咸彌綸而成就焉。師勤於誨勵，晨夕不倦，緇徒輻輳，幾三百人。既退振宗風，而自持戒律甚嚴。終身壞衣，略不加飾。張公雖嘗奏賜紫方袍，卒盤辟不敢當。故權貴欲以師號言者，皆無復措意矣。政和元年六月初一日示疾，七月十四日，僧問：『師久演直諦，冀垂一言。』師舉目示之，又問：『師將生西方耶？』師曰：『超方者委。』又問：『畢竟生邪，死邪？』師曰：『間不容髮。』言訖，趺坐而逝。留三日，儀相如生，咸至瞻禮，罔不贊嘆。二十五日，葬於南塔，師昇時欲築室退居之所也。俗壽五十四，僧臘三十六。度弟子宗言等一百三十一人，嗣法出世者，慶旦等一十三人。有《語録》三卷，《集曹洞宗派録》三卷，《授菩提心戒文》一卷，《落髮受戒儀文》一卷，并傳於世。惟佛之道，未嘗有起滅興衰也，然必付之豪杰之士，然後足以發明秘奥，津梁後來。苟非其人，道終不顯。若師以絶俗之姿，薄功名富貴而不爲，振衣塵外，高步妙峰，使斯人知所歸向，名聞天下，言立後世，嗚呼，可謂盛矣！銘曰：

祖提心印，惠於後昆。曹洞承之，與祖同源。源深流遠，亹亹諸孫。惟大洪老，爲世導師。蟬蜕冠綬，毗尼焉依。法雷既震，聞於九圍。實作司南，衆乃弗迷。闡教利物，爲時一出。出没者渠，非生滅質。其來無迹，其去無還。光風霽月，依舊雲山。嘉慶《湖北通志》卷九一，清嘉慶九年刻本。又見民國《湖北通志》卷一〇二。

〔一〕此文作者范域未知是否與程頤門人范域爲同一人，姑附于此。

閔文叔

閔文叔，洋州（治今陝西洋縣）人。建中靖國元年進士。見雍正《陝西通志》卷三〇。

洋州念佛岩大悟禪師碑

昔唐代宗時，有聖僧焉，姓張氏，名法照，興勢縣大瀆里人也。少捨家爲沙門，證定慧力，入於神通。嘗游廬山，適南岳，得法而歸，在此岩上庵居泉飲，日夜專念阿彌陀佛。每念佛時，常化佛空中顯現，聲不加大，聞於長安，天子乃遣使者以禮迎之。既至，賜號爲『供奉大德念佛和尚』，又號『五會念佛法事般若道場主國師』，而天子承教焉。初，法照居廬山，入正定，至極樂國，見蒙惡衣侍佛者，佛告曰：『此衡山承遠也，出而求之。』乃之南岳，見長老承遠居岩石之下，羸形垢面，躬負薪樵。凡化人，立中道而教之，俾得以疾至，故示專念，書塗巷，刻溪谷，率勤誘掖度援於衆，是爲教魁，其徒至萬計。法照乃從學而專教天下，故作五會念佛法事，依《無量壽佛經》，廣説偈頌，以專念爲教體，其中亦聞無生忍法。至是乃言其師南岳大長老有异德，天子南嚮而禮焉。度其道不可徵，乃名其居曰般若道場，以尊其位。德宗皇帝贊法照曰：『性入玹妙，得念正真。悟常罕測，諸佛了因。』帝又問曰：『佛留法法，衆生皈依何門？』法照以偈答曰：『諸佛在心頭，迷人向外求。内懷無價寶，不識一生休。』帝乃大悦，經贊廣布流行。法照在長安居章敬寺，每入城邑聚落，常以布施揖衆念佛，從化者甚多，至不可計，莫不奉持齋戒。厥後城中有一屠者，爲失利養，起嗔恨心，袖刃而來，將不利於法照。時法照以他心智知其心念，謂屠者曰：『爾欲墮入地獄耶？而來害我。』屠者愕然，弃刀於地，悔過作禮，願從念佛，念之數聲，奄然立化。法照亦結跏趺坐而入圓寂，敕謚大悟禪師。是日在彼殁已，此張氏家明睹其形容，須臾乃現神變，隱身巨石之中，遂不復見焉。嗚呼！法照禪師者，其西方之聖人乎？不然，何以游神彼國，行化此方，度惡人於須臾，現色身於没後，神變自在無礙也，由其當時念佛於此，故世記此岩，以『念佛』名之，又從而構立祠宇焉。迹其道場之處，□入岩殿之後，有草庵基其經行之地，則今山徑之□有錫杖泉。其遺教則有五會念佛法事，其遺像則此殿壁之上有古所畫法照行像。至今郡人每歲以仲夏六日致祀於是岩，四衆集會是日，能使疑者信，慢者敬，斯以威德神化所感而然也。或曰：『既聖矣，猶現行念佛者以何義耶，復以何義專念阿彌陀佛耶？』曰：『以勝義觀，則無去無來，無生無滅，非有漏，非無漏，非有爲，非無爲。方維上下，無所不在，過現未來，無時不存。以太虚空爲法身，以妙真如爲覺性，視之不可見，聽之不可聞。』故經曰：『若以色見我，以音聲求我，是人行邪道，不能見如來。』以世諦言，則有因有果，有修有證。有三十二大丈夫相，八十隨形好，可見之色；有六十美妙友音，可聞之聲；有十力，四無所畏，四無礙，解十八不共法爲成道相；有三乘十二分教爲説法相。所在之處有十方，所出之時有三十，成就净土，揖授衆生，名稱形相，皆爲福田。故經曰：『若人散亂心，入於塔廟中，一稱南無佛，皆以成佛道。』二種理趣，非合非離，非一非异。離有無邊，是謂中道；捨斷常見，是謂□觀。是故智者隨以空性觀於如來，而以不捨諸有爲法，行佛隨念，此法照所以現形念佛之義也。十萬三世，一切如來，名號無數。至於功德威身，辨才智慧，證入法界，成就無上正等菩提，則一如來所能具足。如是作意，專念一佛，則爲普念一切諸佛。以經考之，西方去此十萬億佛刹，有世界焉，名曰極樂。彼世界中，有如來名阿彌陀，誓願洪深，修行廣遠，功德莊嚴，净土慈悲，濟度衆生，推本往昔，過無數大劫。初心修行菩薩道時，於世間自在王如來所法無上正等覺心，具揖二十一億清净佛土，廣發四八種殊勝大願，如實安住，種種功德，修習如是。菩薩行時，經於無量，那由他劫，初未曾起三毒五欲，住三解脱門，行六波羅蜜，復令無邊諸衆生類住無上道，起諸妙行以至成佛，皆不可以語言分别之所能知。積集如是，不可思議，無量功德，乃取正覺。成佛已來，於今十劫，現在説法，無量菩薩及聲聞，衆恭敬圍繞，左觀世音、右大勢至二大菩薩，而爲上首彼佛如來，光明無邊，十方普照，壽命無量，一國皆同，故名阿彌陀，又名無量壽佛，有异名謂無量光彼世界中，稱寶嚴飾，香花充滿，無三惡，無八難，所有衆生皆如自在天，所有菩薩皆住不退地，無有衆苦，但受諸樂，是故彼國名曰極樂無邊世界。諸佛如來皆共稱贊阿彌陀佛所有功德，他世界中，若有衆生聞彼佛名，生净信心，能如十六觀行修行，迴向願生彼國者，隨願得生，永出輪回，終成正覺，雖下品者，亦正聖果，此法照所以專念阿彌陀佛之義也。且三歸六念，以佛以先，一稱南無佛陀，善根無盡，况能專念者乎？法照以此教人，蓋得其要矣。我願以此法門示之衆人，傳之後世，使聞之者皆發信心而歸正覺。是故立石此岩，而述其事義以記焉。康熙《漢南郡志》卷一八，康熙二十八年刻本。

曹景儉

曹景儉，政和中澄城（今陝西澄城）人。

西河新修普濟寺記　政和二年十月

距馮翊郡之北九十里，其屬邑曰澄城縣。縣西三里澗行而南百餘步，谷曰金沙。有泉出于山谷之間，世傳曰洗腸泉，即東晋高僧佛圖澄開脅浴腸之地也。師之靈异，晋記言之詳矣。遼邈曠古，聖迹具存。高山蒼蒼，流水湯湯，孤雲裴回，仰清風而不忘。觀其圓明一鑒，涵畜萬象，升之可以致雲雨，酌之可以愈疾病。故民間水旱痁疫必禱焉，應驗如響，人加畏信，相與勸飭，創寺宇於泉上，以爲大衆祈禳歸依福地。大觀丁亥冬，馮翊久不雪。麥苗未滋，且慮來歲之歉。郡侯郭公長卿遣使具蒲塞之饌，嚴潔致祀，迎酌泉水而供事之。越翌日而瑞雪應祈，闔境沾之，歲乃大熟。郭侯表其事于朝，天子嘉賞。至大觀戊子四月，錫師以真顯法師之號。大觀己丑，有詔毁天下寺之無名額者，太守李公慎由從邑人之請，具以靈泉寺屋滿三十楹之數上之，詔遂不毁。仍敕普濟之名以爲寺額。李侯親書其榜，揭示無窮，亦使後世知寺獲普濟名者，自李侯始也。舊泉之東上皆土山，其高數百尺，岧嶢斬絶，雖樵夫牧孺，不能留足其地，邑之大姓曹師仁之所有也。曹念法師神异，綿歷七百餘祀，今既膺天子寵命，蓋宜崇飾梵宇，奉安神像，使之輪煥壯麗，以爲邑人美觀，不亦可乎？於是盡施泉上之地，以爲寺址。有比丘尼法遠苦形勵志，力願成就，命工貇斫，削土山而平之，剗攘榛穢，始□始基。法遠布衣一襲，糲飯一盂，卑辭下色，謹募檀越，往來城中，日十數返。冽寒酷暑，志不少替。邑人視遠之勤，嘉遠之志，揮金争施，樂助緣事。桴棟瓴甋，遝邇輦至。鳩工聚材，卜日而就。三門峻峙而廡翼立，堂屋厨庫皆有法度。粥魚齋磬，罔不嚴肅。東敞高閣，層倚岩腹，真顯之像處其下。西構清軒，俯臨溪流，以爲士庶行樂宴賞之勝。然寺踞河上，高倍十丈。每歲夏秋之交，雨水暴漲，泉之東岸，旋葺旋壞。大觀庚寅，汶陽王公浹授天子命，作宰是邑，或爲民祈請，或行春布令，梠車駐旆，屢至寺下。一日據軒愕視，曰：『水所以爲東偏患者，以河西巨石磐礴，隱伏地中，障回水勢，而不得西，此所以東岸受其患也。』因自給俸廩，募石工疏鑿，以殺水東之勢。乃諭遠以丐化石如柱礎大者三千有奇，積起爲岸，以護河水泛溢之患，以爲永遠堅固之利。遠如大夫指，閲歲而功告成，自是躭躭沈沈，莊嚴静深，爲香花之芬馥，閑鐘磬之清音。梗楠杉檜，翠陰蕭森，溪聲漱玉，巘溜鳴琴，禪侶燕坐，如鷲峰之與雙林。又有桃李，以茂陽春之華；亦有松竹，以固歲寒之節。夏風如焚，則就濯匱谷金沙之泉；秋霄氣清，則坐延堯山金粟之月。顧寺之興，豈特法師蓮鉢？一勺之水，可以爲雲雨而澤萬物。至於四時敷榮之景，凡可以供耳目之娱者，又且使人樂之而不厭。即以利物，又以便人，孰不曰瞿曇氏之教？政和壬辰孟冬初吉，邑人曹景儉記。少陵王崧書。陳仲文刊。《八瓊室金石補正》卷一一〇。又見咸豐《澄城縣志》卷二〇。

葛勝仲

葛勝仲（一〇七二——一一四四），字魯卿，常州江陰（今江蘇江陰）人，書思子。登紹聖四年進士第。元符三年中宏詞科，爲第一，除兖州教授。差提舉議曆所檢討官兼宗正丞，遷禮部員外郎。以議原廟事得罪，責知休寧縣。復召爲禮部員外郎，權國子司業，遷太常少卿，徙太府少卿，除國子祭酒。尋知汝州，改湖州，徙鄧州，罷。建炎中復知湖州，官至顯謨閣待制，紹興初乞祠歸，十四年卒，年七十三，謚文康。著有《丹陽集》八十卷、外集二十卷，續編《太常因革禮》。《宋史》卷四四五有傳。

湖州烏程縣烏墩鎮普静寺觀音閣銘 并序

車溪佛刹普静最稱巨麗，而西廡觀音閣尤宏杰，實吴江道者元益創也。道者姓楊氏，生十一年而出家，以寺僧惠清爲師，又七年而落髮，又二年而受具。一日膜拜佛殿，歸語其師曰：『應真不受弟子禮，起立云：汝當爲衆生作大緣事。』師异之，自是不應齋供，不事澡沐，獨誦經昕夕不懈。俄發心造觀音像一軀，且築閣以栖之。貲費未具，每賫恨太息，因以針刺左目，炷香然之，復爇五指求化，遠近見聞，争委金幣。躬即錢塘訪巧匠。將斫旃檀，預清齋七晝夜，祈聖相與天竺相，準像成，未愜志，復毁右目。匠者夜夢菩薩見形，極了了，覺而改刻，遂成端嚴殊妙之相，光趺皆具。迎置其上，實元祐三年三月也。既諧志願，兩目瞭然復明。鎮人每歲首輒迎像市區，大供七日，逢水旱禱雨暘立應。道者嘗分衛至濟遠橋，忽弃僧伽黎服弗御，自爾佯狂廛肆，飲啖齋俗，歌笑怒駡，人莫之測。市人争醉以酒，雜致餉遺，桀黠者或探懷取之，醒輒造門求索，未嘗一誤。嘗過天隱樓，肆言：『今夕當慎火。』夜漏三更，樓果煨燼。大觀末，忽結巾爲黄冠之飾，人始不悟，後果詔改僧爲道士。其前知預告，皆此類也。政和二年七月二十一日，以偈示衆云：『説時不曉，曉時不説。六月嚴寒，臘月盛熱。珍重去兮，清風明月。』閱三日，無疾右脅吉祥而逝。闍維之舌根不敗，隨烟燼所及，得舍利甚衆。得齡五十有九，僧夏四十有三。世謂道者蓋觀音化身來此土。予謂二十五無學中，觀音圓通爲最，由聞董聞休三昧無作妙力，成就三十二應，入國土身現比丘身，其一也。彼悲願無盡，故欲微塵界現身亦無盡，非演法度人，則爲衆植福，何獨於楊道者而疑之？法照大師仲珉請叙其事於石，乃叙而銘之。銘曰：

招提杰閣危干雲，刹西阿相妙絶倫。規摹天竺巧亂真，鹿肩螺髻超㥪塵。伊昔創始經營人，補陀大士來化身。連抉兩目五指焚，咄嗟金緋來紛綸。普化一切入普門，寶目八萬由聞薰。翳除聲脱融六根，喪明復瞭何足云。百爾祈禱應若神，鬱攸横空歸獨存。永警流宕歸旋聞。常州先哲遺書本《丹陽集》卷九。

歙州祁門縣青蘿山辟支佛舍利銘 并序

辟支佛一名獨覺，於無佛世出現，調伏有情。然其始皆生人中，嬰受衆苦，起厭離相，霍然解悟，遂證果位，如《契經》所載蘇摩大帝月愛月出之流，皆是也。自如來示滅，凡夫异生不知背塵合覺，觀本性空，方迷謬顛，流浪苦海，而所謂獨覺者亦隱弗現。則夫悲濟利生之士，求其戒體之所自出者，崇建塔廟，使上智觸境而悟苦諦，中人修供而植福田，其饒益方便，豈細也哉！青蘿山在祁門東五里，岩壑深複，有瑰奇卓絶之觀。自唐永泰中始建寺，而湫陋褊迫，不與山相稱，來者以爲恨。元祐二年，今住持道清師始嗣禪席，惟行與解二俱超然，道俗信鄉之，未嘗求而人自施，未嘗勞而事自集，改營舊宇百五十區，卑隘者斥大之，漫漶者丹堊之，櫨栱相輝，像設俱嚴。意猶懷不滿也，將建浮屠七寶岩。會山郡通守李侯景淵施所寶辟支舍利二十，而邑民張洪首開檀施，遠近附和，委貨利若材木者相屬。遂以政和元年正月告成。支撑巧奇，規模宏麗，露盤寶鐸皆應經式。今昭慶軍節度使、開府儀同三司莆陽蔡公嘉其勤，爲書六大字榜之塔，雖托於幽遐之境，而顯名四方者，繄公書也。是歲七月十日夜毫光出，輪杪亘數十丈，色若火聚，申旦不滅。按《阿含經》云：『應起塔人，一如來，二辟支佛。』《造塔功德經》云：『未有塔處，於中建立，乃至小如庵蘿果，福勝梵天。』然則光景出現，殆建造翹勤之應也歟！銘曰：

犀角喻覺第二乘，見無佛世乃出興。如日西入續膏燈，五滓昏暗聊依憑。寂不説法間莫應，神足變現時飛升。遺骨戒定相薰蒸，馱都千億數莫能。偶得少分嚴緘縢，覆以斗藪波七層。夜出光相輝玉繩，赤髭白足見未曾。岌岌榜字蛟龍騰，永鎮江左高崚嶒。《丹陽集》卷九。

景德寺新鐘銘　紹興元年

擊鐘僧舍，自我能仁。幽息泥犂，明警昏昕。維擊既停，音響雙絶。當知此時，聞性不滅。吴興梵刹，景德稱雄。乃按鳧氏，範金作鐘。寶液既融，青氣純一。制備甬欒，聲無柞鬱。龍集辛亥，紹興初元。兹器維則，億千萬年。《丹陽集》卷九。

尹稱孝

尹稱孝，政和初爲芮城縣學官。

芮城縣壽聖寺戒師和尚潤公塔銘　有序　政和元年七月

和尚名惠潤，生于太原之平晋。父劉成，母畢氏，幼知其爲法器，逮年二十，遣即其邑崇聖寺禮僧崇海爲師，當嘉祐六年正月也。改治平之四年，會紹天皇帝誕節，試天下僧尼童，而師以誦經得度。以是年三月祝髪，且從其府之資聖院式壇授戒。自是檢身持律，以不見道不足以償出家之本意，乃趍西都龍門，就真戒大師悟真而學焉。由熙寧庚戌，終丙辰，更七春秋，而盡傳其業。所通經論，若唯識之秘言，法華之妙旨，靡不該究，爲衆所推。蓋其警悟開敏、精進勇力如此。蒲之普救，知名寺也，師始往升座講説，後學之徒，聽者以百數。復從其郡開元寺法師因公授大乘戒，是爲戒師。暨元豐初，芮僧文智與邑之信善士姚拯輩詣師，恭欽作禮，懇請於此住持。時是院一丘墟故寺基爾，師至而化衆檀越，相與經營締構，餘三十年。凡今之殿塔鐘閣，門廡厨庖，法堂僧室，修廊邃宇，雕鏤繪塑，金碧焜耀，窮壯極麗者，皆師之所爲也。所度弟子智深而降，凡一十七人。乃若游習京師，克嗣院事，則有衣紫僧智廣者〔二〕；開演經論，傳師之學，則有座主僧智雅者。其餘亦皆醇古幹力，恪奉師訓，見者知其爲潤公門人也。師以大觀四年歲庚寅正月丁巳，初無疾恙，召群弟子屬以後事，右脅而化，壽六十九，臘四十四。逮政和改元夏四月，智廣與其法眷舁弟共作甓室，以厝其真軀。舉事之日，邑之衆大和會至百千人，咸往觀焉。噫，潤公起身民家，曁爲僧，能以行業自顯，蓋所謂豪杰之士矣。生而化其人，作衆難事，成若反掌，殁猶使人忻慕感悦而不忘也，顧豈獨能以因果禍福之説撼其心哉，亦必有不言而誠，以得諸人者。邑學尹稱孝聞其風而悦之，因爲論次而書其事，且系以銘云：

維是壽聖，昔爲法昌。造自既廢，恢焉未遑。爰有大士，來從冀方。增庳易陋，崇起道場。成已厭離，寂歸何鄉。碧潭秋月，俄晦其光。雁級突兀，澄觀云亡。猊座凝塵，生公一堂。遺軀示幻，不火而藏。龕置甓室，如植寶幢。至者作禮，爲道津梁。凡境中人，欽信毋忘。

有宋政和辛卯中元日，門人智演、智光、智盛、智輪、智寶、智浩、智明、智圓、智淋、智雅、智文、智廣、善琮暨師孫、師贊、師敏、智岳、師計、師海、師真、智隱、智岩、師正、海雲共建，時恩辯、瓊深已化。《山右石刻叢編》卷一七。

〔一〕者：原闕，據下句文例補。

釋有威

有威，政和間法輪寺賜紫僧。見《台州金石録》卷四。

聖宋台州靈龜山敕正直院記　政和元年二月

覺皇應迹，尚依止於祇桓〔一〕；像教東漸，悉崇隆於梵刹。昔者佛初成道，瓶沙王率統内官士庶禦于郊野，因以伽蘭陀竹園爲佛寶舍，原其伽藍，由兹始也。爾後歷代諸祖迭興，未嘗不以經律論學爲住持之眉宇焉。苟不然，則以植福營利預於十科之列。靈龜山正直院，疇昔舊址在院之前坡，岩崖突屼，石徑榛隘，庵室數間，卑窄猥陋，不能容衆，是亦可嗟。沙門惟侃髫齔厭俗，有志爲僧，默爾介懷，終圖遷革。至熙寧初，進納剃度稟具已，不忘夙志，卜地於此。始於元豐三年秋，擇日築基，首創方丈一所，峙峻高顯，聳出中峰，即庚申歲也。其年復建法堂一座，粗以宏壯。次於辛酉冬，率籲其衆，造寶殿一所，叠石爲址，高下相映，漸而可觀。仍從舊處車載中尊等七身歸就新殿，雖半千人工運架牽挽，跋涉迂欐，其聖像儼然不動，杳無損於纖痕，若神助之，來無遲礙，觀者莫不嘆仰。復於紹聖二祀乙亥歲，建僧堂一座，櫬室一區，三門兩廊，東司浴室，鱗次而起。崇寧三年，建鐘樓一所，簴虡凌空，鯨音震谷。門外敞橋亭，使來者少休於此，即大觀二年戊子歲而成焉。院雖周匝，唯厨庫未備，而又罄乎囊鉐，募彼衆緣，於己丑冬建蓋畢矣。上棟下宇，前後内外，油飾悉完。又慮洪流漲溪，將有衝毁之患，乃倩工負石作岸，泄水開田，俾其永固。最後預立墳亭，以俟其卒。偉歟！始因一簣，終見爲山。遹遘出乎一身，踪迹垂於千古。儻恣情欲，撥弃因果，飽食逸居，不修毫善，則永劫沉淪，生死苦海，險難惡道，欲出無期，徒追後悔。侃公上人性淡而純，志堅而遠，丁兹像季，而能建立伽藍，光顯三寶，區區歲月，亹亹忘劬。起造已來，勠力之外，所獲施利悉資衆用，不作己想。凡運土木瓦石，手携肩荷，折重分輕，力同庸鄙，未始憚勞。至於冰霜凛骨，常穿草屨驅馳奔走，不顧形骸，其所存之用心，乃取益於後世。今之緇倫，罕有偕者。人或謂開山祖師之先身耳。今得一院鼎新，林泉幽勝，景趣蕭灑，若自然化成。异日居者，偃傲自樂，豈知勞績如斯艱乎？福善等於太虚，普濟均於沙界，足以報在三之義，允昭國家，夐受其福。世或有譏造作爲住相，排馳神爲虚妄，固執無相爲是，而以有相爲非。殊不知有相元無，妄生詆訐，吾知其泥無相者，是亦真有相也。謬參哉。時政和改元太歲辛卯二月望日，應命叙其歲月云。天台翠屏學教沙門仲能書丹，管内僧正監壇選練傳教賜紫公濟大師若舟篆額，攝參軍、監台州大田局税茶鹽務、吴興郡姚日拱立石。《台州金石録》卷四。又見《兩浙金石志》卷七。

〔一〕祇桓：疑當作「祇洹」。

蘇過

蘇過（一〇七二——一一二三），字叔黨，號斜川居士，眉州眉山（今四川眉山）人。蘇軾少子。元祐七年，以父蔭爲右承務郎。紹聖元年，軾貶惠州，後再遷海南，獨過侍行。徽宗即位，軾北還，途染疾卒於常州，過葬之汝州郟縣，即依叔父轍卜居潁昌。後嘗監稅太原，知郾城。晚權通判中山府。宣和五年卒，年五十二。過能詩文，善書畫，時稱『小坡』。有《斜川集》傳世。《宋史》卷三三八《蘇軾傳》有附傳。

天寧寺鐘銘

有宋宣和辛丑某月日，潁昌府天寧萬壽禪寺住持比丘普融老，憫昔之鐘壞，募人改作增大之，爲銅五千斤，未期年而成。蜀人蘇某覩兹勝事，贊嘆希有，而說偈言：

智哉大士，假幻說法。以大願力，破愚痴礦。熾勇猛火，出智慧銅。戒定爲模，般若爲工。是皆普融，成就法器。置高廣坐，發大音聲。雨風晦明，嘗作佛事。警昧悟聾，覺迷歸正。以慈悲體，有扣即應。隨彼扣者，不入思惟。一切衆生，煩惱滅盡。天宫地獄，等無高下。有性無性，齊成佛道。知不足齋叢書本《斜川集》卷六。

安邑縣壽聖寺第一代住持海印塔銘

我先大夫卜塋於郟敖，求浮屠師使居其旁。義光者，自解梁來，能誦戒，講説經論，請止留作佛事，薦冥福，衆不捨去，遂建道場。鐘梵之音，晨夕無廢。光爲人强力敏給，喜於事功。問其師承，曰：『解之安邑住持壽聖寺第一代，海印其名也。印寂矣，其道行有足書而未有發明之者。義光死有責，敢以是請。』某唯先塋有托於光，其何以辭？師姓張氏，邑之王范村民家子也。生時有光燭室，人以爲非常。十五即出家，禮僧交青爲師。至政和二年乾元節，以誦經應格爲沙彌。二十受戒具。邑始建壽聖寺，師爲道俗所推，使住持。初未有屋一椽，不數歲，佛宇、僧舍、鐘樓、經閣、山門、厨廩皆具備，而從學者翔集矣。師持律甚嚴，誦經精專，自云於日星間能睹見諸天人相，豈所謂獲常清净眼之報者耶？以政和五年十一月二十二日示寂，壽八十有四，僧臘六十有五。臨終之日，有异香滿室，遠近來觀，嘆未曾有。其徒奉其骨，塔而藏之。法嗣法孫凡三十一人列於碑之陰。蘇子曰：

南宗北律，其自相詆訾，所從來遠矣。使吾言信然，由戒生定，定生慧，其成佛得道，豈有二哉！
宣和五年四月初十日記。《斜川集》卷六。

李　㰖

李㰖，政和間人。

大薦福寺重修塔記

長安城之西南三里餘，有寺曰大薦福。自唐高宗時立爲獻福寺，至天授元年始改薦福，并御書飛白額。中宗大加營飾，以神龍年後翻譯佛經并於此院。按《兩京記》：西北隅有薦福寺，浮圖院實景龍中宫人率錢造立，浮圖凡一十五級，高三百尺，爲祈福之地。自景龍至本朝政和丙申三百九十二年〔一〕，風雨摧剥，檐角墊毁。有山谷迂叟因出往游，偶見是事，喟然傷乎歲月浸久，將就傾圮，使夫妙緣聖迹，寂寥數百年來，未有修崇之者。衆但咨嗟，莫能辦集。蓋此巍然寶塔，實爲諸佛無量劫來薰修妙行，誓願所成，靈牙舍利，悉貯其中，普爲一切衆生作大高廣福田，故我喜於修完，勇躍成就，願此殊勝净行，利樂無窮。普沐妙因，豈不韙哉！於是負糧裹費，自竭其力，雖一毫不假於人。以是年二月己卯興功，越四月戊寅告成，洎以徘徊副屋，墮磚所擊，上漏下濕，損弊尤甚，悉皆修完，遂復一新。由是觀者如堵，湊沓瞻仰，衆復歸向，溥發善緣。始山谷子廬於臨涇之白龍庵中，方宴坐間，嗒然隱几而寐，夢現一寶塔，白光亘天，躊躇之間，傍有人云：『此乃般若寶塔也，子欲游乎？』夢中謂曰：『寶光充塞，殆不能前。』又若有云：『但隨吾行於光明中，往來升降，洞徹無礙。』蘧然驚覺，所夢寶塔猶在目前，移時方散。後二年獲修此塔，以白堊飾之，素光耀日，銀色貫空，正如夢中所見之像，略無少异，何報應之若是耶？願力冥契，成就斯緣，喜揭慶贊，聊紀梗概云。大宋丙申政和六年五月二十七日，李壄記。勸緣住持傳法沙門永明立石。《金石萃編》卷一四七。又見《考古》一九八五年第一期。

〔一〕《金石萃編》編者跋云：『按碑云：「自景龍至本朝政和丙申，三百九十二年。」今由政和六年丙申歲逆推三百九十二年以前，乃開元十三年乙丑歲，非景龍中也，疑碑記憶訛。』

王庭秀

王庭秀（？——一一三六），字穎彦，慈溪（今浙江慈溪東南）人。登政和二年上舍第，歷官州縣。侍御史李光薦爲御史臺檢法官，遷監察御史、殿中侍御史。建炎三年出知筠州，次年弃城遁，勒停。起復爲承議郎，召爲吏部侍郎、檢正中書門下省諸房公事。與宰相議多不合，引疾求去，提舉崇道觀。紹興六年八月卒。庭秀爲學旁搜遠紹，不苟趨時好，造詣深遠，有《磨衲集》。見《建炎以來繫年要録》卷二、一八、二五、四二、四六、六二、六五、一〇四，《乾道四明志》卷二，《寶慶四明志》卷八，《延祐四明志》卷四，《宋史》卷三九九有傳。

普明律寺記　建炎元年六月

普明距縣西南一十五里而近，其地得於兩山之間，背岡面阜。東西纔逾里許，而林巒相屬，山光競翠，幽泉遞響，含溪空谷，岫幌雲關，一别區也。院興於梁天監中，號涌泉。至治平初篆賜額普明。歷歲滋久，四合之宇僅備，甲乙繼居，因陋就寡，浸以隳蔽。夫以釋子之宫絶在塵外而境不時興，良有待也。僧道澄行業精潔，睿解過人，其住持之明年，慨然嘆曰：『昔人之創室，展脉虬角之居，現相賀跋之舍，神闢林麓而運楩楠天，除沙礫而備安居。道之所繫，誠之所至，雖天地鬼神猶不違時刻之相，況吾徒久有此居。』衲子曰：『視山所容，猶有餘地，闕者而興之，當有樂成吾事者多矣。』於是有僧道殊、法定，率衆先中，欽承師古，乃鑿山而建方丈之室。施者四集，鳩工於春，迄冬而成，巍特亢爽，屹出衆甍之上。异時榛莽薈翳，岩壁峭巉，若非人力所易平劚，而乃今修梁峻廡，翠牖碧階，虚坦明豁，出人意外。是可爲普明松桂榮而雲壑賀也。一日，集其徒於上，告之曰：『裏區勝境，千佛之居，五臺北峙，廬阜南矗，穹窿峻極，穹居叠嶂，懷靈抱异，仙聖所宅。金碧交照，梵唄相聞，而吾之文殊以光相現於二山。金橋亘空，聖燈耀夜，祥雲綿延，圓輝閃爍，真异境也。汝今諦觀佛身廣大，充滿法界，於衆生前，無所不現，則文殊游於無量千萬億阿僧祇國，所有光相，在在處處，可得而睹。惟此丈室，非大非小，不侈不陋，有若毗耶離城摩詰所居。汝等當正思惟，安住身心，文殊大士將以獅子高廣之座，來至此處，現大神通，以不可思議微妙法門開示於汝。足雖不登五臺，不履廬阜，而文殊光相於汝等前，無時不現。則吾此室所作佛事，與彼諸方等無有异，豈不快哉！豈不幸哉！』他日妙高居士道過之，證前因曰：『兹山寂寥久矣，近創此室，雖曰幽隘，而嘗妄語其徒者如是矣。願識之以示後來，可乎？』余聞其言而善之，因命筆而與之記。建炎改元六月十六日，朝散郎、御史臺檢法官、賜緋魚袋王庭秀撰。《延祐四明志》卷一八，影印文淵閣四庫全書本。又見民國《象山縣志》卷三二。

郭印

郭印，字信可，自號亦樂居士，成都（今四川成都）人，繹子。政和五年進士。歷任仁壽、銅梁等縣令，紹興中任永康軍通判。後曾知忠州。乾道間爲朝請大夫，汪應辰舉充監司郡守，時已年垂八十。卒年八十餘。與秦檜有庠序舊，絶不與通。性嗜山水，於雙流築雲溪别墅。工詩，與蒲宗孟、馮時行、計有功等爲詩友。著有《雲溪集》三十卷（今存永樂大典本十二卷）。見《宋會要輯稿》選舉一六之八，《建炎以來朝野雜記》甲集卷一三，汪應辰《文定集》卷一五，晁公溯《嵩山集》卷四，《成都文類》卷八，《蜀中廣記》卷五，《千頃堂書目》卷二九，《四庫全書總目》卷一五七，《宋元學案補遺》卷四，《四庫提要辨證》卷二二。

超悟院記

自漢永平而上，中國未始有佛，然堯、舜之無爲，禹、湯之用中，文王之不識不知，夫子之無我，顔子屢空，曾子守約，孟子養浩然之氣，皆盡心知性之學也，其與釋氏忘死生、屏嗜欲、離塵垢，蓋同道矣。至齊梁隋唐間，爲佛之徒始盛，唱禍福，神報應，聾瞽末俗，求尊大其師以自售其教，至使人主去玉食而爲奴隸，虚禁籞以舍朽骨。一人倡于上，百人和於下，而禍福報應之説根蟠本固于天下，牢不可破。營宫室，侈塔廟，廣僧尼，惟恐後日不如是，福不我臻而禍懔懔也。嗚呼愚哉，豈佛之意哉！成都大慈寺曰聖慈，唐至德初所建也，合九十六院，地居衝會，百工列肆，市聲如雷。政和二年冬火其傍小院十有六。府帥席公旦請于朝，頒緡錢改建超悟、宣梵、嚴净三剎，使學禪者居超悟，學律者居宣梵，學講者居嚴净，而超悟則命僧文英主之。英承灰燼之餘，鳩工庀徒，創建禪宇，凡爲屋千楹，且闢龍宫以藏貝葉，規模恢敞，氣象雄特。始成而旁院復火，勢延及，師亟白府〔一〕，毁正寺之三門以絶之，請後自建，火乃止而三門復新，師用力勤矣。院始無田，師合施者金錢，且請廢寺之産於官，成三百畝以備桑門之供。師死，嗣子義登、義全各益以家田，及誘福唐朱氏得百畝，故能耽耽爲大叢林，無復异時囂塵煩污之聲，可喜也。雖然，院之廢興于佛何有？昔持地菩薩平治險隘，修竹橋梁毗舍，如來謂曰：『當平心地，則世界地一切皆平。』師前知方寸之間，具大寶剎，巍巍堂堂鎮四天下，火不能燒，水不能没，雖八萬四千浮屠寶塔之功有所不及。亘閻浮提，皆超悟矣！禍福報應，果安在哉？師姓蘇氏，泉州人，往來商成都，富巨萬，留意禪悦，忽若有悟，盡捐資，移書别妻子，祝髪于嘉祐院。妻子萬里入蜀訪之，師絶不復見，堅坐一室，歷三日寂無人聲，妻子知師志不可奪，弃去。以故聲望愈高，四坐道場，住超悟二十餘年没。義登懼其師之功不彰，求予記其事，予舊接師也，故喜爲之書。《成都文類》卷四〇。

又見《宋代蜀文輯存》卷三九。

〔一〕亟：原作「函」，據《宋代蜀文輯存》改。

吴氏小四娘

吴氏小四娘，政和間宣州涇縣（今安徽涇縣）人。

寶勝禪院吴氏包鎮造塔記

宣州涇縣龍山鄉中義社居住，奉三寶清信女弟子吴氏小四娘，與男包勲、孫安世、國器、國光、國定、國均、國幹、□材、國杰、包授、包揮、包括、包掄、嘉和壽香桂郎、萬氏三二娘、文氏七娘、包□七娘、包氏十一娘、包氏三十二娘、包氏三十三娘、包氏三十四娘、包氏三十□娘、包氏三十六娘、包氏三十七娘、周氏二十五娘、吴氏九娘、汪氏三娘、盛氏□娘、萬氏九娘、包氏念一娘、包氏念二娘、包氏念三娘、包氏念五娘、包氏念六□闔家眷愛等，同發志誠，捨錢二百五十貫文足，入本邑水西奉國寶勝禪院，□釋迦如來寶塔二面，所集殊利，資薦亡夫六郎、亡男小六郎、十一郎。伏願□斯妙善，不滯冥途三界之中，逍遥自在。次乞保扶自身齡高固禄，壽延鴻□，家女男咸增福算，繼世孫息早著科名。公私允和，日有非常之慶；火盜潛遠，□無不測之虞。眷愛團圓，莊庫興盛。當來之世，佛會常親，法界含生，同沾利□。同社奉三寶清信弟子包鎮，與弟包寧、包整，包京，妻趙氏二娘，弟新婦吴□十娘、李氏二十娘，道姑包法、净妖、希益、希皋、包希稷、希咼、希道、希美、希尹、□孫宗之闔家眷愛等，同發誠心，捨錢二百五十貫文足，就本邑水西奉國寶□禪院建造寶塔二面，所將善利，用作津梁，洗滌罪愆，莊嚴福慧。伏願家門肅□，莊庫豐盈，四時無轗軻之憂，一族有榮華之報。子孫昌盛，早登甲乙之科；户□興隆，每有殊祥之慶。官非不擾，火盗消除，永無三灾之虞，不逢八難之苦。長□男女，福壽增崇，世世得值於聖明，生生親承於佛記。然願先亡祖禰咸□超升，一切冤親，各希解脱。四恩普報，三有遍資。法界有情，俱蒙勝利。時大宋政和五年歲次乙未二月望日，清信女弟子吴氏小四娘同包鎮等□。

民國《安徽通志稿·金石古物考》卷一五。

晏敦復

晏敦復（一〇七五——一一四五），字景初，殊曾孫，臨川（今屬江西撫州）人。少學於程頤。大觀三年第進士，爲御史臺檢法官。紹興二年特命祠部郎官，以守法忤吕頤浩，出知貴溪縣。改通判臨江軍，召爲吏部郎官、左司諫、權給事中，爲中書門下省檢正諸房公事。五年，權吏部侍郎兼詳定一司敕令，除給事中。後以權吏部尚書兼江淮等路經制使，以寶文閣學士知衢州，提舉亳州明道宫。十五年卒，年七十一。《宋史》卷三八一有傳。

梵慧院釋迦文殿記

昌國，明州支縣也，在海中洲，封部有鄉號金塘，自縣治之西，航海可至。上有古道場曰梵惠，得之耆舊云：唐咸通中編民虞益捨地創建，後浸以壞廢，忘其歲月。逮後唐長興初，有大檀那劉寶因故基興復之。晉天福中，閩僧元謍住持，名額尚未立。漢乾祐二年，始得壽聖號。國朝開寶五年，改超果。治平中，因冬祀大禮，賜今名。主者更代，莫可稽考。熙寧丙辰歲，院之受業僧曰鴻簡主院事，種種權輿。後其徒宗憲繼之，凡所以奉安衆者，修立僅備，閱歲既久，殿宇圮漏，衆相與謀而新之。惟昌國魚鹽之聚，地瘠民貧，無大財施。其主事者能辦，不退轉心，化道净信，毫累絲積，經時良久，得錢七百萬，鳩材僝工，盡革故弊。高廣焕麗，視舊制倍蓰焉。以釋迦文佛居中，又以觀世音居後，供養之具，備極莊麗。嘗聞積土成廟，聚沙爲塔，如是人等，皆成佛道。今像法住世，人衰道微，知者難言，聞者難信。惟一切佛事，是菩薩福德助道具，非有清净者發堅固心，隨和合緣，精進荷擔，豈克有成？今而後俾見者隨喜增勝善意，則助發之益，不既大乎？同力修建僧子惇、子奇、行孜、處能。作始於紹興戊午歲冬十二月，後三年季秋落成。建炎辛亥春，余嘗避寇金塘，與子惇游，甲子夏屬余紀其事。六月二十四日臨川侯晏敦復記。《四明文獻考》，明抄本。又見寶慶《昌國縣志》卷一，《四明圖經》卷一〇。

許難

許難，福州（治今福建福州）人，崇寧五年特奏名。見《淳熙三山志》卷二七。

靈石俱胝院記

自香城北緣嶺十里，西渡小橋，入長道，又西入蟠桃塢十步，有石屏，因爲樹。樹之西有漱玉亭，次有溪源、素波二臺。數十步有松偃蓋，西有散花臺，次有放鶴、待月二樓，高視亭、白蓮社，乃至塔院。中有胡僧像，僧自西域來，有神術，至今鳥雀不栖。《閩中金石志》卷一一。又見乾隆《福州府志》卷六。

趙復圭

趙復圭，政和五年官趙州助教。

大宋趙州高邑縣乾明院建塔記〔一〕

西方之聖人其名曰佛，肇自東漢，來于東土，以空寂之教救渡衆生，演六根五蘊之修持，三塗六道之罪業，而又説兜率陀天之快樂，地獄餓鬼之苦惱。人之情喜其快樂，而惡其苦惱，自王公至於士庶，依向以來其福者多矣。故天下郡縣名山峻岳，以及鄉黨與夫幽閑僻遠之地，皆立祠以崇奉之，西方謂之祇園，東土謂之寺與院。其寺竭金幣之資，極土木之工，建大殿廣厦，重樓高閣，虹梁虬柱，雕甍刻桷，塗以丹雘，飾以朱漆，金碧相照，以安其像，又有塔以葬其佛之舍利，或以山林之木，或以甄陶之磚，尚以崇高，施其工巧。觀天下百神之祠，惟此釋門最爲盛矣。高邑縣城之西南隅，其寺曰乾明院，建於前代，殿宇壯麗。僧堂之南亦有小塔，歷年浸久，頽壞圮毁。院僧懷恭特發洪願，揆日測景，重建於坤位，不憚煩勞，冒寒燠，衝風埃，遍化于遠近檀越。蓋至誠幽則感於神，顯則動於人。施財者如雲而集，若子而來。始立宏基，漸營寶級。自建中靖國元年夏六月興工，至政和三年秋八月，凡十三年方成就。雖由人力，幾若神爲。豈非專心致志，積日累功乎？高二十餘尋，分爲十層七檐，當中花座，用磚六十萬，周迴道舍，珉柱良材，規模輪奂，費錢二萬餘緡。觀其下蟠厚土，上插雲霄，撥霧拂雲，飛鸞翔鶴，壁紅曜日，瓦碧浮烟。天晴而瑞氣氤氲，用嚴金刹；風動而鐸聲清越，益壯蓮宫。時或曉日初升，朝霞未散，相輪之上，仿仿佛佛，似有佛光之見。聳居民之瞻仰，增過客之推移。斯一邑之勝事，結無量之緣而垂不朽之迹者也。先是，前後二殿經久甚敝，恭師重構後殿，再飾金容，仍置□帳，寫十方佛於四壁，翻瓦前殿，以石甃基，亦加裝彩，二殿各增龜頭。師作功德之緣，固無□□□侣懷玉、懷寶二人協力以助之。恭師俗姓程，世爲農業，既落髮，禀性淳謹儉約，不事浮華，輕財利，好施舍。河朔之僧，以戒臘高者推爲長老。師享其稱呼已逾十數年，鄉中老幼咸敬之。懷玉者俗姓田，朝奉郎之孫，爲人高潔亮直，無虚語，不妄動，□飾善行。授紫袍之賜，師號興教□院□數年，衆所欽服。喜詩書，待儒士，當塗名公多見獎美。懷寶者俗姓齊，縣令之孫，尚淳儉，無虚僞，動作有節，取與以義。三人成此功德，□□□□而登彼岸者也。縣令男周碩，縣中富家。其妻路氏夜夢泗州大聖菩薩，捨財募工鏤像，安置於塔中，永爲供養。路氏享年九十六而終，此□福之應也。噫！歲月更遷，電露倏忽，日霜堪嘆，風浪增悲。世人之覺悟者少，奔競名利，或相擠毁，急急於紅塵白日之間，終無已時。宜知夫善有善果，惡有惡報。積善於生前，獲果於身後。如能立身，外則知君臣之分以盡其忠；與朋友以其信；内則知父子之親以盡其孝，事兄以其悌。□於如來則加敬禮而崇奉之，善莫大矣。恭維聖上堯聰舜明，□承先烈，百度具舉，庶政修明。□□垂拱而監太清，恫達性宗，留聖意於釋教，□詔天□立天寧萬壽禪寺，上以延拱寶祚，下以康濟生民。今此一塔之成，仰祝皇帝萬年之壽，帝業之固等於山河，無疆之休同於日月。恭師請記於余，辭不獲已，勉成以文。且書其興爲，後之覽者幸無誚焉。政和五年二月初一日記。將仕郎、趙州高邑縣尉、專切管勾教閲保甲康經天，將仕郎、權趙州高邑縣主簿、專切管勾學事、教閲保甲張汝爲，承信郎、監趙州高邑縣茶葉酒税務、權主簿王□作，通仕郎、趙州高邑縣丞、專切管勾學事、教閲保甲趙□沃，通仕郎、趙州高邑縣令、專切管勾學事教閲保甲、管勾勸農公事朱贊卿。民國《高邑縣志》卷九，民國二十二年鉛印本。

〔一〕題下原注：『趙州教授趙復圭撰』。題後原署：『從事郎、新就移濱州招安縣令、專切管勾學事、教閲保甲、管勾勸農公事田仲淵書并題額。』

宋復

宋復，政和間貢士。

大周西明寺故大德圓測法師佛舍利塔銘 并序〔一〕

法師諱文雅，字圓測，新羅國王之孫也。三歲出家，十五請業。初於常辯二法師聽論，天聰警越，雖數千萬言，一歷其耳，不忘於心。貞觀中，太宗文皇帝度爲僧，住京元法寺，乃覽《毗雲》《成實》《俱舍》《婆沙》等論，暨古今章疏，無不閑曉，名聲藹著。三藏法師奘公自天竺將還，法師預夢婆羅門授果滿懷，其所證應勝因夙會。及奘公一見，契合莫逆，即命付《瑜伽》《成唯識》等論、兼所翻大小乘經論，皎若生知。後被名爲西明寺大德，撰《成唯識論疏》十卷，解《深密經疏》十卷、《仁王經疏》三卷、《金剛般若觀所緣論》《般若心經》《無量義經》等疏，羽翼秘典，耳目時人，所以贊佐奘公，使佛法東流，大興無窮之教者也。法師性樂山水，往依終南山雲際寺，又去寺三十餘里闢居一所，静志八年。西明寺僧徒邀屈還寺，講《成唯識論》。時有中天竺三藏地婆訶羅至京，奉敕簡召大德五人，令與譯《密嚴》等經，法師即居其首。後又召入東都，講譯《新華嚴經》。卷軸未終，遷化於佛授記寺，實萬歲通天元年七月二十二日也，春秋八十有四。以其月二十五日，燔於龍門香山寺北谷，便立白塔。在京學徒西明寺主慈善法師、大薦福寺大德勝莊法師等，當時已患禮奉無依，遂於香山葬所分骸一節，盛以寶函石椁，別葬於終南山豐德寺東嶺上法師嘗昔往游之地。墓上起塔，塔基内安舍利四十九粒。今其路幾不通矣，峭壁嶄絶，茂林鬱閉，險僻藏疾，人迹罕到，埋光蔽德，徒有歲年，孰知歸仰？由是同州龍興寺仁王院廣越法師勸成至願，以大宋政和五年四月八日，乃就豐德分供養，并諸佛舍利，又葬於興教寺奘公塔之左，創起新塔，規範基公之塔，一體無异，并基公之塔即舊而新之。金輪寶鐸，層構雙聳，矗如幻成。其下各環以廣廡神像，崇邃左右，以祔奘公焉。俾至者景慕起信，不知何時而已也。及於塔之前創修獻殿六楹。落成慶贊之日，不暇求能文者，丐余直序其事，繫之以銘。銘曰：

貝葉西來兮其功大，教流中區兮斯永賴。法匠有憑兮誠際會，香山迢遥兮閟幽宫。豐德峻阻兮藏靈踪，後人依歸兮何適從！有越作緣兮神助力，雙塔屹立兮基是式。以祔奘公兮豈窮極，終南相高兮峻倚天。盛德巍然兮銘石鎸，來者瞻仰兮千萬年。

重修奘公塔僧懷安，監寺僧雲江、維那僧普潮、住持管勾僧道勝、知庫僧普演、典座僧道亮，發緣華州壇長僧德言，助緣僧洪俊、樊川信士劉閔等、鳴犢鎮信士來士行等。李壽昌刊。創修殿塔同州龍興寺仁王院講經論僧廣越。大宋政和五年，歲次乙未，十一月丙寅朔，十九日甲申立石。國家圖書館藏拓片·章專一二九五。又見國家圖書館藏拓片·M五〇五九，玄奘三藏師資料叢書下，《金石萃編》卷一四六。

〔一〕題下原署：『貢士宋復撰并書。』

翟汝文

翟汝文（一〇七六——一一四一），字公巽，潤州丹陽（今屬江蘇鎮江）人。元符三年進士及第，以親老不調者十年。擢議禮局編修官，召對，徽宗嘉之，除秘書郎。久之，召除著作郎，遷起居郎，除中書舍人。出知襄州，移知濟州，復知唐州，以謝章自辨罷。未幾起知陳州，召拜中書舍人，命同修《哲宗國史》，遷給事中。出守宣州，召爲吏部侍郎，出知廬州，徙密州。欽宗即位，召爲翰林學士，改顯謨閣學士，知越州兼浙東安撫使。紹興元年，召爲翰林學士兼侍講，除參知政事、同提舉修政局。忤秦檜，罷去。紹興十一年八月二十九日卒於平江府常熟縣寓所，享年六十有六。所著有《忠惠集》三十卷、《東漢通史》五十卷、《圃學》五卷、《人物志》五卷、《廣聞》三卷。事見《翟氏公巽埋銘》（《忠惠集》附録），《宋史》卷三七二有傳。

少師墳山鶴林院鐘銘

維政和戊戌秋七月甲申，範金作寶鐘，薦我翟氏顯考。昔覺雄作大音聲，震於十方國土，俾茲聽聞悟入，得無漏智。肆用格我顯考之靈，濟登茲净覺。乃嗣汝文，稽首識銘。影印文淵閣四庫全書本《忠惠集》卷一〇。

釋懷深

懷深（一〇七七——一一三二），字慈受，俗姓夏氏，壽州六安（今安徽六安）人。少出家，後從楊岐宗大師慧勤得悟。歷主名刹，末住金陵蔣山寺。紹興二年卒，年五十六。見《嘉泰傳燈録》卷九，《新續高僧傳四集》卷一一。

觀音院圓通殿記　建炎元年十月

洞庭華山觀音院者，本在胥湖之北。宋元嘉中，會稽内史張裕請於朝而立焉。初，裕嘗事應真，謹甚，感池産千葉蓮，因名院曰華山。隋大業間，經毁廢。暨開成四年，始遷於此。往時浚治得會昌斷石刻，其略云：『羅浮常安禪師卜其地。』即里人進士徐正甫所施也。逮咸通十五載，奏賜今名。再廢於會昌，至是復興。有屋數十楹，視洞庭西峰諸刹最爲勝絶處。主僧維照，篤志學佛，材器足以立事，嘗語其徒曰：『茲院雖號觀音，蓋未睹其像，名存而實亡矣。或問觀音安在，吾將何辭以對？』於是發廣大心，欲令一切睹相聞名，悉蒙解脱。乃用紫旃檀八百兩造菩薩像，飾以黄金、丹砂、珍珠、琉璃。端嚴瑞相，工妙天下。并刻諸天十有六尊，莊嚴畢備。爲大殿以居之，規模雄偉，動人心目。費錢幾三百萬，毫累銖積閲二十年，厥功乃就。來者作禮，嘆未曾有。弟子維鑒實左右之。既而照公欲刻諸石，自太湖泛舟登靈岩謁慈受叟懷深，求記其事。懷深曰：『《華嚴經》云：「海上有山，多聖賢。衆寶所成，極清净勇猛。大夫觀自在，爲利衆生，住此山，是大寶殿，跨起於層波之中，真若鬼工神運。」』所謂普陀落迦山者，豈异此耶？余聞菩薩從聞思修，入三摩地，乃至心精遺聞，圓融無礙。悲愍群品迷本循聲，是故不動道場，涉入諸國，廣施無畏，饒益衆生。請試宴坐，反聽嘿觀，則風濤澎湃，水石相薄。林木鳥獸，粥魚齋鼓，莫非三十二應身，八萬四千手眼，遍周法界，又何止於一方耶？雖然，不假乎像，無以樂圓通之捷徑，俾夫見聞者各隨根器，普皆證入，或由此也歟。獨喜照公能以如幻三昧成就不思議事，故樂爲之書。像造於崇寧五年一月，工休於四月。殿作於靖康二年之二月，落成於建炎改元之七月。作記以是冬之十月初八日也。《吴都文粹》卷八。又見《吴郡志》卷三四，《吴都文粹續集》卷三三，《吴都法乘》卷一〇下之上，康熙《具區志》卷一〇，道光《蘇州府志》卷四一，民國《吴縣志》卷三六。

劉一止

劉一止（一〇七八——一一六一），字行簡，號太簡居士，湖州歸安（今浙江湖州）人。宣和三年登進士第，監秀州都酒務，爲越州教授。建炎四年，爲詳定一司敕令所删定官。紹興改元，召試館職，除秘書省校書郎，遷監察御史、起居郎，以直言忤執政罷。三年，召爲祠部郎，知袁州。改浙東路提點刑獄。召入爲秘書少監。九年，復起爲起居郎，擢中書舍人兼侍講。遷給事中，封駁不避權貴。忤秦檜，罷祠。二十三年，以秘閣修撰致仕。檜死，進爲敷文閣直學士致仕。三十年十二月卒，年八十三。一止博學工詩文，有《苕溪集》五十五卷。事迹見韓元吉《閣學劉公行狀》（《苕溪集》卷五五），《宋史》卷三七八有傳。

湖州德清縣城山妙香禪院記

城山在邑之坤維，距邑五里，爲溪流之區。溪自天目餘杭而下者，出其背，并山分港，旋繞而北趨於郡城，是爲苕水。院北鄉，居山之半，自外及内，階而升者幾二百級。溪南北之山，初散漫若不相即，登級三之一，却而望之，則蒼顔秀壁，明措列侍，若趨若伏，若絙曳策驅可攬。而有舟檣往來，水鳥浮没，悉出眺聽之下，而委弃於榛藂苐草之間，不知其幾年矣。熙寧中，天台僧曰了因者，始結廬其上。會歲大疫，收弃骸於道，加葦衣篋，給聚而焚者以數千計。又乞食邑之人，以蘇流亡。於是邑人相與出財，建轉輪藏，增治堂廡。初因藏心木未獲，因夢神僧指前溪有沈木焉，物色其處，已乃得之。因出入廛閒，飲酒啖肉，人莫見其异。一夕見夢於邑令，云天台化士告辭。异日，院僧以告，蓋因以坐逝。今真身存焉。然後以禪律相踵住持者數輩，而轉輪藏施利之人，未嘗有虚日。用是加葺，門序略備，而簡陋褊迫，不類叢林，邑之人恨焉。鄉老邑大夫訪求名德爲道俗所信慕者，得今住持僧佛智大師道容。容始至，心隘之，將盡撤其故，易而新之。時余以柱史得罪寓邑中，過而問焉。容指謂余：於此累石常廣若干尺爲大殿；於地鑿山，廓左序若干尺，爲齋包之。容於此培土實澗壑若干尺，廓右序爲栖僧之堂，爲復舍，爲誦經寮、浴室。仰面指曰：『山之椒爲浮圖，其下爲臨眺之亭，又爲方丈寢室，規制甚靡。余怪其言之易也，問工程出費之數幾何，且安取之？』容笑而言曰：『佛氏子以精進廣大爲心，耐苦忍辱爲行，其徒謂之海衆，其求募於人謂之十方。凡所建立，患志之不篤，與狹劣而勿廣，成不成則有數存焉。工程費出之事，弗預計也，志於成而已矣。』其意甚暇，若不足爲。余老且病，未嘗數出，他日過之，門徑既成，殿址累石數尋，若砥礪然。閲歲又過之，則飛甍刻桷，高出木杪，則殿宇之邃，像設之嚴，無遺舉矣。如是數年，余再以罪去朝，而歸訪山林，凡容所謂鑿山培壑，高下建立，無一物不如言者。其衆二百餘人，其崇飾之意未艾也。嗚呼，何其易且速耶！患志之不篤，與狹劣而勿廣，則余既信其言矣。然余所深怪者，以其甚暇不怠，若無心焉，寧有情而然者哉？於是知其昔所謂建功立事者，非獨才志之難，而優游暇豫，無遑遽猝迫之狀爲尤難。故凡才智之士，才之能優游暇豫者，吾罕見之，抑造物者之嗇與人也；苟有是，雖巨細不同，其必有所立。是院之設，固未足多也，而於余心有感焉。容見而屬爲之記，樂爲之書。始於建炎三年某月某甲子，成於紹興十一年某月某甲子。院初未有額，興役之歲，訪安吉縣故賜額，請於郡得之，容遂爲妙香第一代住持云。某年某甲子，吳興劉某記。影印文淵閣四庫全書本《苕溪集》卷二二。又見同治《湖州府志》卷五三。

湖州報恩光孝禪寺新建觀音殿記

湖州報恩光孝禪寺，在郡治東北。地勢亢爽，土木雄勝，門序殿舍，齋宫宿廬，規制井井，他伽藍莫及。蓋陳永定中，后家捨宅建焉。初曰『龍興』，後曰『孝義』，至唐復爲『龍興』。吳越錢氏易爲『天寧』，以其女爲比丘尼，遂爲尼宫凡一百年。大朝崇寧二年，始復爲十方禪刹，曰『崇寧萬壽禪寺』，後又易『崇寧』爲『天寧』。紹興七年更賜今額，恭爲固改，薦靈社也。舊有觀音大士像，在寺西偏兩楹之間，郡人張氏病痿三年，一夕夢白衣女子告曰：『若臂不舉耶？吾亦若此，若能拯我臂，吾亦拯若臂，且壽若矣。』張問所居，則曰：『居天寧西廊。』翌日，張輿掖詣寺，得大士像如夢所睹，瞻仰感涕。察大士右臂爲墜木所傷，命工拯之。張病隨愈。自是郡人歸心，以疾痛苦見於求拯者，日不下數十，應感事迹，不可疏舉。而所處暗陋迮迫，不副人意。今道師居久與其徒慧智募衆出財〔一〕，謀建別殿奉安妙相，而患棟幹之偉，求之山林，未易以日月冀。或告之曰：『近郊曰寶溪者有故侯第，今去弗居，盍往圖之。』慧智亟往，則其家已先見夢告於其主，欣然許焉。於是廊廟之前左建殿屋四楹，前爲複廊，與旁兩廡，深明壯麗，具妙莊嚴，蓋前住持經畫累歲而不克成者。道俗歡喜，竦踴贊嘆，咸若有所依歸。久以其事求記於余，以侈其成。余曰：『吾聞觀音大士，性相等空，無刹不現，身光互涉，有感必通，於諸衆生，悲心不捨。是故身爲三十三應，因事攝化，利益見聞。則我之身與子之身，一爲比丘，一爲居士，俱在三十三應之內，真源實濟，視此大士爲二爲一，爲同爲別？以是思惟，大士衆生，體本圓成，無二無別。以無二無別，故隨衆生心想所感，周遍無遺。則是大士非但無我，亦無我所。而子獨以象設區宇爲所依歸，則利益衆生爲有擇歟？』久曰〔二〕：『不然，大士身相無邊，固無我所，而彼信士心想鄉慕，則有所矣。我觀道俗至前，攝衣俯傴，炷香膜拜，陳其疾痛苦死，種種希求之狀。誠意所教，汗泚顔間，言出肺肝，感通夢寐，初若一體。我是以崇其嚮慕之所，爲之莊嚴，以益其信心。若彼信心一念回光，睹色明空，入佛知見，則知夫亡不起於座，周遍十方，在在處處，無非道場。而此道場實無所在，利益衆生，亦無受者。如我所説，爲有擇歟？爲無擇歟？如是問答，亦無實義。』余曰：『是名實義，是名大士，悲心救物，無二無別，子言似矣。』是用識之。始於某年某月某甲子，成於某年某月某甲子。後若干日，太簡劉某居士記，并説偈言：

我聞大士觀世音，具大功德妙莊嚴。初從聞中入三昧，聞空覺空空亦滅。惟有一念悲衆生，三十三應爲説法。法施無盡身無邊，周遍十方河沙土。母陀羅臂如虚空，云何示此疾痛緣。以衆生痛我亦痛，究觀起滅無處所。偉哉寶殿嚴晬容，清浄絢麗光奪目。惟導師久善方便，謂彼衆生心想殊。要令睹想生實解，入佛知見如諸掌。在在處處皆道場，而此大士實無在。一一衆生蒙利益，亦無受此利益者。我知信施及見聞，決定同證無上道。《苕溪集》卷二二。又見《吴興金石記》卷九。

〔一〕募：原作『寡』，據國家圖書館藏清抄本（簡稱『清抄本』）改。

〔二〕久：原作『余』，據清抄本改。

湖州石冢村青蓮院記

出城南行五十里，少東有村曰石冢，其梵刹曰青蓮。唐大順二年始建，乾寧中得額爲『報恩禪院』。至國朝治平二年賜今額。環水爲院，四無居鄰，蓋栖心學道之境。初若無路，惟輕航短楫至焉。粥魚齋鼓，聞於傍近。禺中而食，則孤烟突起於雲水渺瀰之間，望之鬱然。余未及造也，問諸道傍：『彼僧院者何如？』曰：『院不至崇大。已而規制整整，精麗明潔爲可觀。异時垣頽壁敗，棟宇傾撓，左右撑柱，更閲歲久，觀者悸心，如將壓焉。今院僧慈濟人師齊岳，盡徹其故而一新之，盛矣哉！』余同識岳：『是妙於醫者耶？』曰：『然。』岳自少習盧華之術，通金匱石室之書，以是濟人，亦以自養身，余嘗賴之。一日過余，始詢其事，岳曰：『吾受業自院，既而游方累年，稍倦而歸，視所謂受業之區，幾爲荒墟，惕然動容，寢不安席，炷香自誓，勉勵其術，以所得貲財，次第建立，不敢有一毫之私。是吾之發是心也，以疾扣門者加衆。吾潛心以思，思則得之，疾無重輕，賦藥授方輒驗，可期以時日。又有知我之有是心者，乃力而交助之，市木於某鄉，采石於某山，有不受貲而願施者。自紹興戊午距今十有九年，而衆工釋用。初營三門，再歲而辦齋厨次之。厨成，而二時清衆合食堂上。僧舍鐘樓、觀音大士殿又次之。最後建轉輪寶藏，極一時金碧之工，燦爛升離，奪人眸子。吹螺擊鼓，鏗鍧於廡廊之下，施利日至，齋厨之費，賴此以給。布磚累甓，内外前後，纖悉備具。』余怪而問之：『是何成之易耶？』岳曰：『吾志於成矣，然成之者非吾也，意其有陰相焉。何以云然？吾之術不加於昔也，而靈於人若此。事既濟矣，自今以往，不自料吾之術復能靈於其身若此其易者乎。以是知世之懷自利之私，求得于人，而偶得之，以爲吾能彼不能者，妄也。』余聞其言而韙之。岳求記於余。余年七十有九，病且昏，豈復能文。既賞其勤，且有感於其言，而爲之書。余於世間之見，固未能超出也，又欲於此警夫後之人，可哂也已。紹興二十六年五月丁卯記。《茗溪集》卷二二。又見同治《湖州府志》卷四七。

湖州德清縣慈相院新鐘銘

湖州德清縣僧廬曰慈相，居縣治之北，岩壑低昂之間，號爲勝刹。冶鐵爲鐘，有年數矣，器小聲細，不足爲是邑朝昏之儆。院僧用琳始欲改作，而武康信士聞人譽施錢三十萬以爲觀。率範銅壺百三十三鈞三分鈞之一〔一〕，求募辛苦。範成而琳亡，道俗愍焉。越再歲，長老僧道或與其儔道殊、本立、懷仁、行輝惜功用之中廢，悼前作之孔艱，合力經營，散募邑衆，幾用錢四百萬，始克周備。匠胡元美其名者，妙得於志，知名浙江，以紹興二十八年八月丁巳一冶而就。隨叩響發，鏗鍧雄渾，溢於四境。觀者叠足，巷無居人。咸謂宜有款識，以詔來者，屬同郡太簡居士劉一止爲之銘。銘曰：

我佛如來，方便微妙。考鐘弗先，謂失樞要。惟耆祇園〔二〕，具存典則。大士圓通，多從聞入。聲徹幽途，咸息苦趣。問故以然，罪性空故。佳哉妙工，一冶而就。出以機軸，鏗鍧隨叩。我願聞者，了自聞聞。聲念相發，於彼朝昏。六用既泯，返流得源。是聞與聲，俱滿大千。吁此氣寶，作鎮山邑。期億萬年，與宋無極。《茗溪集》卷二四。

〔一〕壼：疑是『壹』之誤。

〔二〕者：似當作『昔』。

李　光

李光（一〇七八——一一五九），字泰發，一字泰定，號博物居士，越州上虞（今浙江上虞）人。登崇寧五年進士第。宣和中，累遷司封、司勛員外郎。欽宗立，擢右司諫，遷侍御史，反對割地乞和。建炎三年，知宣州，守備有方。移知臨安府。紹興初，知婺州，擢吏部尚書。尋充端明殿學士、江東安撫大使、知建康府。爲吕頤浩所擠，落職提舉宫觀。五年，復知湖州、平江府。除禮部尚書，去知台州、温州。七年，爲江西安撫制置大使、兼知洪州。八年，自吏部尚書拜參知政事。以爲和不可恃、備不可撤，并于高宗前面斥秦檜「盜弄國權，懷奸誤國」，爲檜所惡，執政一年而罷。十一年，復謫于藤州安置。居三年，移瓊州。居六年，又移昌化軍。二十五年檜卒，始得内移郴州。二十八年，復官聽自便。二十九年卒，年八十二。孝宗立，追復資政殿學士，謚莊簡。光嘗學于劉安世，著有《讀易老人詳説》十卷、文集三十卷、《兵略》十卷、《神仙傳》十卷。見《宋史》卷三六三本傳，《會稽志》卷一五，《會稽續志》卷五。

姜山静凝院鐘銘

上虞、餘姚之間，青山盤紆，寒溪漫流，中有招提曰静凝院。僧仲珣，實嗣南山下惠通律師講席，有衆千指，香火净供，人天所依。爰作大鐘，以聲旦暮，群聾六時，有所歸仰，旁震萬壑，聲聞九天，幽途苦海，無不解脱。於是珣以書抵里人平江守李某，求銘以識其上，乃爲銘曰：

我觀世人，逐物喪真。莫覺莫悟，三界沉淪。爰有大雄，獨振宗風。雷震霆擊，警世昏聾。天鼓既動，罪垢俱空。平湖之傍，姜嶺之巔。其山峨峨，其流涓涓。我銘斯鐘，可千萬年。

文淵閣四庫全書本《莊簡集》卷一六。

等慈寺鐘銘

等慈寺於上虞爲大伽藍，慶曆中咸潤師所創建，經方臘之變，金碧之區鞠爲草莽。越二十一載，有僧首妙智大師志遠，始出其衣囊，與其徒法常兼募衆緣，經營而一新之。師既以大厦安四衆，又欲以鴻鐘警六時。悲願既深，衆應如響。於是涓擇吉日，精求良工，得富陽人陳誠稽合律度，範模陰陽。凡用銅三千六百斤，高廣之數，厚薄之齊，咸適厥中。將以覺昏聾、滅罪垢，迷法性者尋聲而頓悟，沈幽途者聞響而解脱，其功用豈不大哉！實紹興辛酉九月某日也。邑人李某睹兹勝事，隨喜結緣，乃爲銘曰：

諸佛出世，開方便門。引導衆生，莫捷聲聞。爰作鴻鐘，以警朝昏。滅除罪垢，誘掖善根。衆生愚痴，淪墮幽扉。曠劫長夜，永無出期。天鼓一動，若輪息機。如雷如霆，淵達幽明。聲來耳邊，不於空生。若夢而覺，若醉而醒。衆真群魔，稽首聳聽。《莊簡集》卷一六。又見光緒《上虞縣志》卷二五。

律師通公塔銘

予出仕逾三十年，百謫之餘，頗欲歸依佛乘，究生死之説。紹興壬子，自建康得罪還里，而依止通公律師。適退居姜山，相望不十里，有湖山之勝。閑放累年，惟師方便自在，遂爲蓮社之交，或命籃輿，或棹扁舟，不知日月之老也。師諱惠通，字可久，姓王氏，會稽新昌人。處母胎十有二月而生，自幼性識明悟，志樂空寂，父母不能奪。禮福聖寺俱實爲師，年二十二誦經得度，即慨然有出世之想。由是刻勵修行，究觀秘義，以爲由定發慧，必用毗尼爲壇宇，遂執業禹迹寺元簡律師。其後聞錢塘擇其律師即會正記主之門人，深得南山四出求异之意，因杖錫從之。服膺累載，卒究其業，一時學者皆敬畏之，有虎子之稱。其公謝講，乃以所援鐵手爐并《會正記》以付之。又有用暉、妙生二師者，嘗往返叩請。暉公嘗曰：『汝于吾宗必大作佛事矣。』生公曰：『汝已成之器，尚俯求于我邪？』自是卷械還鄉，謝絶世故，人罕知者。如是十年，而道益進，名益顯，知之者益衆。道俗延住真如、静凝、明教三道場。静凝在餘姚、上虞兩邑之間，雖氣象雄勝，而久茀不理，破屋數間，僧徒不過三五人。師至，晨夕講論，如處廣厦，如臨大衆。檀施聞名，争爲築室廬、具像設，金碧焕然，學徒雲集，率不下千指，鐘梵之聲洋洋如也。或利其成辦，倚權貴人易置它所，師不爲動，卒亦莫能奪。太守徐敷言命師爲臨壇宗主，前後若干會。翟公汝文治越，復欲以僧職處之，師力辭不就。大駕駐蹕會稽，城内名藍悉屯兵衛，師因謝病歸老姜山。講解之暇，澆花蒔竹，翛然有物外之趣。師雖主戒律，而曠達無礙，宗説俱通，嘗云：『戒律即心也。戒生定，定生慧，欲最上乘而不始於戒律，可乎？南山有言：「江南江北求菩提，菩提共行不相識。」若推原佛心，從粗入細，特頓、漸之异耳。』師于四大部及《楞嚴》《楞伽》《法華》等經無不該綜，以至《起信》《唯識》諸論，《傳燈》《宗鏡》《祖原》諸録，并綿絡旨統，窮其義趣。刊正戒業，兩疏章記尤爲精詳。平生無長物，衣鉢所餘，惟賑窮乏、療疾病，全活者甚衆。所蓄惟鐵磬，得之耕夫，每以自隨。召衆講習，則一鳴之，自號『鐵磬老人』，亦以名其堂。予觀世之律師，能以禍福語恐動聾俗，或創立新奇，改更宗旨，變其音聲，易其服制，流俗翕然和之。惟師能守其舊説，勤苦堅忍，無一毫作相。睦寇竊發，師時在静凝，領衆如故，嘗題于梵夾，有『講鐘賊鼓，咫尺安危』之語。其後敵犯浙東，十餘里間皆敵營也，師處之晏然。且夢神人告以賊退之期，不失晷刻。紹興乙卯秋七月大旱，師率衆祈禱，因感微疾，即以書告嘗所往來者，且謂大衆曰：『吾將歸山。』以是月五日隱几而逝，春秋六十八，僧臘四十六。師于姜山若有緣契，一日與長老繼椿經行澗谷，得院南平地數畝，群山環繞，前直峨眉一峰，因列植松柏，將自爲窣堵波，予爲名其堂曰『寂照』。以是年十二月二十二日，門人即因之以葬，從遺令也。予頃守吴門，其徒仲珣俾法嗣狀師行業，求文以識諸塔。予與師游久，知師爲詳，乃爲銘曰：

我聞如來，惟説一乘，戒爲慧本，慧以定興，曰優波離，以持律稱。九代末師，互相詆辱，各資己見，正法顛覆，爰及南山，絶而復續。偉哉通公，身律心禪，護持禁戒，久而彌堅，慈受忍攝，隨分化緣。衆方紛紜，本拔源塞，登壇誓衆，會正復出，中興毗尼，垂範作則。姜池之南，牟湖之濱，石塔巍巍，松柏鱗鱗，我作銘詩，以詒後人。《莊簡集》卷一八。

王彬

王彬，彭州九隴（今四川彭縣）人。靖康中爲朝請郎、差知北外都水丞公事。

隨州大洪山崇寧保壽院十方第二代楷禪師塔銘〔一〕

政和八年夏五月乙未，芙蓉禪師以偈示衆，書遺誡，付囑門人，沐浴更衣，吉祥示寂。越三日丁酉，荼毗，收靈骨。秋九月甲午，塔藏芙蓉湖。後七年，住持大洪山慧照禪師慶預，師之受業高弟、嗣法的孫也，念湖山遠在海隅，奉塔廟之禮常缺，喟然嘆曰：『吾昔嘗侍老師住大陽，遷居此山凡五年，天下衲子輻輳雲萃，不遠千里而來。當時升堂入室者散之四方，皆續佛壽命，爲人天師。今住世者如焦山成、大隋璉、鹿門燈、石門易、寶峰照，即其人也。昔人藏衣曹溪，葬履熊耳，豈不以恩大難酬，示不忘本耶？』乃遣其徒宗幾遷致師靈骨，建浮圖於大洪山之陽。冬十一月，塔成。明年冬，彬謁慧照於山中，慧照喜謂彬曰：『吾芙蓉老師法海舟航，佛門梁棟，三十七年與大地衆生作陰凉，機緣在世，不獨衲子能言，搢紳士大夫咸知之。今新塔未銘也，敢以爲請。』彬既仰慕芙蓉之高風，又重違慧照之勤意，義不獲辭，退而銘之云：師諱道楷，俗姓崔氏，沂州費縣人。少學神仙，得辟穀術，隱伊陽山中。既久，知非究竟，乃弃所學，游京師，詣述聖院出家，禮德暹爲師。熙寧六年，試經用度。明年，受具戒，游歷諸方。遍參知識。最後至舒州投子山見青禪師，一言造妙，師資深契，青以明安衣履付焉。去之韶山，結茅虎穴旁，虎爲伏馴，探穴取子，初無忤也。師雖宴坐山林，然道價四馳，千里嚮風。自元豐五年出世至示寂，凡七坐道場。最初住沂州仙洞山，又遷西京乾元、招提，郢之大陽，隨之大洪，皆當世元老名公卿以禮延請。後被詔住東京十方净因，又徙住天寧萬壽，皆中使奉命，恩禮兼隆，諸方榮之。師所至，無緇素貴賤，皆直造室内。其來京師，諸公卿貴人日夕問訊，無與道人處士雜坐，師皆一目之。師行解相應，履踐篤至，無明妄心，一毫不立，故不能矯情徇世，避人道之患。竟坐辭身章師號，忤上意，得罪居淄州。久之，上察其無它，聽自便。復有旨下開封府訪師，還其故服。師聞之，書四句偈遺中貴人王松年云：『石田焦穀又生芽，暮種朝收濟幾家。巢父飲牛牛不飲，漁翁撥棹入蘆花。』衆口傳播，尹李公孝壽得之，察其誠心，乃爲敷奏。因從其志。師始欲游天台、雁蕩，過故里，爲父老留，不得去。樞密劉公奉世捨俸金，買芙蓉湖田，築室延師，四方衲子歸之，俄成叢林，今賜額興化焉。先是，芙蓉湖衆水鍾聚，瀰漫百餘里，師嘗謂若决而歸之川，可得良田數千頃。常平使者聞其言，使邑令詣師受規畫，鑿渠疏導，悉如師説。异時菰蒲沮洳之地，皆爲沃壤。鄉人德之，乃相率舍田於寺。歲入既豐，又推其餘以與馬鞍山，後亦贍數百家。師喜營建梵剎，見棟宇卑陋，則崇飾更新，規模宏壯，疑若基構艱難，然人以師故，施財助力，咸説樂之，工役未嘗逾時。纔成即弃去，不回顧也。師本田家子，爲兒童時父令驅田中飛蝗，師舍己之田，先驅鄰人者。詰之，則曰：『損他利己，所不忍爲。』其利它之行，蓋天性也。師享年七十有六，僧臘四十二，度弟子九十三人，法嗣得骨髓出世者二十九人，皆緣法盛行於時。而丹霞淳公其後尤大。今慶預在大洪，禪子至二千，清了在長蘆、正覺在普照，亦至千衆。蓋天下三大禪剎，曹洞之宗，至是大振矣。師應接機緣，已見語録，及德洪所撰《僧寶傳》，承議郎韓韶《臨沂塔舊銘》、鹿門法燈禪師《塔中記》載之已詳盡云。銘曰：

諸佛出世，爲一大事。以心傳心，莫難承嗣。日在明安，得人惟艱。正法眼藏，托于浮山。道未喪世，遺言不墜。异苗翻茂，卒如師偈。堂堂青公，法中之龍。針芥投機，復有芙蓉。自師承宗，曹洞始大。良价不亡，大陽猶在。凡今宗師，鮮克全提。不滯空劫，則落今時。惟師當機，正偏互唱。木女謳歌，石人撫掌。薦承明詔，七坐道場。三十七年，爲衆舉揚。夢身幻宅，誰主誰客？不有榮名，孰爲罪謫？一辭帝闉，終老海濱。國師塔樣，分付兒孫。漢東沂上，十方天壤。一切含情，萬古瞻仰。

靖康二年夏四月十五日，大洪山崇寧休壽禪院住持嗣、祖法孫慧照大師慶預立石。玉册官武宗古刊。

《湖北金石志》卷一〇。又見《宋代蜀文輯存》卷四〇。

〔二〕題下原署：『朝請郎、新差知北外都水丞公事、賜緋魚袋天彭王彬撰。宣義郎、新授都水監丞、權管句均州軍州事武夷范寅亮書。朝請郎、京西路轉運司管句文字、賜緋魚袋真定張好古篆額。』

程俱

程俱（一〇七八——一一四四），字致道，號北山，衢州開化（今浙江開化）人。以外祖鄧潤甫恩，補蘇州吴江主簿，監舒州太湖茶場，坐上書論事罷歸。起知泗州臨淮縣，累遷將作監丞。近臣以撰述薦，遷著作佐郎。宣和二年進頌，賜上舍出身，除禮部郎，以病歸。建炎中，爲太常少卿，知秀州。紹興初，召爲秘書少監。進《麟臺故事》，擢中書舍人兼侍講。後以弃秀州城，罷爲提舉江州太平觀。久之，除徽猷閣待制。秦檜薦領史事，除提舉萬壽觀、實録院修撰，力辭不至。紹興十四年卒，年六十七。著有《北山小集》四十卷（存）、《韓文公歷官記》一卷（存）、《麟臺故事》五卷（存）、《班左誨蒙》三卷，《侑坐元龜》。《宋史》卷四四五《文苑傳》七有傳。

衢州常山縣重建保安院記　崇寧四年

浙江道東盡信安郡，郡接荆、閩地，風氣相薄，其山邃以廉，其水清以駃，故其氓俗悍以果，而其君子耿耿尚氣敏於事。郡之望姓仕族，率占山水之勝以居，而浮屠氏之宫亦復相望原谷間。其所依以爲檀施主者，常在所謂望姓仕族，而仕族之廣者曰江氏。常山縣之謝原有僧舍，曰保安院，蓋江氏之祖侍御公之所建者。自侍御之世滋遠，厦屋日隳，院之徒皆托處養私，不事其教，施施相睨，無所愧念。諸孫戚之，則相與謀，以謂侍御種德不售，慶儥後人，咸克有家，用大芘于兹六世。苟事之弗嗣，其克訓于其德者幾何？矧是院之建實本於義，鄉人能道之，蓋非徼福以私己者，諸孫其可罷休以没其德實？然昔者棟宇故存，而仆者莫起，埶者莫支，至于壞且廢，信人開士過之如無睹者，徒非其徒故耳。今誠得浄修士主而興之，宜無難。開化報恩院僧文雅，蓋浄修者，盍請以來？雅之以身律衆，小大斬斬，苗薅垢瀹，日劘月累，凡六年而後成。其基則因故地闢之稍前，又益東築，革面勢以便川谷之宜。其構則盡去摧腐，一備而新大之。其象偶、其器具咸稱。蓋爲錢若干萬，於是距始建百九十餘年矣。今夫天下之人，自王公至匹夫，居必廬、寒必衣、饑必食，凡所以養生集類者，不取之以其力，則以其道也。惟浮屠氏不耕不蠶，不貿不作，安坐放言，而養生之物有須必具而加侈焉，世無與之争者，豈所謂取之以其道者耶？使其道可尊，其法可恃，其言可以明理而化物，則其爲道也，不素餐兮莫大於是，亦何儒、釋之分哉。苟無是也，名其名，服其服，安享侈厚，而曰我分蓋如是，謂之盗釋可也。若文雅，一爲浮屠，終身守其教戒，又能作其廢事，仰而睹其導師，俯而面其衆，自稱曰浮屠氏，中心無所忸焉，與世之盗道負愧者亦有間矣。故余樂爲記之。侍御諱景房，字某，仕吴越至侍御史。入皇朝，爲沁水尉，有高行，爲鄉里敬信。今開化諸江皆其後也。初，里人有訟，累不得直，公貽書吴越執政，道其冤，事得直。里人進金十鎰以謝，公笑斥之。里人置金去，終不得辭，則以金買謝原地，立保安院云。崇寧四年某月日，北山程俱記。四部叢書續編本（據江安傅氏影宋鈔本影印）《北山小集》卷一八。又見雍正《浙江通志》卷二三三。

衢州開化縣雲門院法華閣記

無量衆生，共一大覺海中，或游或沉，等無有二。諸無明者，如沉水人，顛倒墜溺，東西踊僨，所向苦惱。有善游者，無心於水，與汩俱出，與齊俱入，則此水者是游戲處，安肆快樂，無所疑畏。惟東方十萬億國土中世界名曰震旦，一劫五濁，煩惱之聚，一切衆生，選佛之場。何以故？是中衆生業力雖厚，而其信心堪任大事。又如蓮華，必於淤泥乃能生植，高原陸地不復能生。諸煩惱中，即《大般若》『一念返照，超諸如來』。是故過去諸佛説《妙法蓮華經》時，光明示現，希有如是，好城國中乃有千萬億種疑惑衆生，耆闍崛山乃有增上慢人，退席四衆。唯此震旦，一切衆生，若智若愚，聞《法華》名莫不稽首，乃至莊嚴供養，捨諸所愛，無上慢者。豈非耆闍之四衆，不如震旦之衆生也哉？衢州開化縣之北原壽聖雲門院有比丘曰寶聲，早受具戒，從義學師指授，演説修多羅教；晚歸山中，於海商所得倭國金書《妙法蓮華經》，爲七寶函，莊嚴承事。又建寶閣，上有諸佛及大菩薩阿羅漢像，旃檀髹采，金銀丹堊，繒幡珠網，種種莊校，以作佛事。前榮敞明，可布法席，後楹曠深，可以宴坐，四楯周匝，可以經行。作於元豐之辛酉，成於紹聖之甲戌。後十一年，寶聲比丘從里人程俱説如是事，請記以文。因隨喜佛事，以偈贊云：

住音然燈佛，從日月燈明。及釋迦牟尼，臨入般涅槃，安坐説是法。大通智勝佛，亦於三昧中，放無量光明。最後説如是，四爲法施會。滅度僧祇衆，如我觀如來。不獨是時説，常説是經法，未曾有間斷。彼十六王子，及萬億菩薩，今見在世間，處處爲法施。衆生自盲聾，不見如是事。耆闍崛山中，授記諸佛子，舍利弗迦葉，乃至阿羅漢，學無學人等，普於人天前，付囑當作佛，如我觀釋迦。不獨記是等，無量無央數。五道諸衆生，草木及山河，一一授佛記。云當決定得，阿耨三菩提。衆生自狹劣，不信如是事。佛子應如是，福德無有量。正使十地衆，總持山海辯。充滿於大千，擬心共思量。無復有是處，稽首於一切，《妙法蓮華經》。

《北山小集》卷一八。

衢州開化縣靈山寺大藏記

壽聖靈山寺在開化爲大僧坊。崇寧元年，其徒從演始建轉輪經藏，奔走勤事，五年而後成。下固上壯，爽博宏緻，校飾衆具，煒奕嚴好。聖像法籍，儼如化成，屹如寶聚。邑人程俱來至其所，竦仰正伫，説偈稱贊。演故具石宇下，來請記矣，遂以文其碑云。其詞曰：世界無盡如虚空，是故諸佛亦無盡。佛既無盡法亦爾，於諸緣起而出生。我觀清净法門海，十方導尊常演説。一一念中一一説，如是展轉難思劫。正使衆生無數量，皆獲三昧聞持藏。於此導尊所説法，不能共記一品義。設復筆高須彌聚，濡以萬億恒河水，等三千界大經卷，不能書佛所説法。那由他中一少分，况此五千四十卷，何异大地一塵末。人中師子無畏者，於第一義安不動。如斯清净法門海，一言演説盡無餘。正使一切諸衆生，皆獲智慧三昧海。不能了此一言者，思惟究竟云何説。設復毛端滴海盡，此諸水滴可知數。乃至微塵悉可知，叵思議此甚深法。則是五千四十卷，一字一句法無餘。我今普願群生類，皆獲摩訶法寶藏。真如實際以爲地，覆以喜捨慈哀宇。清净平等之大輪，貫以忍力金剛軸。無礙機關極明利，運以解脱神通力。菩薩心珠飾其上，一一常放大智光。種種方便爲華鬘，妙行繒彩爲幡蓋。七净之華以爲網，梵音深妙爲寶鈴。塗以大願功德香，布以覺分菡萏華。護以方等調柔帙，百千三昧爲寶函。中有無盡陀羅尼，非生盲人所能睹。如我今者如是説，所説如幻説如響。若人於此一大教，初心回向如來藏，是人已獲無礙智，是知諸佛秘密説。《北山小集》卷一八。

杭州於潛縣治平寺重建佛殿記　爲蔣尚書作

餘杭之鎮曰天目山，唐人作僧舍於其下，號天目寺。自會昌中廢，大中復興，更唐末、五代至皇朝，且數百年，巋然常爲邑里信人之所依向。治平中，敕賜名曰『治平』。世以夏臘主寺事，其徒往往游四方，叩義學師指授演説，修多羅教，或從善知識，傳佛心宗。自顯南禪師以來，代不絶人。宣和庚子，盜發新定，陷於潛，寺焚。有邑豪襁負其母避地走山谷，過其門，望遺址默自誓曰：『使賊平，家脱禍，當復新此殿云。』及賊平，其家小大數十人訖無恙。明年，建大佛殿，爲佛菩薩大弟子護法神像，壯麗輝絢，莊嚴殊特，悉加於舊焉。吾鄉鎮江天寧禪鑒長老道潛實受業治平寺，蓋所謂從善知識傳佛心宗者之一也，數爲余道治平事，且求文以記本末。于今三年矣，而請愈堅。吾聞至人開士依真而住，非可以國土觀；一相無相，非可以聲色求；不即不離，非可以方處攝也；又况棟宇之奉，象寓之設哉！然於無爲中示現有爲，於不住中宣説常住，其悲智願力所以開度有情者不廢也。故昔釋迦文佛於欲色界中大集群品，説法之餘，以四天下二十支提，若須彌山頂開華藏殿，若震旦漢國那羅耶那，以如是等牟尼聖人往昔住處付屬諸龍；又以閻浮提中四方國土，若若遮波羅處，若阿跋多山，若善安住塔，以如是等諸佛羅漢、賢聖天人修行住處付屬星宿，天龍、藥叉、大鬼神等分布守護。然則名山佛刹所以建立扶持者，幽明之際，必有尸之者矣，兹豈偶然也哉！方是寺之存也，棟宇象寓屹然如山，而惡念人能以一念使與灰燼散滅；及其復也，有信心者亦以一念能使荒穢瓦礫之區化爲梵釋之宫，師子之座。甚矣，一念之不可思議也！方一念之作，雖有神智，莫得而聞見搏執也。然無形而成，不疾而速，雖無邊如虚空，密用如造化，堅固如金剛，迅速如毗嵐，不若是烈也。一念爲善，念念續之，不唯成一身、仁九族而已，擴而濟天下、澤百世無難也。至於得果成道，高可以超三界，下可以生梵天，爲四果，爲二乘，爲菩提薩埵，爲佛世尊，極其原初，出於一念之微，而其所利益成就至於不可勝言者。一念爲不善，念念續之，有至於提戈相尋，伏尸流血，數百千里人畜草木爲空。一旦敗禍，父母妻子相隨就砧几，剥割膾醢，肉喂鴟鴉狗鼠，死入地獄，受無量苦，經千萬億劫，乃爲畜生，出入炮烙剖剒之間。或爲餓鬼，饑火所燒，支節竅户，猛焰熾然，又千萬億劫。極其原，亦出於一念之微，而流毒之大、受報之酷亦至於不可勝言者，前日之群盗是也。使横目之民惟善是念，如火傳薪，如水趣下，而善不可勝用矣。一家爲善則一家安，一鄉爲善則一鄉化。推而準之天下，則鬥很凌暴之風，凶荒疵癘之應，何從而有哉！是則安樂之土已矣。余因潛之請也，以是告於方來，使知一念之微不可不慎，其不可思議力可使利益及於無邊，成就至於佛地，而塗之人皆可以勉也。營事僧曰可先、義交、道顒，住持僧曰希表，邑豪曰徐彦通。佛殿費蓋無慮二萬緡云。《北山小集》卷一八。又見《咸淳臨安志》卷八四，民國《杭州府志》卷三八。

鎮江府鶴林天寧寺大藏記

稽首正覺尊，最勝放光者。具足功德聚，智海如虚空。善達於一切，衆生心心相。似無塵垢輪，及無所行輪。無示無説中，而爲説正法。不爲有藴故，有處及有界。無明至老死，故説如是法。諸法寂滅説，是名無垢輪。譬如大日輪，依空而不住。無礙無取舍，普照無有邊。隨三乘根器，宣説無所著。非有亦非空，非即色離色。非即離涅槃，而空無所有。是輪無取行，利樂於衆生。我觀諸如來，所説修多羅，乃至未曾有，優波提舍等。皆以一言音，而説無量義；皆以一文字，而顯諸言音。音中本無字，字中亦無聲。聲不爲字故，而作種種聲。字不爲聲故，而現種種字。有無玄莊嚴，生滅迭成壞。然非有無攝，亦復無没生。不即是字言，而有諸句味。不離字言故，而見妙法門。如是而出生，當處而解脱。一句攝一切，無盡入無餘。是陀羅尼輪，究竟叵思議。諸來四衆等，及補持伽羅，當觀是藏輪，與佛非一异。諸佛無住著，轉無上法輪。爲壞衆生道，煩惱苦業三。歷劫如河沙，而轉無所轉。是輪云何轉，雖以風和合。彼彼大神足，無體無自性。轉處不可得，寂轉轉常寂。無以生滅心，墮彼顛倒想。我以法施已，次當述因緣。惟此朱方城，天寧大禪利，長老禪鑒師，其名曰道潛。來傳正法眼，於刹那婆那，牟呼栗多間，常轉如是事。游兆敦牂歲，紀元曰靖康。爲利諸有情，始作大經藏。無爲實相中，示現有爲法。惟旃陁羅衆，再入朱方城。如彼波卑椽，更來作嬈害。而此禪鑒老，正念得自在。安詳若無見，和顔以軟語。徐説後世畏，摧彼憍慢幢。譬於火聚中，而出芬陁利。是阿蘭拿處，既不隨變滅。巍然法寶藏，迄成就莊嚴。屹如須彌盧，見者嘆希有。城中有居士，氏名曰程俱。清淨三業中，流出無盡藏。爲記如是事，説是諸伽陀。爲無量衆生，回向薩云若。《北山小集》卷一八。

照堂記　崇寧四年六月

有大圓鏡，縱廣正等。彌十方界，乃至微塵。數蓮華藏，世界海中，一切所有，青黄赤白，小大長短，種種色像，於中示現。如水如眼，如摩尼珠。彼種種者，有是色像；而大圓鏡，實無種種。彼色像者，有去來相；而大圓鏡，實無去來。萬像俱隱，寂即是照。萬像俱現，照即是寂。非作故然，無所受故，無取捨故，無分别故。一切衆生，各具如是，而大圓鏡〔一〕，以業習故。事理取捨，爲自障礙。識塵分別，爲自蓋纏。譬如有人，以諸泥塗，種種糞垢，埋裹古鏡。又復有人，以旃檀末，和雪山泥，裝校鏡面。是二人者，垢凈不同，其於圓鏡，等一蔽塞。諸無明者，是糞垢喻。諸小法者，是香泥喻。皆失本來，真精妙明。有一情念，墮凡聖邊，無復是處。諸來佛子，采集緣影，是死生本。勿認此塵，作圓照解。刹那刹那，森羅現前。勿妄思惟，亦無斷滅。當如我説，大圓鏡照。崇寧四年六月庚辰，北山程某爲謝原山照堂比丘作如是説。《北山小集》卷一八。

〔一〕而：原脱，據文淵閣四庫全書本（簡稱『四庫本』）補。

安養庵記　崇寧五年八月

河沙刹中，有一世界，號安養國。其國有無量壽如來，應供正遍，知明行足。善逝世間，解無上士，調御丈夫天人，師佛世尊。其國境界，皆以七寶，裝飾成就，廣博嚴事。其國衆生，皆是宿具福智，化生蓮中，住不退地。其國壽命，無有邊量。一日一夜，此土一劫。其國六時，皆有天樂，微妙音聲，及雨寶華，而共娱樂。其國花木，皆是蓮華，如車輪大，及寶行樹，交映周徹。其國鳴禽，皆是如來變化所作，於一切時，演無量義。以是種種，希有之事，故名安養。從是安養國東方，過十萬億國土，有世界號曰娑婆。諸國土中，無數伽藍。有一伽藍，曰靈山聚。復有精舍，號安養庵。是中有人，衣壞色衣，净除須髮，處乞士衆，名曰修意。是庵無有七寶嚴事，但有墻壁棟宇，山溪丘坎，爲其境界。是庵無有化生蓮中，但有胎卵濕化，諸有情類，爲其衆生。是庵無有無邊壽命，但有五十七十，乃至百歲，爲其壽限。是庵六時無有雨華及諸天樂，但於晝夜餐飯食粥，撞鍾擊鼓。是庵周匝，無有寶樹及大蓮華，但見山中，草木華茂。是庵無有變化衆鳥演無量義，但聞蟲鳥，自鳴自已。以是現前，種種之事，亦名安養。是乞士者，游諸國土，親事知識，得法藏已。受用自在。還歸北山，結庵安居。時北山中，有一居士，適游伽藍，至安養庵。謂大衆言：現前種種，如上所説，與安養國，爲一爲异？若作异見，斷佛種子；若作同見，是魔眷屬。安養世界，在一切處，而一切處，非安養國。若作斷見，彼釋迦文，寧爲虚語？若取法相，汝則孤負，無量壽尊。咄諸男子，各依位住，坐大道場。如不信承，請詣毗耶離城，當俟螺髮梵王，爲汝解説。崇寧五年八月甲子，北山程俱記。《北山小集》卷一八。又見《樂邦文類》卷三。

衢州大中祥符寺大悲觀世音菩薩閣記

衢州大中祥符寺大悲觀世音菩薩閣故在寺之東序，自天聖以來，再成再毁，未有繼而興之者。紹興二年，管内僧正妙空大師用良始募檀施，益以私財，作菩薩像，又作大閣覆之，捨故址而建於大佛殿之後。用良淳質無玷，誠諦不欺，焚誦之餘[一]，刻意炎黄之書，盧、倉、張、華之説。施利之入，僅支四事，則舉以爲棟宇，像設莊嚴，佛事之資，言行既孚，有募必應。像閣既建，又作齋堂四楹，左右旿分，若承若翼，蓋八年而後衆工釋用。厥既塗雘，大集四衆，共作佛事，以慶其成。州人士女，奔走歸嚮，禮拜旋繞，歡喜贊嘆，無有窮盡。時北山居士養疾郡郊，聞此勝會，輿掖至前，仰瞻聖像，如紫金聚，周顧樓閣，如化人宫，竦踊欽嘆，説偈稱贊。於是用良請叙載歲月并刻之石，則爲之記，俾來者有考焉。庶幾有清净四衆，若族姓理家，若栗呫婆，若摩納婆等，睹相生善，即色悟空，了知大士無礙神通不可思議，與此比丘所成就事，及一切衆生不思議力，無二無别，性相等空。則其爲利益，又豈有量數哉！贊曰：

稽首普門大名稱，救護衆生苦厄者。大悲願力深如海，無刹不現無邊身。過去正法明如來，菩提薩埵示權化。於一身心現千手，隨緣赴感靡不周。於一身心現千眼，光明普照河沙界。如百千燈同一光，互融涉入不留礙。亦如洪鐘與空谷，呼之則應叩彌出。洪纖徐疾非思量，而常在在實無在。當知通身是手眼，無我無作無受者。如是觀音妙智力，衆生平等無差别。百千即一照常如，一即百千用常寂。爍迦羅心無動轉，母陀羅臂如虚空。湛然寂處起慈悲，繁興用處那伽定。觀身實相即菩提，一一刹塵觀自在。《北山小集》卷一九。

[一]焚：似當作『梵』。

普光明閣銘　并序

禪鑒長老潛公爲小閣於於潛治平之故栖，閣東向，迎日之出，故名之曰普光明。以《寶積經》所説妙義次而銘之：

譬如日輪，出山峰時，光明普遍，照閻浮提。種種形類，青黄赤白，皆悉顯現，了無差别，而彼日輪，一光一色，菩薩亦爾，以智慧日，照於法界，無有欣歌。出彼衆生，執着山峰，所緣一相，一相亦空。隨其意樂，説正法藏，然於法界，無有二相。《北山小集》卷一七。

宋故焦山長老普證大師塔銘　爲傳國華作　建炎二年三月

師名法成，秀州嘉興縣人，姓潘氏。自爲兒時，謹重不敖戲。嘗夜行失道，有僧异相，携置空舍若佛寺者，黎明則資聖禪院也。主者驚問狀，更嘆异之，皆曰是子當爲佛法中人耳。十七出家，事本覺法真守一禪師。落髮受具戒已，即從一公問安心法，參究累年，至忘寢食。去之四方，初抵廬山羅漢英公，執侍久之，歷東林覺照、泐潭真净、翠岩新、潙山哲、雲蓋本、夾山齡公之室，蓋十有九年。最後至隨州大洪山。時芙蓉道楷禪師道譽聞天下，師親炙累月，根塵迥脱，大用現前，如朗月，空了無證取。於是命師唱導西堂，衲子接迹。楷公他日嘆曰：『會禪者多，悟道者少。吾宗不墜，是子親得矣。』會芙蓉師住持净因，師從以來，助揚佛化，如大洪時。大觀元年，始從汝州之請，傳法香山。政和二年，詔以師住持左街净因禪院。時楷去未幾，德範在人，而師之名稱固已高遠，士夫緇素，望風信仰。由净因住潭州大潙、密印、道林、廣慧，韶州之南華、寶林，鎮江焦山、普濟，所住皆天下名刹。師解裝敷坐，無所施爲，而山林增重，四衆雲集矣。建炎二年二月，方退居東歸。壬寅，舟次無錫。晚與門人侍者經行河濱，顧瞻山川，從容樂也。夙興，盥靧易衣而坐，如入三昧，即示滅云，實二月二十五日也。嗣法弟子韶山長老慧能適在平江，與比丘信士具威儀迎致平江之能仁寺，郡人瞻禮如市。危坐三日，膚色瑩澤，儼然如生。乙巳入龕，越三月庚寅，茶毗於閶門之外，送者萬計。薪盡火滅，得五色舍利不可勝數，骨色珂雪，僧俗争取頂戴供養，至不可遏。其徒亟奉師靈骨舍利歸焦山之南館，以是月己酉建塔於石公山之陽。師報年五十八，僧夏四十一。嗣法弟子法雲等十有五人，受業弟子思慎等一百四十人。其徒以余宿與師游，以銘爲請，義不得辭。余嘗論之，自菩提達磨初入中土，傳無所傳，唯一心法。六承而後，代有宗師。雲門正真、臨濟慧照、洞山悟本，皆出大鑒。如師子吼，無异音聲；如大虚空，豈有封畛。而末學道聽，妄見立知，派别支離，堅若墨守。苟惟深徹源底，則亦泯爾相忘矣。百年以來，禪學滋盛，雪竇、天衣廣雲門之曲，慈明、黄龍據臨濟之關，燈燈續然，龍象繼出，奔走四海，輝曜一時。洞山中微，芙蓉楷公最爲後出，實際履地，不立絲毫，回彼狂瀾，徑超空劫。至於忍力不動，建無畏幢，孤風絶人，又爲卓爾。而師親承密記，常坐道場，寂照兼忘，去來不二，可以知其道矣。銘曰：

惟芙蓉師，峰峻壁立。超然物初，化度無極。是普證老，攝衣從之。彼固無示，師亦何爲。如彼枯木，千尺無枝。開敷妙華，鬱密離奇。大洪之顛，香山之下，浄因鐵牛，大潙木馬。息駕襄陽，在晦彌聞。潭人挽之，宴坐道林。捨筏曹溪，脱屣海門。昔未嘗住，今豈非存。是孤絶處，雲濤曉昏。潮音海照，萬劫猶新。《北山小集》卷三二。

汪藻

汪藻（一〇七九——一一五四），字彦章，饒州德興（今江西德興）人。登崇寧二年進士第，調婺州觀察推官，改宣州州學教授，稍遷江西提舉學事司幹當公事，除九域圖志所編修官，再遷著作佐郎。與時相王黼不合，出通判宣州。欽宗即位，召爲屯田員外郎，進太常少卿、起居舍人。高宗踐祚，轉朝請郎，召爲中書舍人，擢給事中、兵部侍郎、兼侍講、直學士院，拜翰林學士，累轉朝議大夫。後歷知湖、撫、徽、泉、宣州及鎮江府，以言者論其嘗爲蔡京、王黼之客，奪職居永州。紹興二十四年卒，年七十六。積官左大中大夫，爵新安郡開國侯。藻博極群書，工詩文，尤長四六，所作制詞，人多傳誦。嘗修日曆六百六十五卷上之，又著《靖康要録》十六卷（存）、《裔夷謀夏録》二卷（存）、《青唐録》三卷、《古今雅俗字》四十四篇。其詩文則有《浮溪集》《龍溪文集》《猥稿外集》等共一百二十一卷。見《浮溪文粹》附録孫覿《汪公墓志銘》《宋史》卷四四五本傳及《宋史·藝文志》等。

永州太平寺鐘銘　紹興二十年

起空寂中，無間斷者，非雷非霆。一刹那間，遍滿大千，非聲非形。以悉檀成，以慈悲撞，以歡喜聽。從無始來，如瞑而寤，如醉而醒。九疑之西，瀟湘之會，梵釋之庭。紹興庚午，春再浹辰，散吏是銘。武英殿聚珍版叢書本《浮溪集》卷二一。又見道光《永州府志》卷一八上，《湖南金石志》卷二七三。

秦湛

秦湛，字處度，高郵（今江蘇高郵）人，觀子。紹興二年自監諸軍計司添差通判常州，四年致仕。著有《回天録》一卷。善畫著色山水，見《建炎以來繫年要録》卷五一，《直齋書録解題》卷七，《咸淳毗陵志》卷九，《圖畫寶鑑補遺》。

於潛縣明智寺記

於潛之西菩，有光燭天，見菩薩像。其時僧道志茅廬其下，遂聚邑人之錢而廟佛焉，號西菩寺，實唐天祐中也。本朝改曰明智，今謂其山猶曰西菩。辯才既從此山行道，吴越山中之徒思踵其武，踴躍精進云云。明智以有道者之故栖，學佛者望之如仲尼之徒於闕里，其氣象景物又蓋境内。自於潛十有三里至山之麓，未及之五里，上松旁澗，與道委蛇，仰可以蔭，俯可以鑒，循環曲折，乃得平直。兩峰屹然，如立長人，如獲居迎來，五老、九華未易伯仲。泉涌西岩之址，盛暑常寒，筒引錯落，遍於百室。是以居者忘出，游者忘歸，云云。自有此寺已數百年，土殞木壞，風雨入室，像設不嚴，威儀不成。雙峰既歸，未嘗有求，邑之富於力者，相率施所有，寺爲之一新云云。余先人與辯才善，余兒時，先人對辯才語，必令旁侍，其高世之論，至今能記一二。而辯才物故前先人十年。今龍井、天竺間雲容山色，或誨人愁，其能念前人乎？予每見來自吴越者，未嘗不問辯才門人何如，故聞雙峰之名久矣。杜門錫山之下，一旦蒼頭告予曰：『門有道人，吴語而文。』亟出見之，乃常樂性禪師也。謂明智重葺，欲予爲記，且曰：『先太史常爲辯才記龍井，今記明智，非子可乎？』予不敢辭。雖然，鷄鳳异調，大方之家豈不我笑？《咸淳臨安志》卷八四。又見《浙江通志》卷二二七。

王庭珪

王庭珪（一〇八〇——一一七二），字民瞻，號盧溪真逸，吉州安福（今江西安福）人。政和八年登進士第，調衡州茶陵丞。宣和末弃官歸，教授鄉里。紹興中胡銓因上疏乞斬秦檜罷和議安置嶺南，庭珪以詩送行，有『痴兒不了官中事』之句，指檜也，坐是除名流辰州。檜死，許自便。孝宗召對便殿，除直敷文閣。乾道八年以疾卒，年九十三。著有《盧溪文集》五十卷、《易解》二十卷、《六經講義》十卷、《論語講義》五卷、《語録》五卷、《雜志》五卷、《滄海遺珠》五卷、《方外書》十卷、《校字》一卷、《鳳停山叢録》一卷。見周必大《直敷文閣王公行狀》，胡銓《王公墓志銘》（《盧溪文集》附録），《南宋書》卷六三，《宋史翼》卷七。

龍須山轉輪經藏記

佛在西域時，遠中國僅二萬里，華人未始聞其言。彼方之人聞有震旦之國，負其書重譯而至者，槖駝相屬也。其説使人見性成佛，謂法界寶藏，吾所自有，是以華人説而奉之，積其書至五千四十八卷。於是其徒作華藏之居，建大軸兩輪，以藏此五千四十八卷於輪間者，往往遍九州也。吉州龍須山昔有异僧法登禪師，自曹溪得法，來遇長者龍須於此地，築庵而留之，遂爲登禪師道場。後人因以龍須名其山。舊無大藏經，紹興甲寅長老秉雍領衆，始募置，滿五百函，欲建法輪而屋之。會移錫隆慶，而以懷宗踵其席。始謀建藏室於寺之西隅，度其費莫知所出〔一〕，有居士劉存正、胡瑾、張孝友聞而樂趨之，各出錢百萬以上，由是施者摩肩而至，以故功易成。藏之前後，神物瑰偉，其像設規置异他處不類〔二〕，觀者嘆其异〔三〕，未嘗睹也。工將畢而懷宗示滅，厥後繼住者數易，卒無以紀其成。郡侯以藏經實始作於秉雍，而雍前住江西、湖南，所至必莊嚴佛土，復俾住龍須。雍即以書來求論輪藏之雄麗，求文以記藏經之歲時。問其日則紹興甲子四月八日也，於是乃爲之記，而究其説之所以然。夫掇拾西方貝葉之文爲一大藏，用法輪以轉之，遂始於傅大士〔四〕，然所謂法界寶藏，從無始來固存，不可以色相求，使凡夫忽然見道於一念，頃遍十方界，則虛空中法輪常自轉也。昔人有念經一萬部，而祖師不以爲勝，有老宿下禪床繞一匝，而轉藏了。或有見於此，則道之爲廢興，不繫乎藏之建與不建也。蓋此寶藏凡夫皆具足而莫能自證，如衣中寶珠，必因人指示，而不到曹溪，安知不失？今之所以聚佛書轉大法輪，以張皇其説者，蓋不爲諸佛説法，爲凡夫説法爾。此藏之所以宜建也。盧溪王某記。嘉靖五年梁英刻本《盧溪文集》卷三四。

〔一〕費：原作『廢』，據乾隆五十一年愛敬堂重刊本（簡稱『乾隆本』）、影印文淵閣四庫全書本（簡稱

『四庫全』）及傅增湘校記（簡稱『傅校』）改。
〔二〕异：疑當作『與』。
〔三〕异：傅校改作『若』，與下句連讀。
〔四〕遂：疑當作『雖』。

隆慶禪寺五百羅漢堂記

廣陵浮圖氏之宫，環峙於州城之西，而仁山獨宏麗而甲出，寺有五百羅漢堂，元符中州民孟華之所建也。華賈江湖間，積竹爲巨纜，浮大舸，絶淮汴，之於河。河防用其纜，歲一入，獲官錢數百萬，轉鬻吴楚之間以歸。華既豐財，愈於孅嗇，而樂布施，故能求得天下妙工，造五百大阿羅漢，建兩楹而屋之。東坡先生南遷，過其下，持勺水供養，作八大字榜而揭之。於是此堂亦爲十方道俗動心駭目之觀，而與山中穹堂奥殿争光輝矣。政和末年，寺廢爲道士之居，東坡之字亦坐禁錮，有僧竊而藏之。及寺復興，羅漢散落民間，寺僧物色得其七八，像既漫剥不治，堂之梁楹亦隳。紹興十三年歲在大淵獻，通守孫公霖欲補其壞而新之。初未遑也，夜夢群僧謁於庭，若有所訴，覺而异之。謂住持僧秉雍軒然有才力，能任斯事，故雍倡其説，傾數邑檀施，不三月而閲成。

自輪藏之陰徙置佛殿之西廊，敞七間爲堂，視舊所建益夥。東坡璇題，宛然如有靈光异氣，照應屋壁。是皆可記也。雍於隆慶扶傾起廢，有功於佛事。昔嘗求佛殿記，而余未暇許者也，今復以孫公之命來乞文以記羅漢重修之歲月。問其落成之日，則五月壬戌也。予聞古之得羅漢道者，由禪定見宿，因無復愁苦，故此大士應物現形，至於五百，各發慈祥之相，以接物護世，多靈顯云。七月庚午盧溪王某記〔一〕。《盧溪文集》卷三四。

〔一〕午：原闕，據傅校補。

釋繼重

繼重，號文慧大師，宣和時真定府行唐縣封崇寺長老。見所撰《大宋真定府行唐縣封崇寺創鑄鐘記》。

大宋真定府行唐縣封崇寺創鑄鐘記〔一〕　宣和三年四月

伏聞周王踐祚，聖慈出化於西方；漢帝龍飛，大教流傳於中國。式彰無爲之法，原崇至善之宗。是蠢動以含靈，乃咸遵於佛性。及後綿歷累代，像法崇修。迄有聖朝至化，式九圍而康静，秩百祀以齋莊。恭欽釋教之門，啓迪真靈之貺。群氓歸善，庶類咸寧。伽藍建於萬州，精舍修於天下。兹寺者三門前望，正殿當陽。像閣巍峨，塔凌霄漢。講堂寢室，中衢兩挾，厨庫寮室，相連方位。僧宇高敞，精華長檐。尊容大殿，聖貌半干。兩廊輔翼，悉皆嚴飾。僧吟梵咏，磬韵相和。萍游緇徒，旦霄常論。鄉郭人議，唯闕乾稚。一日，王匠語僧福慧曰：『師若肯掌，不費有成。』福慧喜然，偶斯同志，遂擇艮地，匠之刻模，僧勞營求，諸合所用。政和二年夏四月念日，爐安十所，鍋鎔一千五百，工扇通霄，燒空炎焰，構汁三盆。觀人及萬，鼓聲齊注，一無塞滯。須臾析模，不有纖缺。自爾又營，漸漸力成。懸之時擊，式贊皇基之永固，福懷生而去禍來祥。此假歷任官寮、坊郭檀信始終垂護而致。光陰迅速，時移事异，聊紀其實，用彰來者云爾。時宣和三年歲次辛丑四月癸巳朔二十四日戊子立〔二〕。《常山貞石志》卷一三。

〔一〕題下原署：『長老講經論文慧大師繼重撰并書。』

〔二〕以下署名數十人，不録。

孫觀

孫覿（一〇八一——一一六九），字仲益，因嘗提舉南京鴻慶宫，故自號鴻慶居士。常州晉陵（今江蘇常州）人。大觀三年進士，政和四年中詞科。歷國子司業、侍御史、翰林學士、中書舍人。建炎元年，李綱以其曾爲張邦昌權直學士院，貶責歸州安置。二年，充顯謨閣待制，知平江府。三年三月爲户部尚書；四月，爲龍圖閣直學士，知温州，尋改知平江府；八月，以擾民罷職。紹興元年復龍圖閣直學士，知臨安府。二年，以盗用助軍錢除名，象州羈管。五年，歸隱太湖。十三年，以郊恩叙奉議郎。二十六年，復左朝奉郎。三十年，復敷文閣待制致仕。封富陽縣伯。孝宗朝，嘗受命編類蔡京、王黼等事實上之史官。乾道五年卒，年八十九。覿先附黄潛善、汪伯彦詆訿李綱；汴京破，又爲欽宗草降表。後阿諛万俟卨，謗毁岳飛，爲時人所鄙。然所爲詩文頗工，尤長于四六，與汪藻、洪邁、周必大齊名。其事迹見周必大《鴻慶居士集序》（《鴻慶居士文集》卷首），朱熹《記孫覿事》（《晦庵先生朱文公文集》卷七一），陳振孫《直齋書録解題》卷一八，《建炎以來繫年要録》卷一二、二二、二七、四一、五三、一八五等。

撫州曹山寶積院僧堂記

曹山距州治之東百二十里，魁大秀偉，雄視一方。有大比丘號元證，避五季兵亂，顧見此山，結屋居之，今爲寶積院。溪谷邃深，有泉坌然，溢于山之腹，而附右脅以出。梁石爲渠，水行空中，而墜之庭，鏘鳴如環佩之音；又折而東，伏出山下，日灌千畦。水窮壞斷〔一〕，茅竹蒙翳，獸蹄鳥迹交締於懸崖亂石之中，不類人境。寺之興及今二百年，屋壁間無一人記游者。長老了如，少年學道，得出世間法，事佛齋衆，嚴整如官府。會方丈遇隕石震壞，衆議相與出力鼎新之。了如曰：『寺有僧堂，歲久腐撓，蛇鼠所穿，日星下入；風雨之夕，違濕五遷，卧不安席。公等將築室館，我孰若營此堂與衆共之？』於是雜然稱善。時有將仕郎鄧君經出而言曰：『此堂吾家父祖所營，吾當嗣成之，不可使他人捐一金也。』未幾，庀徒伐木，撤故爲新。堂成，雄麗靜深，爲一時偉觀，而四方之游者日至。食指千餘，倍蓰他日，了如乃具石求余文記之。自佛法入中國至宋興逾千年，衡岳、廬阜、錢唐、天台佛僧之盛甲天下。靖康夷狄之亂，一變爲茨棘瓦礫之場，僧尼周走道路，倀倀無所向，而偏州下邑，山崖水濆，仙佛所廬，尚有存者。又懼衆至不能容，則嗾兩夫制挺立其門以拒絶之。甚者營貲聚，畜妻子，牧鷄豚以自封殖，俯而啄，仰而四顧，惴惴然恐户外之屨入也。了如獨不然，瘗身苦志，不擇所安，更爲深檐大屋，會其徒而食之。鄧君又能曲成其美，祖孫三世，相望百年，舍所愛而作佛事，皆可書也。紹興二年十月日，晉陵孫某記。常州先哲遺書本《鴻慶居士文集》卷二一。又見同治《宜黄縣志》卷四五。

〔一〕水：原缺，據葉萬校補明鈔本《孫尚書大全文集》（簡稱《全集》）卷二九、影印文淵閣四庫全書本（簡稱『庫本』）補。

靈岩智積菩薩殿記

梁天監中，以吴王館娃宫故地爲靈岩寺。寺成，有异僧負鉢囊以入惕殿廡下，長身蟄面，梵相奇古，其徒莫之省也。夜半，索筆墨自圖其像于殿之東北壁而去，黎明不知所在，衆始驚异之。居亡何，有胡僧顧見其畫〔一〕，喈曰：『此西土智積菩薩像也，何爲在此？』於是道俗奔走來觀，稽首歸依，擎跽作禮，鼓舞抃蹈，歡喜踴躍，如師出世。唐宰相陸象先，吴人也，有弟失其名，得危疾，國醫不能療。一日，有僧扣門問疾，象先引至卧内，索杯水噀之，一噀而病良已。象先驚謝，出金幣數床。弗受，顧謂其弟曰：『我靈岩寺僧，他日還，其來過我。』遂去不復見。其年，象先弟以尚書爲郎，觀察桂管，道吴中，趨靈岩如約。問僧所舍云者〔二〕，遍訪寺僧求之，亦非是。方悵然欲還間，俄見殿壁所畫像肖焉，如言如笑，如見師友。驚喜亟拜，施錢五十萬，羞齊供，作佛事，裴回數日而後去。其事載於吴越沙門智賢之文，傳於山中父老之口，見於《大哀經菩薩品》云〔三〕。惟靈岩故刹，歷隋、唐、五代四百餘年；至宋興，改賜秀峰禪院；紹興中，詔賜今太傅、咸安王韓公薦先福，更號顯親崇報，而叢林之盛，爲東南冠。智積舊有殿在寺之東廡，庳迫破露〔四〕，不足以稱四方祈向奉事之意。長老妙空佛海大師智訥〔五〕，飭其徒妙機、浩乘、惠珍、衡正者，募衆力大之。高甍巨桷，雄視一方，像設中嚴，雲披月滿，極莊嚴相好之妙。人天環繞，梵唄之聲震動山谷；涕慕感泣，又如師始亡於是。訥過余晋陵，求文以爲記。余曰：『衆生執迷，展轉六趣，出没生死，莫覺莫悟。諸佛菩薩哀憫一切，或示現神通，或化出光景；天龍負殿，山鬼築垣，卓錫而石泉涌，揮麈而雨花墜，凡所見聞，同悼齊喜；投體歸命，齋心悔過。厭離五濁，如焬鷄出湯；欣慕至道，如去子見母。如瞽發矇，如迷得路，發菩提心，修無上道〔六〕；輕財樂施，造種種福。百世之後，陵谷變遷，蜕骨所藏，傳衣所寓，在在處處，照耀大千；一睹遺像，心目了然，恍如宿者，曾受弗記。今雙林大士、泗州佛僧伽、靈岩智積，皆是也。訥公福慧兩足，爲世導師，常以去驕吝，破貪痴，合於吾儒之説者。輔其教，議論偉然，有過人者。自王公貴人、大家巨室、縉紳士大夫，皆尊异之。故出世三十年，説法行道，化服同异，凡所建立，人勸成之。隆樓桀閣，穹堂廣宇，幾遍淮吴，豈止智積一殿而已。余嘗謂訥公才不減澄觀，屬時多虞，可以馳騁一世，列於功名之士。今老矣，凡五住靈岩，前後二十年，又築堂於寢廬之旁，榜曰五至云。紹興十五年，歲次乙丑，八月日，晉陵孫某記。《鴻慶居士文集》卷二二。又見《吴郡志》卷三二，《姑蘇志》卷二九，《吴都文粹》卷八，道光《蘇州府志》卷四一，《江南通志》卷四四。

〔一〕見：原無，據《全集》卷三〇、庫本補。

〔二〕云者：右引作『無有』。

〔三〕哀：原脱，據右引補。

〔四〕迫：原闕，據右引補。

〔五〕『佛』下原有『法』，據《全集》、庫本删。

〔六〕上：原作『生』，據右引改。

平江府楓橋普明禪院興造記

平江自唐白公爲刺史時，即事賦詩，已有八門六十坊、三百橋、十萬户，爲東南之冠。逮乾符、光啓間，大盜蜂出，争爲强雄，而武肅王錢鏐以破黄巢、誅董昌之功〔一〕，盡有浙東西地。五代分裂，諸藩據數州自王，王獨常順事中國〔二〕。有宋受命，盡籍土地府庫，帥屬朝京師，遂去其國。蓋自長慶訖宣和，更七代三百年，吴人老死不見兵革，覆露生養至四十三萬家，而吴太伯廟棟猶有唐昭宗時寧海鎮東軍節度錢鏐姓名書其上，可謂盛矣！建炎盜起，官寺民廬一夕爲灰燼，而楓橋寺者，距州西南六七里，枕漕河，俯官道，南北舟車所從出，而歸然猶亡恙，殆有數焉。寺無石志〔三〕，按吴《圖經》，實妙利普明禪院，而不著經始之歲月。唐人張繼、張祜嘗即其處作詩記游，吟誦至今，而楓橋寺遂知名於天下。太平興國初，節度使孫承祐重建浮圖，七成峻峙，蟠固龍天，鬼神所共瞻仰。至嘉祐中，改賜普明禪院，而繁雄瑋麗之觀滋起矣。屬有天幸，僅脱於兵火，而官軍蹂踐，寺僧逃匿，頽檐委蛇，飄瓦中人。卧榻之上仰視天日，四壁蕭索，如逃人家。紹興四年，長老法遷者，會其徒人居之，而相其室無不修，銖積寸累，扶顛補敗，棟宇一新，可支十世。寺有水陸院，嚴麗静深，龍象所栖。升濟幽明，婁出靈響，尤爲奇勝。而塔之役最大，更三年而後就。一日，遷先過余言曰：『願有紀也。』余嘗怪天下多故，縣官財匱力屈，天子减膳羞，大臣辭賜金，將吏被介胄以死〔四〕，士大夫毀車殺牛以食〔五〕；而吾民則輸家財助邊，率常睊睊然舉首蹙額，疾視其上，無慨然樂輸之意。而佛之徒無尺寸之柄，左右介紹之先，瓦盂錫杖，率爾至門，則倒衣吐哺，躧履起迎，惟恐後己。乃捐金帛，指囷廪，捨所甚愛，如執左契，交手相付無難色。此何道也？余觀遷老積精練，學苦空，敝衣糲食，不以一毫私其身，日以飭蠹壞、起頽仆爲急。又飭其徒三二輩持鉢扣門，或持簿乞民間〔六〕，日有獲焉，惟資以治寺。以故一方之人向慕之，凡所欲爲無不如志，故成就如此。今吾鄉縣之大人者，晨擁百吏，坐一堂之上，赫然神明之臨，天阻聲威以怛之，而後吏得以投其隙。吾欲以柔道理之〔七〕，量其力之所堪任，而與之爲均；無急之以期，無使吏迫之，上下休戚，共爲一體，人人歡然欣戴，如駒犢嬰兒之慕，以盡夫爲民父母之道。夫以子弟而事父母，其於奉佛，固無間然矣。故著余之所欲言者以爲記，使歸刻焉。紹興十六年八月日，晋陵孫某記。《鴻慶居士文集》卷二二。又見《吴都法乘》卷一〇上之下，《吴郡志》卷三三，《吴都文粹》卷八，《姑蘇志》卷二九，《寒山寺志》卷一，光緒《蘇州府志》卷四〇。

〔一〕之功：原無，據《吴都法乘》補。
〔二〕『順』下原有『受』，據《全集》卷三二、庫本、《吴都法乘》删。
〔三〕志：原缺，據《全集》《吴都法乘》補。
〔四〕以死：原作『而師』，據右引改。
〔五〕士：原作『上』，據右引改。
〔六〕簿：原缺，據《吴都法乘》補。
〔七〕以柔：原缺，據《吴都法乘》補。

興化軍節度仙游縣香山記

孫　覿

興化軍仙游縣之香山，唐末時，九座菩薩大弟子志聰者，顧見其處，斥苐地藩之，覆以茅竹，行道其中。未幾，遠近化其德，除治灌莽，斬木陶瓦，築屋廬，具像設，争勸成之，咄嗟而辦。地産香，狀類薰陸而不常有，乾寧賜額，因號香山院。而邑人朱氏尤崇向之，世世相仍作佛事，以薦冥福。至給事公與其子大卿公，又斥廪稍之餘，扶顛補敗，撤而新之，凡門廊、殿寢、齋宫、客舍、庖湢、庫庾皆具。余聞之，惟天下至誠爲能盡性至命，以參天地之化育，是故古之人以心爲法，練精養志，專守一道，不雜他術，此聖人所謂誠，而佛謂之一念是也。不疑於物，物亦誠焉。精誠之至，神凝意消。一真湛然，不入諸相。故有儲精九重不下几席，而天地位，四時行，鳳皇儀，百獸舞者，用此道也；故有履石壁烟燼之中而不焚，蹈吕梁懸水之下而不溺矣，注眸子而不瞬，疾雷破山、烈風震海而不驚者，用此道也；故有老焚之松肘可、生公之石首肯者，虬伏□猛〔一〕、戢鱗弭耳於跏趺之坐者，用此道也。大哉心乎！自一心之變而爲千百億身，充塞天地〔二〕，再撫四海〔三〕。此理之必然，無足怪者。至於孝子之念親也亦然〔四〕。日月逝矣，叫號神天，出生入死，不可復見矣〔五〕。晝思之〔六〕，夜夢之，其曠然游於逍遥之鄉乎？或滯於陰幽冥漠之間，又皆不可得而知也。於是祈向佛乘，齋心歸命。念念不住，惟有一誠；捨所甚愛；惟有一施。小者一訶黎勒，大者二珠瓔珞。富者布黄金，貧者捨一錢。一誠所寓，一施所加，如愚公移山，更無委曲間斷之相。凡皆爲此，故能以正信心，發大願力，感通佛祖，升濟幽明。夫銅山東傾，洛鍾西應，一氣之感，捷若影響，况吾血氣之屬者哉！給事公以忠孝正直稱天下，而大卿公又能以行誼世其家。自香山經始，父子、祖孫以心傳心，追助冥福，殆二百年，至今不廢，故所就如此。一日，大卿之子元飛過余言曰：『先君嘗欲寓書求公文爲記，伐一石書而刻之，以示子孫，不幸被疾弃諸孤，遂不果。今元飛來請，幸公許我。地下有知，殆爲慰焉。』遂著余所聞者以告之。紹興十六年，歲在丙寅，八月日，晋陵孫某記。《鴻慶居士文集》卷二二。

〔一〕虬伏□猛：《全集》卷三〇作『潛虱伏猛』，此□疑當作『潛』。
〔二〕充：原缺，據右引補。
〔三〕再撫四：原脱，據右引補。
〔四〕親也亦然：原脱，據右引補。
〔五〕矣：原脱，據右引補。
〔六〕晝思：原脱，據右引補。

常州永慶禪院興造記

孫覿

故資政殿大學士、左金紫光禄大夫晉陵張公，建炎、紹興間擢任樞要，進參大政，始用故事追贈三世。又表請能仁故刹爲祖禰崇道追福之地，詔賜顯慈永慶禪院。本唐正勤寺，隋司徒陳大帝故園地所營，五季時，有异僧韓公行解通脱爲衆導師，一日示寂，飭其徒具棺衾以葬。未幾，州刺史訹於浮言，伐冢斵棺，出而燔之。膚爪如生，須鬣長數尺，益薪熾火不能壞。道俗奔走作禮，爲具湯沐，塗髹漆，爲塑像，置屋以祠。水旱疾癘，有禱輒應。宋興，賜號承天，又改能仁，訖今二百年，州人嚴事之如初。宣和中，詔天下建神霄玉清萬壽宫，於時常州改築能仁，如詔屏除佛像，斥遣僧徒，而韓公者亦不容其中，徙寓他所。靖康之亂，群盗蜂出，州縣方修戰守備，而神霄廢，還畀能仁。官吏乘時毁宫之十七以佐材費，比公得請，獨有三門大殿、一法堂巋然出草莽中。齋厨摧敗，井滅竈夷，僧堂僅存四壁，如逃人家。公推選名緇，得智妙覺大師法緣者主其院。法緣學道有力，氣質偉然，稍募衆力，排蓬藋，輂糞壤，補垣墻之缺嘗爲人所徑者，以杜往來；疏廢井，治煬竈，斂薪米〔一〕，葺一堂居其徒，然後庀工鳩材，爲重門步廊，寢廬方丈。營一大藏，聚書五千四十八卷而櫝藏之。考韓公之室，逆之以歸。築祠堂一區，繪張氏三世之像以祠，旁置水陸院以薦冥福。爲堂二，舍群僧之焚誦與僮奴之備使令者。爲寮二，以待四方之游者，休耆宿之勞於職事者。厩庫、囷序列兩隅，各有攸處。又塑佛、菩薩、羅漢像數千軀，金碧焕發，極相好之妙。鐃鼓、魚螺、鍾磬之編，百用俱完。嗚呼，盛矣哉！自夷狄横而窺中國，金仙、梵帝、龍象所栖，燔滅塗地，蓋無幾矣。一時僧尼安於其故，收合餘燼，葺茆竹自覆；而羈客游士，又紛然雜處其中，椎牛釀酒，群飲聚博，若市區然。雖大叢林號稱領袖，往往占一席於偏廡下，以苟朝夕。顧視橐中貲聚，足以易善地，望豐報，而神馬尻輿，已坐馳於南北東西數百千里之外，以故鍾鼓不鳴，蓋障不蔽風雨，圖象丹青之飾暗昧不蠲，冗衣甓飯，芭苴之羹無以繼。今日在在處處皆是也。緣老精練有智略，奮然矯群庸，以破苟且之俗，積二十年之勤，起廢剎於戎馬蹂踐之後，凡昔所有皆具，故所無也，今始有之，可謂能矣。一日，緣老過余言曰：『天下無不可爲之事，而廢興有命，顯晦有時，亦無必成之理。酸鹹异嗜，丹素相訾，帚有時而貴，屨有時而賤，蠅以誤墨而成，蛇以著足而壞，故廢興成敗，雖聖賢以爲難也。張公不以法緣愚不肖，見録於稠人之中。法緣感公知己，攻苦食淡，銖積寸累，不敢以一毫私其身。緇素説隨，鬼神幽贊，有賢士大夫借重齒牙之論，無寓公寄客分占叢席之擾，爲屋二百楹，食衆千餘指，故能成就如此！法緣老矣，則又懼夫來者之不吾繼也。』余於是喟然感其言，爲之著其成，以告夫來者。紹興十九年，歲次己巳，六月日，晋陵孫某記。

《鴻慶居士文集》卷二二。

〔一〕斂：原作『劍』，據庫本改。

撫州疏山白雲禪院大藏記

撫州疏山白雲禪院長老了如，以書抵故人孫某曰：『了如領疏山之衆十六年矣。江左大叢林甲天下，隆樓桀閣，相望以百數，疏山蓋其一也。了如又以旃檀衆相黄金百寶，創一大輪藏，聚書五千四十八卷充入之。縹帶牙籤，琅函鈿軸，有大天龍背負之以出于海，諸化菩薩莊嚴相好之妙，蠻君鬼伯地行空飛之衆，穹堂奥殿、丹漆輪奐之飾，洞心駭目，極一時之巨麗。父老縱觀，涕泣作禮，以爲未始見也。請爲我記之。』余以書復曰：『諸佛所説，微妙第一；真實了義，祖祖相授〔一〕，以心爲法。故大士附几，一鳴而説法竟；老宿下床，一匝而轉藏畢。譬之良馬，示之鞭影，而籋雲追風，一日萬里矣。今子以出世間法提引未悟，而區區事紙上語，連榻累笥，子將何爲也？』了如曰：『不然。學道無自虚空入者。童子畫沙累土，足以得道；承蜩意鉤，履狶畫墁，足以得道；屠兒賣肉，伎女倡歌，亦足以得道。今大藏所傳，載大乘諸經，皆佛菩薩語。有能於此得一句一偈，神而明之於刹那頃〔二〕，轉八十藏無所住心，亦復如是，奚不可耶？』了如又曰：『自吾營此藏，凡瓌材巨植、級磚蓋瓦、塗塈丹雘、資糧錢用之費以二千萬，皆出忠信士捐弃所甚愛〔三〕，成此一大因緣，類有以相人者。作始於紹興甲子之冬，而以明年十月斷手。規模矩矱，宏大壯偉，炳然焕發，照耀大千。龍象皈依，緇素説服，是不可無傳也。』昔余南遷，道臨川，如老嘗接余於曹山方丈。是時新築一僧堂，屬余爲記。刻之未幾，徙住疏山，而道日益尊，學者日益衆，名譽日益聞。凡舉意造事，事無劇易，遠近響應。不唯妙道至言足以啓悟後學，而其才固有大過人者，惜乎隱於浮圖中，且老矣，而不列於功名之士也。紹興庚午十月日，晉陵孫某記。《鴻慶居士文集》卷二二。

〔一〕授：原作『投』，據《全集》卷三一、庫本改。
〔二〕神：原作『伸』，據右引改。
〔三〕出忠：原作『山中』，據庫本改。士：原作『仕』，據《全集》改。

常州資聖禪院興造記

宣和六年，吾州夏旱，州將率寮吏奉牲玉，遍走群祀，不見答。適有比丘尼悟空師法堅，自錢塘至，曰：『吾能爲公等致雨。』即日詣城東資聖寺佛殿，闔扉趺坐，晝不食，夜不寢，凡三日，而澍雨沛然。州人驚异請留，師曰：『吾奉詔住臨平之明因院，不可輒去。有清智大師普璇者嗣吾法，可召而至也。』於是州將飭僧尼治舟楫，具書幣，卜日以請。資聖寺者，按《圖經》，實唐咸通中所營，距今二百餘年，頹垣敗屋，旁穿上漏。數尼舍其中，以刺綉織紝爲衣食業。普璇既至，始改號資聖禪院。故時諸尼分庵割席，別居异處，女工婦事各自爲家，自是一切罷去。稍募衆力，斥舍旁地尋丈〔一〕，積累三倍於舊。搜采巨植，培治故基，築一堂居其徒而爲説法。已乃營一大庵，東西相望，高深與堂稱。然後聚佛書，爲高屋，建大藏樓匭兩輪間〔二〕，俾出而讀之。舊有佛殿，庳陋迫隘，棟楹橈敗，塗墍頽落，始撤而大之。以至法堂寢廬、方丈兩廡、囷倉之屬，皆次第修立。高明碩大，丹漆相照，杰然視一州爲叢林之冠，可謂盛矣！世遠道散，汝墳之婦人，江漢之游女，曠千百歲不可復見矣。間有節婦孝女，卓然自拔於庸衆人之中，高風絶塵，表見一時，而史官傳載其事，以爲天下後世之勸，蓋亦幾人而已。普璇者，自童幼時，固已穎悟過人，一旦，辭親而去，曰：『我不能以此身膏面作容姿，事説已者。』遂弃家祝髮，衣壞色衣，學出世間法，潔身厲行，飲水食蔬，自幼壯逮老如一日。道俗尊向，自將相侯王、賢士大夫、大農富工、豪賈之家，瞻依作禮，金錢粟帛之施無虚日。振飾蠱壞，故刹一新，青黄黼黻、魁奇偉麗之觀，言者不能稱也。聽法坐下率常數十百人，無嬉宕自佚者。嗚呼！以婦人女子之勢，無蚍蜉蟻子之援，獨以鐵心石腸茹荼嚙雪，奮然發弘願於百難之中，鑿空造大，課無責有，積三十年之塵，無一念間斷，而後能有所立如此！雖一世智謀功名之士，亦以爲難也。余嘗過謁，周覽而嘆曰：『松隨肘而回，石點頭而應，不吾欺也。』於是爲記。普璇，姓李氏，錢塘人，賜號清智大師云。紹興二十二年，歲次壬申，四月日，晉陵孫某記。《鴻慶居士文集》卷二二。

〔一〕「地」下原有「屋」，據《全集》卷三一、庫本删。
〔二〕樓：原作「栖」，據庫本改。「兩」下原有「樓」，據《全集》、庫本删。

常州無錫縣開利寺藏院記

無錫縣之北，少西三十里，有大佛刹曰開利寺。寺之興，自蕭梁時，距今六百餘年，事具職方郎中林咸德所爲記。至政和中，有長富長老，即寺之西南隅除茀地，撤敗屋數楹，始改築焉。廣宇穹堂，極一時巨麗。招選名僧，間演教乘，爲衆説法。已乃籍田利之入，歲廪米數百斛，俾日有餼以待四方學者，别號藏院。建炎之亂，官軍舍其中，不戒於火，一夕而燼。積六七年，累塊爲丘阜〔一〕，草棘出入，不見垣端，客至無所舍，則雜處市區民閻之下。寺僧普能者，奮然欲募衆力起廢，而引其徒了源以自助。日持簿周走人門〔二〕，不避勞辱，有得輒記之。居亡幾，齋宫、宿廬、庖湢皆具，至者如歸。然後鳩材數千張，斂錢數十萬，營一大藏殿。殿成，以黄金丹砂、留璃真珠、旃檀衆香創寶輪藏。浮空涌地，間見層出，若化城然。龍天擁衛，鬼神環繞，光明晃耀如百千日。道俗贊歎，以爲未曾有也。乃礱一石，求余文爲記。當是時，戎馬喋血之後，人食半菽，嚬呻爲塗中〔三〕，瘠者相望也。普能眇然一比丘，無宿資蓄貨，方持鉢丐食飲以卒日，乃欲張空拳以事所難，余意其未易得所欲也。而秉公端嚴，無一念住相，旦而作，夜而息，凡皆爲此。間遇群魔出而爲祟，屹如山岳，不可動摇，於是翕然檀施大集，而毗耶城净名鉢，化出於荆榛草莽之區；祇陀林大法幢，崛起於狐狸鼪鼠之聚。百寶莊嚴，如登兜率宫；兩輪互轉，如聽海潮音。凡吾願力所加，捷逾響報，若有相者。噫嘻盛哉！余聞之曰：『德輶如舉毛也，禮易如折枝也，道近如見睫也，而人猶有不能爲者。今二人者，圖難造大，左提右挈，一月而就，成佛得道，必自兹始，是不可以無述也。』紹興歲次癸酉，六月日，晉陵孫某記。《鴻慶居士文集》卷二二。

〔一〕『丘』下原有『墟』，據《全集》卷三一、庫本删。

〔二〕周：原作『間』，據《全集》改。人：原作『入』，據《全集》、庫本改。

〔三〕呻：原作『哹』，據右引改。

顯忠資福禪院興造記

古者宗廟之數，諸侯以五；本朝大臣褒顯其親，亦上至於三世〔一〕。蓋隆名盛德既集于厥躬，則原大推功，必有所自。於是追崇位號，起幽作匵，以慰夫孝子慈孫愛親念祖之心，亦所以尊奬臣鄰，開示在位，以勸天下之爲人父祖者教孝移忠之義〔二〕。朝有誥焚〔三〕，家有廟享，衮衣赤舄，貴極公師，考地按圖，胙之大國，猶以爲未也。又即墳旁建佛刹，度僧尼，以薦冥福，恩禮之盛，古所無者，今始有之。太傅寧遠軍節度使、醴泉觀使、和義郡王共國楊公，自年少時，剛塞沈毅，有將帥之略。會靖康、建炎之亂，中國狃於久安，四境無藩籬之衛，大盜乘之，天下之勢如瓦解然，無一致忠效命之士〔四〕。當是時〔五〕，公起行間，提孤軍鏖大敵於百死一生之地，淮上之捷，威名赫然。不數年，秉旄鉞，位上將，捴禁旅，宿衛殿中，遂兼將相，始疏請建刹如故事，詔賜顯忠資福禪院。公，并代人，先世墳墓在雁門數千里外。比公正室楊國夫人下世，卜葬於吴興武康縣金牛山之趾〔六〕，乃即旁近翠平山市地八十畝。衆山環合如立掌，如植屏左右，相蔽無虧，而一溪横其前，山高水長，氣象深穩，真金仙梵帝之宅。已乃計工賦材〔七〕，翦棘除地，并水兩涯伐石梁其上〔八〕，疏爲大逵屬之寺。蒔嘉木兩旁，彌望鬱然。重門外啓，殿寢中嚴。曾樓對峙如翬飛，長廊四周如繩直；齋宫宿廬，分列兩序；廄庫、囷倉、庖湢之屬，各有攸處。又置祠屋於法堂方丈之間。自五世祖至楊國夫人，同堂异室，廟食其中。塑佛菩薩像數十軀，金碧相輝。食衆日千餘指，命住長蘆正祖師法永主其院，更號妙覺圓照。爲屋總三百二十區。始事於紹興二十一年七月，而成於二十九年閏六月。宏麗雄深，爲一方壯觀，如佛經所謂化城者。余聞之：禮以義起，至後世而彌文。致治之主因時制宜，參稽古之道，以爲經常一定之法；斟酌古之宜，以爲制世御俗之權。質文迭用，不主故常，惟其稱而已。唐田弘正承季安傳襲之後，籍魏博六州之地上之朝；烏重胤平河陽盧從史之亂，不戮一人，顧指揮而定。二人者，以大勛勞賜旄節，立廟於京師，雖祭三室，而褒封之命止於其考爲尚書。惟本朝大臣祖禰追贈三世，極一品之崇。兩漢以還，三代之王與將相名臣之墓，得置守冢者，或五家、十家至二十家，而大將軍大司馬霍光園邑三百家，長丞奉守，著於令。韓信葬其母，亦營高燥地，令旁可置萬家者。惟本朝大臣墳墓，得建佛祠，追營香火，不計其世。蓋上之施乎下者，不次之恩度越尋常，自我作古；下之望乎上者，漏泉之澤俯及幽潛〔九〕，以適其可。顧名以功章〔一〇〕，禮以事稱，亦古之道也。太傅以社稷之高勛，進位師傅，爵命三世，建上公，疏大國，已極於尊榮，而歲時饋祀，又得用諸侯五廟之禮，可謂盛矣！舊制：建諸墳寺，率改畀故刹以賜。惟公自度地。至營築，盡發私錢，以充土木工徒，蓋瓦級磚髹丹之費，積十年之勤而後成，所以侈上之賜，飭稚昧於長久，不可以無傳也。昔趙佗以南越王奉貢職爲藩臣，文帝詔佗親冢在真定者置守邑，歲時奉祠；竇融以河西歸漢，光武詔右扶風修理其父祖墳塋，祠以太牢。夫一丘之土，而能致天子降詔令，給吏卒，奉烝嘗，禁樵牧，亦榮矣！而公即仙佛之廬，列置廟堂，奉先追遠，尊名顯號，表見於一時，而吾佛光明之所照，與吾君聖德之所被，以賁日月於九原者，垂裕延鴻，與宋無極。於是屬余記其成，刻示子孫，俾世世爲孝爲忠，以無忘上之賜。紹興十一年，歲次辛巳，三月日，具位孫某記。《鴻慶居士文集》卷二三。

〔一一〕至：原作『主』，據《全集》卷三二一、庫本改。

〔二〕義：原作『慕』，據《全集》改。
〔三〕朝：《全集》、庫本作『墓』。
〔四〕『一』下原有『人』字，據《全集》删。
〔五〕是：原無，據《全集》、庫本補。
〔六〕趾：原作『迹』，據右引改。
〔七〕工：原闕，據右引補。
〔八〕并水：原無，據右引補。
〔九〕泉：原作『金』；潛：原作『暗』，并據右引改。
〔一〇〕顧：原作『願』，據庫本改。

徑山妙空佛海大師塔銘

紹興二十七年，歲在丁丑，徑山妙空佛海大師訥公，持鉢詣秀州華亭縣。縣人朱飛卿者聞師名，具伊蒲之饌，卜日馳書以請公。以十一月二十六日至其家，據坐説法。緇素咸會，有僧出，膜拜問生死根命，公酬對，語未卒，舉拂扣床，一擊而逝。道俗奔赴，空巷相登〔一〕，贊嘆作禮，如佛滅度。於是其徒具舟載歸山中，則已有治命矣。七日而斂，舉體如生，以十二月十四日葬公全軀於寺之白雲庵。嗚呼，死生之變亦大矣！子路問死，而孔子不以告。彼上人者，常住真心，如入涅槃正路。而四大無常之身，視如弃屣，一彈指頃危坐而寂，斯亦奇矣。靖康初，余守歷陽，被召過儀真，公時住天寧寺〔二〕，營僧伽一塔高數百尺，又建一大輪藏〔三〕，壯麗甲於淮海。余嘆曰：『公才吏用，不下澄觀，方時多故，而隱於浮屠中，可惜也。』其後五住靈岩，築一室於方丈西偏，余榜曰『五至』，賦詩刻之。至是，公之高弟大梅山長老德最過余，泣曰：『公，佛海三十年之舊，且厚善，宜得銘，公其勿辭。』遂授以銘。公名智訥，姓夏氏，秀之崇德縣人。方在母，夢一婦人著黄衣，置一兒盆中，舉而授之。生而穎异，年甫四歲，事其兄慈相師道孜。十四得度，器質不凡，追營香火，練習戒律，已如成人。久之悟，嘆曰：『吾修無上道而求之文句中，是刻舟也。』即舍去，學禪於桐川天寧寺。一日，度澗有文書出流水中，公攬取視之，即《心經》也。讀至五，蘊皆空，恍然若有契於心。當是時，姑蘇瑞光寺净照師崇信，以道學爲一時所宗，公往從之。净照曰：『宿世沙門也。』未幾，净照徙住真州長蘆寺，會學去來率數百人。公學成行尊，齒其高第，淮人敬愛之，曰：『有如訥公而不坐道場，可乎？』延住天寧禪寺，恩賜『妙空大師』。儀真，三江三吴舟車之會，檀施大集，鼎新一刹，幾至萬礎。建炎初，住杭州靈隱。昭慈聖獻皇后車駕臨幸，詔公升座，賜號『佛海』。明年，金人陷錢塘，公被執至軍中，大酋解縛，置一榻尊事之。比去，飭十騎送還。咸安王韓公世忠表請平江靈岩爲功德院，薦先福，命公主其院。已去復留，凡五更住持，前後二十餘年。最後奉詔住徑山能仁禪院，遂示寂。公儀狀奇龐，容止端默，雖行出世間法，而以營塔廟，修齋供，作佛事，金帛之施，歲一出之，槖中無留蓄。在儀真時，州民王氏婦病没，後配孟氏又病，一日，其姑誦經佛室中，聞扣壁聲，問之，曰：『王氏也。我有遺槖簪珥之屬，盡歸孟氏，可斥賣一二，召天寧訥公説法，使我解脱，舍汝家而去，孟氏亦復無恙。』家人即日馳告公，公至，王氏憑附一女子立公側。説法竟，王氏歡踴跪謝如生。後數日，見夢曰：『我已别受後身矣。』而孟氏病良已時。徐俯師川書其事爲記。在靈岩時，平江大姓胡氏設大齋，耆宿皆會。前一夕，夢人告曰：『詰朝有騎赤馬、衣黄褐衣至者，辟支佛也。』黎明，物色求之，而公裘馬如夢所告者。胡氏舉室迎拜，一坐盡驚。靈岩寺據絶頂，而井飲不給，蓋數百年矣。公擇地庀工，伐石鑿井，出泉清甘，人不病汲，今號『佛海泉』云。公又嘗築室十數椽於府城之北，爲退休之地。信安王孟公忠厚爲請於朝，賜名『慶恩』。公既歸白雲矣。公没之歲，偶脱一齒，至是群弟子并斂公爪髮，琢石爲浮圖，即慶恩之寢廬瘞之，祠事焉。公壽八十，僧臘六十七。得法净照，爲雲門六世孫。住叢林四十二年，度弟子三百餘人。銘曰：

四大無常，名爲幻身。纊息已定，奄爲空雲。性覺妙名，如古井水。一真湛然，不受生死。有大比丘，號佛海師，不起于坐，隻履西歸。本自不生，今亦無滅。我銘著之，如指摽月。《鴻慶居士文集》卷三二。

〔一〕登：原缺，據《全集》卷五二、庫本補。

〔二〕住：原作「佐」，據右引改。

〔三〕大：原作「火」，據右引改。

長蘆長老一公塔銘

紹興二年六月，余南遷，次臨川，道過疏山，長老善清領衆出迎余於稠人中。見一人小异，儀狀翹秀，有貴介公子之風，問知爲善清之高弟，今一公也。已而與之語，談詞亹亹，皆自經論中來，聽之彌日不厭。又問其家世，實出章懿太后家，故彰信軍節度使、太師襄陽郡王李公用和之玄孫也。襄陽王生子曰瑋，武成軍節度、殿前都指揮使；曰瑋，尚兖國公主，爲駙馬都尉；曰瑊，宮苑使，贈金吾衛大將軍，師之曾祖也。承平百餘年，中外安富，李氏以勛戚之貴震天下，築大第，建旄節，粉白黛緑充滿後房。鳴鐘列鼎而食，子孫奉朝請者數十人。朱輪華轂，相屬于道。豪者以馳騁射獵爲事，謹者亦累勛閥，踐華顯，世其家。師獨奮然舍去，入山林，踐荆棘，茹蔬食糲，晝夜持膏火，給薪水，事佛祖，修無上道，爲天人師，非所謂豪杰之士，不待文王而興者歟？師諱法一，字貫道，開封府祥符縣人。祖儼，朝奉大夫；父某，某官。方其在母也，夜夢一老僧梵相奇古，如世間所畫羅漢像，而師以是夕生。比成童，見群兒啖棗栗、跨竹馬、爲嬉弄，皆不顧。年十七，試太學爲諸生，被服詩書，侃侃然如寒士。從其翁仕淮南，大夫公欲任以官。不就，請詣長蘆，事慈覺賾公爲比丘。其翁難之，母曰：『此宿世沙門，勿奪其志。』未幾，賾公没去，禮靈岩通照願公。得度，受具足戒，是歲大觀元年也。願公徙徐之琅邪，又從之凡十年。迷悶不能入，益刻苦奮厲，刳心練形，至不知寒暑之變。時圓悟勤公住蔣山，見師書一偈，以大法炬許之。圓悟奉詔住京師天寧，師又持鉢而往。會靖康之亂，圓悟還蜀。聞江西草堂清公坐疏山道場，間關兵火，徒步數千里而至。一語之投，忽有所得，如金篦刮腹，表裏洞然。紹興七年，泉州太守，寶文閣直學士劉公子羽聞師名，具書幣，馳請住延福院。開堂説法，緇素咸會，至無地以容。丞相張公浚帥福唐，徙住壽山。尚書梁公汝嘉守四明，又挽居雪竇。於時公卿大夫想見風采，争先邀迎，惟恐不及。天台萬壽寺在山谷窮處，其徒數犯法，不能禁。有司奏改爲禪，率選用一世名緇衆所信服者爲領袖，又徙萬壽〔一〕。積六七歲〔二〕，淮南轉運使蔣公璨以書抵師曰：『長蘆大叢林，公弃家學道，推論於公，能一來乎？』師欣然許之。居歲餘，如有所不樂，辭歸萬年觀音别院。才浹日〔三〕，示微疾，索筆書四句偈，默坐而寂，實紹興某年三月四日也。壽七十五，僧臘五十二。八日塔成，去寺若千步。余聞佛説：『諸富貴人具大威力，發菩提心，難造種種業，易如一滴水，流入地中，五濁惡臭，便成生死大海。』師生於戚里，長有華屋玉食之奉，而天資絶人，性與道合，不假師授，一念幡然，跳出苦海，直登彼岸，爲大善知識。世緣已盡，振衣東還，奄然而化，雖古佛滅度不過也。褒禪山長老寳餘過余曰：『公知師者，宜得銘。』銘曰：

三生了了，大摩尼珠出光明兮。剖晝瓮中，一笑相視過去僧兮。苦海無邊，作大橋梁度衆生兮。死而不亡，耿耿如在傳一燈兮。《鴻慶居士文集》卷三二。

〔一〕壽：原作「年」，據《全集》卷五二及文意改。

〔二〕七：原作「十」，據右引改。

〔三〕才：原作「財」，據庫本改。

徑山照堂一公塔銘

徑山有大比丘號照堂者，諱了一，姓徐氏，明州奉化縣人。方童幼時，遇群兒嬉戲，隅坐旁觀，似不言者。忽聞梵唄之音，則躍而起立。其父曰：『必法器也，當令事佛。』生十年，大雲寺祝髪受具。年十六，從廣壽梵光法師習天台教。讀經數萬言，窮日夜不息。已乃悟，嘆曰：『如來最上乘，無挾而徑造者也。吾所讀者，古人之糟粕而已矣。』當是時，詔住相國寺智海院妙湛師思慧者，具正法眼，爲世導師，道俗宗向，如佛出世，一時叢林之盛，聽法坐下常數百人。師從之數年，獨能盡其學，爲高第。於是下汴絶淮，徑吴中，浮浙江，上天台，入雪峰，遍見耆年老宿，表裏洞然，中無疑者。會妙湛來莅黄蘗，師亦自雪峰至，學成行尊，衆推爲上首。居無幾，亦坐黄蘗道場，領衆説法，繼妙湛後而學者倍其故。師姿相奇龐，寡言笑，危坐一榻，湛然如方井水。有來扣者，雲涌泉落，愈出而愈亡窮。性介特，務自闊遠，不交人事。將詣雪峰，朝議大夫曾恬與師厚善，屬師致書抵福帥大資張公守。師意其爲己，納笥中勿出。久之，石泉虚席，公曰：『黄蘗上首故是。』强將之下，即日移書遣騎迎師，師謝不願，使者至五反而後受。他日，公過師，師出恬書，且致不即遣之意，公喜韞櫝之珍〔一〕，深藏而不市，吾與師賓主無愧矣。居三歲，改莅聖泉。會左丞葉公夢得來守福，曰：『黄蘗古佛道場〔二〕，今世名緇，孰逾一公者？』飭使者具書幣以逆。師至，而闔境緇素奔走出迎，歡呼踴躍，聲振山谷。蓋師自石泉出世，更三大刹，積十五年，演唱真乘，啓悟後覺，人人向道，以佛爲歸。已而後將至，稍通餉謝，易置諸禪，師一夕舍去，歸卧雪峰故廬。泉南葉守庭珪，尊德樂道之士也，延之雲門，再遷法石。庭珪代還，師亦反西湖雲峰庵，即妙湛所栖，閉户終日，人莫見其面，若將終焉。俄被旨住徑山能仁院，是歲紹興二十四年也。徑山無一壟之地可耕，而學徒數千指。師入據方丈，檀施大集，不求而辦。山有芝岩方丈遺址，師嘗指其處，顧謂其徒曰：『吾將築石室居焉。』其徒不省所謂。明年三月，示微疾，退處明月堂，唱篋中衣，供佛飯僧。翌日丁卯黎明，索筆書四句偈，投筆而逝，趺坐如生。俗壽六十四，僧臘五十，度弟子四十人，得法者七人。乃即芝岩建窣堵波，舉全軀其中。門人正文等，因妙空佛海師訥老請余志其塔，余思之而未暇，文三過余而請益勤，乃投以銘，俾刻之。銘曰：

徑山之陽，龍公所家。聽説師法，諸天雨花。相彼幻身，如空中雲。脱骨芝岩，夫豈其真？道處現前，而作佛事。與龍爲友〔三〕，歷千萬祀〔四〕。《鴻慶居士文集》卷三二。

〔一〕珍：原作「玠」，據《全集》卷五二、庫本改。

〔二〕「道」下原有「藏」，據右引删。

〔三〕友：原作「交」，據右引改。

〔四〕歷：右引作「亘」。

周紫芝

周紫芝（一〇八二——一一五五），字少隱，一作少藴，自號竹坡居士、静寄老翁，宣州宣城（今安徽宣城）人。家貧苦學，紹興十二年第進士，時年已六十一。十五年以迪功郎爲掌禮兵二部架閣官。十七年以承議郎爲詳定一司敕令所删定官、樞密院編修官，旋進右宣教郎兼實録院編修官。二十一年知興國軍。秩滿乞祠，居九江廬山以終。善詩詞，著有《詩讞》一卷（存）、《太倉稊米集》七十卷（存）、《竹坡老人詩話》三卷（存）、《竹坡詞》三卷（存）、《古今諸家樂府》三十卷、《毛詩解義》等。見《百拙翁墓志銘》（《太倉稊米集》卷七〇），《宋史翼》卷二七，《五百家播芳大全文粹·姓氏》等。

資壽寺鑄鐘銘

有大比丘，號曰法嵩。冶銅百鈞，鑄此巨鐘。不叩而鳴，豐山是同。聞尸陁林，斃者俱起。徹大地獄，杻械自弛。咸由聲聞，而悟妙理。師以歡喜，了大事緣。虚空有盡，兹器弗遷。與此銘詩，昭千萬年。文淵閣四庫全書本《太倉稊米集》卷四二。

李正民

李正民（？——一一五一），字方叔，揚州江都（今江蘇揚州）人，祖定，父景淵。政和二年登進士第。七年，以迪功郎試詞學兼茂科，除秘書省正字。建炎二年知湖州，入爲尚書吏部左司員外郎，尋兼權中書舍人。四年，差充兩浙江西湖南撫諭使，詣虔州問安隆祐太后。還，擢右諫議大夫，除給事中。試吏部侍郎，移禮部。紹興元年出知吉州，改江西安撫使兼知洪州，以濫賞罷爲祠官。六年，起知筠州，不赴，改婺州、温州。九年，知淮寧府，尋爲金人所獲。和議成，南還，以左朝奉大夫、充徽猷閣待制、提舉江州太平觀，寓居秀州海鹽。紹興二十一年卒。著有《己酉航海記》《大隱集》。見《南宋文範作者考》卷上，《宋會要輯稿》后妃二、職官二、選舉一二，《建炎以來繫年要録》卷二一、二二六、三九、四五、四九、六五、一二三、一三五、一六二及《大隱集》卷四所載諸文。

法喜寺改十方記　紹興十四年二月

西竺之教流于震旦，其來尚矣。摩騰法蘭傳其經，曇摩迦羅演其律，羅什而降，翻譯滋多，然後半滿之字，華竺之言，溢于簡册，儲于寶藏。緇褐之流，誦其文，講其義，所謂萬善之源府，總持之林苑也。然善現談無得之宗，毗邪明不二之旨，於一法中，闡無量義，學者能因教以明心者鮮焉。機緣已熟，達磨西來，直指心源，不立文字，離名相之端，絶能所之迹，此教外别傳之要典也。爰自少室曹溪以來，多寓律寺，雖居别院，然於説法住持未有制度。至百文山大智禪師，慨然嘆曰：『吾之祖道欲誕布元化，豈當與阿笈摩爲隨行邪？』乃創置規式，别立禪居，賓主問訓，激揚宗要。由是名山勝地列刹相望，建方外之叢林，萃苾芻之游處，歷時滋久，其流益盛矣。聖朝襲前代舊章，爲佛法外護，廣設度門，崇信般若，凡大伽藍闢律爲禪者多矣。且著令云：『應甲乙寺宇，其待衆有罪，聽改作十方住持。』所以澄汰冗流，肅清海衆者也。紹興九年春，秀州海鹽縣始以法喜舊寺革爲禪林。掃螻蟻之封疆，蕩狐兔之窟穴。剖剔藩籬，徹除蔀屋。開户牖，正堂奥。變昏暗以爲虚明，廓狹隘以爲廣大。三門洞啓于前，正殿磅礴其後。凡僧堂丈室、鐘樓經藏、庫厨舍寮，爲屋一百五十楹，皆因其故而鼎新之。人不知斧斤之勞，户不聞版築之聲。恍如神施鬼設，徒見其變化之速如此。金剛爲地，衆寶嚴飾，前日所有荆棘瓦礫坑坎之舊物，忽然不見。觀者駭愕，莫不合掌贊嘆曰：『嗚呼善哉！昔未曾有也。』堂頭和尚懷培深明實相，善説法要，不慕虚名，晦迹藏用。昔於此地，曾種善根，杖錫而來，爲第一代。凝神宴坐，四衆歸仰，於是襲方袍、曳革屣者雲集于斯，信參學之道場矣。寺之建立，久不可考，自梁及唐，題榜屢易。聖朝祥符中始錫今名，增崇像設，代不乏人，且載十舊碑。今特紀其改革之始，尚俾來者有考云。紹興十四年二月一日，左朝奉大夫、充徽猷閣待制、提舉江州太平觀、平原縣開國伯李正民記。《至元嘉禾志》卷二三。又見光緒《海鹽縣志》卷七。

資聖寺佛殿記　紹興十五年十二月

昔佛在舍衛國演説正法，誨導群生，時有給孤獨長者，爲求祇陁園林，欲營精舍，請佛居之，祇陁未之許也。長者乃顧左右輦取庫金，側布于地，祇陁驚喜，即以奉施，然後精舍立焉。按《毗奈耶律》云：西域佛堂曰『揵陀俱胝』，此云『香室』，未有堂殿之稱也。然佛之闡化，或居天上，或在人間，四衆歸依，人天畢集，有稱普光明殿者，有稱善法堂者，蓋神通變化，梵譯所傳，豈名象可得而擬議哉？逮夫像教流通，入于震旦，白馬名於漢，建初起于吴，歷代相承，益修齋戒，緇流雲集，列刹相望。殿宇之制，極於尊崇。厭以鴟尾，塗以丹雘，巍巍乎王者之居，無以加矣。惟時斥鹵之地，乃海鹽縣治所，資聖寺當邑之中，晋右將軍戴咸施宅爲之。歷年滋久，興廢不常。皇朝承平垂二百年，其徒日加營繕，凡所以爲浮屠壯觀者，靡不備具。建炎己酉，兵革之難及於海隅，屋數百楹一夕煨燼。越三載，有比丘茂實、可舒請于其師履常曰：『是大伽藍，乃古道場，异時過門者莫不瞻禮，今爲瓦礫荆棘之墟，寧能弗恤邪？』常曰：『吾慮之久矣。顧衰老不能蒇事，汝等其勉之。』於是二比丘奔走四方，遍求檀越，道俗傾心，咸思喜捨。乃以紹興乙卯秋八月丁未初建大殿，軒昂前敞，基陛隆峻。又闢齋堂于其後，爲屋合五十有四楹，命東都孟道一造釋迦、世尊、一會七像於殿，普門大士於堂。自創謀，七年而殿成，又七年而像設備，凡爲錢三千一百萬有奇，由一金一縷之施積累以成，其視向之祇園精舍，功與齊而力倍之。於是儀相端嚴，棟宇宏麗，金碧輝映，觀者肅然，皆嘆其落成之速，而莫知經營之勞、歲月之久也。若夫妙證三身，圜成四智，如水中月應物而現，所謂具足諸相，不可以見如來也。然優陁延王初以旃檀刻佛形像，佛告之曰：『汝今於佛法中創爲軌則，未來世中有信之人，皆因王故而獲利益。』故如來滅後後五百歲，于娑婆世界現千億身，在在處處建阿蘭若。自非教通幽顯，道濟生死，爲苦海之舟航，揭昏衢之日月，則何以人人心悦而歸嚮之哉？佛之爲教如此，其徒又多材智强敏之士，咸能勤苦服役，忍辱謙下，執心堅固，不可回奪，宜乎所求必獲，所爲必成矣。是殿之建，始終效力者，惟實及舒；協心緣化者，知白、道成、法澄、師肇、善休；傾巾鉢而助成之者，履常也。余觀兹寺故迹，隳廢者尚多，使其至誠不息，遲之以久，則復還舊觀，因緣果滿，欻忽變現，若化成然，何難之有？予方僑寓於是邦，庶幾及見之。紹興十五年十二月辛未朔，左朝奉大夫、充徽猷閣待制、提舉江州太平觀、平原縣開國伯李正民記。《至元嘉禾志》卷二三。又見光緒《海鹽縣志》卷七。

尼文惠

文惠，相州（治今河南安陽）尼。懿能大弟子，宣和中賜紫，管勾相州文殊寺彌勒院。

尊勝陀羅尼經幢記　宣和三年二月八日

□□相州文殊寺彌勒院管勾、賜紫尼文惠□□祖先二師記。祖師俗姓陳，法諱懿能，遷□□。自六歲出家，至十八歲遇同天節□經得度爲尼，受具足戒。師能保身，寡欲少疾，享壽七十三歲，崇寧八年正月初十日化於本院〔一〕，文惠營葬於郡城西開元寺庚域。度弟子五人，長曰文惠，次曰元悟、元進、元慶、元通。逮宣和三年歲次辛丑二月初八日，文惠再具石建幢安葬，聊紀歲月，以待於永遠。謹記。《安陽縣金石録》卷七，清嘉慶四年刊安陽縣志附。

〔一〕崇寧八年：按崇寧止五年，紀年必有誤。又《記》云懿能『至十八歲遇同天節』，『享壽七十三歲』。按：神宗以治平四年二月定四月十日爲同天節，即以此時懿能年十八計，亦當卒於宣和四年，不當卒於崇寧年間，不知何以致誤。

李世美

李世美，宣和間趙州（治今河北趙縣）人。

净安禪院祖師清公和尚塔記

乃往過去，有□□稠公者，遇名山勝地，必建招提，净安即其數也。卜□□□□□之麓，始號臨川，隋、唐、五季無所改更，逮嘉祐間肇賜今額。先達老宿歷年遠久，名迹罔考，宰院事者略不紀録，故無聞焉。師諱惠清，俗姓周氏，世爲河内趙□村人。夙植善本，幼喜佛宗，聰悟過人，加之謹願，年二十六歲解《百法論》得度出家，與法弟惠普、惠顯共居兹院，而師主之。焚修精勤，迥越倫輩。凡有隳廢，衆目睥睨而不敢措手者，悉力營飾。仍鑿石崖，創起重閣，廣嚴崇奉，緇徒雲會，檀施莫給。師因捐家田之膏腴者二百七十畝，充院常住，迄今具存。值歲大旱，乃遣善知識詣龍州谷，取曼殊室□水瓶挈歸院道場供養，甘澤滷洽，百穀以成。後置水溪峽，俾福斯民，疾病雨暘，有禱輒應，無异曩昔。住世劫盡，於嘉祐乙亥七月十三日滅度，夏臘四十，俗壽六十有五。弟子净容、净泣舉其柩葬于院側，即墳起塔，從先志也。既葬，容之嗣曰法誠慮師行義漸至無傳，募工礱石，求予爲記。予固聞師之美，復喜誠之質直慈慧，語諾弗妄，故直叙其事，以表于塔云爾。時宣和三年十一月望日，趙郡李世美謹記。道光《河内縣志》卷二〇，道光五年刻本。

李綱

李綱（一〇八三——一一四〇），字伯紀，號梁溪病叟，邵武（今福建邵武）人，自其祖徙居無錫。登政和二年進士第。積官至起居郎，宣和元年以京師大水上疏言事，謫監沙縣税務。七年，爲太常少卿，時金人渝盟，上禦戎五策，又刺臂血上疏論内禪，其議乃決。欽宗即位，除兵部侍郎。靖康初，爲行營參謀官。金兵渡河，力主迎戰，擢尚書右丞，爲東京留守、親征行營使，躬身督戰，金兵乃退。朝廷議和，金人以其用兵爲言，遂罷。太學生詣闕上書，明其無罪，復官，又除知樞密院事，爲河東、北宣撫使，以解太原之圍。時方議和，詔止進兵，遂乞罷，除觀文殿學士、知揚州，以專主戰議落職。金兵再至，除資政殿大學士，領開封府事。高宗即位，拜尚書右僕射兼中書侍郎，兼充御營使。爲主和派所沮，在位僅七十餘日而罷。紹興二年，除觀文殿學士、湖廣宣撫使兼知潭州。爲徐俯等所劾，罷。五年，除江西安撫制置大使兼知洪州。九年，除知潭州、荆湖南路安撫大使。紹興十年薨，年五十八。謚忠定。平生主戰，負天下重望，屢起屢蹶。《宋史》卷三五八至三五九有傳。

蘄州黄梅山真慧禪院法堂記　建炎二年四月

教外别傳正法眼藏，自達摩西來至忍大師，爲震旦第五祖，然後祖道流通，宗分南北，由一燈傳百千燈，至于無窮，得法者不可勝數。豈具信根久乃純熟，堪任大事，而一華五葉，時節因緣自應爾耶？蘄州黄梅五祖山真慧禪院祖師道場，爲天下名刹，而法堂歲久，雲蒸木腐，將有傾壓之虞。住持者募緣修建，邑人蔡氏聞而喜，捨捐家資三百餘萬，鳩工掄材，焕然一新。堂之高五十有二尺，其深如之，其廣倍之。修梁虹亘，層檐翬飛，宏博嚴麗，遂爲淮右諸刹之冠。經始於宣和壬寅之秋，落成於乙巳之冬。始之者長老自表也，成之者長老宗紱也。堂成後三年，歲次戊申，余被命居武昌，假道湓浦。紱不遠百里過予，求爲之記。余謂紱曰：『一切諸法，皆非實相。雖佛菩薩爲法出世，如夢如幻，况其餘乎？今子建堂説法，土木之所假合，丹雘之所粉飾，其堂然也，以何爲法？直指心源，見性成佛，其法然也，以何爲説？撞鐘擊鼓，升高廣坐，有問有答，敷演舉揚，是説法耶？瞬目揚眉，捻槌舉拂，屈伸動静，四威儀中，是説法耶？德山棒臨濟喝，秘魔叉，石鞏箭，是説法耶？夫説法者，實無所説，而聞法者亦無所聞。故并却咽喉唇吻，道將來乃能問，待有廣長舌相向汝道乃能答，此無一法與人，彼無一法可得。以法名堂，因堂顯法，已爲贅矣，而又何以記爲哉！』紱曰：『雖然如是，佛法門中闕一不可。故諸佛土有以聲音言説而爲佛事者，有以樓閣莊嚴而爲佛事者。此堂倚白蓮峰，下瞰九江，前揖廬阜，清静爽塏，具勝妙境；而水鳥林巒，熾然常説，墻壁瓦礫，咸助發機，妙法宣明，不假開示。至於不得已而示人。提唱宗風，應機接物，縱横舒卷，或語或默，無非第一義者。夫言語解脱，文字相空，於夢幻中即夢幻而作佛事，乃佛菩薩之旨也。得公之文以紀歲月，作大字榜楹間，使游方具眼衲子登斯堂者有悟入處，向上事直下承當，末後句目前薦取，省住山翁半力，不亦可乎？』余冁然一笑，乃爲之書。建炎二年四月二十日，具位李某記。影印文淵閣四庫全書本《梁溪集》卷一三三。又見光緒《黄州府志》卷三九，光緒《黄梅縣志》三五，民國《湖北通志》卷九二。

澧州夾山普慈禪院轉輪藏記

如來爲一大事因緣出現于世，示權顯實説三乘法度，無量衆將入涅槃，以正法眼付大迦葉，使之流布，無令斷滅，所以顯發四十九年，隨機接物，實無所説，應得度者，本自圓成，亦無所得。諸大弟子佛滅度後，相與結集修多羅藏，及諸菩薩制律造論，助發實相，藏教乃圓。譬如實山，莊嚴殊勝，皆衆妙寳所共合成。而大迦葉以正法眼展轉傳授，至于達摩，流通震旦，不立文字，直指心源，見性成佛。譬如一燈傳百千燈，光明相續，無有窮盡。彼衆寳山非大法燈之所照燭則不明了，故以具眼而閲靈文，以法印心，如印印泥，小大方圓，不差毫髮，是則名爲具看經眼。不如是者，變爲歹相，則諸佛説反成魔説。有大導師善慧大士，以方便智設妙圓機，創轉輪藏以貯佛語及菩薩語，關機斡旋，周行不息。運轉一匝，則與受持誦書、寫一大藏經教等無有异。夫一藏教，其數五千四十八卷，一偈一句，含無量義。其有受持讀誦書寫，非積歲時、晦明寒暑不能成就，云何乃於屈伸臂間運動機輪而得圓滿？應觀法界，一切惟心，由心生故種種法生，由法生故種種心生。法即是心，心即是法。心法如如，非一非二，則一念之際，功德周圓，與久遠時無有差别。了斯法者於一塵中轉大法輪，於一念頃轉如是經百千萬億。况此法藏現前，運轉自然，能護不可思議勝妙功德，以是義故，輪藏之興周遍禪刹，與諸有情作大饒益。澧州夾山普慈禪院，傅明大師演化法席，十方禪侣響赴雲集，具大藏經，獨無輪藏。惟大比丘長老善能興崇寺宇，規模建立。而荆南府故能仁寺改爲官舍，有舊經藏，制度精好，澧倅吴君適至其處，乞歸付之，爲天申節祝延聖壽道場之所。創大寶殿，芘覆安設，相方面勢，博廣嚴麗。檀信施財，匠石獻巧。水漂巨木，材皆香楠，以充殿楹；溪出异石，形如覆鐘，以奠輪趾。衆緣和合，不日告成。金碧相鮮，炳焕殊特。諸天宫殿，大地山河，磅礴穹窿，與藏迴旋。諸大菩薩及護法神宴坐奔馳，與藏往復，互相戛摩，出大音聲，演出苦空無我妙義，凡見聞者靡不蒙益。而况發心精誠，歸嚮由一？轉藏至百千轉，旋見關機，反觀自性，轉貪恚痴爲大智慧，頓悟圓通，證無上道，夫何疑哉！有一居士，其家梁溪，謀身拙故，罹諸憂患，去國漂泊，經湘、沅間，聞是比丘大作緣事，以身所有，隨喜而捨。捨諸身業，爲書藏額；捨諸意業，爲作藏記；捨諸口業，爲説藏偈。三業皆捨，願從今去，永斷諸業，罪障消除，得無生忍。時此居士遥瞻寶藏，而説偈言：

我觀大藏教，三乘十二部。廣爲衆生説，皆是諸佛語。禪宗指心源，不立文字相。見性以成佛，豈與佛語違。了心即了法，心法本無二。已具看經眼，乃可閲靈文。諦觀諸佛言，無一不然者。如以印印泥，從横皆契合。此心未明了，欲于紙上求。如入海算沙，歷劫無是處。心迷諸經轉，心悟轉諸經。是故學道人，明心以爲最。我觀轉輪藏，衆寶所莊嚴。排斡隱機關，周行無滯礙。山河隨地轉，宫殿與天迴。諸龍及鬼神，蟠結以衛護。璀璨種種色，發生大光明。蕩摩出音聲，演説微妙義。佛語菩薩語，寶函秘其中。運動不崇朝，而轉無量匝。一心生萬法，萬法惟一心。心念已周圓，功德斯成就。藏輪表諸法，法輪轉於心。是故瞻禮人，當觀能轉者。我觀夾山境，清净古業林。精進老比丘，能作大緣事。諸緣和合故，指顧寶藏成。寶藏成既然，一切法亦爾。仰祝聖人壽，後天無有邊。俯利諸含生，神力不思議。稽首如來藏，及諸菩薩等。坐于微塵裏，轉廣大法輪。刹那於是經，能轉千萬億。方便解脱法，化度諸有情。於一彈指間，洗滌千劫罪。是故我皈依，回心無上道。《粱溪集》卷一三三。

邵武軍泰寧縣瑞光岩丹霞禪院記　紹興元年八月

東南名山，如所謂四明、天台、衡岳、廬阜，號爲瑰偉秀絶者，多爲浮圖氏所居。名藍巨刹，綿亘相望。至于下州小邑，一岩一壑，搜奇擇勝，亦靡遺者。推原其端，必有開士法眼清浄、道行高潔，爲一方之所信仰，乃能披榛棘，創道場，肇基開迹，以貽後人，非偶然也。邵武軍泰寧縣，山水之勝，冠於諸邑。出縣西門二十里曰瑞溪，有山焉，三峰秀峙，岩洞相聯，西曰豐岩，東曰瑞光岩，中曰羅漢岩。岌嶫嵌空，鼎足而列，皆有蘭若，建於其下。不塗墍茨，而風雨之患除；不鑿户牖，而日月之光入。堂殿樓閣，窈窕玲瓏；泉石草木，幽奇芳潤。叠嶂屏其前，層巒擁其後。山迴路轉，岩洞乃出。謂造物者融結無意，吾不信也。三岩中，獨瑞光岩興於近年，蓋宗本禪師之所建立也。師邵武農家子，初不知書，大觀庚寅中游山間，遇异僧，示以出家時節因緣，且密有所付，心地豁然，遂能通儒、釋諸書，作偈頌道未然事多驗。既落髮受具戒，居雙林院，遠近嚮風，户外之屨滿矣。政和辛卯春，師詣汀州南安岩謁定光古佛，道出泰寧，夜夢紫袍神人告之曰：『師此行宜住瑞溪。』覺而异之。詰旦，瑞溪有檀越曰江牧、曰鄒捍，迎師以居豐岩，禮意勤甚。師以符夢所告，從其請。既而同游前岩，愛其幽勝，二檀越相與曰：『師儻有意駐瓶錫於此，當爲創築精廬，以垂無窮。』師許之。鳩工掄材，不三月而告成。會有旨：天下佛寺有神仙迹者還爲道觀，聽以舊額建寺他所，而郡之丹霞院應改。朝請大夫權郡事陳侯紹移額於岩中，以成師志，寺因號丹霞。先是，岩有光景之异，未幾院額至。故集賢殿修撰羅公時時帥長樂，與師有素，聞而喜之，爲目其岩曰「瑞光」，且施財率衆力而新之。爲門爲殿，爲法堂、爲丈室於中，爲鐘樓、爲厨、爲庫於左，爲華嚴閣、爲應真閣、爲僧堂於右，皆規模叢林，具體而微，制度精巧，金碧炳焕，一旦出豐岩、羅漢岩右，互相輝映，若圖畫然，真勝地也。宣和初，余以左史論事謫官沙陽，殿撰羅公方里居，相從甚厚，稱道師不容口，因寓書以偈頌相往來。迨建炎末，蒙恩歸自海上，來居泰寧，始與師相識。嘗訪於岩間，爲留宿賦詩而後返。今年春，盜起鄰郡，余徙長樂，未閲月，邑遭兵火，焚爇殆盡，獨三岩巋然，棟宇如故。豈非神物護持，師之道力有以感格之耶？其秋，以書來求余記之。余既雅重師爲人，又愛岩壑之美，記其敢辭？然竊怪近世貴耳而賤目，讀前史，見鳩羅什、佛圖澄、萬回、普化之流，竦然慕之，恨不與同時；偶有其人，則又不甚信重。類多如此，何獨浮圖氏哉！書于記末，庶幾覽者有感于斯言。紹興元年辛亥八月五日記。《梁溪集》卷一三三。又見光緒《邵武府志》卷二八。

汀州南安岩均慶禪院轉輪藏記 紹興元年六月

浮屠氏之流善衛其法而尊其書，凡所建立，多克有成，操術公、用心一也。佛菩薩語，所謂五千四十八卷者，創大藏以貯之，籤架函複，纖悉備具。有誦讀者，盥手焚香，整衣敷坐，卷舒出納惟謹。又以方便，設爲機輪，使之旋轉，種種嚴飾，悦可人心，俾見聞者自生恭信，衛其法，尊其書致嚴如此。凡所建立，費巨萬計，寸積銖累，仰施于人，鳩工掄材，不計程度，期于滿意。一有倡者，衆皆和之。大者領袖，小者輔翼，前者規模，後者承繼。知因果罪福，而以利衆爲事，無忌嫉心，無沮壞心，以是義故，多克有成，雖儒衣冠在士大夫之列者，不能無愧于兹。非操術公、用心一，能若是乎？建炎四年夏，余蒙恩歸自海上，由梅川以趣閩中，道南安岩均慶禪院，瞻禮定光古佛遺像，退歷殿閣，循東廡，見新創轉輪寶藏，制度精巧，堂宇靚深，自嶺嶠以南，未之有也。詢其故，則景潤、寶謙二僧同發心募衆緣之所造。因呼而告之曰：『今天下兵革未息，盗寇蜂起，凡通都會邑、名山奥區所謂大禪刹者，焚爇摧毁，蓋不可勝計。其間經藏金碧相輝，化爲灰燼瓦礫之場者多矣，子方區區勞心費財以營此乎？』二僧相顧而笑曰：『世間之法，成壞相因，壞者自壞，成者自成。吾知辦吾力以成吾志而已，豈以彼之壞而廢此之成哉？』余頗愧其言。經從臨汀，邂逅郡倅許侯端夫，因以語之，許侯好佛者也，聞而喜曰：『微二僧用心之固，無以成此藏之瑰奇；微公燭理之明，無以知僧言之可取。願求公記，以貽後人。』余諾之。明年夏，余携家寓長樂，許侯以書來請曰：『藏成矣，公無食言。』乃爲之書。紹興元年歲次辛亥六月十八日記。《梁溪集》卷一三三。

岩頭寺題名　建炎二年六月

銀青光禄大夫、隴西郡公李綱自道城如崇陽，中路宿岩頭寺，爲目之曰寶陀岩。男宗之從行。建炎戊申六月初九日。《十二硯齋金石過眼録》卷一七。

雷州天寧寺留題　建炎三年

余謫萬安，次雷陽，適海南黎寇猖獗艱阻，留寓天寧丈室累月。聞官軍既破賊，即日成行，南渡次瓊管。不三日，祗奉德音，蒙恩聽還。往返纔十日，復天寧舊館。建炎己酉書。《方輿勝覽》卷四二。又見《輿地紀勝》卷一一八。

李景淵

李景淵，宣和四年爲朝奉大夫、直秘閣、就差權台州軍州事。

壽聖禪院修造記〔一〕 宣和四年二月

天台山水之勝，冠於東南。金仙之廬，綿亘岩谷。雄樓杰閣，勢聳乎雲霄；晨鼓暮鐘，聲傳乎江海。人徒之衆，土田之入，視他處爲豐厚，故招提之居，穀以斛計者數萬，僧以指計者數千，屋以楹計者數百。而壽聖斗絶一隅，獨無有焉。壽聖依龍岫山，面長溪，唐元和六年建寺，本朝熙寧己未賜今名。其經始皆鄉人郭文霸與鄰里共成之，歷年滋久，争訟屢興，而寺幾廢。政和癸巳，太守孫侯之至也，凡境内僧尚嚚訟者，皆闢爲禪刹而鼎新之，壽聖其一也。乃以禪僧梵珪開堂傳道，而郭氏子孫能世其業，於是復施財營構，而入院之門，安經之臺，聲鐘之樓，置像之殿，齋堂禪堂，廊廡庖廩，率皆完具，而田疇闢、徒衆盛，可與大刹相擬矣。然嚚訟之徒雖嘗屏去，而怙終弗悛，潛伏田野，一幸吏之更代，則經營奔走，投隙抵巇以罔州縣，期於悉復其舊而後已。則相繼爲吏者，豈得置而弗恤乎？故因梵珪之請爲記，而叙孫侯創始之勤以告來者，無廢前人已成之績，則叢林自此興，争訟自此息，而四方釋子所至如歸。其爲利也，不亦博哉！孫侯名實，字若虚，姑蘇人云。宣和四年二月旦日記。丹丘王輅模刻，進士郭宬施石，住持傳法僧梵珪建，秉義郎、充台州臨海縣杜瀆鹽場亭場巡檢張瑾立石，修武郎、監台州在城房廊司務孟存中書，迪功郎、就差充台州司工曹、權知臨海縣事陳槖□。《台州金石略》卷四。

〔一〕題後原署：『朝奉大夫、直秘閣、就差權台州軍州、管勾神霄玉清萬壽宫、兼管内勸農事、借紫金魚袋李景淵撰。朝奉郎、就差權通判台州軍、同管勾神霄玉清萬壽宫、兼管内勸農事、借緋魚袋鄒秉均篆。』

李孝端

李孝端，鄄城（今山東鄄城）人。政和五年，爲開封府少尹。宣和三年，除中散大夫、充右文殿修撰、知遂寧府。見《宋會要輯稿》刑法四之八七，《金石苑》。

遂寧府蓬溪縣新修净戒院記[一] 宣和五年

東蜀地險且隘，非山即川，間有平原，隨其陸之大小，以建郡邑，故土地廣闊，比之他路，蓋爲少矣。然士民信嚮釋學，多喜其教，人不以盜賊爲意，雖村落之民，迥居郊野，未嘗有驚竊之虞。由是僧居禪律相半，亦何盛耶！遂寧府東北去城四十里，夾於蓬溪，道左有寺曰净戒，乃唐乾寧間所建，昔號大輪，今名之所賜，實自本朝始。有大佛與五百羅漢二殿，基構規模，依山附險，纔蔽風雨而已。然地之所占，殊爲勝概，林茂巒秀，周覆密鬱，環蔭於下，古藤盤繞，垂結喬木之間，掩映滿目，真若圖畫，使善繪者有不能也。人一到之，無不惋愛，以爲絶景佳處，往往留連徘徊，忘其去而不能捨爾。前有僧德修及見管勾祖善，慨然有志，出於誠心，惜其舍廡未廣，供事未盡，欲興完而增大之。於是夙夜匪懈，奔走水陸，未始敢已，務在緣化，以畢其願。孳孳始終相繼，逾三十年，方得就緒。取院之上岩，依廣闊形勢爲釋迦、彌勒二大石像，隨其高下，設重閣三層以嚴奉之。又置大部經四列於閣之左右。則二僧先後積力之勤，真可謂不負其志矣。德修歸寂既久，獨祖善尚存，雖不識之，今將以是而觀其修建之由，亦可知其勤也已。宣和辛丑六月，僕守遂寧，癸卯將及瓜期，府學正陳諮有請曰：『鄉僧祖善念其師德修興院之功，世莫或知，以諮辱在門下，愿因請記其事，丐文以叙之。又松楸密邇，歲時必造，竊不敢隱，區區幸被光榮焉。』陳侯一鄉之善士，耿介有持守，特爲邦人所推重，曩嘗以八行薦之於朝，今既來請，義不可拒。其詞曰：

武信東隅望艮兮，山原秀峻何崔嵬。茂林古木鬱參差，下有古刹建路岐。唐昔創修經幾時，當年起者人爲誰。中間隘陋且復衰，棟宇傾欹將即隳。釋子結緣志不移，奔馳水陸念在斯。德修興創立規儀，確守挺然誠無欺。祖善繼修能扶持，合謀成就遵其師。邇來營繕敢怠疲，歲月殷勤功益彌。三逾周星匪緩治，一朝金碧驚神爲。聞皆嘆息觀生咨，大像巍峨閣相宜。四部經藏列於兹，使來瞻仰生歡怡。壯哉示此真慈悲，如是能觀復何疑。

宋宣和五年六月十八日，從政郎、前充資州州學教授馮耘書。《金石苑》。又見道光《蓬溪縣志》卷五。

〔一〕題後原署：『中散大夫、充右文殿修撰、知遂寧軍府事、管勾神霄玉清萬壽宫、兼管内勸農使、郪城縣開國男、食邑三百户、賜紫金魚袋李孝端撰。』

黄龜年

黄龜年（一〇八三——一一四五），字德邵，福州永福（今福建永泰）人。崇寧五年登進士第，調洺州司理參軍，累官太常博士。建炎中，爲屯田員外郎；四年，拜監察御史。紹興二年，除左司員外郎、中書門下檢正諸房公事，尋遷殿中侍御史。劾秦檜專主和議，沮止恢復，植黨專權，遂褫檜職。除太常少卿，累遷起居舍人、起居郎、中書舍人。三年，言者劾龜年陰結大臣吕頤浩，致身要地，坐罷官，寓居四明。十四年，言官又希秦檜意劾龜年附麗匪人，落集賢殿修撰，本貫居住。次年八月卒，年六十三。《宋史》卷三八一有傳，又見《建炎以來繫年要録》卷四〇、五三、五五、五七、六〇、六一、六五、六八、一五一、一五四等。

天童山交禪師塔銘

黄龍南禪師受法於慈明，傳臨濟正法眼藏，叢席之盛，冠絶諸方。一傳而東林總得之，東坡先生贊之曰：『巍巍總公，僧中之龍。』再傳而泐潭乾得之，無盡居士贊之曰：『禪人過得香卓子，它日爐中莫負恩。』又再傳而天童交得之，潁川了翁贊之曰：『拶破黄龍第四關，世人猶問生緣法。』是二三巨公，遍游名社，究此一事因緣，非大善知識，深悟宗乘，確然奇特，爲天人眼目，詎肯筆端推重之如此耶？余大觀初，寓四明招提，見了翁贊語，讀之聳然。又聞四方衲子繭足而至者，嘆慕畏服，交口一詞。詢其宗旨所自來，則曰：『臨濟兒孫，是真端的者。』遂携杖屨，請從師游。徐而叩之，則崇岡峻嶺，壁立千仞，未足以喻堂皇之峭拔也；迅霆怒雷，不及掩耳，未足以喻機鋒之敏捷也；長江浩流，洪鐘巨響，未足以喻辨才之無窮也。是真所謂大善知識者歟。從游久之，因以遐想當年黄龍叢席之盛，而坐揖東林、湖潭之遺風，知師之門庭凛凛，其所由來者舊矣。師諱普交，明州鄞縣萬齡鄉畢氏之子。自幼穎悟，未冠，從釋初往錢塘南屏山聽天台教觀，因修懺悔佛事。遇道人於途中，忽問曰：『師之懺罪爲自懺耶？爲懺它耶？若自懺罪，罪性何來？若懺它罪，它罪非汝，烏能懺之？』師不能對，歸詰南屏，亦不能决。遂憤然辭去，尋師訪道，幾遍天下。逮造泐潭，泐潭知其爲法器，見入門即訶之，擬問則杖之使去。師不敢復進。一日，忽呼之曰：『我有古人公案，要與商量，何不自室中來？』師擬進，泐潭喝之，師豁然有省，呵呵大笑。泐潭下繩床，執師手曰：『汝會佛法耶？』師以手托開，亦喝之，泐潭呵呵大笑而坐。師以偈呈曰：『若人問我解何宗，一喝須教兩耳聾。滿杓黄齏飽吃了，生涯總在鉢盂中。』自是機辯迅發，學徒争歸之。士大夫數虚席以迎，師悉遁去。歸隱天童山，掩關却掃者八年。偶寺闕主僧，群僚邀師甚力，遣介候於道，師不得遁。居之六年，引退。以宣和六年三月二十日沐浴升座，留偈辭衆曰：『寳杖敲空觸處春，光陰掣電舊曾聞。昨宵風動寒岩冷，驚起泥牛耕白雲。』擲筆坐逝，俗壽七十七，僧臘五十八。後七日開龕，儼然如生，闍維獲五色舍利，頂骨、牙齒不壞。以其年四月十日葬于天童寺山之西原。師修持清苦，行履孤潔，正揚祖令，灑落軼群，鮮有能凑泊其機者。凡見僧來，必訶駡之，曰：『榔栗未擔時，爲汝説了也，且道説个什麽。吹毛洗鉢，招扇張弓。趙州柏子、靈雲桃花，且擲放一邊。山僧無恁麽閑唇吻，與汝打葛藤，何不休歇去！』拈拄杖悉逐之。泐潭聞之，笑曰：『要人如此悟解，僧堂草深一丈去也。』師既得法於泐潭，猶欲遍参，一時號爲尊，宿者聞師至，皆倒屣出迎，必居第一座。故雖爲天童山主人矣，而叢林至今猶以交首座稱之，亦足以見師之禪望，疇昔藹然，不待出世，而後道行也。嗣法者三十餘人，雲岩泰誠、香山彦文、吉祥清逢、智門行潛、茂椿圓應、太平子瑫、德圓、道場山曇俊，皆能傳師之道，闡揚于時。以余知師最詳，屢以銘文見屬，義不可辭。乃銘曰：

西來誰露真消息，教外别傳要端的。黄龍佛法付兒孫，臨濟宗風本奇特。珍重天童老古錐，聲名四海日星垂。當年一喝獅子吼，狐狸望風而避之。直截機鋒難凑泊，摘葉尋枝何太錯。滿堂龍象競交參，側耳惟聆師一諾。虚空撲落水流東，護塔松楸長舊叢。龜毛拂子三千丈，光彩流傳太白峰。乾道《四明圖經》卷一一，宋元四明六志本。又見《四明文獻考》第一四七頁，《至正四明續志》卷一一，《敬止録》卷二七。

釋祖英

祖英，宣和中爲靈岩寺監寺僧。

海會塔記　宣和五年

有魏正光迄今聖宋，綿歷年餘八百，寺號之更遷、人物之臧否以致隆窳，不可悉數。逮夫規式皭然，緇侶雲委，土木備舉，殿閣一新，無如今日。堂頭妙空禪師唱導之閑，獨念當山從來先亡後化，積骨遺骸，有力則叠石累塋，星分隴畝；孤窮者暴露坑澗，灰燼狼藉，殊無以表叢林義聚之意。宣和癸卯寒食，師躬率衆饗祭祖師窣堵之左，忽惻然爲懷，即日芟草定基，揆作海會之塔，庶幾聚其散殯，以合爲一，且使後來順寂有歸。於是舉衆歡然贊嘆，喜師勇於有爲而作利益事，乃僉議醵金，請助其費。六月初一基土爲穴，甃穴作壙，壙分爲三，中安住持，東安僧徒，西安童行。七月十五告成，預令報諭徒季收斂弃擲，二十日營辦供食，嚴持香燭，與闔寺之衆作種種佛事，迎而葬之。已往者既獲安其地，後來者亦乃均其利，舉衆靡不相慶，曰吾儕像教，獨善其身，爲目前計者倒指皆是，今堂上老師作利益事以垂永久，非願力廣大，悲智圓融，何以能此？咸請書其歲月。監寺比丘祖英謹題。國家圖書館藏拓片·各地二八五一。又見《泰山志》卷一七。

吕本中

吕本中（一〇八四——一一四五），初名大中，字居仁，壽州（治今安徽壽縣）人，公著曾孫，希哲孫，好問子。以公著遺表恩，授承務郎。元符中，主濟陰簿、泰州士曹掾，辟大名府帥司幹官。宣和六年，除樞密院編修官。紹興六年，特賜進士出身，擢起居舍人兼權中書舍人。八年二月，遷中書舍人，三月兼侍講，六月兼權直學士院。以忤秦檜，提舉太平觀。紹興十五年卒，年六十二。本中上承家學，復從楊時、尹焞等游，爲時名儒，學者稱東萊先生。著有《春秋集解》《師友雜志》《官箴》《童蒙訓》《紫微雜説》及《東萊先生詩集》等傳世。《宋史》卷三七六有傳。

仙居縣净梵院記

佛之爲説，與孔子异乎？不异也。何以知其不异也？以其爲教知之。孔子以知止而後有定，定而後能静，静而後能安，安而後能慮，慮而後能得也。孔子傳之曾子，曾子傳之子思，子思傳之孟子矣。而佛之教由戒生定，由定生慧，蓋與《大學》之説無异者。孟子以萬物皆備於我，反身而誠，樂莫大焉。而佛之説以天地萬物皆吾心之所見，山河大地皆吾身之所有，正與孟子之説同。吾是以知佛之説與孔子不异也。然而區區施設，則有若不同者。世人惑焉，而生异論，竭智畢精以相攻詆，而卒不測其要，則不知其所以异者，迹然也。雖然，迹安所自出哉？此非默識心通，實至此者，不能知其實然也。彼方且從事於文字語言，不揣其本而欲判其果同與异，則亦易惑矣。雖然，物有本末，事有終始。自佛與孔子，使學者知所先後皆然，未有不思而得，無爲而成。由思至於無思，有爲至於無爲，然後爲學之止，有意於善者不可忽也。妙湛禪師思慧以道德譽望震耀一時，其所以教其徒者有始終本末，如吾前所陳。自頃歲以來，所至兵火，佛與殿廢不支者多矣。台州仙居縣浄梵院，去邑十五里許，首建梁天監中。宣和盗起清溪，延蔓遍浙東，院爲賊所焚。僧梵臻，力行士也，慨然憫之，廣求信士，銖積寸累，因院舊基，規模宏大而一新之，誨僧惠宗爲之勸首。數年而工畢，不知其兵火之餘也，天台之人咸嘉臻之勤而重其志。始，佛殿未成，衆患無大木可就。一夕溪水漲，得大木沙磧中，殿遂成，識者知其有神相也。吾以是知有爲之功爲不可廢，由思至於無思，由爲至於無爲，天下通論，不可易也。而世之學佛者，率抱虚自大，自誦佛號，作觀持禁戒，悉弃不爲，曰是有爲者，非吾所致力也。彼蓋不知二者之相須，闕一不可，本末次第，不可誣也。觀臻之所以全復舊宇，崇飾備具，亦可少愧矣。梵臻舊從妙湛師游，漸滋餘潤固久。院成，妙湛屬本中爲記大概，不可以已，故以佛、孔子不异者并告之，庶居其屋而游其中，知有爲無爲之相須，而佛、孔子之所以不异者，或有得於斯言也。《嘉定赤城志》卷二九。又見光緒《仙居縣志》卷二三，《宋元學案補遺》卷三六。

釋法忠

法忠（一〇八四——一一四九），號牧庵，俗姓姚，鄞縣（今浙江寧波）人。年十九出家，習天台教，篤學雄辯，時稱『忠虎子』。後轉而遍參禪宗名德，得舒州龍門佛眼禪師印可，自是聲播叢林。宣和中，卜居南岳妙高峰下，後歷住南木、雪蓋、二聖、大潙、黄龍，釋子士夫，争與之游。紹興十九年卒，年六十六。述《宗教正心論》十卷、補寒山詩三百篇，并行於時。見《寶慶四明志》卷九，《歷代佛祖通載》卷三〇，《大明高僧傳》卷五。

南岳山彌陀塔記　紹興三年五月

於戲！生靈之苦，莫苦於殺戮也。爰自數年以來，寇盗四起，兵火交作，其遭非理殞亡，横尸墮首，填于溝壑者，蓋不可勝數也。加復疫氣流作，民亦苦之。有信士鄭子隆者，夙懷善種，悲念特發，觀斯罹亂之苦，知怨業之有對也，以怨報怨，安能已矣哉，斷惟佛力可以拯濟也。乃運精誠，結同志者萬人，共念西方極樂世界阿彌陀佛尊號八萬四千藏。願既圓滿，復化檀越，同出净財，僦工礱石，建窣睹波一所凡七級，高三丈有二，立于南岳羅漢洞妙高臺之右，藏念佛人名于其中。萃兹勝利，願國泰民安，品物咸亨，凡陣亡疫死者，并脱幽淪之苦，趣生净方。偉哉！皇覺之道，有折攝二門，調機濟物，故釋迦現穢土以折之，令起厭苦之念；彌陀現净土以攝之，俾發忻樂之志。穢土者，丘陵坑坎之高低，刀兵飢疫之苦惱；净土者，寶池金地之莊嚴，法喜禪悦之安樂。故天台云樂邦之與苦域，金寶之與泥沙，胎獄之望華池，棘林之比瓊樹。誠由心分垢净，見兩土之升沈；行開善惡，睹二方之粗妙。因斯以論，則知净穢在此而不在彼也。體正觀之者，達彼刀兵等苦，是亦逆化之一端也。然履兹痛惡，而凡情迷夢，猶尚以苦爲樂，倒置之甚，亦可悲夫。或曰：『忻净厭穢，取捨未忘，豈聖人以二見之道而化人耶？』曰：『經不云乎，「雖知諸佛國，及與衆生空，而常修净土，教化於衆生」。蓋熾然忻厭，不見有忻厭之想，斯爲得矣。』窣睹告成於紹興癸丑歲仲夏日，牧庵苾芻法忠爲紀其事，遂稽首贊曰：

劫石可消，惟是窣睹，不傾不摇。同兹壽岳，天長地久，不磨不朽。遭兵疫者，既脱幽苦，高蹈净土。惟斯社人，旁及群靈，與其彙征。善哉佛子，興此勝事，贊何能已！《樂邦文類》卷三。

王孝竭

王孝竭，徽宗時爲廉訪使者。見《宋史》卷三五〇《郭成傳》。

江陰縣壽聖院泛海靈感觀音記　宣和六年二月

菩薩於天聖元年五月中泛大海，至於江陰。有客舟邂逅菩薩於中流，隨船放光而行，舟師以篙枝退，如是者三，放光不已。相次至江岸小石灣，住彼不去。是夜現白衣人，托夢於邑人吴信云，緣化右臂。信曰：『臂實難捨，餘可奉從。』白衣人曰：『此邑雜賣李氏家有香檀，可以作臂。』信候天明，驚异尋訪，有市人相傳江岸有觀音泛海而來，其長及丈。信往視之，果見菩薩，仍無右臂。於是信宣言於衆曰：『菩薩托夢以求此臂，我今發心，圓滿功德。』後果得檀木於李氏家，長五尺許，乃能成就。自是邑人迎請歸壽聖，奉安廣興，供養祈禱，屢獲感應。宣和甲辰二月二十二日，孝竭被旨按兵，同常倅王松抵是邑，暫憩壽聖，遂獲瞻禮。時長老秘源持菩薩示迹，請記本末，庶幾見聞，發心歸嚮。夫大士應願滿心，令諸有情，獲安樂地，隨緣赴感，現六神通，以妙智力，使彼衆生觀其音聲，而得解脱。應得度者，即現其身。此亦瀕江近海，大士度人應世悲願之一也。王孝竭稽首爲記，以書事實。贊曰：

大士願力，如彼慈雲。隨聲救苦，普濟群倫。泛彼滄海，來斯江津。楊枝净水，洗三業根。示現脱臂，于彼邑人。與士與庶，作果作因。三塗八難，平等冤親。於一念際，合覺背塵。頓能穎脱，了達見聞。信彼大士，百億分身。在微塵刹，轉妙法輪。巍巍堂堂，人天所尊。

通直郎、知常州江陰縣管句勸農公事、兼管句兵馬司公事余恂立石。宣教郎、權通判常州軍州、同管句神霄玉清萬壽宫、借緋魚袋王松。國家圖書館藏拓片·各地八七六。又見嘉靖《江陰縣志》卷一九，《江蘇金石記》卷一〇。

俞觀能

俞觀能，字大任，號妙高居士。象山（今浙江象山）人。夔子。紹興初應詔詣闕上書，特授德安府録事參軍。旋登進士第。授審察江陰軍教授，改秩而卒。見《寶慶四明志》卷八，《延祐四明志》卷四。

太平禪寺佛殿記

宣和五年八月十五日，太平禪寺大佛殿成，妙高居士過而登之，因稽首曰：『昔我大父爲大長者，家故饒財。在天禧中捐其金錢，率厥豪强，嘗建斯殿，殆今百有餘年。住持仲瑛易而新之，巍特高廣，逾於舊制。顧我家貧如石女，兒如焦穀芽，求其堪捨，一無所有。念吾祖吾父詒厥後者，過庭有訓，盈屋有書，種學績文，罔敢墮失。願以文字施殿，用記永久。』謹薰滌毫研而記之，曰：寺興於建隆三年，甲乙相繼，其徒至寡。紹聖四年，釋梵宣以十方住持，歷昌粹、道輝，至瑛爲四代。自瑛之至也，闢田以足粒，導泉以廣汲。凡寺之宇，興隳補弊，昔無今有。日與其徒拈槌舉拂，撞鐘擊鼓，作大佛事，於是太平爲大禪刹。視其殿則庳陋傾攲，不足以示尊顯。瑛曰：『是誠在我。』時則有僧仲良，精進勇猛，志同謀協，共歷檀越，勸導布施，靡不翕從。裒其資金，掄材命工，不逾期年，迄新寶殿。去庳就爽，斥隘成廓，而其殿中釋迦牟尼、文殊、普賢、難陀、迦葉相，安好嚴妙，光輝映發。見者聞者，生大歡喜。時有比丘作如是言：『我佛如來昔現世時，於摩揭提國菩提場中成等正覺，殿曰普光。時有文殊説十信法，上升須彌，殿曰妙勝。時有法惠説十種住，升夜摩天，殿曰寶莊嚴。時功德林説十行法，升兜率天，殿曰一切妙寶莊嚴。時金剛幢説修學去來見在一切佛，回向在它，化自在天，殿曰摩尼寶。時金剛藏説過去、未來、現在諸佛智地。今此寶殿，妙好嚴特，名字何等，當説何法，願爲敷演。』居士告言：『佛子智身寥廓，遍周十方法界，圓融終始無際。是以如來正覺初成，九天同届，普光一集，十處咸登。今古無差，舊新一念，故不離果德大宅。普應十方，而爲一時一會，本無去來。則汝今者，自心之力，念念之中，信知此身與十方諸佛齊成正覺，轉正法輪，則普光即殿，殿即普光。既信此心住於佛，住法界空虚，廣大無二，則妙勝即殿，殿即妙勝。學三世佛，常行萬行，利益衆生，不可思議，則寶莊嚴即殿，殿即寶莊嚴〔一〕。發廣大願，充滿法界，救護衆生，智慧自在，則妙寶即殿，殿即妙寶。住菩薩住入佛智地，究竟修行，成最上道，則摩尼寶即殿，殿即摩尼寶。如是言之，則帝網重重，鑒象相入，不動智佛，常坐道場，諸大菩薩游戲三昧，則此殿者當何名爲？汝其諦觀，作正思惟，普光法堂，正在此處。』時諸大衆聞居士言，得未曾有，咸作是言：『善哉居士，快説法要！我等今者信解受持，願并書之，作將來眼。」居士曰：「不亦善乎！」宣和六年十一月望日，俞觀能記。乾道《四明圖經》卷一〇。又見《四明文獻考》，民國《象山縣志》卷三一。

〔一〕莊：原作「藏」，據《四明文獻考》改。

丁彦師

丁彦師，絳州翼城（今山西翼城）人。宣和中爲鄉貢進士。見《山右石刻叢編》卷一八。又《隴右金石録》卷四亦有丁彦師，紹興間爲右從政郎、階州録事參軍，自題『金臺丁彦師』，『金臺』未知何地，亦不知與翼城之丁彦師是否一人，今姑作一人收録，俟考。

鷄山生佛閣碑　紹興十四年正月

同谷僻在秦隴之一隅，地連全蜀，富於山水。郡城之西南二十里許，一峰屹然獨出，父老相傳爲鷄頭山。舊有羅漢洞，極深邃，不得其底裹。洞之左右有佛像，亦不知始於何時。其中有泉，淵源湛净，活活然流出洞外，聲滿岩谷，水旱不加損益，真斯境之勝絶處也，居民之好事者亦或時往以爲游觀之所。唯從義郎趙清臣篤於好善，奉佛尤謹。政和壬辰春，屬以大旱，二麥垂槁，饑歉之患，近在朝夕。君遂同僧□□□率衆詣洞請水，至誠所感，越三日大雨。人人歡喜無量，悉心歸依，比其迎返也，幾數千人。然山巔草莽之間，尊像埋没，風雨剥蝕，歲月滋久，君視之惻然，念念不已。至政和丁酉歲，乃發誓願，捨財出力，建□生佛閣，與僧□慈惠、諶寶，□共爲經營，閱數月而工畢。閣成之二年，忽一日畫父母兄嫂身容，背赴峨嵋山，於普賢示現處，力爲懺悔，且復默禱，願於吾州之鷄頭山以顯靈异。是年七月十四日，設大會於洞前，俄頃布五色圓光，人所共睹，鷄山佛現自兹始也。厥後人益信法，而住持者更五六人，惟善、法義、法證、法用、洪雅之徒，前後相繼僅三十年，次第而普治之，曰殿曰堂，與夫寮舍厨庫之屬，亦略具矣。然非君倡之於始，則安能成此一段事哉！噫！西方之教行於中華久矣，其大率以孝慈忠信爲本，濟時拯弱爲心，誘人爲善，恐其淪於惡道而不自知也。若究其所以然而不泥於末習，則可謂善學矣。趙氏以孝義著名鄉里，是得佛之心法者。來求記於予，遂爲之書其本末云。紹興十四年正月二十八日，金臺丁彦師記。《隴右金石録》卷四。

李邴

李邴（一〇八五——一一四六），字漢老，號雲龕，濟州巨野（今山東巨野）人。昭玘侄。崇寧五年進士，累官起居舍人，試中書舍人。後除給事中，遷翰林學士。欽宗即位，除徽猷閣待制、知越州。久之落職，提舉西京嵩山崇福宮。高宗即位，復徽猷閣待制。逾歲，召爲兵部侍郎兼直學士院，復除翰林學士、知制誥。建炎三年三月，同簽書樞密院事，尋遷尚書左丞，改參知政事，權知三省樞密院事。以與吕頤浩論不合，罷，提舉宫觀。閑居十七年，紹興十六年卒於泉州，年六十二。謚文肅，改謚文敏，有《草堂集》一百卷。見周必大《李文敏公邴神道碑》（《文忠集》卷六九）。《宋史》卷三七五有傳。

千僧閣記

師於臨濟爲十二代孫。其道大，故其攝者衆；其門峻，故其登者難；其旨的，故其悟者親；其論高，故其聽者驚且疑。而同時者譏毁嫌謗，不勝其忿。然四方學者或且謂親證，或幾號罷參，皆肩靡袂屬，沓來於座下。而公所遇之，未嘗假詞氣、接殷勤，拒之而不去，疏之而益親，至於水洒梃逐，而户外之屨常滿。院去城百里，自唐國一禪師始斬蓬藋、驅龍蛇而居之。寺無常産，山之神龍實助其緣化。師至之始，衆纔三百，二年法席大興，衆將二千，而院有僧堂二，不足以容。於寺之東鑿山開址，建層閣千楹。以盧舍那南向，嶢然居中，列千僧案位於左右，設連床齋粥於其下。經始於十年春，越明年春告成。余嘗問道于公，聞之而嘆曰：『非成是閣之難，致其衆之難；非致其衆之難，道行而不能使其衆不至之難。一閣之成，在公何足道，而循襲齷齪之者以爲奇特，不亦陋甚矣哉！』獨喜其道行而衆從之，故爲書其本末。《徑山志》卷七，明刻本。又見《佛法金湯篇》卷一四，《大慧普覺禪師年譜》，嘉慶《餘杭縣志》卷一五。

王以寧

王以寧，字周士，自號正信居士，長沙（今湖南長沙）人，一云湘潭人。以太學生爲鼎澧帥幕。建炎初爲張浚所辟，任宣撫司參議官，出知鼎州。四年，升直顯謨閣，爲京西制置使。率所部走潭州，節制湖南軍事，尋爲孔彦舟所逐。紹興元年落職降三官，責監台州酒務。次年再責永州别駕，潮州安置。十年，復朝奉郎、知全州。有《王周士詞》一卷（存）。見《建炎以來繫年要録》卷三一、三四、三五、四一、五八、一三五，《直齋書録解題》卷二一，《宋史》卷二六，《宋詩紀事》卷四二。

廣平夫人往生記　紹興三年二月

余嘗聞道於正覺禪師，覺請余讀《起信論》，時方多事，奔走戎馬間，未遑省察。及謫官天台，始得《起信論》於鄰僧，翻閱再三，竊有疑焉。是書爲大乘人作，破有蕩空，一法不留之書也，而末章以繫念彌陀求生浄土爲言，其旨何也？晚過雪峰，問清了禪師，了曰：『實際理地，不受一塵；萬行門中，不捨一法。子欲壞世間相，弃有著空，然後證菩提耶？』余曰：『寧有是？』

了曰：『如是，則净土之修，於道何損？』余始豁然有慰於其心。比經行福清，聽遠近知識談馮夫人事，益契了老之説，可信不誣。夫人名法信，政和門司、贈少師諱珣之女。生十六年，嫁爲鎮洮軍承宣使、今妙明居士陳思恭之妻。夫人少多病，體力尫孱，若不勝衣。及歸陳氏，病日以劇，數呼醫謀藥，殆無生意。醫辭曰：『夫人病非吾藥能力。』於時慈受深禪師爲王城法施主，夫人徑造其室，求已疾之方。慈受憐之，教以持齋誦佛，默求初心。夫人耳其語，諦信不疑。齋居未逾月，忽語所親曰：『晨素善矣，雜以晚葷，徒亂人意，盍盡徹之。』自此屏葷血，却鉛華膏沐之奉，衣掃塔服〔一〕，專以西方净觀爲佛事。行亦西方也，坐亦西方也，起居食息亦西方也，語默動静亦西方也，酌水獻華亦西方也，翻經行道亦西方也。刹那之念、秋毫之善，一以爲西方之津梁。自壬寅迄壬子，十年之間，亡墮容，亡矜色，心安體胖，神氣昌旺〔二〕，人皆尊高之。一日忽提筆書數語，异甚，若厭世仙去者：『隨緣認業許多年，枉作老牛爲耕田。打叠身心早脱去，免將鼻孔被人牽。』族黨怪之，夫人曰：『清净界中，失念至此，支那緣盡，行即西歸。適我願兮，何怪之有？』壬子九月，示疾久之，氣息纔屬。十二月壬寅夕，矍然而寤，語侍旁者曰：『吾已神游净土，面禮慈尊。觀音左顧，勢至右盼。百千萬億清净佛子稽首，慶我來生其國。若夫宫殿林沼，光明神麗，與《華嚴》佛化及《十六觀經》中所説無二無別。唯證方知，非所以語汝曹也。』侍疾者亟呼妙明，語其故，乃相與合掌策勵，俾繫念勿忘。又明日甲辰，安卧右脅，吉祥而逝。三日而後斂，家人輩往往聞妙香芬馥，不類人間。及荼毗，舉尸如生，凝然不壞。夫人享年三十六，以妙明顯仕，恩封廣平郡夫人。妙明爲余言：思恭初未知道，夫人實勸發之，又懶不治生〔三〕，夫人實經紀其有亡。平居接内外親姻及拊馴其子侄僮媵，一一有恩意。死之日，哭者失聲，至於煉頂灼臂，以薦冥福，非有以得其心，能若是乎？以思恭貧甚，又嘗笋輿獨走二千里，乞糴於其兄昭宣君德裕。時閩偷縱横，使令者能道其往來應變方略，如世健男子。蓋夫人志力剛果，不可摇奪，故其辦道勇决，所成就亦如是。是可嘉也已。以寧老且病，於無量壽國方且問途，聞夫人事，樂爲之記。非徒信覺、了二禪師之語，亦以爲將來熏修者之勸云〔四〕。紹興三年二月二十一日，阿彌陀佛弟子正信庵王以寧待制記。《樂邦文類》卷三。

〔一〕衣：原作「依」，據原校改。

〔二〕旺：原作「王」，據原校改。

〔三〕治：原作「怡」，據原校改。

〔四〕之：原作「不」，據文意改。

佛窟山轉輪藏記　紹興二年十二月

南岳道人謂正信居士曰：『禪涌頃自七閩來游天台，經行佛窟之山。山子主人私於禪涌曰：「寶因奉檄居此餘三十年，始至之日，山荒屋敗，像設黮暗，殘僧三四，爨無盛烟。寶因愛養松竹，如護嬰兒，戴月侵星，刀耕火種。五年而食飽，十年而林增。方袍黄冠，與夫車轉馬迹，朝吾門者有飯，夕吾廬者有寢，供須悦可，人靡間言，而往來者莫我察也。獨王居士即我之室，揭名平心，若傾蓋知我者。我□募衆緣，作轉輪寶藏，以屋五千四十八卷之書，將成而未有記。欲□累居士，居士其許我哉？上人試商之。」禪涌退而即寺之坤隅，觀□謂寶藏者，天宮峭崒，地軸妥安，奇鬼巍神，翔舞海而金碧焕爛，觸目驚心。其制作神麗，遠近庸有之。如因小刹成兹緣，實維居士代爲記之。』以寧報之曰：『吾察寶因有可書之善三：辛勤十閏，始終不怠，南北游士其至如歸，而因也垢面袖手，曾無德色，是一可書。□□道微，魔民熾盛，盗常住物，貿遷大刹，死期將至，方闢西廬，籠絡愚雛，俾稱嗣法，分香賣履，返甚於俗流，因則無之，是二可書。而藏緣其三也。微子之言，猶不可以無籍，况恩勤之請乎！』紹興二年十二月初七日記成於雪峰，致之，使刻諸石。會稽虞流季行篆蓋。知事僧靈悟立石，郡士王裳模刻。《台州金石録》卷五。

宋台州寶藏岩普安禪院第九代德禪師塔銘

師潘氏，系温州瑞安人。生十一年，弃家從常寧寺僧慧真游，始名惟德，試經得度，辭師走四方。晚聞道於覺印禪師，世所謂英逢頭者。崇寧乙酉，起應樞副王公幼安先聘，□法席於海州天寧，已而徙居寶藏。□之經方臘之變，寺爲煨燼，師所以經營繕葺之甚力，遠邇嚮慕。建炎庚戌三月二十五日説偈示衆，安然脱去，□□年夏，世壽六十有六，藏其骨於寺之西崦。余尋山至寶藏，其子崇勝以行狀來乞銘。余不及識師，□問山中耆衲，多稱其志行孤潔，見地明白，且觀其臨終區造院宇，頗有條理，知其爲賢有道者。因爲之銘曰：

有寶藏，大希奇。翩然來，任者誰？倏然去，又何之？絶去來，亘思議。咄呆子，知不知。直下薦，已是遲。若不會，且狐疑。別占靈山月，任運落前溪。民國《瑞安縣志》卷一一，民國三十五年刻本。

王洋

王洋（一〇八七——一一五三），字元渤，楚州山陽（今江蘇淮安）人。宣和六年進士及第。紹興初以修職郎召試館職，除校書郎，拜吏部員外郎，守起居舍人。坐草張綱改官制詞溢美，罷爲直徽猷閣、提舉台州崇道觀。十年，起知邵武軍，徙吉、洪州。洪皓爲秦檜所忌，人無敢過其居者，洋獨候其居，坐是免職。寓居信州，與吕本中、曾幾相唱和，有《東牟集》三十卷。紹興二十三年卒，年六十七。見《宋會要輯稿》崇儒七之七五、職官六一之四八、刑法一之三五，《建炎以來繫年要録》卷四四、五三、五七、一五六、一六五，《南宋館閣録》卷八，《宋史》卷二〇八，《宋史翼》卷二七，《宋詩紀事》卷四〇。

書鄭氏捨田記

親既没，泛者亡之，思者存之，存之而靡有及也，曰：浮屠道，人心無爲之場，屬念清浄；惟是朝夕飲食之用，或有以動其心，則勝念弗崇。有能具是供供之，俾克專意於道，萬物不干其志，則彼以心香勝念薰導，薦供施者當獲善報。仁人孝子之心固知是言，非若剖劑交别可以市質而劵取也，然猶爲之，豈有它哉？以謂與其委吾親而無以爲，佛書有是，而吾之力可以及之，舍焉弗圖，是真委吾親矣。爰有割口分之業以奉其徒者。久之，浮屠人衣食其中，藝治灌沃，化瘠爲腴，闢菑爲良，日以贍給。而施者之家支庶浸遠，或不守先業，視居作之産顧出其下，則恚而矢之曰：『吾之先爲是區區，將燕及吾祖，且大庇我後之人也。今報享之狀冥不可詰，而受施者顯蒙其利，是舛也。宜有以穀我，不然，盍返吾田之爲得也？有不吾與，吾其訟取之。』於是僧俗相捽，起而爲讎，吏持其競，弄而蝕之，經更歲時，不示決奪，至兩蕩其業，訟爲閑田而後已。其視初施之心，豈不遠哉？貴溪鄭氏爲冢舍以守先塋，俾僧宗元莅之，又分田以爲永業。其大人有以文學取科目爲郡大吏者，思微圖遠，懲是物也，乃自言於邑，一書於籍，一驗於符，與宗元盟而歸焉。宗元亦詳審練達，能副其意，書邑符於石而刻之，以示不可瀆者。間爲予道其事，求書其後。予聞而悲之，於心有感焉。噫！若鄭氏之施、宗元之受，其果能相與崇其勝念而無交捽之患者哉！影印文淵閣四庫全書本《東牟集》卷一三。

泗洲院記

常山縣北郭門之外，延緣山麓，僅五六里許，跨溪以石爲梁，北下數步，有浮圖氏之居，邑人號曰石佛寺。訪其所從來，云後唐中有販牛客夜宿溪岸，聞鐃鈸鐘鼓之音。及旦，訊諸父老，此地得無佛僧庵寮處近邪，皆曰無之。次夕，是客復寓舊止，觀沙洲上中夜光焰騰起，立表以識之，率同輩穿土丈餘，得石佛像如泗洲。洗濯置路傍，瞻禮而去。後賈牛獲息倍稱，旋過其地，葺茅設飯供以報。自後邑里禱病即痊，乞男女輒應。至晉天福七年夏大旱，祈雨有感，縣具狀聞州，州上於朝，符下，許建祠宇，額爲泗洲院。即山砌石，造堂殿，請僧住持，從爾顯化一方，祈求響應矣。邑士賢良王公介，少日讀書寺中，每旦詣石像前祈延母壽，仍乞嗣息。繼生四子，兄弟皆以儒學爲時聞人，其叔、季仍登巍科，致身侍從，賢良公官爲祠部員外郎，累贈少師。得非盡誠香火，靈應所佑邪？進士徐清臣每念寺宇隘陋，不能安衆，與主僧維良議遷寬敞之所。邑令徐君力贊成之，然患無五百弓之基。會三衢鄉璩君承奉之子進士國華云，家有瀵溪之北，沙汀延袤，兩溪圍繞，地勢平正，敢獻以建佛宇。政和辛卯卜新遷祠，維良復念石像重甚，人力不勝舉。夜夢石像告，以坐石破作兩片，去之可也。次日視之，其石果裂，遂弃坐，十夫不力而舉行矣。宣和甲辰，知縣事、朝奉郎郭元祈雨乞嗣屢應，施俸錢建殿。繼而奉議郎方翺邀慧覺總持大師清秀住持，修築精備，植立功堅。紹興甲子年洪水暴疾，飄蕩一空，特存大殿。寄居貳卿魏公、郎中靳公率衆布金，凡講誦之堂，偃息之室，伊蒲之爨，啓閉之户，東西夾廡，煥然一新，壯麗而高明矣。進士孫謙亨獨施財駕橋以通往來，歲時士庶游行，有請於石佛僧者，爲利不細。昔唐朝大徹禪師飛錫至洞山明果寺，遺錫溪下，以石函貯之。後有高僧月道者，於九峰翠岩捨身，信士萬餘衆咸集。道者自高峰跳下，神物護持，略無所傷。道者云，大衆共證，豈無异事？募三百餘力發大石得函，啓函獲錫杖，授小師有端，戒令秘藏，勿輕付受。諸方競求，不可得，端一日忽召前住持僧懷智遺之。會郭宰建殿，因爲石像法具。大徹師得非泗洲後身乎？其符契如此。院當饒、歙往來支徑，而爲開化縣大道，行旅衝衝不絶。今住持清秀應接不倦，得士庶之譽，而戒律甚嚴，遠近信嚮。石佛之居，异時當成方廣大刹矣。余嘗過其居，愛其潔雅。一日造門，以記爲請，因銓次之。《東牟集》卷一三。

釋智清

智清，南宋初僧人。

滿公大師幢記

法師諱義滿，字謙叔，俗姓郭，本邑雲藏人。父母舍送小相里靈岩院，禮僧道寧爲師。治平四年所試經業合格，十九落髮，二十具戒。哲宗興隆節，内降紫衣。靖康二年十月初九日，無疾而滅。《汾陽縣金石類編》卷三，民國二十四年石印本。又見國家圖書館藏拓片·章專一三二二。

何麒

何麒，字子應，永康軍青城（今屬四川都江堰）人，張商英外孫。建炎元年爲宣教郎。紹興中，知合州。歷右通直郎、直秘閣。十一年，特賜同進士出身，遂命爲夔州路提刑。十二年，入試爲太常少卿，依舊直秘閣、知嘉州，移邵州。尋落職，主管台州崇道觀，道州居住。紹興末，稍起爲四川安撫制置司參議官。見《建炎以來繫年要録》卷六、一四一、一四二、一四八、一五〇、一七四。

北岩轉輪藏記　紹興十年五月

距合陽城五百弓地，有大支提，號濮岩寺。氣象崇崛，林莽雄蔚，飛樓杰殿，横跨空廓〔一〕。天人所家，神龍所窟。宜有大多寶藏，晃耀翕赫，摩天對日。乃髹函畫庋，弗金弗碧。像法隳摧，來者嘆息。桑門了肅，哀乞金帛，心造目畫，上營下甓，中撑外闢。天宫地網，森羅匼匝。頻伽金翅，伸頸奮翼。攫鬩援箠，之而爪目〔二〕。魚龍拿結，海神呀呻，如役鬼神，天置地設。不日而畢，見者辟易。歲在上章涒灘，五月初吉，守臣何麒，率州文武，捐金轉轂，祝聖人壽，祈生民福。百比丘衆，聲轉輪佛。仰環天蓋，俯軋地軸。雷霆砰訇，金石戛擊。既静既寂，如海如岳。萬人贊嘆，希有功德。麒稽首作記而説偈言：

乾斡坤旋扶景運〔三〕，雷動風馳法天令。吾君萬年執其柄，永在璇璣齊七政。乾隆《合州志》卷一二。又見《宋代蜀文輯存》卷四七。

〔一〕廓：原作「廊」，據文意改。

〔二〕之而爪目：疑有誤。

〔三〕斡：原作「幹」，據《宋代蜀文輯存》改。

范浩

范浩（？——一一二九），蘭溪（今浙江蘭溪）人。重和元年進士。靖康初爲諸王府記室，累官司農丞。建炎三年死於亂軍中。贈直徽猷閣。見《建炎以來繫年要録》卷二〇、雍正《浙江通志》卷一二四。

景德寺諸天閣記　靖康元年十一月十六日

浮屠氏傳西竺一乘，流入中國，倡天堂地獄、禍福報應之説，風動世俗，波從信向者往往悔惡從業而歸之善，其亦有補于教化矣。昌黎嘗言，自其西來，四海馳慕，結樓架閣，上切星漢，處處嚴奉，高棟重檐，鬥麗誇雄。自唐已然，雖妙言論如退之，亦嘆其不可遏止也。昆山普賢教院，有閣翬飛，下俯鱗宇，碧櫨丹栱，隱霧延暉，森列諸天，勢欲浮動，使人髪立，凛凛生肅心。每陳供瓣香，氛靄鬱葱，神若天墮，馭風而翔雲。諦觀怳然，復疑身之排金闕而篭瓊樓也。予嘗訪禪者曇益，因見住持講僧淵，問誰爲此。具言政和癸巳，苾芻義明演經丐錢，創興普賢殿；邑人沈饒募緣，增堂廡以侑道場；今年夏五月，沈又感夢，率衆建閣，豪姓辛珍獨又畫刻諸天十六尊像。遠邇信向，摩肩投禮，禱福祈年，應不旋踵。念此殊勝緣，要須書以信諸世，因請予記之。靖康丙午季冬既望，奉議郎、新濟王康王祁王府記室范浩記。《吴郡志》卷三五。又見《吴都文粹》卷九，《吴都法乘》卷一〇下之上，道光《蘇州府志》卷四三，道光《昆新兩縣志》卷一〇。

李彌遜

李彌遜（一〇八九——一一五三），字似之，號筠溪，福州連江（今福建連江）人，居于吴縣（今江蘇蘇州）。彌大弟。登大觀三年進士第。歷單州司户，調鄆州陽穀簿。政和四年二月，除國朝會要所檢閲文字。十二月，引見上殿，改授承奉郎，遷秘書省校書郎，充編修六典檢閲文字。六年，授尚書禮部員外郎。七年正月，守尚書司封員外郎。八年四月，擢爲起居郎。以封事剴切貶知盧山縣。歷知冀、筠、饒、吉州。紹興七年，召爲左司員外郎，試中書舍人。時秦檜當國主和議，彌遜極論之，遂出知漳州。以力沮和議罷職，歸隱西山十餘年。二十三年卒，年六十五。有《筠溪集》（一名《竹溪先生文集》）二十四卷（存）。見《筠溪李公家傳》（《筠溪集》卷末附），《宋史》卷三八二有傳。

福州乾元寺度僧記

浮圖氏以空寂無我爲宗，三世諸佛、諸大菩薩因地行願，皆由衆心起，故其爲教慈忍悲施，悉以利它，不求自利，悖是而行非。如來之像法既衰，人鮮知道，其徒熾然，以希求心，行愛取行〔一〕，穹廬沃壤，文衣豐食，薄衆人之奉以厚己，拔一毛而利衆不爲也。福州乾元住持紹宗與寺僧法珪者，募諸信士，得錢六十萬有奇，不以供他費，貧不給者悉以貸予，收其贏度有功於衆者二人。將自此始，歲以爲常也。昔佛在舍衛次第巡乞，不生高下違順二想，施者受者如出一心，與諸衆生共作佛事，不聞約與而羡取之。雖然，能使積者散、貧者給、惰者勸，賴以獲益者衆，尚庶幾焉。悲夫！今浮圖之類戕物自恣，不爲其所當爲，而宗輩或能推利它之心，故爲書之。南京圖書館藏清初抄本《竹溪先生文集》卷二二。

〔一〕愛取行：文淵閣四庫全書本《筠溪集》（簡稱『四庫本』）作『違律事』。

支提山天冠應現記

南海之濱有大寶山，名曰支提，衆山圍繞於其中，聞有大菩薩號曰天冠，與千衆俱往。昔吴越有大檀那，謚曰忠懿，建阿蘭若，集瞿曇子，莊嚴佛事。是諸菩薩現諸實相，令諸衆生起諸信根爾。時普現念念思惟，諦觀是身，衆妄和合，貪嗔及痴增長。我見誓截疑網，趣出離道，與其同學招隱居士各各將子稽首來謁〔一〕，經過險絶，無有疲懈，詣彼化城，尋求寶所。至寶所已而不見寶，了知菩薩空寂爲家，以無所住，故曰常住。作是念已，顧瞻之間，有二馴獸，純白無染，如師子兒，回旋中林，奮迅而去。香雲既升，天容開闔，山巔木杪皆有精色。復有梵音發於山谷，鏗鋐鏜鞳[二]，如撞巨鐘四十有二。復有寶光現於峰頂，熒煌曄曜，如燃巨燈，十目争睹。於是住山善秀比丘爲居士言：『我從昔來長養衆善，坐菩薩場，多歷年所，未嘗得聞如是種種諸殊妙善。晝夜六時，應念俱至，汝今爲我稱揚贊嘆，令諸未悟生精進心。』居士聞已，歡喜踊躍，重宣此義，而作偈言：

我觀大覺中，如海衆漚發。衆生佛菩薩，同一三摩提。背覺合諸妄，展轉生内塵。調御天人師，方便破諸暗。還汝一精明，塵銷覺圓净。譬如逃虚子，捨父久復還。受之具足器，了不從外得。我行支提山，詣佛所住處。岩巒水草樹，但作世間相。非唯所見亡，亦無能見者。天冠妙智力，惠我大三昧。撞鐘及燃燈，衆相自呈露。我見此光時，眼根得清净。我聞此音時，耳根得解脱。見聞如幻翳，斯語未真實。如是千菩薩，不可以相見。一切唯心起，莫作聖解觀。音聲及光影，亦復無自性。不從有中生，不從無中滅。一鐘既發揚，一切聲亦然。一燈既顯照，一切色亦然。聞聲及見色，天冠即現前。一刹既周遍，一切刹亦然。大千恒河沙，一沙一佛刹。一刹一支提，常住菩薩衆。如是一一刹，復有諸恒河。一一塵沙中，復有如是境。旋聞返自照，悉現妙明中。無人亦無佛，十方亦銷隕。如海衆漚滅，寂湛了不動。法界同廣大，歷劫無有盡。我作如是説，用報慈忍恩。虚空不可名，我亦未嘗説[三]。未來見聞者，應作如是觀。《竹溪先生文集》卷二二。

〔一〕與：原作『學』，據四庫本改。

〔二〕鞈：原作『鞥』，據四庫本改。

〔三〕朱：原作『來』，據四庫本、清抄本朱筆改。

太平道院新造三乘小像記

岳陽節度使西外宗正趙公端禮於太平道院新造三乘小像，以釋迦如來居中，彌勒在左，無量壽在右，面如滿月，身相端直。優鉢曇華爲菩提座，六大菩薩慈容粹和，普陀大士無畏自在。復有住世十六大阿羅漢，各以願力現諸神變。復有四大天王，威德堅忍，却諸魔事。復有二金剛神，勇猛可怖，守護正法。復於別龕示現旃檀端相如來，巍巍堂堂，如星中月，寶華莊嚴。幢蓋間錯散諸香雲，彌覆其上，恍如靈山一會，正在目中。公初以紹興己巳三月得無量壽舊像於太平主僧了心，極愛重之，塗以金碧，粲然一新。不逾月，有持彌勒與六菩薩至者，即以萬金易之。於是始有求中尊意。明日宗長乃以來獻，既喜且駭。其後每有所求，應念輒至，若有神授，至七月畢集。是諸衆像純以紫金旃檀寶香所成，工巧之妙，侔於造化。或有損缺，爲補治之，或有殘剥，爲粉飾之。小大修短，各中規度，如出一手，有目以來，所未嘗見。四衆瞻仰，莫不驚嘆，此大奇特希有之事。我觀往昔諸佛出興於世，皆以一大事故，普爲人天宣説妙法，作諸勝因。華嚴界中七處九會，其它或在耆闍崛山，或在室羅筏城，或在給孤獨園，不可勝舉，皆是時節因緣。今百年廢壞之餘，一旦復聚，與正法時了無二相，殆非偶然。以公直心爲德，具衆善根，於宰官中作大方便，是故三乘同時出現，咸欲使公睹茲殊异，發菩提心，悟此色身如芭蕉堅，觀諸妄境如境中像，了無一法，是真實者。離世間樂，安住法樂，漸次精進，至安樂國。見者聞者，同證此道。普現居士作是語時，不唯此會諸法中王，乃至一鄰虚塵所現億萬世界，河沙諸佛皆共贊言。如是如是。《竹溪先生文集》卷二二。

宣州涇縣銅峰瑞應塔記

浮圖氏以莊嚴作佛事，《華嚴經》中演説一佛出現，十方大梵天王各以衆寶種種香雲，來興供養，皆是稱性所現，量同虚空，無有邊際。像法住世，衆世根力，不能作大因緣。如來爲説，舉手低頭，皆成佛道，乃至聚沙建立佛塔，如庵末羅果所安輪。蓋如娑矩羅華所獲功德，與彼梵天等無有异。蓋緣一念所起，周遍法界，刹那之間，成就現前。如一毫端，衆鐵圍了，無大小成壞之相。是故如來作如是説。宣城山水之麗，冠於東南，涇川又爲宣城之冠。有大寶聚，名曰銅峰。皇祐間，有僧可照一住四十六年。其後華藏禪師守訥，退居兹山，始建伽藍，增廣勝概。乃於南山瑞峰之巔，作窣堵波始基。會郡將錢公即以廣教延師，遂寢。爰有日智比丘，以大勇猛，欲成師志，乃與邑士包整、張公起共爲勸緣。鬼神獻奇，山川助勝，富者供資財，貧者施工力。累級分楹，金石間錯，橫荃架芷，欄楯交映，巍巍煌煌，崇高顯明，遠近上下，無不快睹。於人天中作大智炬，創見者得證悟，已悟者得覺了。不五年間，成兹勝事。以宣和甲辰春告畢，乃於三月，天雨寶華。秋七月，復現金燈。時普現居士南游是城，聞所未睹，故以瑞應榜之。後二十六年，居士於福城東見日智比丘云：『我以慈力，哀憫有生，罹此兵刀諸大苦厄，欲令解脱。爲收遺骸，幾及十萬。所過名山，飯僧百萬衆，供幽明水陸幾二百會，募衆誦經三百萬藏。開華嚴場，結會一百萬人，漸次游行，以至於此。』居士聞已，稽首贊言。是大比丘於往世中單修三摩提，故得如幻三昧，悟諸如來成道涅槃種種諸相，皆是幻化。三界所現六道四生，種種諸趣，皆依幻立。五濁世中生死善惡，種種諸業，皆從幻生。是故由衆生心，起是悲願，作諸勝緣，咸度脱之。譬如幻工作衆像，雖知一一，唯我心造，了無實體，亦加嚴飾，畢竟成就。若是比丘於一切處見有一法非幻化者，則爲住相，則有希求，不能發如是無礙大願，作如是無量功德。當知是人不見有佛，不見有衆生，乃至不見有我，身心二相，作者受者，皆悉同於龜毛兔角，是爲不可思議。居士於此幻化境中，乃復如是分別言説，稱贊莊嚴佛塔功德，亦復稱贊日智比丘如是難行之行。如以衆色繪畫虛空，與諸如來同一方便，若有相觀，無有是處。《竹溪先生文集》卷二二。

和州褒山佛眼禪師塔銘

江淮之南有大禪師，號曰佛眼。道行聞於朝，敕居和州之褒禪山。逾年以疾辭歸，隱蔣山之東堂。遠近奔湊，執弟子禮以求法者不知幾何人。名山大剎馳使延請者，方來而未已也。宣和二年冬至之前一日，飯食訖，整衣趺坐，合掌加額，怡然而逝。其徒哀慕，如亡津梁，如失舟楫，莫知攸濟。嗣法兄佛果大師克勤狀師之行，且謂某曰：『師之於公，風聞而悦，一言而契。今其逝，公實見之。知師莫若公，是宜爲銘。』乃序而銘云：師姓李氏〔一〕，名清遠，蜀之臨邛人。捨家，十四受具，嘗依毗尼師究其説。因讀《法華經》，至『是法非思量分別之所能解』，持以問講師，莫能對，乃曰：『義學名相，非所以了生死大事。』遂捐舊習，南游江淮間，遍歷禪席。聞舒州太平演道者爲世第一流宗師，徑造其室，恭事勤請。既入益堅〔二〕，演深奇之，謂可以弘持法忍，壁立不少假，冀其深造。師七年未嘗妄發一語，一日有所契，洞徹超詣，機辨峻捷，莫當其鋒。自是釋子爭歸之，而師益靜默自晦，不自爲得。隱居四面山大中庵。屬天下新崇寧萬壽寺，方擇人以處，舒守王公渙之迎師住持。未幾引去，會龍門虚席，遂補處焉。居十有二年，遷住褒禪山。三領名刹，所至莫不興起。其在龍門，道望尤振，四方學者皆曰：『吾必師龍門。』由是雲集，至居無所容。師不起於坐，而化湫隘爲巨刹，壯者效筋力，智者授軌度，富者施資財，初不祈也。師嚴正静重，澹泊寡言笑〔三〕，動有矩則，至出語和懌中節，人服膺之。其爲教則簡易深密，絶蹊徑，離文字，不滯於空，無汗漫之説，不以見聞言語辯博爲事，使人洞真源，履實際。非大有所契證，不妄許可。平居以道自任，不從事於務，嘗曰：『長老但端居方丈，傳道而已。』與士大夫游，不爲世利屈。苟道合，則欣然造之；不爾，雖過門或不得見。公卿大人高之。樞密鄧公洵武聞其風，奏錫紫衣師名。司諫陳公瓘見所傳法語，嘆曰：『諸佛心宗，衆生性海，遠公涵泳深矣。』皆未識師也，况其親炙者乎？與佛果、佛鑒同門莫逆，道價相高，世稱東山二勤一遠云。嘗宗《百門》義，著《圓融禮文》。又摭《楞嚴》《法華》，著《普門禮文》，并行于世。其參學得法者無慮數十人，士珪、善悟爲之首，而宿松無着道人李法慧頗臻其奥。師壽五十有四，僧臘四十。將逝，謂其徒曰：『諸方老宿，必留偈辭世，世可辭耶，直將安往？』逮終無一言。初，在龍門，作靈光臺，以會葬苾芻之火化者，且自爲志曰：『余它日亦藏於此。』後門人函骨以歸龍門，龍門人悲且喜，奉之如生。以宣和三年正月壬寅塔成。銘曰：

大智唯心，無南北祖。一離其源，遂開牖户。守玄尚同，執解隨趣。岐行派流，既倒莫訴。洪融混合，演得其醇。師則嗣之，道益以尊。如收全潮，衆波莫分。如舉大地，萬有以陳。用晦而明，厥問四馳。覺迷解繆，遠邇是依。用捨孰測，動言有規。嚴以治己，夷以示機。端居叢林，唯道是則。化行事修，不失静默。大興龍門，蠱壞以飭。洞明真源，深履實際。《圓融》《普門》，并照兼利。最後説法，不立一偈。嗚呼師乎，孰識其歸？淵澄月現，舟行岸移。於一舉手，示大慈悲。元珠在前，罔象莫窺。後學誰師，靈光之碑。《竹溪先生文集》卷二四。

〔一〕李：原作『季』，據四庫本及《嘉泰傳燈録》卷一一改。
〔二〕入：原作『人』，據四庫本改。
〔三〕泊：原作『薄』，據右引改。

宣州昭亭山廣教寺訥公禪師塔銘

昭亭山廣教寺住持師守訥，壽七十六，僧臘四十五，以宣和四年三月十有八日無疾終。闍維得舍利五色，不可數計。其弟子虚藻等即奉師骨塔於寺之西南隅一分以葬，金峰師之舊隱。逾月，塔成，虚藻持余友人邵搏暘叔狀來請銘，狀曰：師族鄭氏，其先吴人，本衣冠子，業進士，有聲場屋間。性剛志潔，不喜接世俗事，視紛華澹如也。聞栖霞山雲渺庵主能以出世法導人，因往依焉。後游錢塘净慈寺，得《圓覺》几案間，披卷恍然，若獲舊物。誦至『今者妄，身當在何處』，心目開明，踊躍自喜，乃弃儒衣冠，禮圓照本公，爲苾芻。師具游方至圓通秀公室，圓通知其法器，一見許之，决剔疑情，卒爲印可。在熙寧元豐間，圓照、圓通道行，當世鉅公要人咸所嚴事，而師實出其門。叢林學者尊之，皆以訥叔稱焉。住蕪湖吉祥院、江寧能仁寺，繼遷華藏，皆當路以師道價敦請之，非師志也。嘗曰：『比丘辭親割愛，出離世網，當以因緣果報爲念，詎宜俯仰世權，執事住持，爲人役耶？』故所至未幾，輒辭去。隱居於宣之涇縣，邑人王文誼爲築室金峰以居，凡十有六年。宣和辛丑，龍圖閣學士毗陵錢公即來鎮是邦，會廣教住持虛席，公曰：『此唐相國裴公隱地，斷際禪師道場也，宜得道行爲衆欽信者居之，無如訥者。』辭老且病，公卒以禮致之。師雖久於自晦，一旦復出，四方釋子摳衣問道，雲集輻輳，方來不已，而師遽逝矣。惜哉！師逝之前二日，嘗以頂相封授其徒，既而啓封，得偈二十言，有違世之意，其於死生際，了了如此。師爲人勁直精敏，勇於踐履。禪觀之外，博極群書，賦詩屬文，自號莫莫翁，有集行於世。作《大藏節要》二十門，爲之序。節《宗鏡録》十卷，擬寒山詩數百篇。浩博淵奥，事理并舉，皆以寓教，觀者獲益焉。噫！余之愚，且從師未久，固不足知師，而暘叔深於禪者，其言炳炳可考，則師之行信矣。

惟浮圖氏以真實不二爲宗〔一〕，以謙卑慈忍爲行，以戒定寂默爲修。至其弊則流而爲詭，爲戾，爲貪。又其弊則誕惑不根，捷給尚口，訾慢自我，好爲人師。浸以相承，不知其失，而道日隱矣。如是習者怠，信者疑，使人得以議其教，是豈教之罪也？以狀考之，師則無是，殆所謂明於宗，篤於行，而得其所以修者歟？嗚呼，亦難矣哉！是宜銘。又師之嗣法兄法藏卓公視余爲猶子〔二〕，故余之諸父從師游者衆。師亡之夕，見夢於余，若有所屬者，則銘師尚可辭耶？銘曰：

真離誕勝日翳昏，疇始離之秀暨能。沿非傳异益放紛，惟師友德合於渾。堅持所修修所聞，塵銷覺圓静以醇。死而不忘法中尊。《竹溪先生文集》卷二四。

〔一〕真：原作『直』，據四庫本改。

〔二〕嗣：原作『詞』，據右引改。

大智禪師塔銘

政和五年，歲在乙未十一月十有八日，大智禪師希覺示寂。不病不恟，無有恐怖，以清净水盥身垢已，顧大衆云：『一切諸相，皆歸壞滅。』言訖而瞑。其嗣子法淵，號曰慈覺，於後七年於寶勝寺作窣堵波，藏其遺骨，稽首來謁筠溪居士，請爲之銘。居士於法未得自在，不能悉知是大比丘諸微妙行，復告慈覺爲我宣説：『汝師所得何法？我當爲汝稱揚贊嘆。』於是慈覺良久答言：『我觀世間以及我身諸所有法，因緣和合，衆妄發生，譬如幻師見所幻人，了無可取。及諸取者，况復有得而可言説？我今若言如是爲法，如是非法，是爲謗師及謗如來。然念我昔起心修行菩薩梵行，勤求如來無上正覺於善知識，生尊重心，恭事懇請，無有疲厭，以是力故得大辯才，能知一切世出世間諸言辭海，亦能普出百千種音，於一偈一句，乃至一字，廣演無量難解最上勝義。自謂已得無礙法門，持以求證諸大導師，咸皆稱贊，與我受記，令我信心益自堅固。最後得見大智比丘，彼時見我説此法門，而作是言：善男子無以聲音語言而作佛事，勿謂如來正法眼藏而可言説。末世衆生以取捨心希望成道，唯益多聞，增長我見。我今默示汝三昧，無有一法不從此出，而實無有一可得法。我時豁然，證無所證，拔猶豫箭，截疑惑網，了知一切，不從外來。雖復與我最初法門，不見分别，是非二相，而令我心轉加調净，如炬得火，普皆光焰；如舟得楫，無所繫着。我即於彼大智師前歡喜踴躍，頭面作禮而自嘆言。善財南行，還見普賢，從初發心所入佛刹，不及普賢一毛孔中一念所入諸佛刹海微塵數倍。我於大智亦復如是，故我今者欲以一法爲汝演説，實不可得。我又嘗聞是大智師夙植德本，久修勝行於過去中，親近承事佛印比丘。佛印爲言心境俱亡，復是何物，即於彼時證是三昧。解力廣大，信眼明徹，直趣菩提，净出離道。證燈相燃，復以示我；非唯示我，亦以深心起大慈悲於末諸證，悉以方便種種開示。因此願力，入菩提場三十九年，四領寶刹，所至興起。度大弟子嗣法住世，皆能於是三昧轉大法輪，紹隆佛種，無有窮盡。』居士聞已，得未曾有，即爲慈覺以偈贊言：

饑者易爲食，無復嗜正味。辛酸及苦鹹，自視皆甜相。至其屬厭時，不起更食想。享以衆妙善，而反生惡憎。衆生苦輪回，樂法求解脱。因樂轉生愛，增長我慢山。聞聲及見色，得少便爲足。而於正法中，乃作空寂怖。縱横斜見材，閉障出離道。自謂已證得，不知流轉因。良哉大智師，與衆作依怙。能於不二門，示現無相法。滅惑斷諸見，開此正覺知。如持具足器，盛滿甘露食。隨取得飽足，歷劫有無盡。衆生知正味，永不念它食。唯趣一乘道，餘二即非真。刹那滅阿祇，十方亦銷陨。如是大智師，在處俱現前。雖復示涅槃，而實未嘗滅。故我於慈覺，歷耳得千悟。言説永不窮，稽首第一義。《竹溪先生文集》卷二一四。

馮楫

馮楫（？——一一五二），字濟川，號不動居士，遂寧（今四川遂寧）人。登政和八年進士第，宣和中爲蜀州教授。建炎初，爲秘書省正字，遷司勛員外郎，出知巴州。紹興初，遷利州路提點刑獄，爲樞密院計議官，歷右司、工部員外郎，除宗正少卿。八年，因言者論其諂事張浚，以直秘閣出知劍州，復落職，以左朝奉大夫主管洪州玉龍觀。行至鎮江，召對稱旨，復故官。九年，權禮部侍郎，兼侍講，遷給事中。後出知邛州，復知瀘州，爲瀘南沿邊安撫使，加敷文閣直學士。紹興二十二年卒。著有《時議録》《諫議録》《臨安録》等。楫性佞佛，遍參叢林，達五家宗派。晚年專意净業，作《西方禮》三卷、《彌陀懺》一集。見《建炎以來繫年要録》卷一五、二二四、三七、四六、一三三、一五〇、一六三，《樂邦文類》卷五釋宗曉序楫《和淵明歸去來兮辭》及雍正《四川通志》卷九等。

大中祥符院大悲像并閣記

世出世法，從一心起，心有染净，遂分真妄。妄心雜染，發起八萬四千塵勞；真心清净，出生八萬四千妙用。心妄則爲衆生，心真則爲諸佛。衆生以塵勞而墮於輪回，諸佛以妙用而爲之救拔。自昔觀音大士爰因曠劫，奉事觀音，如來佛教以從聞思修入三地。大士依而行之，初于聞中入流亡所，所入既寂，動静二相，了然不生，知是漸增聞所聞。蓋一聞不住，覺所覺空，空覺寂圓，空所空滅。空滅既滅，寂滅現前，忽然超越，世出世間，十方圓明，獲二殊勝。一者上合十方諸佛本妙覺心，與佛如來同一慈二力者，下合一切六道衆生，與諸衆生同一悲仰。惟下與衆生同悲仰故，所以以憐愍衆生，具有八萬四千塵勞，造八萬四千惡孽，受八萬四千苦報。惟上與諸佛同慈力故，所以等齊諸佛，具有八萬四千妙用，現八萬四千清浄寶目，示八萬四千母陀羅手。目之所視，或慈或滅，或定或慧；手之所運，或執或持，或提或引，救護衆生得大自在。夫大士救衆生之苦，一身之中必取手眼之多者，何也？蓋觀衆生苦，援而置之安樂之地，惟手眼可以致力，倘於世人僅有兩手兩目，疇能普見受苦衆生而拔其苦哉？且目以觀見爲義，如大圓鏡，有相斯現，相有八萬四千，來則照之；惟能照察，則可以周知衆生之業而受諸苦。手以提拔爲義，如大醫王，有病斯救，病有八萬四千，來則治之；惟能療治，則可以盡拔衆生之苦而共樂。大士既具八萬四千手眼，而無剎不現，無生不度，所以十方世界或雕或鎸，或塑或畫，彩繪其像，而以香花燈珍饈飲食而爲供養。祈福禳灾，解難除危，有八萬四千種，無不立應，皆稱衆生祈求之數而應之也。然今之世間所刻之像，止取千數者，以過是則非智巧所及，故從中制爲之耳。成都府聖壽寺内敕賜大中祥符院，院乃僞蜀相懷靖公王處回捨財興建。堂殿屋宇共四百間，最爲宏麗。中有暖堂，年遠頽壞，公七世孫長講賜紫沙門法珍發心于紹興十六年，勸誘闔府檀信千家，遇本命元辰生朝諱日，即領二十僧爲持大悲等咒，仍歲化五十家修設圓通道場，以所得施利。于十七年季春役工，雕造千手眼大悲像。至二十一年孟冬像成，立高四十七尺，横廣二十四尺。復于二十二年季春，即故暖堂基而稱像建閣。閣廣九十尺，深七十八尺，高五十四尺。于紹興二十二年三月七日閣就，奉安聖像於其中。像如閻浮檀金聚而爲山，晃耀一切，千目成都，千手咸運，無方不照，無苦不救，一切有求，隨感隨應，豈惟爲終生植福免難之場，實趣菩提涅槃之妙門耳。嗚呼！人纔兩目，不可責以并觀；人纔兩手，不可責以兼用。大士千目之多，同時照矚，而照無不察；大士千手之多，同時運用，而用無不當。奚爲而能是耶？究其所分，在有心無心之間耳。凡人以有心逐物，逐此則忘彼，逐彼則忘此。大士則以無心耳應一切，故能現無盡之手眼，以赴衆生之苦，故求則應之，而應無不宜也。豈獨觀音能然？人孰無耳，耳孰無聞，倘能各各返聞以聞自性，即得成無上道，是亦觀音而已矣。故曰『未來修學人，當依如是法』，文殊之言，豈欺我哉！《成都文類》卷四〇。《宋代蜀文輯存》卷三八。

南禪寺記

邑出郭二里有南山，山有院，舊號『南禪』，本朝治平年中賜額『定明院』。有岩面江，古來有石鐫大像自頂至鼻，不知何代開鑿，俗呼爲大佛。又有池，靖康丙午，池内忽生瑞蓮。是歲有道者王了知自潼川中江來化邑人，命工展開像身，與頂相稱，身高八丈，耳目鼻口手足花座悉皆稱。越明年丁未，大水流巨木至岩下，遂得以爲大殿、定虚處杰閣。閣纔建一層，了知於乙卯年倏爾去世，寺僧德修繼之，并依德修捨緣道者蒲智用，協力增建佛閣，通爲五層，盡用琉璃以覆護百尺像。辛未，復入細磨礱佛像，宛如塑出。主僧德修於紹興壬申仲春遠來瀘南，告予佛已就，惟缺嚴飾，化予妝鑾。予遂捨俸，以金彩妝飾成佛，如金山據於琉璃閣，金碧爭光，晃耀天際，遐邇具瞻，咸嘆希有。復求記其始末，予曰：『我蜀嘉陽名聞於天下，此像亦其次矣，捨此則無有也。而此像之設，倚山面江，在市之南，據路之旁，實舟車往來之衝，邑人游觀之地。未開之前有瑞蓮以啓瑞，既鑿之後流大木而建閣，頗靈應，正遐邇祈求之所。於是居者求福，行者求安，耕者求豐，蠶者求熟，無官求官，無子求子，病者祈愈，産者免難，旱者禱雨，澇者祈晴，無不如意。況復使人人睹像生善，一瞻一禮，從此進修，如《法華經》所謂「或有人禮拜，或復但合掌，乃至舉一手，或復小低頭，以此供養，漸見無量佛，自成無上道。」古人於此鐫像，豈徒然哉！後人復成其志，令瞻睹而發一善心者，究竟成菩提而後已，利益安有既也！』予既爲記創造之歲月，復繫之以贊云：

路傍石佛幾百尺，巍然光耀如金山。往來無不獲瞻睹，合十指掌敬慈顔。睹相生起一善心，從此進修超人間。佛與衆生同一性，衆生學佛初不難。今因見佛便學佛，一念休歇即涅槃。古人造此豈無意，後人繼成古人志。要使遐邇覲見人，悉皆成佛志乃遂。是像利益疇可量，書盡海墨莫能記。我贊大佛一度兮，願揚此像同無際。光緒《遂寧縣志》卷四，光緒五年刻本。又見《宋代蜀文輯存》卷三八。

密印寺鐘樓記

菩薩三摩地，多自聞中入。因聲始有聞，因器方發聲。聲塵投耳根，顯出能聞性。因聞得見性，見性即遺聞。根塵二俱遺，自性無生滅。生滅既盡已，三昧當現前。是故圓通門，觀音爲第一。而此閻浮界，教體在音聞。十方浄伽藍，以聲爲佛事。鐘鼓以爲器，撞擊出音聲。要以聲發機，警衆令開悟。器大聲乃普，聲普聞亦周。堪以覺群迷，俾到菩提岸。我聞秀外邑，巨鎮號青塾。中有古梵宫，敕名密印寺。寺安六百衆，鐘不滿千斤。其聲雖遠聞，與衆未相稱。比丘行昭者，自發廣大心。願增鑄萬斤，晨昏發蒙昧。亦以除惡念，亦以度苦輪。庶幾獲聽聞，咸悟真常性。尋誘三同志，共結此良緣。大事不易成，三鑄三不遂。最後修懺法，上禱諸天神。金將躍冶中，火地忽震動。密雲垂墮雨，復恐事不諧。萬口懇觀音，開模已成就。須臾大雨作，匠者悉歡呼。得雨火力衰，鐘聲必清亮。巨鐘既已成，復患無巍樓。不能遞遠音，開覺未爲廣。復欲創大厦，不敢化邑人。鬻屋以爲資，借貸市珍貨。泛海易香藥，往返數十年。寇難凡七遭，秋毫無所損。遂足樓所費，今復次第成。我念結净緣，憑仗佛威力。反以自願力，無一不遂者。諦觀行昭意，竭力鑄巨鐘。架樓以奉安，非徒爲觀美。要使一切衆，皆由觀音門。獲悟真圓通，方滿殊勝願。瀘帥馮楫撰。《至元嘉禾志》卷二六。又見萬曆《崇德縣志》卷九，光緒《桐鄉縣志》卷五。

净嚴和尚塔銘　并序

師諱宗邃，遂寧府蓬溪章氏子也。家世業儒，奉佛尤篤。母初懷妊，頗有吉祥。既生，在襁褓間，見僧即喜。幼不茹葷酒，不隨童戲。年十三，父母顧之曰：『此兒終非塵中人。』乃携諸本邑南岩院，托僧自慶爲師，二十七得度。纔受具，即辭師往依講席，復遍歷吾蜀諸禪，究明己事因緣。未契，束包南游。初抵玉泉見勤禪師，勤器之，命副院事。歲餘，罄囊中所積歸常住，惟杖屨參訪襄漢一時尊宿。次依栖大洪，開山□禪師□看俱視竪指因緣。一日於僧堂方展坐具，忽見小蟲飛墮於地，遽拂之，隨手豁然大悟，開山肯之。於是服勤數載，乃命總院事。政和辛卯，恩順寂，師畢後事，乃□江浙□山，值智禪師住持，逼仍舊職。政和戊戌，郡東雙泉禪院虛席，隨守袁公灼命師出世，衲子奔湊，傳道不暇。袁公欽師道德，奏賜『净嚴』師號。俄改住水南禪院，□望益著，遐邇緇徒，聞風而至。靖康丁未，退止德安巇山。會延福禪院方丈闕人，安守李公公濟命師繼踵。未幾，兵戈蜂起，凶寇將至，郡官命師領衆入城，因建化城庵居之，訓徒如故。賊圍城久，米升四十金，時衆尚廣，日惟一粥，師獨請半，士大夫分惠糧儲之類，即均贍大衆。晨夕提振祖命，愈勤不輟。賊勢甚緊，高聲唱言，城破但存延福長老。攻既不利，而曰城中果有异士，遂引去。鎮撫陳公規聞而謂衆曰：『异士乃吾净嚴也。』紹興乙卯，師退居東堂。未數月，宣撫使司命居大洪。時以襄漢纔復，百里絶人，荆榛塞路，虎狼交迹，山頂僧行散逃餒死，所存不過百數，日餐野菜橡櫟以度朝昏，供利阻隔，屋宇墮頽，莊夫耕具，十無一二。師方定居，勸勉緇徒，開通供路，招置人牛，□闢田圃。未期歲間，四方禪衲，駢肩而來，檀越社供，如赴約束。逾年，僧及半千，次滿七百。復修院宇，追述先範，大闡綱宗，自此靈濟道場廢而復興。師住持十有三年，叢林再盛，不減疇昔。紹興丁卯春，師示疾，誡侍者曰：『每聞鐘魚，方進粥飯，過午則不復啜耳。』示化前一日，囑門弟子曰：『吾今將往，信任自緣，汝等壯年，當此佛法陵替，各宜勉力辦道，勿違佛戒。』至三月四日，問侍者曰：『今日是幾者？』曰：『初四。』師令備浴水，齋罷沐浴更衣，歸方丈熟寢，至昏黄遽起。時知事小師環繞侍立，師顧視左右，斂容端坐。少頃，暴風驟作，丈室摇振，土崩瓦墜。衆謂屋摧，四散驚出，唯副院宗舒疑師長往，侍立不動。良久，端然示蜕。傍有聞龍神殿内嗚指嘘聲，方丈後長崖忽摧，山之四周人望峰頂紅光燦爛，皆疑遺火。詰旦登山，始知師逝。於是連霄風雪陡作，峰巒變白，四衆號慟，禽獸哀鳴。留三日，入龕。後七日，窆全身於院之陽同光塔之右。葬日晴明，風和日暖。示化之夕，郡官夢師訪於公宇，茶話久之，辭曰：『老僧去矣。』次日，接師遺書，嘆异之。師平昔精持毗尼，絲毫無玷，不服縑纊，布衣紙衾，不執財寶，不背衆食。檀越所得施利，并歸常住，士大夫惠以玩好，隨得隨施。生平與物無忤，至於蚤虱，不忍弃之。師世壽七十六，僧臘四十九，□坐道場三十載，提振祖令。度門弟子宗肅等百餘人，嗣法已出世者數人。師垂手接人，雖慈悲示誨而不順世情。入室普説，寒暑無倦，禪徒不時參扣，并無阻却。因僧問如何是佛，師云『休瞌睡』，叢林以爲龜鑒。得師之道者無慮百數。師即恩禪師嫡嗣，曹溪十四世孫也。禪宴接人之外，一毫之善弗遺，結十萬人念阿彌陀佛，刊《華嚴》《遺教》諸經，集傳注解《四十二章》《遺教經》《潙山警策》，有語録、偈、頌，并行於世。紹興庚申夏，師稍違和，有景陵檀越吴興施財預建塔亭，以備後事。師病起，折充院前歇亭。知事衆謂恐違檀越意，乃懇止之。師因示誡文，其略曰：『予欲以吴君所造塔亭下，止以磚灰壘一同歸塔，欲自予已往當山住持者，同葬遺骸於其中。所貴省緣，免致唐勞從事無益爲。可勤傳正眼，令慧命不絕，則斯道綿遠無窮。幸同道者察予鄙志。』師歸寂後，人以重欽奉，輕於違師之志，同歸之義，衆議寢焉。其小師宗善狀師行實，自洪山不遠數千里而來，求銘於予。予於師爲同鄉，且以道契，每欽其道行爲里閭之光，義不當辭。嗚乎！歲不寒無以知松柏之後凋，火不烈無以驗真金之不變，事不難無以見高人之節守。今世之所謂高僧者，莫大乎闡揚教典，傳授祖燈，護戒精嚴，存心慈忍，禪定不亂，精勤匪懈，身不衣帛，囊無積財，力興叢林，善荷徒衆，長齋不昧，坐脱立亡，有一於此，號曰名德。儻卒然臨之禍患憂危之變，鮮有其心不摇奪者，而師於衆善則兼而有之，而又能爲高尚者之所難能。粤若逢時厄運，群盜四起，德安大府，環繞幾遍，師乃入城創庵居之，與衆同患，米貴如珠，不忍散衆，闔郡驚惶，師無懼色，提振祖令，宛若平時。聲傳賊耳，自唱言城破但存净嚴一人，師雖聞此，惟以利衆爲心，誓與闔城俱存亡。既以道德保護一方，賊遂攻擊不利，而曰城中果有异士，從而引去。賊既解而師退，在他人則追念前日虎口之危，亦且少休，或求安静之地以自養，是爲得計。而洪山全仰遠供以贍多衆，時則賊去未久，供路不通，山頂屋宇，大半頽圮，僧徒餓殍，十喪八九，所存餘衆，惟以野菜橡糜僅充口腹，聞者莫不遠避。而宣撫司命師往住持，而師亦毅然從之。既至，躬率其徒通供路，葺治田圃，魚鼓之聲復聞。未幾，社供復來，衲子奔凑，於是重修院宇，百廢具興，卒安□百餘衆，靈濟道場燦然復新，有加於昔焉。嗚乎！師於傳道修行之外，又爲人之所難能有如此者，求僧中之名德，罕見其比，非夫夙植德本而道力深厚，疇克然邪？銘曰：

大洪之巔，靈濟開山。始自恩公，更律爲禪。嗣法净嚴，繼踵而住。十有三年，道乘化普。師生遂寧，幼願出塵。受具之後，周游問津。遍登講筵，復歷禪苑。既通教行，欲窮法派。因緣未契，束包南游。竟遇洪山，針芥相投。俱視一指，洞徹源底。佛祖機緣，更無餘旨。宗説俱通，解行相應。能博能約，有規有繩。精持毗尼，常恐弗及。食不背衆，衣不衣帛。不弃蚤虱，不畜資財。人所愛惡，己獨忘懷。高士所爲，獨兼衆美。臨患難而不變，世莫得而倫擬。若居德安，會賊四圍。闔城震恐，日懼顛危。師行祖令，宛類平時。賊謂有异人而引去，庸非賴道德之慈威？逮兵禍之稍平，亦可休而少息。洪山供利，久已隔絶。凌晨無粥，而正晝無食。□殍而死者過半，幸免而存者十一。師被宣司之請，不復辭難而往。芟荆榛以登陟，闢虎狼而趨上。野菜橡糜，與衆同餉。率其徒以開路，招檀施而贍養。曾未逾年，衲子奔凑。田圃丘墟，俄復耕耨。寺宇傾摧，鼎新卑陋。卒安七百高僧，名藍廢而復舊。此舉世之難能，師優爲之而不以爲難。致緇素之皈重，宜幽明之共尊。圓寂之夕，暴風遽作。龍神嗚指而長嘘，山崖裂石而崩落。時當暮春，大雪降格。禽獸哀號，林巒變白。紅光現於峰頂，化體初無改色。巍巍聳塔瑞雲中，高示遺規爲永則。嘉慶《湖北通志》卷一〇三，嘉慶九年刻本。又見《宋代蜀文輯存》卷三八。

修昌州多寶塔發願文　紹興二十二年二月

敷文閣直學士、左中奉大夫、潼川府路兵馬都鈐轄、瀘南沿邊安撫使、知瀘州軍州、提舉學事、兼管内勸農使、東安縣開國伯、食邑九百户、賜紫金魚袋馮：今於昌州多寶塔内施錢四百貫文足，造第六層塔一級。全用銀盒，内盛華嚴感應舍利一百二十粒，安於其中。祈乞禄壽綿遠，逭道無慮，眷屬康安，子孫蕃衍，盡此報身，同享極樂。紹興壬申歲仲春旦日。修塔化首任亮刊石立。

《大足石刻内容總録》第一四一頁。

馮楫

夏之文

夏之文，字蒙夫，福州福清（今福建福清）人，臻子。政和八年進士，歷太常博士、提舉兩浙西路茶鹽公事、户部郎中。紹興中爲左朝請郎、主管台州崇道觀。後官終江西提刑。見《宋會要輯稿》職官四八之七〇、食貨二六之九、食貨三二之二七，《建炎以來繫年要録》卷六二、六三、六六，《淳熙三山志》卷二七。

净慧禪院看經寮記

昔法達禪師誦《法華經》及三千部，而不悟佛知見；智通禪師誦《楞伽經》約千餘遍，而不會三身四智。又，江西志徹、南海志道禪師自從出家以來，皆覽《涅槃經》，而不曉有常無常之義。彼四禪者初未嘗有所開悟，持誦既久，一見六祖，則于言下豁然意解，如夢者覺，如醉者醒，如迷塗失道之人不知所向，一旦得出邪徑，而由正路。大抵經意分明，人自迷背。况人人性中本有此經，諸佛如來因以文字垂示後學，雖非即此以悟入，亦非捨此而後有得。然則，寺院看經寮豈可無哉？净慧禪院在常熟練塘市，距鄒氏所居百餘步。其初施地創立院宇，繼而抄《大藏經》，建藏殿、藏院、三門兩廡，皆鄒氏先世之力。逮訴伯仲，造水陸功德堂，以續其後。紹興初，慨然復以大殿頹敝爲慮，且先世嘗欲新之未暇，乃相與出力，斥而大之。成於五年七月，余頃寓居練塘，親睹兹事，嘗作文志其歲月矣。然獨未有衆僧看經之所，爲闕典，憲念諸昆蚤世，無與爲力者。十九年二月己未，惻然興懷，又獨力爲寮及兩序共二十餘間于藏殿之後。明窗棐几，焕然一新，使其徒朝夕宴處于其間，展讀諷誦，曠然見性明心。他日不下四禪者，其爲利益一切，豈淺淺哉！比者，又得信公禪伯來主是刹，四方學者聞風奔凑席下，凡數百人，遂爲一大叢林。邦人信嚮，設伊蒲塞盛饌無虚日，亦一時盛事，豈不韙哉！嘗聞唐宣宗問宏辯禪師：『有人持經念佛，如何？』對曰：『如來種種開讀，皆爲最上一乘。如百川衆流，莫不朝宗于海。』又問：『師既會祖意，還禮佛轉經否？』對曰：『沙門釋子禮佛轉經，蓋是住持常法。』夫經者徑也，不可一日無于天下也，審矣。憲作斯寮，爲沙門釋子之利，豈徒爲遮眼計？未成之日，以書見告，既成并以圖來示，丐余文以傳久遠。余嘉憲之用心，教子侄皆入大學，又推其餘以及其鄰僧。余衰也久矣，廢弃筆硯，不復爲文，今日披圖，喜而爲書其本末以告來者。是年九月十五日，左朝請郎、主管台州崇道觀夏之文記。《重修琴川志》卷一三。又見《海虞文徵》卷一四。

羅汝楫

羅汝楫（一〇八九——一一五八），字彦濟，徽州歙縣（今安徽歙縣）人。第政和二年進士，教授郴州，累遷至刑部員外郎。紹興十年爲監察御史，遷殿中侍御史，權中書舍人、右諫議大夫兼侍講，擢御史中丞、吏部尚書兼侍讀。出知嚴州，提點江州太平興國宫。紹興二十八年卒，年七十。汝楫爲臺諫日，與万俟卨等陷害岳飛及反對和議者甚力。著有《東山猥稿》二十卷、奏議八卷、外制二卷。見洪适《盤洲文集》卷七七《羅尚書墓志銘》，《宋史》卷三八〇本傳。

重建兜率寺記

汝楫少時，以事過新定子城之北，連闤洞開者屋數千楹，目其榜，則兜率寺也。即時游焉，秘宇屹然以高，缭舍窈然以深，支房别院，重樓複閣，内外整整，足爲望刹。念此邦薄力，向非它州比；僧居之陋，取蔽風雨而已，乃獨雄盛如此，諒非偶然。呼寺僧詢之，實唐陳尊宿故居。陳得法於斷際，當時緇素歸重，加姓其上，以尊宿稱。太守陳操師事之，親受法要，事見《傳燈録》。後世追仰其人，相與飾此遺武，無足怪者。及得舊碑讀之，乃開元三年台州刺史康希詵文，其叙輪奂之美，反復至數百語。詳其語往往過於所見，則寺之雄盛舊矣，不因陳僧而然。惟是數百年間，相繼增葺，久而益新，亦豈無所自耶？紹興十四年，予來莅郡事，則寺以焚毁。咨興廢之不常，爲之悵惜久之。它日與客語偶及此，客持三説，以起廢爲丘墟，小庵嚴奉，有所未至，此兜率不可不復者一也。疇昔寺無恙時，徒衆如林，計今所存，尚復不鮮，或至散處市肆，行業俱墮，三尺所禁，豈應坐視，此兜率不可不復者二也。寺占形勝之地，密鄰州治，廢址蕩然，無復藩籬，居人築塓之用，取給於此，畚鍤日至，氣益以索，此兜率不可不復者三也。是三説固不誣。屬當巨浸之餘，公私屋室摧圮過半，方務悉力營繕，何暇它及？比就緒，得請奉祠，蘇使君實來繼予。使君頃守嚴有惠愛，未幾復臨舊治，民習其政，坐以無事。先是兜率之廢，天申節齋禱，即詣烏龍山寺，遂爲故事。使君喟然嘆曰：『天下州郡，皆即在城佛館，以嚴歸福之供。而吾州獨不爾，乃率僚佐走郊外，亟拜而返。權宜可也，萬一熏修之事少有不虔，稽察惟艱，其何以自安？州雖陋，顧不能新一刹乎？』其意殆在兜率，未遽發。會有以林木獻寺者，所得類皆瑰材，其數爲多。寺僧祖照、德淵輩相與經畫興復，不籍於寺。而願預其事者曰惠空，僧正慧端實總護之。於是分詣大姓，乞其功用之費。遠近響應，無不樂施。其或無積貲者，人授一瓻，使日輟贏餘置其中，伺其滿，持以歸我。錙銖積累，初若微甚，卒至於不可勝計，事賴以濟。是役也，經始於十七年冬，至十九年正月以訖役告。凡爲大殿者五間，山門十有一間，兩廡四十有二間，爲廳事者二，待長貳暨官屬之至，斜廊六間附焉。惟法堂、戒壇舊所有，姑因之，餘皆焕然一新。又僧守越募工爲三大像，夾侍六人，如諸方之儀，有穆其容，瞻者增肅。餘力對飾涌壁，曲盡其妙。予居比郡，聞寺成，意前三説者有以啓之。及傳使君言，則其享上之誠，惟恐不至，彼三説者抑末也。嘗觀《天保》之詩，一章曰『俾爾單厚』，二章曰『俾爾戩穀』，三章曰『以莫不興，以莫不增』，末章則又取物爲况，曰『如月之恒，如日之升，如南山之壽，如松柏之茂』。古人歸美其君者，惓惓如此，蓋臣子至願在焉，不嫌於繁。今使君顓營精廬，以申此志，而革一時權宜之例，兹亦勤矣。况復誠之所感，化荒榛爲梁棟，易朽壤爲瓴甓，宜無難者，天下事其有不可爲者哉？此寺唐神龍初中宗所建，號中興寺，既而改龍興，國朝大中祥符元年始賜今名。紹興五年，宿兵於此，一夕遺火蕩盡，實正月八日，迨兹十有四年矣。適使君再至，乃始成之，豈其成固自有時也？使君名簡，眉山人，黄門先生之孫，才行兼優，克世其家。父侍郎公春秋高，益康寧，人以爲豈弟之報。寺成云始，辱以郡人意，致書求記。義不得辭，因爲叙其本末而繫之以詩。其詞曰：

兜率在天，惟佛之居。招揭美名，賁此精廬。棼橑翼然，金碧爛如。妙極人功，與天不殊。犖犖老師，宗門之杰。於焉利生，機鋒雷掣。擁笏擎拳，擔囊竭蹶。仰止高風，千古不滅。鋒鏑之腥，實穢户庭。灾延萬瓦，炎埃冥冥。載夙告祥，維其乞靈，無所於寄，遠走林坰。蘇侯再至，念此咨嗗。事有不虔，臣子之愧。既發其義，亦佐其費。緇徒奔走，以承其志。寶殿有嚴，擁以修廊。毫相居中，巍巍堂堂。浄侶咸安，勝壤增光。老師之奉，出於衆香。鳴占里社，靈場再肅。以戒以告，毋慢毋黷。義篤亨亨，不私其福。於萬斯年，惟吾皇是祝。

《嚴陵集》卷九，影印文淵閣四庫全書本。

黄彦平

黄彦平，字季岑，號次山（一説名次山，字季岑）。洪州豐城（今江西豐城）人。庭堅族子。宣和元年第進士。歷信陽州學教授、池州司理參軍。靖康初遷博士，坐與李綱厚善謫監虢州銅場。建炎初爲吏部員外郎，未幾，撫御京東西路。使還，知筠州。紹興六年復吏部員外郎，數上劄子論事。後爲荆湖南路提點刑獄公事，引疾補外，遂罷，主管亳州明道宫，凡九年卒。著有《三餘集》。見《危太素集》卷八《黄次山傳》，《宋史翼》卷二七。

羅山妙心院華嚴經室記

羅山，洪豐城之望，石人之异，記載不無大小。岫山北支疑有洞穴可尋，而未見。岫山，周遺寺也。岑絶倚其中，甲乙未租税二百年矣。治平中賜名妙心院，前住省方新院屋，徒義光能飭東小室，求《華嚴經》藏之。余避地山間，知聞殆絶，日閲是經，有會心者欣然忘得喪焉。經以悲願爲宗趣，悲心不弃一物，願力能通三世。凡士之純明英特，其才足以有爲，而言不信於人道，不行於天下者，皆願力之不宏者也。識環記井之事，達者猶旦暮爾。余亦有願，悲濟斯人，顧病矣，無能爲矣，恐負斯志，則使禪者道璋訪岩石之勝文字者瑑告之，异日復求以爲符信。文淵閣四庫全書本《三餘集》卷四。

徐　林

徐林，字稚山，自號硯山居士，歷陽（今安徽和縣）人，徙居吴縣（今屬江蘇蘇州）。少有特操，登宣和三年進士。歷官江南西路轉運副使、太府少卿、户部侍郎。紹興末知信、温州，時年七十餘。隆興初爲吏部侍郎，論符離之役爲非計，出知平江府，旋乞致仕。再以給事中召，累官龍圖閣學士。卒年八十餘。見《建炎以來繫年要録》卷一九八、《吴郡志》卷二七。

臨濟正傳虎丘隆禪師碑

菩提達磨壁觀少室，斤相指心，號曰禪宗。五傳而至曹溪，逮今幾五百年，枝流繁衍，异人間出，得果得辨，前後相踵，如薪續火，可謂盛矣。平江虎丘禪師諱紹隆，和州含山縣人。生而岐嶷絶俗，九歲謝父母去家，依縣之佛慧院。又六歲，削髮受具。又五歲而束包曳杖，飄然有四方之志。首遇長蘆净照禪師，參扣之間，景響有得。因閲《圓悟勤禪師語録》，撫卷嘆曰：『想酢生液，雖未能澆腸沃胃，且要使人慶快，第恨未親聆謦欬爾。』於是欲訪之。復至寶峰，謁湛堂準禪師，準曰：『如何是行脚事？』師露胸示之曰：『和尚驗看。』準即打，師約住曰：『且莫盲枷瞎棒。』準大笑，因留年餘。乃謁死心於黄龍，心問曰：『是甚麽僧？』師曰：『行脚僧。』心曰：『是何村僧，行甚驢脚馬脚？』師曰：『廣南蠻道甚麽，何不高聲道！』心喜曰：『却有衲僧氣息。』師乃喝退而參堂，度一夏，心甚器重之，每嘆曰：『再來人也。』死心機鋒横出，諸方呑焰，非上上根莫能當，而於師重稱賞，衆皆側目。已而趨夾山見圓悟，道龍牙山，遇泐潭乾之法子密禪師，相與甚厚，每研推古今，至投合處，抵掌軒渠，或若佯狂，議者謂今之潙仰、寒拾也〔一〕。久之辭去，遂至夾山，會圓悟移道林，師從焉。一日入室，圓悟引教云：『見見之時，見非是見，見猶離見，見不能及。』豎拳曰：『還見麽？』師曰：『見。』圓悟曰：『頭上安頭。』師於此有省。圓悟復曰：『見個甚麽？』師曰：『竹密不妨流水過。』圓悟肯之。自此與圓悟形影上下又二十年，斧搜鑿索，盡得圓悟之秘。師以二親垂白，歸寓鄉郡褒禪山，蓋修摩耶忉利故事也。繼受請住城西之開聖寺，四衆翕然歸仰。建炎之亂，盜起淮上，乃南渡宣城。士庶素欽師名，爲結廬銅峰下。適彰教虚席，郡守李尚書光延師居之，道化益振。四年而遷虎丘。時圓悟以時未平，泛峽歸蜀，橐之輻輳川奔，一時後生望山而趨。師每登座，從容示露，一味平等，隨根所應，皆愜其欲，故圓悟之道復大播於東南諸方，謂圓悟如在也。居三年，感微疾，白衆曰：『當以第一座宗達承院事。』衆請於郡，從之。事既，索筆大書伽陀曰：『無法可説，是名説法，所以佛法，無有剩語。』擲筆坐逝，實紹興六年丙辰歲五月甲午八日乙亥也。建塔於山之陽。凡住世六十年，坐四十五夏，度弟子復如等六十人。嗚呼！佛法有正派，有旁枝，曹溪之世衣止不傳，雖曰法源入海，汪洋大肆，而西土般若多羅讖記特在馬駒。厥後五宗，惟臨濟一門出馬祖後，於今最盛。圓悟，近代尊宿，宗眼超卓，才辯縱横，若麟角獨立，而師又深入其室，是可嘉也。林謂道德之重，不待家喻户曉而知，言白雲即知爲端，言東山即知爲演，言虎丘即知爲師也。真能壽楊岐光明正大之傳而永臨濟於無窮者矣，不銘何以詒其後！銘曰：

於穆初祖，一花東土。讖至馬駒，益昭益著。派衍而蕃，實惟圓悟。圓悟得師，如馬之畢。大坐虎丘，雷動雲鶩。臨濟中興，楊岐再住。隻履忽西，幸嚴龕墓。有神有天，來訶來護。咨爾後昆，展轉流布。《吴都法乘》卷五上之下。又見《虎丘隆和尚語録》。

〔一〕仰：原作『抑』，據文意改。『溈仰』謂唐溈山禪師與仰山禪師。

釋道昌

道昌（一〇九〇——一一七一），俗姓吴，湖州歸安（今浙江湖州）人。幼禮澄公爲師，十三受戒。後師湖州道場妙湛大師，遂嗣其法。歷主何山、瑞光、育王、蔣山、徑山、靈隱諸道場，賜號佛行大師。稍倦應接，告老退隱，自號月堂。後出主净慈。乾道七年卒，年八十二。見曹勛《松隱集》卷三五《净慈道昌禪師塔銘》，《補續高僧傳》卷一〇等。

寶雲通法師移塔記

余住育王時，寶雲威法師相訪，因語通法師乃寶雲啓教之宗主也，有塔葬此山。余詢勤舊，皆云在寺西隅，遂往尋之，見荒榛蓬棘中塔已墮毁矣。是時烏石有山，僉云風水甚佳，貴人富家數來求之。余以常住地，非余私有，若自與之，必招因果也。其間人情有大不悦者，而余獨守之如初。是時先師妙湛老人居西塔，因以禀之。先師云：『通法師天台宗主也，又此地人皆欲得之，若遷通公骨殖葬於此地，則非獨免求地者源源而來，抑亦通公之骨葬得其所。』余遂從先師之言，擇日同威師并妙湛老人集衆遷葬之。至取其骨，香水洗沐於日光中，世所謂堅固子者，或青或黄或紅或白，滋生於骨上，見者無不歡喜，作禮贊嘆：『如是殊勝，世所未有。』後育王住持人遷寂，其徒知此地之勝，而欲邀其福，就彼葬之，未久而皆爲人所移，唯通師之塔巍然而獨存。是知用心之善不善者，報應之效曉然可見也。紹興廿八年戊寅歲八月廿八日，延慶若權上人訪余於冷泉，出通師重建石塔記，欲求余書遷葬之因，故特以此示之云。住靈隱山月堂比丘道昌謹題。《寶雲振祖集》。

王銍

王銍，字性之，潁州汝陰（今安徽阜陽）人，昭素之後。善屬文，記問該洽，尤長宋代故實。南渡後寓居剡中，自稱汝陰老民。建炎四年爲迪功郎、權樞密院編修官，纂集先朝兵制。紹興中爲太府寺丞，後以右承事郎主管台州崇道觀。九年，上《元祐八年補録》《七朝史》，特遷一官。徙湖南安撫司參議官，復上《太玄經解義》及《祖宗八朝聖學通紀論》。銍著述頗豐，今存《雪溪集》《默記》《王公四六話》《補侍兒小名録》等。見《宋會要輯稿》崇儒五之三三、崇儒五之三四、《紫微集》卷三六，《建炎以來繫年要録》卷三五、七四、一二五、一四九、一五一，《直齋書録解題》卷一八，《宋史》卷二〇六、四六五，《宋史翼》卷二七，《宋詩紀事》卷四三，《宋元學案補遺》卷四。

包山禪院記　紹興二年正月

靖康元年夏五月，慈受大士普照禪師懷深住大相國寺慧林禪院之六年，力祈還山，優詔不許，命大丞相喻旨，所以留師者靡不盡也。師確不可奪，拂袖出都，遍走江浙。所至山川城邑，僧俗擁衆歡迎，瞻頂焚香夾道，如佛行化。靈岩、蔣山虚二禪席以待，而兩山之人遮道不得行，師姑慰其意，皆少留而去。最後得洞庭包山廢院，欣然駐錫卷裓，爲終焉計。兹院自六朝之初爲勝地，梁天監中始再崇葺。唐高宗賜名顯慶，爲大叢林，庇千僧。陸龜蒙、皮日休所賦包山精舍是也。政和中權豪用事，撤以修其墳寺，瓦木滌地俱盡。淵聖皇帝詔復其名，而舊寺僧法聰爲師以請。既至山，平江府令其弟了初主院事，然頽基斷址，四顧荒寒。而富者獻財，巧者獻技，壯者獻力，不數月殿堂門室、鐘經與樓皆具。師平日未嘗求施，兵燼之後，尤不煩人，而施者自遠而至，唯恐弗受。於是禪居靚深，歸然出雲烟之上矣。夫洞庭别名震澤，又曰松江，又曰笠澤，又曰具區，道家謂一水五名，上稟咸池五車之氣，而包山即林屋洞天。下有洞穴，水潛行地中，無往不達，號爲神仙天后便闕。洞中産白芝紫泉，乃仙饌天醴。環以七十二峰，而明月之灣、縹緲之峰、毛公之壇，尤爲塵外净境。傳稱黄帝訪道所幸，而夏禹治水，藏素書於此。至吴王闔閭得之，以問孔子，蓋仙聖所宅，得名數千年遠矣。地分東西兩山，院在西山之巔，巨浸回環，四絶無地。天水相際，一碧萬頃，風濤豪汹，旁接滄溟。下則魚龍之所窟宅，上則虎豹之所伏藏。藤蘿膠輵，橘柚蔽虧，深林森木，横生倒植，納天風海日於窮崖絶壑之間，所謂烟雲生於步武，陰晴變於几席。猿鳥悲嘯，晝夜清寂，而水作限斷，遠與世隔。蓋江海之外，無際之山，孤聳於不測之淵，無逾此者。東南號山之富，此又東南百水所鍾之地也。竊嘗論古昔學道之士，必游走四方，以極天下壯觀，登高望遠，廣其耳目，使萬境森然納於胸中，然後見聞深博，道學明備。釋氏之教亦然，自出家祝髮，則一衲一食，水浮陸走，區薄風霜，以求師問法，務見一切世間艱難險阻、情僞利害，然後心境廓然，知無一當留者，故於道爲近。思斯院之成，人與地稱，山川改色，來者瞻敬，殊不知師所見，豈在於此？視天宫化城，金色世界，釋帝龍天之居，與夫光明藏海、毗盧法界，皆吾一性之内，非遠非近，無去無來。今我行住坐卧，莫非四方净土，豈厭此樂彼，有所分别，而更他境於一念之外哉？此師之達觀一視，如法無彼此，不眷眷於一居也。然則，僕今所言，皆師所不取也。其如院廢興歲月，與師居此本心，以待其徒傳永遠而無窮者，亦不可以不記也，於是乎書。紹興二年正月戊寅記。《吴都文粹》卷八。又見《吴郡志》卷三四，《吴都法乘》卷一〇下之上，《具區志》卷一〇，《古今圖書集成》職方典卷六八五，道光《蘇州府志》卷四一，民國《吴縣志》卷三六上。

朱琳

朱琳，建炎時處州松陽（今浙江松陽）人。

延慶寺塔記　建炎四年

延慶寺塔，故行達禪師所藏釋迦如來舍利塔也。法師夙殖慧根，通内外教，戒行峻潔，願力堅固。初，太平興國四年，有旨搜訪竺國遺文。法師應詔西征，不遠萬里，蹈穴胸鳥啄之區，犯猛獸毒蛇之地，水栖路宿，不擇死所。至中印度，得《大經論》八部，舍利四十九粒以歸。間關畏途，閲十寒暑，詣闕自言〔二〕。朝廷嘉其勤，錫紫方袍，緇素榮之。法師侈上之賜，發大誓願建塔二區，爲國祈福。一在永嘉之龍翔，一在本鄉之延慶。此寺初號雲龍，至是改賜今額。時海内乂安，習俗好施，不待勸率，富者輸財，强者效力，巧者獻技，凡三年訖工。涌地七成，高二百五十尺，盤固輪焕，甲於東越。經始以咸平己亥，其成蓋五年壬寅也。後五十八年，當皇祐庚寅，邑人項文富斥私財再新之。至建炎庚戌，八十一年矣。當歲己酉夏，祥光涣發，出於塔尖之表，上屬雲漢，晦冥之夕，一如白晝。合境之人瞻仰贊嘆，得未曾有。嗚呼，佛威神力，巍乎大哉！昔阿育王役使鬼神於震旦造塔，分葬釋迦舍利，蓋不可勝數。其幻化之餘，流寓世間，猶能爲諸有情作大饒益，而五臺、峨嵋、廬阜、天台諸大菩薩及阿羅漢亦時出神光，使萬目咸睹，皆所以覺寤寐、發信心也。今此寶塔作鎮一邑，逾百年矣。我佛如來以大慈悲，放普光明，經月不泯，豈以此方之人知造口業，得離兵火之難，故獨惓惓示此祥异以警動之耶？由是檀信雲集，即舊圖新。憚歲月之浸久，懼崇奉之弗虔，各出金繒，共營土木，成以不日，壯麗如初。有比丘迴中，以修塔僧智偁之意求銘於余。余栖心《内典》，累年於兹。聞是殊勝，固願以言語隨喜，同作佛事。况復來請，實獲我心。固采摭舊聞，具載顛末。稽首而系之以銘曰：

維昔西方有聖人，示現巍巍丈六身。住世既久斯返真，獨留舍利光紛輪。種福沙界無邊垠，維道行達有夙因。心如老佛願力臻，西走竺境彌十春。踐蛇如毒與死鄰，探取貝葉搜環珍。得珠七七精而匀，龍天護送無迷津。持歸中原更百勤，明月夜光何足云。有大蘭若奠鄉松，建塔寶藏志願伸。浮圖七成高切雲，金碧璀璨無等倫。瑶龕十襲裝金銀，奉事香火嚴朝曛。守衛撝訶煩鬼神，迨此百年驚見聞。靈光晝夜屬窮冥，照耀何止有十旬。嘉祥逾月騰郁紛，道俗瞻嘆悲且忻。土木彩繪增華新，天其以此静妖氛。三灾不到福斯民，浙河以東薄海瀕。佛光處處資普熏，善良安業擴悍馴。是則名爲報佛恩，無邊佛力此長存。光緒《松陽縣志》

卷一一，光緒元年刻本。

〔一〕關：疑當作『闕』。

呂求中

呂求中，呂夷簡玄孫，建炎中爲從事郎、衢州江山縣令。

藏璽書於璩源寺記　建炎四年九月

慶曆中，臣高祖秦國公謚文靖臣夷簡病不能朝，仁宗皇帝剪髭封以璽書賜之。文靖力疾，手表西北機事及薦范仲淹、富弼、韓琦等人，以次召用。璽書舊刻石在鄭州管城縣先塋懷忠薦福禪院，南渡以來沈没盜區，止存墨本。追念先世遭遇昭陵，盡瘁圖報，感嘆泣下。謹以模刻，瑑以堅珉，藏之江山縣璩源善政禪院，庶圖不朽。建炎四年九月甲子，從事郎、特差衢州江山縣令、主管勸農公事臣呂求中謹記。同治《江山縣志》卷五，同治十二年刻本。

馮温舒

馮温舒，靖康中爲工部侍郎，金人内逼，委職而逃，詔落職。紹興中以左通議大夫提舉南京鴻慶宫。紹興五年二月，詔復舊職秘閣修撰，而御史張絢言其借勢於梁師成，遂作罷。見《建炎以來繫年要録》卷八五。

翠山禪寺興建記　紹興八年四月

四明郡之南山，雄氣勝概，蓋與夫雁宕、天台之連屬也。出郭六十里，林岩秀潤，溪流清遠，由桃源鄉歲輸賦於鄞溪，駕長虹以通蘭若。唐寧初僧思明踵其處而樂之〔一〕，得地於邵氏以庵焉。昭宗光化二年，請長老令參居之，嗣雪峰存，道馨四聞，來衆雲集，開席其所，以納龍象。山骨巃嵸，出於林杪，翠色岩岩，遠在人目，院因以名。雲門偃、長慶棱、保福展皆來客居，從兄之游也；龍册興、佛奥默嗣出其間，以述師之範也。而翠岩之聲落天下耳，由老參秉佛事柄而然也。錢氏之有二浙，天福初文穆王移參主杭之千春龍册寺之〔二〕，號慧日永明大師。開平五年改翠岩名境明。巨宋混一區宇，夙寒蕩於炎德，和氣吹嘘，跂行喙息，同戴春也。吴越既獻土地，大中祥符初，敕賜今額。自參之去，其徒希賓繼之，凡七傳至義海，始正十方叢林故事。海嗣雲居齊，天禧間太守季公之所請也。元祐末得亨主之，嗣報本元，太守劉公之所請也。院舊面山背溪，局不得伸，亨相其面勢，易爲東向，山後旋而屏峙，溪左下而深垂，明爽塏集，四顧而麗，亨之力也。累代相承，事無增損。雲衲投棲，□受百數。建炎四年，太守英公請宗公補處宗事。今天童覺公入門升堂，問法之賓，倍前日之數者再。屋不足，合小而大之，易舊而新之；食不足，克勤於耕，克勉於丐。均令湛明，身前單已，無兼之妙，回途應變，手眼千千，烹鍛之功，神不可傳，於是萃食指幾四千。宗公形槁而氣温，語淡而味真，道人去就，飄飄如也。吴公出私財三十萬，爲買田於寺旁；比邱圓證大師智謙、比丘行因各施所有田；比丘法潤募緣墾鑿，成半千畝。俾夫主人嚴坐局床，静豁機前，以訓迪多士，來其賓友；嘿守圓蒲，超詣象外，以窮通萬彙。佛佛燈燈之傳，祖祖繩繩之事，其在斯乎！賓主之安，施受之利，其在斯歟！原始迨今垂三百年，其建立更易如此，不可無傳也，故并次而紀之。紹興八年四月記。《敬止録》第八册。

〔一〕唐寧：似當作『唐乾寧』，有脱字。

〔二〕此句疑有脱誤。據《册府元龜》卷五二載，後唐末帝清泰二年八月，詔杭州龍册寺宜號千春寺。

釋正覺

正覺（一〇九一——一一五七），俗姓李，隰州（治今山西隰縣）人。十一歲出家，十八歲游歷諸方。得法于鄧州丹霞山德淳禪師。宣和末出主泗州普照禪寺。建炎間歷游舒州太平、江州圓通能仁、真州長蘆禪寺。繼主明州天童寺凡三十年，紹興二十七年卒，年六十七，詔謚宏智禪師。有《天童宏智覺禪師語録》《天童覺和尚頌古》等著作傳世。見《天童宏智禪師行實》（《天童正覺禪師廣録》卷九），周葵《宋故宏智禪師妙光塔銘》（《八瓊室金石補正》卷一一四），《寶慶四明志》卷九。

天封寺記

四明之城，翠環于山，百川之水，浚導于海。氣秀萃乎地紀，風流成乎天文，魚躍于龍雷，虎變乎豹霧，東南之美，獨擅其名。市郭之南、鄞江之上，有窣堵波，六面七層，高一十八丈。建炎寇燔俱盡，願言再新，未有其人。一日衆推山陽德華上人，歷試其能，是任可委。華歡喜從事，邦人贊其資用，傭者之蕢土，陶家之市甓，良冶之範金，大匠之治木，百工之獻伎，翕然而起。自降而隆，從規而矩，嶒崒突兀之形高而出雲，婆娑輪囷之狀盤而據地。光琉璃之甍瓦覆于上，赤珊瑚之闌干繚于外。梯横其中，以便登覽。一身雙目，四方千里。十洲三島，海上之春，千岩萬壑，山陰之秋，東西之佳處也。烟霞甍桷，王謝之家，風月軒窗，顧陸之第，梨棗邱園，孫生之高隱，金丹井竈，梅仙之深居，左右之杰人也。天童之伴，懷明月之媚淵，雪竇之儔，躍桃花而燒霓，阿育王選勝之地，彌勒佛放憨之區，南北之良鄰也。趨塞之雁斷于層檐，曝潮之鯨奔于倒影，翔而不高，潛而不深，上下之默警也。蒼蒼黄黄，九霄八荒，俯仰之樂，曠達無際，天容青而張幕，雨脚白而散絲，晴陰朝夕之美也。烟嵐翠膩而花氣温，熏風條暢而槐陰繁，長河澄澈而璧月上，同雲結密而瑞雪零，暄凉寒暑之候也。郡邑家家，薌鐙整整，遥瞻伏拜，心肅貌恭。餘垢洗于冰雪，新芽長于春陽。水旱消，怪雨寢，痴風調；禾麥登，菽粟稔，妖氣退舍，慶事集境。士庶門户，男女子孫，英敏賢孝，仁惠謙睦，静篤守性，清白世家。天贊神護，魔逃癘弭，斯窣堵波高廣殊勝，净妙建立之益也。經營于某年某月，告畢于某年某月，總費九千百萬錢。兹乞記于瓏瓏岩下，堅不得辭，謾拾其事而書之，甚愧于不文也。同治《鄞縣志》卷六六，光緒三年刻本。

僧堂記

夫靈山之笑温，少林之坐寒，東西繩繩，三十三傳。老盧受衣鉢而逃，厥事顯著，開闔歙張，波瀾光焰。肆口而説，肆心而應，道傳器受，源深流長。南岳青原，代以得人，或默有所宗，幽潛遠遁，掃迹世外，研究生死。松食荷衣，巢積草座，晦而不耀，持養老成。有慕其風，師而親之，鋤植春炊，采汲烹瀹，溪芼原粟，枯槁自甘，來遠集繁，乃建僧堂而統受焉。齋之萃師友同事，刳情封智，擯學黜思，妙盡心空，宗通眼活，發越于設施，果其能而備也。建炎之末，人病亂離，湘漢江淮，兵火燔掠，尊宿叢林，没蕪八九，毳衣瓶錫，投栖于東南。四明禪席，素號小廬山。郡東六十里天童道場，山紆盤而氣幽，松偃蹇而皮皴，蒼壁附蘿，烟晞而翠膩，孤虹枕澗，埃濯而清揚。予住山之四年，十方來學，雲趨水赴，屋不能容。比丘行深遽來白事，曰：『柏庭有于露坐檐宿，殆無尋赤。與受單鉢，欲募浄信，增大其堂，得乎？』予頷之。已而匠搜于林，斧鳩于石。一年餘，礎布楹列，梁横桷攢，棼橑翼張，甍瓦鳞覆，前後十四間、二十架、三過廊、兩天井，下無墻堵，縱二百尺，廣十六丈。窗牖床榻，深明嚴潔，萬指食息，超摇容與。謀始於紹興壬子之冬，工畢于甲寅之春，總費緡錢萬五千有奇。冬温夏凉，晝香夜燈，開鉢而飯，洗足而坐，耕牧其間，警導以寂。秋涵古井，春入化機，淵兮默成，粲兮用光。水盈科而流，石隨呼而響，理契平等，智應曰然。動静威儀，針砭相益，檢責滲漏，磨瑩瘢痕，淬礪光芒，錯礱圭角，高標遠到，追武古人。丐心施力等不負其意，氣劣學弊，希易欲速，以機械爲蹊，放蕩爲徑，耕于空言，餧無所獲，□于强辨，勝無所歸。見聞流習，知解汩心，佛祖之所訶，魔外之得便，其疵癘萌孽，治不可緩也。登昆侖之丘，决河源之水，濯肝膽之污，蕩心目之翳。生滅迹亡而沙存，有無轍泯而過量。大夜之夢破，永劫之疑拔，出家之志償，行脚之事辦。相從儔侣，殆庶幾焉。成化《寧波郡志》卷九，成化刊本。又見《天童寺志》卷二。

大用庵銘 紹興十年九月〔一〕

廓然之宗，空而不空。智游方外，妙入環中。環中湛存，用之不痕。總造化柄，見離微根。窮極離微，玄樞活機。河横澮蕩，斗轉依稀。依稀成用，用與體共。家未中形，功初内動。動而影彰，静而智藏。光容天地，兆變陰陽。陰陽變兆，用得之要。春在百花，風號萬竅。竅竅中虚，雖有而無。聲不礙器，色不染珠。珠兮走盤，不見其端。壁立千仞，赤肉一團。一團赤肉，應緣其足。像兮臨鑒，神兮居谷。谷神是誰，靈靈自知。説用如鼻，眺用如眉。用之立换，寄世而玩。彈指開門，相招隔岸。隔岸相招，拈却木橋。等閑一唤，適用全超，超用較些，相逢作家。雨雲翻覆，雪刃交加。交加不傷，用純愈光。拍拍是令，人人當行。當行往還，用亡險艱。如石含玉，似地擎山。山畜海藏，規圓矩方。頸頭得用，恰恰相當。相當函蓋，混成三昧。宛轉機圓，縱横用大。大用現前，不存軌則。推倒藩籬，東西南北。南北東西，歸去來兮。混之不得，類之不齊。隨類而游，閑閑自由。天上天下，雲行水流。四明天童山苾芻正覺述。《兩浙金石志》卷八。又見《宏智正覺禪師廣録》卷九（續藏經第二編第二九套第五册），乾隆《鄞縣志》卷二三，《金石苑》。

〔一〕原無著撰年月，據乾隆《鄞縣志》補。

釋靜芳

靜芳，紹興間懷安軍金堂雲頂山僧人。

開山頭陀靜照禪師記　紹興元年五月

佛祖之道，妙萬物而獨存也。雖與死生得喪同一實際，而出没卷舒，未嘗墮於生死之機，此其所以亘古今而不昧者矣。山中頭陀靜照禪師，自唐大曆間深入無相法門，慈悲願力，所至爲物，傳記載之詳焉。逮此雲峰道場垂五百年，宋第八帝宣和之初，黄冠□議，朝廷下奪師之靈骨與塔俱遷。白神山前，風月猶在，居靜奮不顧命，瀝血天廷，黽勉八年，生死一節。及靖康嗣帝敷焕大號，日月照臨，復還舊物，於建炎三年六月初九日率諸道俗再歸靈骨，建塔故址。楠生石合，讖記冥符，動靜去留，一法所印。頭陀願力，與山俱青。仍創石浮圖并諸亭舍共三十餘間，以嚴奉香火，以傳諸子孫，永光其道，仰報巨蔭。於戲！象數之作，皆物之情也，然道行其中，故熊耳隻履，普化直裰，豈爲有力者負而往哉？若知先師靈骨猶存，則□□白浪中正，是著力處耳。謹記歲月，以昭永懷。時大宋紹興元年五月吉日。嘉慶《金堂縣志》卷三，嘉慶十六年刻本。

何汝賢

何汝賢，高宗時閬中（今四川閬中）人。

禹迹山院記　紹興元年十二月

吾鄉江山名天下，載在《圖經》者，若錦屏、大像，而禹迹居其首焉。兹山在閬之東南隅，望之聳入雲漢數千尺，而衆山峭崒其下，高且大莫得而伍也。山之巔，浮屠氏居焉，其次，又有浮屠氏居焉。二浮屠之相去僅二里許。建炎兵火間，蜀大帥議以此山爲青野，里人趙氏寵愛其坎岩洞深阻，鑿石結屋，命南部法忍僧自昇主之。爲二殿，有釋迦、文殊、普賢、十六應真等像，廊廡周匝。今僧清慦即其孫也。山巔廣潤平衍，舊有石老氏祠。祠之東北，各有池焉。其水冬夏澄澈，每厲歲亢陽用事，數百里内外，若縣若鎮，士農工賈皆肩摩袂屬，齋潔祈請。涓丐既行，雨澤隨沛矣。紹興乙卯，主山之田者楊元舜愛其峰巒秀聳，水且有异，與其弟元盛又即老氏之祠營佛室以奉香火，用新城興善僧法海主之。海之徒曰智慦〔一〕，幼侍其師層巔幾五六十年，日營月輯，殿宇樓閣迭相宏麗。中置釋迦大殿，環以五百應真。其北廡爲慈氏之宮，翠樓巍然。南廡則菩薩諸聖之堂，突兀間錯。噫，亦勞矣！嘯工運材，動百餘里外，陟層峰〔二〕，上絶巘，非數十牛不可輦一木，人力不論也。嘗聞建置之始，以十餘牛負大木，直上數千步，尋至層巔，綆絶而復墜，哮然若重崖之崩，直抵深壑。工徒蹙額斂手曰：『是不可爲矣。』老僧笑嘻曰：『是山之神戲我耶，何爲奮擲而無一毫之傷也？』徐而下取之。雖久費日力，而殊無倦色，卒之不動聲色〔三〕，紺宇告成，殆有物陰相之者，亦僧一念之誠而然也。僧屢請於余曰：『自吾師之居茲山，閱歲滋多，願書始末，傳示永久。』余拒不能，僧請不置。余謂之曰：『僧成就此山，以酬先師之志，固誠矣。然此山之名，吾竊有疑焉。夏禹别九州，導九江，浚九川，雖足迹遍天下，而於西南之隅不過嶓冢導漾、岷山導江而止耳。茲山今北距嶓冢約六百餘里，西距岷山又千餘里，然皆梁山之境也。抑乃禹於山行乘樏之際，實登臨於此山也耶？不然，茲山固無异於衆山矣，何以獨得聖人之名於今也！以是推之，則錦屏、大像固不足貴，而此山已於唐虞雍熙之時先爲聖人踐履之所矣。其與夫後世稱賞於一時而詫世俗之耳目者，其久近何如耶！今憋師又即聖人之所踪迹而踐履者結爲道場而瞻敬之，則其所見又與夫世俗之愛奇嗜异者天淵相絶也。雖然，吾欲因憋師而問此山之神曰：「吾鄉於本朝端拱、咸平間异人輩出，接武朝廷，説者以爲錦屏、大像英靈之秀發，而茲山得名又古於二山，威靈氣焰當不出二山下。而自神禹還轅以迄至今，山之左右前後曾不聞有秀民奇士可以彷彿本朝諸公者，此獨何也？』山神有靈，吾及見之。』紹興改元臘月望日書。嘉靖《保寧府志》卷一四，嘉靖二十二年刻本。又見《蜀藻幽勝録》卷三，《宋代蜀文輯存》卷六五。

〔一〕『憋』下原衍一『智』字，據《蜀藻幽勝録》删。

〔二〕陟：原作『涉』，據右引改。

〔三〕卒：原作『邇』，據右引改。

顔　爲

顔爲，吴縣（今江蘇蘇州）人。政和中舉進士，建炎中爲樞密幹辦官。紹興初知嚴州，條上便民事。三年坐失察罷職。五年二月坐前守嚴州犯自盗臟除名勒停。見《宋會要輯稿》儀制一〇之一九、方域一九之二三，《建炎以來繫年要録》卷六四、六五、八六，乾隆《江南通志》卷一一九。

天慶觀鐘銘

是鐘改作，權比千鈞。扶世立教，用警晨昏。庶衆省念，由此聲聞。根塵以脱，入衆妙門。

《嚴州金石録》卷上。

鄧肅

鄧肅（一〇九一——一一三二），字志宏，號栟櫚，南劍州沙縣（今福建沙縣）人。少聰敏，游鄉校，屢魁多士。時李綱謫沙縣，爲忘年交。宣和中舉進士落第，乃補太學生。時東南貢花石綱，民甚苦之，肅作《花石詩》十一章以諷，被逐出學，送歸本貫，由是名震一時。欽宗即位，以承務郎召對，授鴻臚寺主簿。金兵攻開封，被命押釋道經版入敵營，留五十日乃脱身。不食僞楚粟，奔赴南京，除左正言。請分三等定受僞楚官者之罪，攻叛臣不遺餘力，執政恨之切齒。會李綱罷，抗章挽留，執政怒，遂送吏部，罷歸家居。紹興二年，盜發順昌，奉親避地福州，病卒，年四十二。著有《栟櫚先生文集》。見鄧柞《栟櫚先生墓表》（萬曆本《栟櫚集》附録），《宋史》卷三七五有傳。

沙縣福聖院重建塔記　靖康元年春

塔寺之建，自罽賓國始。舉國之大，不過二所，佛氏且從而贊之，以爲希有事。然則佛塔豈可多得耶！唐武后欲創祠於白馬坡，張廷珪力諫曰：『窮山之木以爲塔，不足高也。』后乃止。然則佛塔豈易建耶？然近年以來，井邑盛處必有浮屠，計天下之大，當以萬數。難易多寡，何相絶如此！豈今日佛教之盛，非昔者比乎？抑天下富庶，而土木之功易於創造乎？余嘗疑其説，以質諸長老，曰：『凡建造者，爲殿以供佛，爲堂以供僧，爲橋爲路以通往來，是各有所爲，而非偶然者。獨浮屠之建，動切星漢，其功甚勞，其費不貲，而於僧徒未見其有益焉。然則古今所以難之而不欲多建者，豈非爲是耶？』長老曰：『不然。此莊嚴之道也，今人未必非而古人未必是也。今夫假木石之功，而飾以丹青之麗，光芒璀璨，卓然出井邑之上，凡有目者皆見而仰之曰：「佛菩薩舍其下。凡十人睹之，而一人能作正念，則千而百、萬而千，展轉不窮，當有不可以數計者。」是則莊嚴之勝以五采説法，而觀瞻之士得以目聽之，其助教化固不小矣。而謂之無益，可乎？此阿育王之建塔所以至八萬四千，而佛氏而不以爲多也。』南劍之沙縣有寺曰福聖，古道場也，三朝宸翰，實鎮其中。古塔中立，蓋累數百年，舞風沐雨，望之黯暗，不足以聳人。住持僧端一毅然撤去，曰：『吾將協衆力以新之！』銖積寸累，殆十餘歲，斫削之功僅十五。三易主僧，事益因循，塔忽倒影在密室中，雖雨暘弗變也。衆復駭之，益加重焉。大丞相李公爲之濃墨大字以題其額，又録宣和褒封之制，而繼之以泗濱驚世之迹，刊於塔右，將以誨成。適公還朝，而主僧之志老矣。建安郭侯來宰是邑，乃喟然而嘆曰：『君父遺迹既臣子所不敢易，而塔廟之設乃遺迹之所托者也，於此不竭力焉，恐非人臣之道也。諺曰：「作浮屠者必合其尖。」將以合之，捨我而誰哉？』於是率邑人之彦者告以故，且令主僧了機從而奔走之。故富者出財，能者竭力，亹亹相勸，殆有不能以自已者。閱明年而塔成，實靖康改元之春也。其級五，其廣四十有八尺，而高三十丈。雲烟縹緲之間，金碧相照。夜燈數枝，焕如星斗。嗚呼盛哉！豈特使百里之内遷善於觀瞻之際，而悔過於杳冥之間乎！三后之志且不廢於海濱，而雲漢之章人天共仰，蓋將與日俱新矣。夫仰而事君，俯而化民，今一舉而兩得之，其可謂賢令尹哉！余適罪逐還鄉，與觀勝事，侯乃以記文見屬。余曰：『嘻！昔韓愈氏必欲火佛氏之書而廬其居，然後爲快於心。至僧澄觀能造浮屠於淮泗之上，欄柱雄麗，高三百尺，愈遂作詩以美之，且謂當時公才吏用無如師者，遂令澄觀之名同愈不朽。得非實塔之建，於有爲佛事爲甚難，顧雖倔强如韓子者，亦不得以却之乎？』今莊嚴是塔而主其寺者，僧惠深也。具正大法眼，爲達摩嫡嗣，非若澄觀所能仿佛；余嘗從之論西來意，又非若退之以談佛爲諱者，固願以筆墨贊之。而况邑大夫切切外護之志在君與民，又於予爲詩酒之舊，見而屬之勤至於再三者乎？此皆余所樂書者，敢以不才辭？明正德十四年羅珊刻本《栟櫚先生文集》（簡稱『栟櫚集』）卷一七。

興化重建院記

余嘗謂人之才術智識常生於不得已，而死於因循者，則亦偷安而已矣。此天下之通患，而祝髮壞衣者尤甚也。何以言之？風雨寒暑不可以切身，鹿豕不可以雜處，飲食不具，居處不可以得衆，倘未嘗有寺而欲闡揚祖道者，其於創立，豈可以已乎？若夫既有寺宇粗可以居，而歲月相仍，摧風爍日，主之者雖惻然作念欲一新之，徬徨四顧，曰：『陋者可補也，頹者可支也，污漫者可飾也，因陋就簡，吾亦可以安也，又何必盡毁舊廬，化出蓮宫，然後爲快於心哉？因循偷安，是亦人之常情耳。』南劍沙縣有寺曰興化，屹立山間，雖云簡古，然建於中和之初，梵宫所當有者無或不備。光化間，嘗敕翰林以題其額。政和末，又易律爲禪，以其在閩中亦卓然號爲古道場。三百年間，未聞有惡其弊者。政和丙申，法湛主此，亦可以已矣，師乃愀然不能以自安，曰：『屋老如許，門宇蕭然，亦何以爲佛地哉？扶傾立仆，苟新耳目，瑣瑣然一二治之，非吾志也。』於是即寺之左，得地爽塏，斬茅焚翳，乃遷故址。顧雖齋庖索然，殆不能烟，亦未嘗過計，縮身節口益堅。今力得匠者數十人，乃躬自執爨，如事其師，雖風雨迷天，弗顧也。誠心旁達，鄉井翕然。由是富者出財，壯者竭力，百日之間，輦土運材，有至於三千指者。故閲十年而寺成〔一〕，巍然中立，危棟翬飛，欲凌霄漢，堂堂塑像，亦妙絶一世。爲堂於上者二，内而晏寢，外而演法。爲堂於下者三，以供羅漢，以齋水陸，以飯緇素。香積有厨，聲鐘有樓，翼之以廊，而重之以門。左右前後，繩繩翼翼。嗚計寺内外既無毫髮不具，其雄麗莊嚴又非前寺所能彷佛，而尺椽片瓦俱出師力，未嘗取用舊者。嗚呼，難矣哉！是可以因循而不因循者也。其勉勉自克，志力俱到，當於前輩求之，故余因其求記，乃詳爲書焉，且以爲怠惰委靡者之戒云。師初建法堂，石其基者再，凡再圮。師憂甚，忽省往時夢建是寺，有龐眉皓髮者告之曰：『寺基更深二尺許，乃真道場。』嘗試鬭之，恍如夢中，又得石柱六以建殿宇。有足痕者尺餘，在石柱之陰，見者皆云『此佛迹也，非雕鐫所能至』。此寺之興，所以神速如此。嗚呼！夢中之境，變滅須臾；石中之迹，千古不變。其將以夢爲虛，而以石爲實乎？通乎晝夜，本無二理，石固非實，而夢亦非虛也！夢中占夢，師固未暇，然既賴此以興寺，要了此以爲寺之所以興，故余并爲師論之。《栟櫚集》卷一七。

〔一〕十年：按前句云『百日之間』，後文曰建寺『神速』，則『十年』疑當作『十旬』。

沙邑栖雲寺法雨記

沙邑有寶坊曰栖雲，欲創寶藏，修撰羅公爲之唱，衆翕然從之。閱五年而藏成，公又捐錢百萬，易經五千四十八卷，期以春三月丙辰率衆爲傳經會，就私居出之，以實於藏中。至斯道俗震動，來者千計，而天忽大雨，勢不可行，乃遲一日。越旦，衆又集，而宿雨沛然，反如倒井。衆乃异之曰：『嘻，有是哉？昔戴封積薪而雨降，魯陽揮戈而日返，雨暘之變，端在古人指顧中耳。今修撰公留心此舉，非一日積，而每出輒雨，天若不協然，何也？』有能辨者曰：『子不見今日傳經之人乎？六根所接，無在非塵，天其意者，一雨以洗之。』僕對曰：『雨之所澤，特欲沐其體耳，烏能洗其心哉？』辨者又曰：『梵書所寓，必有神物護焉。今此經留於公久矣，若不忍釋知音而去也。』僕又對曰：『公已坐傳心印，視此經如糟粕，彼神物者亦烏得以去留爲念哉？』求是而不得焉，乃質於僕，僕曰：『夫何事於譊譊耶？九年之水，堯不得以勝之；孟津之雨，武王不得以止之。雨暘在天，人如彼何哉？然適逢其會，誠不能不譊譊也。若關此經所得之由乎，遠在西域，去中夏者萬餘里，非若兔興烏逝，忽然而至於前也。昔三藏法師登危躡險，幽入鬼方，捫腹不粒者往往繼日。如此驅馳，經數十寒暑，僅能得之以覲中國。彼其勤勞爲何如哉？始得以謂之傳經。今也鳴鉦伐鼓，幡幢蔽空，緩步齊驅，僅三五里耳。若四天春霽，風和日暖，無苦雨以齟齬其行，顧雖賞心拾翠之徒，亦得以盜傳經名矣，是不亦濫哉？惟霖雨作矣，則泥淖深尺，摳衣以趨者往往滅足没踋，故無恭欽之心者將自怠，無勇猛精進之心者將自息。其有確然不改、志在必傳者，必能自度曰：「三藏若彼之勞且不迴，顧我獨何者，而變於風雨之偶然也？」是則因雨而去者，但以傳經爲名；雖雨必傳者，是皆至誠而不息者矣。天使傳之者必至誠焉，則此會所得不既多乎？嗚呼，不有疾風，孰知勁草；不有歲寒，孰知松柏；不有霖雨，則傳經之人誠與不誠，吾亦不得而知之也。而今而後，乃知是雨之作，所以爲修撰惠者深且巧矣。故人以爲淫雨，而我以爲法雨也。』於是衆議寂然，無敢容其喙者。且勉某記之，某幸而知之矣，敢以不才辭！謹記。《栟櫚集》卷一八。

一枝庵記

余少年喜水，鑿井穴地，泛溪釣月，終日潺湲之樂，蓋將安焉。曰：『水止是矣。』或者曰：『是未嘗見江、河、淮、濟也。』比年奔走道路，偶皆見之，汪洋萬頃，茫無涯涘。若風作其上，則澎湃汗漫，浪高銀屋，然後知余前日之喜，止牛蹄泓者耳。或者又曰：『此亦未足以言水也，是特四瀆之分耳。若大海，則會而納之六合，内外通爲一流，豈啻萬川而已哉！』余曰：『嘻，有是哉！余將游焉。』客曰：『是烏能遍耶？天地之大，各五億五萬五千五百里，而四海爲之脉。今欲登窮髮，游聶耳，以極無窮之觀，非肉飛八極不可也。』余乃茫然自失，仰而嘆曰：『天下之景無窮，而玩景之情亦無盡也。任情逐景，不知歸宿，其將爲波流乎！嘗觀涓涓之微，升於天，行於地，運乎千古，曾無損益，於此了之，則當體而足。滿空之水，固無异於一滴耳，亦何必滄海乎？脱或不然，而必欲賞之，又有大於此者，則將如之何哉？嗚呼，豈特觀水爲然耶？天下之事，類皆如此。夏屋廣殿，金碧相照，鳴鐘伐鼓，食指數萬，此釋氏之居也。領其寺者，指顧之間，方袍雲集，作止寢食，無不可意。其視安居老人，蒙頭冷坐，飲水采薇，無曰相萬乎？雖然，不能安居而必欲領寺，若以寺爲未足，則如之何？世間輕煖肥甘，迷樓瓊屋，不知幾萬等，吾又安能足其志耶？嗚呼！芬芬鼎烹，要在滿腹；沈沈府居，要在駐足。一庵之大，固有餘地矣，又何事他求哉？

莊周曰：『鷦鷯巢於深林，不過一枝。』善乎，莊周之能了此意也！且不了一滴之旨，雖傾四海之流不足以供其賞；不悟一枝之要，雖擴六合之大不足以厭其求。此世士所以終身汩汩，蕩蕩忘返，可以深嗟而嘆息也。妙智大師美公，少年學醫，法造三昧；稍壯則事潛庵，求西來意。精進敏惠，便爲一時名僧。若肯降志以悦當路，則巨刹名寺，當盡付之。師乃恬然曾不介意，是故求醫之人布施山積，師盡捐之，以作佛事。嘗托迹太平寺，適遭回禄，尺椽不具。二十年間，棟宇輪奐，冠於一邑，師之力蓋居其半。事母最孝，無愧古人。忽失所恃，則欲謝醫術，曰：『吾不復事此。』既畢襄奉，則作庵墓側，爲終焉計。其視同參子麗服雄居，沛然得意，但知如涕唾耳，豈非了此一滴，遂能安此一枝乎？故余字其庵曰一枝庵。客有問曰：『居庵之士當以億計，豈皆了此乎？』余曰：『不然。世人有才學智術不足以動人者，退居茅舍，蓋其分也。幸而有學問，語言粗可應對，又平居交游無顯人膴仕，雖欲捨庵，又將焉適？此特繫焉而止耳，豈皆悟此理耶？其性識超然出人倫等，士夫喜師不可勝計，於此安之，不有覬覦，是真了此者也。』雖然，列子行天，非風不可，古人譏之，蓋非無待而然者。今師必賴一枝，猶未脱焉。百尺竿頭，當進一步，師肯承當否？更俟他日與師分付。師名仁美，南劍州沙縣人也。庵在縣之南，起於宣和之季，落成於靖康之初云。

《栟櫚集》卷一八。

題鳳池寺 紹興二年三月

漕使陳汝作邀西清黄堯翁、議郎張泰定、延平外史鄧志宏同游鳳池寺。禪房花木，幽香襲人，泉石琮琤，共鳴環珮。方兵戈初定之際，享此勝景，以侑一樽，豈易得哉！紹興二年三月丙午。《栟櫚集》卷一九。

題賢沙寺 紹興二年三月

莆田陳汝作邀三山黄堯翁、毗陵張泰定、延平鄧志宏晚集賢沙寺。宿雨初霽，景物一新，遂獲縱觀飛山之勝。豈衡山之雲，特爲退之一開乎？命曰：『當志之。』紹興二年三月丙午。《栟櫚集》卷一九。

題開平院 宣和五年八月

栟櫚鄧某志宏游此，勝景超然，固非塵俗鄙，而住持材成之。新詩健筆，氣欲凌雲。清談終日，了不及世事也。白蓮結社，當在异日，率俗而行，惘然作惡。宣和癸卯八月五日志之。《栟櫚集》卷一九。

鮑彪

鮑彪（一〇九一——？），字文虎，自號知命老人，處州龍泉（今浙江龍泉）人。建炎二年以甲科及第，處選調二十年。紹興中歷官左宣教郎、太常博士，遷守尚書司封員外郎。紹興三十年，年七十，特授左奉議郎、守司封員外郎致仕。彪清介端慤，博物洽聞，著有《戰國策校注》（存）、《杜詩注》《書解》。見《宋會要輯稿》禮五八之一一〇、職官七七之七〇，《建炎以來繫年要録》卷一八四，雍正《浙江通志》卷一二五、一八二，《宋元學案補遺·别附》卷二。

集福教寺鐘銘

龍泉縣集福教院重鑄大法鐘，知命老人鮑彪隨喜作銘。

此方真教，體在音聞。不有佛事，何警沉昏？有集福敏，遵如來教。範金出音，示無上道。惟耳聲識，非因緣然。非外非内，不屬中間。咨爾人天，覺我清净。以聞中入，續佛壽命。《括蒼金石志補遺》卷二，聚學軒叢書本。

釋希顔

希顔，自號痴絶道人，明州僧，紹興中爲雪溪（一作月溪）首座。見其所撰《四明法智大師贊》《憶佛軒詩》（《樂邦文類》卷一三）。

重建聖壽教寺記　紹興三十年七月

紹興五年乙卯，寓居小溪鎮聖壽寺三數里朱氏庵園，朝夕暇豫，往來寺中。於是初經建炎兵火之後，寺宇焚蕩，瓦礫填委，蒿艾蕭條，春禽晝呼，鼪鼯夜啼，已爲榛莽之墟。僧徒休足之地，皆編茅以蔽風雨。三年癸丑，剔朽鋤荒，惟法堂首事經營，以爲焚誦二時粥飯之地。自後上下同心協力，營幹大佛殿，塑造像設，洎法輪寶藏、三門庫司、庖湢、懺殿、鴻鐘，下至厠溷，咸克有成。迨方丈、寢堂、廊廡、混室，衆莫能舉，遂於二十有二年，僧徒檀越再請圓明講師覺逵住持。公亦以寺宇營繕未備，即翻然喜從衆役，乃以平生縮衣節口、銖積寸累之資，有事斧斤。於是積年之廢，一旦而舉。凡四十餘間，不豐不陋，回環表裏，不加藻飾，已焕然矣。非公之力，莫能有成也已。而功成不居，退歸先人之壟，杜門却掃，秋霜律身，妙願居質，經行晏坐，惟以净土一門爲之軌導，晝夜專注，老而不衰。蓋公傳終南書於芝園大智律師，以故其源有自來矣。然公雖閑居，常以維持佛法不忘自任，每慨法堂者乃講説布蔭之場，非所以會食之地，於是毅然有建僧堂志。小師行彌知師志確於此，亦悉力輔備成，由是畢集瑰材，命匠運成風之斤，落成於己卯二十有九年。厥功大備，棟宇宏壯，榱桷雄偉，有以見其用也。於是衆舉欣然，以爲起坐有序，不失先後，巾鉢有列，軌儀可觀，其在此也。於戲！佛真法身不墮諸數，既曰住世，亦有時而壞。今之再成，圓明之力居多。嘗試論之，吾佛大聖人下生迦維，滅没千有餘年。至漢明帝感夢，教始東漸。洎於晉、宋，貝多之書絡繹不絶，於時世主嗟三代之法不可復行於今日，此教之來，必有補於教化，可使與天下之民更始，於是大建祠宇，顯嚴像設，度僧尼，置常産，以尊崇之。以故天下之人無賢不肖皆翕然知所嚮方，如水之赴壑，莫之能禦矣。如晉之王茂宏、謝安石、王逸少，洎唐裴休、梁肅，皇朝王文真、楊億、沈文通、張商英、陳瓘之流，皆古今選也，靡不心醉其道，深入奥域，若不自知身在廟堂之上。以故千百年間，真乘法印與姬孔之教方駕於中國，直道而行，豈韓、墨、申、商怪僻險狠者可同年而道哉？圓明嘗三枉見顧，以寺成命書。竊自愧法門樗櫟，問學淺陋，而素於屬文，才非所長，而又載記焚滅，經始之迹無考，抑又爲難。既不得讓，遂摭佛教之來十一於千百中，著之於篇。庚辰三十年七月晦日，溪痴老叟希顔撰。《敬止録》第六册。又見乾隆《鄞縣志》卷二五。

張九成

張九成（一〇九二——一一五九），字子韶，自號無垢居士，又號横浦居士，杭州鹽官（今浙江海寧西南）人。少游京師，從楊時學。紹興二年中狀元，授鎮東軍簽判。歷著作郎，權禮部、刑部侍郎，知邵州。因反對議和，爲秦檜所惡，謫居南安軍凡十四年。檜死，起知温州，尋丐祠。紹興二十九年病卒，年六十八。寶慶初贈太師，封崇國公，謚文忠。九成研思經學，多有訓解，著有《尚書詳説》《中庸説》（存）、《大學説》《孝經解》《論語解》《孟子傳》（存）、《横浦日新》（存）、《横浦心傳録》（存）、《重修神宗實録》《唐鑰》《横浦集》（存）等書。見《横浦家傳》（《横浦文集》附），《宋史》卷三七四本傳。

惟尚禪師塔記　紹興庚申

聖王之道，有非文字所能書，言語所能傳者，是故未有六經，而堯舜爲聖帝，禹、稷、皋、夔爲賢臣。學不到文字言語外，而守章句，泥訓詁，欲以用天下國家，猶趨燕南征，適越北鄉，雖膏車秣馬，風餐雨宿，徒自苦耳，於聖王之道漠如也。孔子指二三子以『無行而不與』之説，孟子指齊宣以『是心足以王』之説，此豈可文字語言中求哉！豈惟吾儒，釋氏與其徒説法凡四十九年，其爲書五千四十八卷，不爲不多矣，而臨絶之際，乃拈花注目，傳正法眼藏於迦葉，彼前日科分派别，皆爲無用。然文字言語不可欺世，而迦葉之傳易以罔人，惟天資高明，不肯自昧者，乃可以真得末後之學。惟尚禪師姓曹氏，臨安鹽官人也。其上世有仕宦者，而世緒不詳。少苦腹疾，百藥不治，父母憐之，乃祈佛出家。七歲禮慶善寺元辨爲師，又十年披剃，即遍歷叢林，求文字言語外法。首參浄慈本，本可之，不留；再參明祖圓，圓如本也，又不留；三參佛光正，正如圓，又不留；四參梁山會，會如正也，又不留。四參識超絶，門庭穿穴，縱横微眇，老禪宿德，有不能屈者，印證許可，前後相繼。而師心不自欺，故未幾而舍去，謁尊宿凡五六十人。最後參普照英，得法於法雲秀〔一〕，而見保寧勇。秀得法於天衣懷，而見浮山遠。秀雖與本、會同雲門，派同天衣，而機鋒穎脱，獨出乎諸人之上。英似其師秀，故用處迥與諸方异。師操平昔所得，入英之室，如圓枘方鑿，一皆不契。然師意愜焉，謂當如是。一日，舉南泉斬猫語問英，師胸中話端凡數條，以謂不出是矣。英乃曰：『須是南泉。』超然出師意外。師進止所獲，退失故步，茫昧倘恍，不知所向，心憤口悱，慮衡色作，神情逼迫。未及雲堂，豁然冰斷，盡見古今機用，乃知异時所有，皆在私心浮慮中。因喟然嘆曰：『今日方平生事畢，不負初心矣。』再入見英，方舉手，師用見大愚機以築之。自此高視四海，藐焉無人。聞黄龍新坐斷江西，無敢攖其鋒者，師乃自荆南杖錫而往，又用子胡斫碑之機以見之。既乃退歸故鄉，宴坐墓廬，爐香瓶水，與世相絶。然師名横厲天淵，韞晦莫遂，邑大夫、郡太守迎請住壽聖院。院本雪峰結庵故地，灌莽榛棘之所都，狐狸蛇虺之所宅。師住八年，勇者出力，富者出財，殿宇巍峨，堂廡明潔，一變爲化人之居，厥功大矣！師視如涕唾，推而不有，遂就歸舊隱。未幾，更薦福爲禪居，郡縣凡三請，乃出就。未半歲而病，病復，歸舊隱，未數日而逝，享年六十有七，實紹興庚申七月三日也。壽聖不忘師德，迎葬于院之西偏。師機鋒峻密，作用孤高，如雲峰悦，如法昌遇，學者莫測其端。雖度弟子十有六人，四方來者，前後凡數百輩，然其道無傳焉。至於戒行精潔，節概剛嚴，使人見之，凛然如入宗廟中，自幼至老，如一日也。門弟子了觀以師與予善，狀行業來謁銘，予不得辭也，乃爲之銘。銘曰：

道在方寸，文字莫宣。可以神會，難用語傳。偉哉禪師，識超幾先。挽而莫留，欻然逝川。横翔意外，高視大千。節如霜筠，機如電鞭。嗚呼往矣，其誰繼焉。《咸淳臨安志》卷八五。又見嘉靖《海寧縣志》卷九，乾隆《海寧州志》卷六，《海昌備志》卷一二。

〔一〕『得法』上疑脱一『英』字。

釋祖岑

祖岑，紹興間僧人。

方廣寺界相記　紹興二年十月

方廣院者，舊曰延壽，治平中改賜今額。相傳蔡侍郎捨宅爲伽藍，然無考，惟石幢題云唐咸通六年蔡贇助緣耳。迨詢耆舊，皆云自昔未聞結界。然其堂宇既周，僧徒繁盛，獨其尚混自然，故吾祖云『對外道無法，自居顯佛法』。人尊道高，故制斯戒。其徒法勤、宗益嘆曰：『既禀戒毁形，出處語默，皆須應法而動，豈所栖之地猶居自然，在於吾曹寧無愧耶？』由是詣邑中超果寺，命比邱祖岑拉二三友爲其結界，準僧祇七樹之量集僧，約五分通結净地，取則《千壇經》重解重結，秉唱不落非法，行事不失其序。域地分量，可委無作之法，徹於金輪，灾劫不能焚蕩，豈虚言哉！仍以界相刊之於石，永爲不朽。紹興二年十月二十日。嘉慶《松江府志》卷七五，嘉慶松江府學刻本。

邵博

邵博（？——一一五八），字公濟，號西山，洛陽（今河南洛陽）人，伯温次子。徽宗時爲幕吏。紹興八年，由主管仙源縣太極觀賜同進士出身，次年除秘書省校書郎兼實録院檢討官，人論其過，出知果州。十二年，權發遣資州軍州事。歷嘉州提點刑獄，知黎州。紹興二十二年以左朝散大夫知眉州。時直徽猷閣程敦厚廢還里居，銜其以事來輒不答，乃爲匿名書訐其過惡，捕送成都司理獄，雖疏決得出，仍坐降三官。紹興二十八年卒於犍爲縣。著有《西山集》五十七卷、《聞見後録》三十卷（存）。見本書所載其文及《聞見後録》，《建炎以來繫年要録》卷一二二、一六三、一七九，《宋史·藝文志》七，《宋史翼》卷一〇。

嘉州興化禪院記

道其難哉，以佛之勝於學也。弃宫室，入山林，投身以施餓虎，割肉以飼飛鳥，而無所愛，况其下者！是以用志堅苦之士，感功力之勤，得未曾有，必涕泪悲泣，故經曰一切煩惱爲如來種，然大迦葉一笑而得之，何哉？其理固也。佛不易以語人者，唯艱難乃可信受，而後世之弊，卒不能免樂空言之鼓吹，畏實行之桎梏。至無所畏忌，則曰我何心焉，在佛氏法中，當下無間之獄者。長老道全，忠信端亮人也，其求道甚苦，其護戒甚嚴。昔居洪雅山中，有何人殺女子，弃其尸於寺圃，官收寺家奴爲盗，必使誣伏。全爲辨，數不置，則身言曰：『殺人者我也，奴無罪。』攝衣就逮。其盗恍惚，若被驅逐，輒自論，道全乃出。其於死生禍福不動如此。作諸難事，笑談而成。嘉州西山，二山匯其下，木章竹个，映帶遠近，有唐人登臨之遺迹。興化院據其上游，且廢矣，道全過之，嘆曰〔一〕：『福地不可弃也！』用數年之功，樓居殿室，焕若一新。或謂道全其安於此乎？院既成，乃授今長老紹元而去。嗚呼，賢哉！予患世之學佛者多失其師之美意，若道全亦可觀已。它日，紹元請於予，載院之興廢，將刻之石。會予於道全欲有紀也，故書。年月日，河南邵博記。

《國朝二百家名賢文粹》卷一二五。

〔一〕嘆：原作『漢』，據文意改。

王之道

王之道（一〇九三——一一六九），字彦猷，號相山居士，無爲軍無爲縣（今安徽無爲）人。宣和六年進士，調和州歷陽丞，攝烏江令。靖康之難，之道率族黨聚保胡避山，全活甚衆。改承奉郎、差充鎮撫司參謀官，通判滁州。因上疏言和議辱國，大忤秦檜意，坐是淪廢凡二十年。紹興末，起知信陽軍，徙提舉湖北常平茶鹽公事、湖南轉運判官、權安撫使。後以朝奉大夫致仕，乾道五年終于家，年七十七。孝宗時其子王藺爲樞密使，贈太師。著有文集三十卷、《相山長短句》二卷。見尤袤《贈故太師王公神道碑》（《相山集》卷三〇），《宋史》卷二〇八《藝文志》七及《宋史翼》卷一〇本傳。

紹興府法華山維衛像記

按《西南維衛無量壽佛像記》云：『阿育王第四公主以姿貌寢陋，冀其端嚴，捨金銀銅，冶鑄斯像四十九軀，首飾火焰，足飾蓮花，布四天下爲衆生植福之本。』此山得四十九軀之一，而居其冠。初，晋成咸和四年，有婆羅門僧寶奉斯像泛海東來，比至，齊祖兵亂，徬徨無所向，因穴地而藏之大河之側。頃之，發藏無見，夜夢神人告曰：『爾其往江左謁丹陽尹高公悝，當自知之。』婆羅門僧如其言詣悝，悝曰：『某年月日，偶以職事至張侯橋，遠望橋下有五色光，輪囷覆水，命左右視之，得斯像於泝流。因聞於朝，有旨致之闕下，闢瓦官寺以居之。輦入金陵，抵長岸坊口，牛不肯進，鞭之若與人競，徑入長干寺中。有司以聞，上嘆异久之，賜内府錢數百萬爲殿以奉香火。』婆羅門僧聞悝言，悲喜交集，因辭悝走長干瞻禮，以終其身。更宋齊，迄梁大同中，昭明太子統親自長干輦送斯像，奉安山中。至山之日，頂放白毫相光，宛如組練，縈繞十峰。明年，山發洪水，墜石崩崖，摧壓澗谷，寺成巨浸，而像設中立，瑰然獨存。肆唐會昌之變，欲毁爲錢，以不能碎故存之。始在長干，當宋齊之代，嘗失火焰、金蓮所在。宋人董琮因采珠于交州，睹物觸舟之祥，而遂獲火焰。齊人張世係因捕魚于臨海，睹蟹相附之异，而遂獲金蓮。嗚呼！變化不常，去來自在，地祇所不能秘，王命所不能拘，火所不能燒，水所不能溺，非天下之至神，其孰能與於此哉？故書之以告來者。文淵閣四庫全書本《相山集》卷二三。

丁昌朝

丁昌朝，歸安（今浙江湖州）人。宣和六年進士。紹興中爲左朝奉郎、簽書江陰軍判官廳公事。見嘉靖《江陰縣志》卷一二，雍正《浙江通志》卷一二四，同治《湖州府志》卷四九。

潯溪祇園寺莊田記〔一〕　紹興二十一年五月

釋氏之教本於清净寂滅，平居恬養得遂其性者，以香積沾足故也。苟無常産，則香積不足以充晨昏，而欲使之安以清净寂滅，難矣。是宜奉釋者褎然爲首，以興莊田之利也。去城之東有塘曰荻，不及三舍有溪曰潯，在潯之北有寺曰祇園，楊公保義之所椎輪。是時百廢未舉，及法照禪師悟老勉從其請，來自車溪，經之營之，不及五載而落成。獨常住匱乏，若懸罄然，未足以容衆，叢林杯渡而至，有及門而不能留者，有留而不能久者，往往飛錫而之他。住持悟老長慮却顧，思買田以資歲計，志未得也。有信士朱公道寧者，留心内典，樂施利益。一日，悟老以其誠告，公曰：『無難，吾當辦之。』居無何，乃命二子仁佑、仁寵捨田二十畝爲之倡，其仁寵將仕又能從父之命，廣募士庶，量力而施，以所得之貲增益其數，不逾歲月，遂成一夫之田。田皆膏腴，無旱潦之患。自茲以還，歲儲贏餘，晨夕所不給者今無有也。四方清衆雲集而憩息焉，朝於斯，夕於斯，精修禪定，恬養天性，一境之内薰炙而善良者不可勝計。蓋公之惠有資於釋故也。乃若佛殿之建，適會歲歉，公又出粟以助其役。浴堂湫隘，卜其爽塏，公又樂施，更以石爲。輪藏凋弊，閱時浸久，公又命工以繪以續。凡此皆利益之廣者，則公之所惠豈止一時，將施後世無窮也；而蒙福豈止一身，將貽子孫不泯也。其與童子聚沙爲佛，以成勝因，貧女奉錢入緣，以爲善果相屬矣。悟老與其徒感公之德，無以報，相與立祠，繪公夫婦像，朝夕瞻仰。又屬昌朝爲之記，昌朝應之曰：『公之仁賢樂施，人所講聞，其來尚矣。何事於此？』悟老曰：『口耳之傳，豈能久乎？綿歷歲時，將遂湮没，孰若形容盛美，以刊諸石，庶幾有永。』昌朝應之曰：『悟老之言是也，安敢愛斐陋之文？』同治《湖州府志》卷四九，同治九年刊本。又見民國《南潯志》卷三六，《南潯石刻文考》第一册。

〔一〕題下原署：『左朝奉郎、簽書江陰軍判官廳公事、賜緋魚袋丁昌朝撰。右通直郎、前福州懷安縣主管學事、兼勸農公事練汝舟題額。』

潘良貴

潘良貴（一〇九四——一一五〇），初名京，字義榮，一字子賤，號默成居士，婺州金華（今浙江金華）人。政和五年，以上舍釋褐爲辟雍博士，遷秘書郎、主客郎中，出提舉淮南東路常平。靖康元年，召還賜對，因言時宰何㮚、唐恪不可用，黜監信州汭口排岸。高宗即位，召爲左司諫，首論僞黨當誅，爲汪、黄所惡，書奏三日而左遷。越數年，提點荆湖南路刑獄，除考功郎，遷左司。求出，以直龍圖閣知嚴州，轉秘書少監，遷起居郎，拜中書舍人。以廷叱言者忤旨，求去，以集英殿修撰提舉江州太平觀。起知明州。期年，除徽猷閣待制、提舉亳州明道宫。紹興二十年卒，年五十七。著有《默成文集》，朱熹爲序，極推重之。見朱熹《金華潘公文集序》（黄刻本《潘默成公文集》卷首）及《宋史》卷三七六本傳。

寶林禪寺記　并引

義烏縣南雲黄山下，梁普通元年傅大士依雙檮木結庵，大同六年即其地建寺，因名『雙林佛殿』。宋治平三年，賜今額。宣和三年，毁于寇。紹興四年建藏殿，住山僧標次第復完，凡爲屋一千二百餘間。

有大比丘，其名行標，號曰彗炬。一日過予，從容言曰：『維雲黄山是爲蕭梁善慧大士修證道場，我以緣法，總徒一年，兵火之餘，豈弟慈祥，外護我法。考其性資，有大士宗。我將懇祈，丐其名御，起勝妙因，爲邦人倡。』郡將聞已，愀然改容，顧謂標曰：『方時孔艱，民力困耗，吾護此方，如護元氣，不以毫髮呼擾井閭。況此土木不急之工，勞人費財，爲役甚巨，縱使彌勒即今示見，我猶持此力勸止之。』標聞是，逡巡而旋，復見予，言『事不諧矣』。予曰：『太守之職，承流宣化，奉法愛民，而外有爲，實非其責。不若自營我法，博募廣求。況師駐錫以來，道俗傾鄉，時節或至，咄嗟可成。』標還雲黄山，大開法席，遍召檀那而告之曰：『惟我大士，誕毓此方，爲瑞爲祥，人人共仰。雙檮建寺，甲於叢林，自梁迄今，餘六百載，流通祖道，代不乏人。宣和三年，盜起于兹〔一〕，不幸煨燼，一椽不存。今歷歲時，堂廡齋厨，粗成行列，獨兹殿址，瓦礫弗治，妙相慈容，久無所宅，爾等善友，忍坐視耶？』客聞標語，歡喜踊躍。於是退而各盡己力，大出金錢，合而計之，餘五十萬。以紹興二年春經始，三年冬告成。其高八十餘尺而廣倍其半，中安像設，莊嚴妙好，外繚闌楯，雄麗靚深，入化人宫，迥出空際。里之士女與旁州之人，奔走往來，作禮數，皆曰耳目未嘗見聞。山林增輝，緇衲雲集，坐變榛莽爲金碧區，未有成辦大緣如是之速者也。故嘗論之，一切世有爲之法，皆有分齊，長短可度，輕重可權，淺深可測，小大可稽。至于佛法則大不然，淵乎妙哉，視之不見，聽之不聞，智不能知，識不能識。古經云以思惟心測度如來圓覺境界，如取螢火燒須彌山，終不能著。觀夫世之治生殖業，銖積寸累，可謂勤矣。假使骨肉就其乞貸，愛惜靳吝，未嘗輕捐。至佛會中，心生悲喜，則傾囊倒廩，略無留難。又其最者，身體髮膚，頭目髓腦，於彈指頃弃舍如遺。其故何哉？蓋凈智妙圓，與吾如來本同一體，念起背覺，遂爾合塵，塵昏本明，輾轉不息〔二〕，佛以慈悲，哀憐覆護，於生死海，誓作津梁。猶如父母惜所愛子，子出遠游，望望不至。彼爲子者，漂流途路，雖未即歸，寢食之間，嘗懷憶念，聞説父母，涕泪自垂。感召之因，疾若桴鼓。此豈可以情量揣摩，筆舌形其萬一哉？標之爲是役也，予最詳其本末，故樂爲之記。且懼來者之隳其績也，復爲説偈曰：

良木秀山澤，中林猶百年。斫削應約繩，必資諸巧匠。陶者輪瓦甓，圬人施塗泥。絲網及寶鈴，丹漆塈塑績。罷精磨歲月，始克觀厥成。金錢與糗糧，所費如山積。雖名有漏法，實爲無量德。庶俾凡睹聞，因緣得入道。我昔禮大士，廣厦餘千間。何人持烈烟，一燎不存芥。嗚呼有施者，又有戕毀人。良繇弗思維，縱我無明故。今合檀施力，作新美逾初。丁此時艱危，爲衆作依怙。咨爾方來者，毋意隳前功。增飭愛護之，當如捍頭目。使百千萬億，游戲依雙林。於龍華會中〔三〕，永瞻微妙相。

紹興六年二月日，左朝奉郎、直龍圖閣、管亳州明道宫潘良貴撰。影印文淵閣四庫全書本《默成文集》卷三。又見雍正《浙江通志》卷二三二，嘉慶《義烏縣志》卷一八。

〔一〕于茲：「于」，原缺，據清康熙三十六年黄珍刻本（簡稱「黄刻本」）、續金華叢書本（簡稱「續金華本」）補；「茲」，原作「定」，據續金華本改。

〔二〕輾：原無，據續金華本補。

〔三〕龍：原作「寵」。按佛經，彌勒于華林園龍華樹下開法會，謂之龍華會。因之四月八日寺廟作龍華會，以爲彌勒下生之徵。據改。

楊椿

楊椿（一〇九五——一一六七），字元老，學者稱芸室先生。眉山（今四川眉山）人。宣和六年省試第一，第進士。建炎三年爲東川節度推官，紹興八年十月爲校書郎，十年五月爲屯田員外郎。十五年由潼川路轉運判官移提點刑獄。二十六年除秘書少監，尋除兵部侍郎。二十九年進尚書、兼權翰林學士。三十一年三月除參知政事。次年罷。乾道三年卒，年七十三，謚文安。有《芸室文集》七十五卷。見陳良祐《楊文安公椿墓志銘》（《名臣碑傳琬琰集》中集卷三三），魏了翁《楊文安公祠堂記》（《鶴山集》卷四四），晁公溯《祭楊參政文》（《嵩山居士集》卷二八），《南宋館閣録》卷七、八，《宋史》卷三一、一五六、二一三、四七〇。

象耳山重修太平興國禪寺記

大雄出現，象教流行，無一塵不與之偕興；劫火洞然，大千俱壞，無一塵不與之偕滅。『一古一今，成壞相尋；一成一壞，興廢更代』，是皆窘於口耳之學，迷於目睫之論。獨不知未有天地，已有此道，道自古以固存，而實未嘗亡也，成壞云乎哉，興廢云乎哉！大通之崇奉亦專勤矣，於道無纖毫之加；會昌之除毁無遺力矣，於道無纖毫之損。韓文公主盟吾儒，著述《原道》，至欲火其書，廬其居，人其人。垂世立教，有爲而言，猶未免拘於成敗之迹，而不即常存之道〔一〕，安得圓機之士，而與之共議此理，以究其本原者耶？象耳山鑱鏗故宅，因爲招提，其來遠矣。前爲衲子之所律居，後爲禪客之所宗唱。因革之年代，封標之禁約，古迹之有無，前人識之亦備矣。爰自更爲十方，主者數易，叢林權輿，故未甚備。不幸而有一法周者從而隳之，自是山門不振者三十年；而有一緣覺與果叶力，左提右挈，頓還舊觀。又二十年，最後得今住持法念主之，輪奂結架，金碧絢爛，遂與中岩、九頂相甲乙。烏呼，亦可尚矣！客曰：『此一刹耳，得其人則勃興，非其人則委地。在河沙世界，不啻一塵，小小成壞，何足拈出？公方區區然世俗之見而考廢興之由，以廢興之由而發葛藤之論，出言愈繁，去道愈遠，其不見笑於大方之家者幾希。』予曰：『是固然矣，曷不曰子如不言，則小子何述焉？』客曰：『唯唯。』於是書以爲記。年月日。《國朝二百家名賢文粹》卷一二五。

〔一〕即：原作『耶』，據文意改。

永福禪寺記　隆興二年五月

牛頭山，三大寺宅其中，其上曰『廣化』，其麓曰『天寧羅漢』，皆禪坊也，獨永福爲院二十有三，衲子律居，其來久矣。離隔如蜂房，放紛如蟻聚，囂塵猥濁如闤闠，大不稱仙釋經行燕坐之所。有大長者曰宇文公右丞適臨此邦，因父老之言，上章得請，革而爲禪，又命大法師曰惠遷主之。夷拓隘陋，翦鋤荒穢。纔幾年，寺之成者十四五矣。時某在幕寮。又十年，以憲節再來，寺之成者十七八矣。獨寺門當建慈氏複閣，經營鳩集，既已權輿，而惠遷化去。了文繼之，合尖收燼，數年之間，一舉而就。於是崇樓杰觀，間見層出，金碧丹雘，照映岩谷，佛事殊勝，嘆贊希有。閲三十年而寺大成，遂爲西南之冠。烏乎，盛哉！惟潼川山自甘泉長平北走而西，屹爲一峰，是爲牛頭，若飛而來，前而却。距城西譙門才數十步，峭拔森嚴，超出塵表。豈《華嚴經》所載華陽國土諸菩薩衆於中止住者幾是乎？由梁以來，靈光瑞應，隨感昭答，播諸傳聞，灼然不誣。而永福一寺，歷千百載，始得合爲净刹，夫豈有所待耶？抑聞之，混淪肇判，乃有此道；乾坤奠位，便有此山。佛之道與吾儒之道同，佛之教與吾儒之教异。貝葉所譯，與《周易》《論語》諸書所載意義時有暗合處。周、孔、瞿曇，果有以异乎？抑無以异也？獨其流自爲門户，如冰炭，如水火，黨同伐异，不勝其紛然矣。曷不觀梁武帝崇奉佛教，捨身爲奴，今古無有，而佛之道初不加益；唐武宗毁經書，壞佛寺，復僧尼爲民，而佛之道亦不加損。道，亘古而獨存者也。其教之行否則繫乎時，關乎數，有主之者存焉。今牛頭聖賢之居，靈异如是，而永福乃湮鬱汩没於千年之前，而光明涣發於百代之後。道有顯晦，廢興隨之，故曰：『《易》之興也，其於中古乎！作《易》者，其有憂患乎！』蓋嘆之也。了文以某三至此邦，親見始末，礱石求記，故備及之。寺始闢于建炎庚戌，成於紹興壬午。宇文名粹中，字仲達。惠遷，邑人也。隆興二年甲申五月朔旦，端明殿大學士、左中大夫、知潼川軍府、提舉學事兼管内勸農使、提舉潼川府果渠州懷安廣安軍巡檢兵甲盜賊公事、彭山縣開國伯、食邑八佰户、實封二佰户楊某記。《國朝二百家名賢文粹》卷一二五。

劉昉

劉昉，後更名旦，字方明，潮州揭陽（今廣東揭陽）人，宣和六年進士。紹興中爲左宣教郎，遷祠部員外郎。九年，擢禮部員外郎、知制誥，試太常少卿，兼崇政殿説書。出知虔、潭州，爲湖南安撫使。嘗希秦檜意劾向子忞强横虐民。十六年以措置傜人有功，升直寶文閣。任夔州守，十八年得替，再任湖南。見《宋會要輯稿》職官一八之六一、職官七〇之二九、選舉三四之八，《建炎以來繫年要録》卷九〇、一二八、一三〇、一三四、一三五、一四九、一五二、一五三、一五五，《南宋館閣録》卷八，《宋史》卷四九四，《南宋制撫年表》卷下，《宋詩紀事補遺》卷四一。

祥雲寺行記　紹興十八年正月

紹興戊辰正月中浣，出郊勸耕，至東屯，因落少陵故居祠堂之成。聞祥雲寺之後有瑞石，歸路就往觀之。策杖行山澗亂石間，逾里許，石果异也。事無大小，必先難而後獲。是日，自東屯還過瞿唐，已將暮，任賓僚之去留。其同至者趙沂咏道、文定國公才、鄧高叔誼、王鼎子新、李驥元駿、家茂秀實、張聿述之、朱齊卿醇甫、李宗臣元慶、楊譽時美。真勝賞也。劉昉方明書。《全蜀藝文志》卷六四。又見《古今游名山記》卷一五，《蜀中名勝記》卷二一，嘉慶《四川通志》卷四〇。

吴元美

吴元美，字仲實，福州永福（今福建永泰）人。宣和二年貢首，六年第進士。紹興中歷湖州州學教授、諸王宫大小學教授，除太常寺主簿。十五年罷，出主管福建路安撫司機宜文字。元美嘗作《夏二子傳》，謂蚊與蠅，其鄉人鄭煒告其譏毁大臣，除名勒停，容州編管，卒。二十六年追復舊官。其後楊椿年等言其操履端方，無辜坐罪，詔特與一子下州文學。見《宋會要輯稿》選舉二九之三〇，《建炎以來繫年要録》卷一五四、一七三，《淳熙三山志》卷二八，《宋史翼》卷一二。

重光寺記　紹興十年四月

紹興庚申四月朔，住重光寺僧世英與邑之耆艾踵門請曰：『寺有轉輪法藏，始於政和間，既作中輟，且二十年。今喜就緒，願書之以告來者。』僕應之曰：「佛在心，不在言。書，紙上語耳，況又嚴飾土木，神而藏之，輪而轉之，擊鼓鳴鐘，環繞驚嘆，以是爲佛，不亦幾於戲歟？」雖然，此可與知佛者語，難與學佛者言。余嘗論佛之心甚恕，道甚廣，欲隨其分量，各有所得而後已。上士即心悟佛，一言不立矣，然其心以爲天下後世，安能使人盡皆如己，指迷覺妄，爲大道師，則其言其書不獲已也。其次者，聞佛之風而説之，誦其言，因得其心，還以所得，欲廣諸人而傳諸後，則尊其言而藏其書，不敢忘也。其下者，匹夫匹婦之愚，目不識書，平居鉗於財利，錮於罪惡，奸欺頑戾，靡所不至，雖刑賞不能勸懲，一旦信吾佛之説與善惡之報，遽捐所吝，輸之浮屠，對像設則屈伏瞻禮，能於俄頃間使善信之心恍然皆然，是孰使之然哉？彼皆不得於心而求之言，不得之言而求之書，書與言卒未有得，而求之於聞睹，目駭心回，轉相告語，則其所求如佛者，亦或有得於一念之間也。抑吾夫子之言曰：『性相近，習相遠。』孟子曰：『人性無有不善。』由善與信而積之，終爲聖爲賢矣。愚夫愚婦方其有求於佛也，一念由中，謂非善與信可乎？惟聖罔念作狂，惟狂克念作聖，由此一念，廣而大之，豈無日增月益，馴然而致者乎？又豈無醉醒夢覺，恍然而悟者乎？噫！由前之説，一佛之道廣而爲三乘；由後之説，三乘之歸同於一佛。江河沼沚，水皆潤下；棗杏槐檀，火皆炎上。善學佛者，其勉之哉！余素不熟西方之書，姑取其有合於吾孔、孟者，并爲之説。大博吴元美記。民國《永泰縣志》卷三，民國十一年鉛印本。

張守約

張守約，高宗時蜀人，紹興中官於巴州。

積慶院記

閬之南部西二十里曰富井，環居士族，皆上黨之馮也。里有院曰積慶，即馮氏之先所以崇奉浮圖之地。馮爲三陳外家，三陳爲先朝鼎輔。余自丱歲聞故父老言曰：『閬中陳氏外家之賢，人曰慈母教子，金魚墜地。』初未知其詳，及備員古集，會良山令馮彦昇以居憂寄迹學館，與處期年，纖悉前事，因問道前事積慶所以肇基得名之由，輔臣母子教子之功，而聖恩優异，迥出等倫。至於梵刹修建，則甚稱院僧海藴之勞。余嘗約游其地，而未能也。比飛箋屬余爲之記。余昔所聞，其何以辭？謹按真宗皇帝景德三年十二月，樞密文忠公奏請曰：『般若院岩麓幽奇，村落崇奉，原是臣外祖所嘗乞賜名額。』考馮氏乃文忠公之母，考乘知，文忠公外祖即彦昇六世祖也。院之肇基，蓋見於此。真宗既允請，遂以『積慶』賜名，仍命臣堯佐揮翰以揭額，至今奉敕之書，儼然於院。則善積而慶餘者，端以表其外家也。院之得名，蓋見於此。初，三陳以母故，燕國太夫人以外家故，其所捐施，不能鈞考而固知。今所存者，巨磬一，輪結銅鈴各一，紅紫羅幡各二，鐃鈸六，於院寺掌爲馮氏甘棠，此則居約可知也。咸平元年六月七日，敕降藏御書凡二十軸。大中祥符元年六月降賜芝草一函，凡十一本。則聖恩優异，從可知也。舊宇年深，敝頹相襲，前者主事僧補葺隙漏而已。自紹聖以來，海藴持鉢化緣，隨得加功，中創十八羅漢堂，而中嚴釋迦大像，又創御書樓，又改建中樓及院門、僧寮齋廳、屋廊公廨之類。於是法眷修整，用其激勸，亦賁古殿，改妝清浄身，與夫十六尊者。小師葸院別建祠堂，以繪馮、陳歷世之纓笏，且外立石梯，以便登陟，莫非寺僧之率循。今則四十年間，壁繪像設，涅藻井雲，一切更新，信其勸勞爲可稱也。凡此皆院故事，事有實迹，彦昇録而示之焉，故得而書之爾。今夫指人心爲佛，佛即心焉；指虚空爲佛，佛即虚空焉；指山川草木鳥獸以爲佛，佛亦即山川草木鳥獸焉，初非以土木之工、繪畫之事干求爲人也。自佛法入中華，雖吾儒敷教化者務排詆而羞道，然上而皇家眷屬，下而州閭鄉黨，苟有崇奉之心，不無崇奉之地。是則馮氏肇逮，不爲泥釋而背儒；陳氏奏請，所以重親而報本；皇上恩賜，即與普天而同慶。至如海藴修造之勤，可謂有心以成事，不忝於出家者也。後之主事者，能以時修葺，弗顛傾不支，則斯院也歷萬世而常新，人信之，佛居之，自然慶流此方，延及他方，不但專主於馮氏爾。

《蜀藻幽勝録》卷三。又見嘉靖《保寧府志》卷一四，《宋代蜀文輯存》卷一〇〇。

蔣偉

蔣偉，永嘉（今浙江温州）人。紹興五年進士。官終閩清幹辦。見雍正《浙江通志》卷一二五。

開元教寺鐘銘

真空無相，托於有形。玄妙難言，傳於有聲。形聲不滅，法也大成。叩之鏘然，非雷非霆。息苦警惰，通幽洞靈。何千萬年，永鎮明庭。乾隆《温州府志》卷二八。

張嵲

張嵲（一〇九六——一一四八），字巨山，襄陽（今屬湖北襄陽）人。宣和三年上舍選中第，調唐州方城尉，改房州司刑曹，張浚辟爲利州路安撫司幹辦公事。紹興五年召對，以試除秘書省正字。七年，遷校書郎兼史館校勘，再遷著作郎，出爲福建路轉運判官。九年，除司勳員外郎，兼實録院檢討官。十年，秦檜擢之爲中書舍人，升實録院同修撰，尋罷去。頃之，起知衢州。十八年，作《中興復古詩》以希進用，會疽發背死，年五十三。平生以附秦檜得進用，頗爲人所譏。著有《紫微集》三十卷。《宋史》卷四四五有傳。

處州龍泉西山集福教院佛經藏記

佛之道，其妙至於不容言説，而世俗之所知者，不過於誘人以行善遠罪而已。是亦可以佐教化於天下。雖其威儀禮法不與華同，非儒者之所與，然猶未有甚害也。爲其徒者能奉其師之教，則其服用必薄以惡，其動作必勞以勤，持其戒律必獨居而若有所畏，其資身之物必乞丐取足而無餘儲。是以凡齊民之去爲浮屠者，自非天資刻苦而淡薄自甘者，未有弃父母、捐妻子而樂爲之者也。逮近世佛之教日以弊，於是其徒狡焉者始誣其師而倡爲天堂地獄之説，以誘脅世俗，乃大其屋廬，美其飲食，豐其器用，衆其給使，不耕而食，不織而衣，無力役之勞，朝夕而遨嬉。於是蠹財用，傷教化，而齊民始病矣。是以儒者至欲人其人、火其廬者，有以也。此院之建，始於唐某年。是歲盜發浙東，郡邑率被害，而兹邑獨免，於是邑人始創爲佛祠。距大宋之宣和二年，蓋若干歲矣，方臘又寇浙東，處州六邑，而五邑被兵，兹邑又獨無事。方寇之盛也，主僧某人率邑人誦觀音大士名號，冀以免於難。寇退，因諷邑人以爲爲善之報，遂相與施錢而新之，凡爲屋若干間，而宏侈於其舊。既又儲大木數千章，將爲經藏。會建炎初連有寇攘，不果作。紹興十四年，始鳩工而爲之。落成於明年之秋，凡用錢若干。土木之崇高，像設之雕鏤，經帙之整潔，遂甲於境内焉。淮海人周靈運嘗往來是邑，見其興作始末，因爲其僧屬余爲記。余以爲兹院之始建與再新之由，皆以免於盜賊之虞，邑人睹爲善之利而爲之。及近歲，鄰邑之罹於兵火者，蓋犬牙相入，而獨兹邑又無恙，豈真獲爲善之報耶？將觀音大士之陰相之也？審如此，則天下之遭兵禍者十八九，豈皆不如兹邑之力於爲善耶？菩薩大士之無心於世間，豈獨私於是邑哉？是二者求其説而不可得，亦姑勉於爲善斯已矣。彼其父兄既以數脱於難，自喜而益勵，則爲之子若孫者，慕前人而虞後患，將敢怠而廢乎？是使邑人之趨於善無已也，是亦可以佐教化於天下。初，僧某再新是院，先得某人兄弟以爲之率；經藏之役，則某人之妻某氏實爲檀越之首云。年月日記。影印文淵閣四庫全書本《紫微集》卷三一。

張浚

張浚（一〇九七——一一六四），字德遠，自號紫岩，漢州綿竹（今四川綿竹）人。中政和八年進士第。靖康初，爲太常簿。建炎三年，苗、劉之變，勤王復辟有功，除知樞密院事。爲川陝宣撫處置使，得便宜黜陟。紹興四年，除知樞密院事；五年，除尚書右僕射、同中書門下平章事兼知樞密院事，都督諸路軍馬。十二年，封和國公。秦檜執政，貶徙在外近二十年。三十一年，金完顔亮南下，復觀文殿大學士、判潭州。隆興元年，除少傅、江淮東西路宣撫使，節制建康鎮江府池州江陰軍屯駐軍馬，進封魏國公。二年八月卒，年六十八，謚忠獻。著有《易傳》十卷（存），《論語》《春秋》《詩》《書》《禮》《中庸》解各若干卷，文集十卷、奏議二十卷。見朱熹《張魏國公行狀》（《晦庵先生朱文公文集》卷九五），楊萬里《張魏公傳》（《誠齋集》卷一一五），《宋史》卷三六一有傳。

天寧萬壽禪寺置田記　紹興三年

勤公圓悟禪師有大因緣于世，能以辯才三昧，闡揚佛教，無論士庶，皆知信仰。師以大慈悲心作平等觀，種種譬喻，接以方便。若貴若賤，各各歡忻。靖康之初，首承詔旨，來抵京師，公卿貴人争至其門，捨所愛物而爲供物，金珠寶貝、象馬器服，凡所好玩，曾不吝惜。師隨其意趣，一切攝受，秘藏寶蓄，纖芥不遺。衆人視之若甚愛者，雖其徒衆，貌肯心疑。予時被召，莅職太常，爲其徒言：『勤公所行，我實知之，慎勿生疑。彼其存心，等擬太虚，森羅萬象，殆非真實。又如明鏡，妍醜隨現，惟所應之，了無著者。是特將以一大事因緣，故建立法門，爲佛庇蔭，垂裕後來。』於時其徒且疑且信。歲在癸丑，予解使事，歸省庭闈，勤衝冒大暑，遠來問勞，始爲予言：『克勤住昭覺之八年，復爲南游，殆二十年而歸。今執掃灑之役，又四年矣。參徒日至，聚指三千，後將有不給之憂。我之歸蜀，嘗捐千萬錢鼎興妙寂，回視篋中所有，尚八百萬，將求成於大檀越，市田千畝，爲久遠計，上祝皇帝無疆之壽。』予聞其言而悦之，喜知人之不妄，因以禮部度七僧符及俸餘二十萬助成其志。且上之在維揚，嘗詔師赴行闕，賜坐便殿，委曲慰藉，顧其道之足以感動人主，决非偶然。予之爲此，其亦所以崇美聖主之意耶！勤既遂所欲，又求予爲記。夫佛之道有益于世間，非特使人起爲善之心而已。其毁弃天倫，絶滅世法，于吾道初若少悖，至于忘嗜欲，絶貪愛，輕富貴，外死生，視天下之物無一可以少動其心，有補于教化者甚大。嗚呼！使天下之爲士者皆知去貪懲欲，以天下百姓爲心，而于富貴死生之分了然胸中，必將安分守義，盡節效忠，而天下不復有非常之亂。上而朝廷，何傾危之足憂；下而百姓，無侵漁之可患。天下無有不治矣。予故因勤之請，聊爲言之。後之田斯田食斯食者，宜勉勵此道，庶幾不墜勤之高風焉。紹興三年記。《成都文類》卷三九。又見《宋代蜀文輯存》卷四五。

自信庵記　紹興八年四月

余氏湖湘，佛日又使謙來，發武林，越衡陽，崎嶇三千餘里，曾不憚煩。中途緣契悟徹，真理一見，神色怡然，若礙膺之疾已除者。仍以筆誥寄元曰：『余謫居零陵，徑山佛日禪師遣謙師上人來問動止，僧宗元因佛日室中舉竹篦話心地，先有發明處，毅然與謙偕來。既至撫、信間，謙亦因緣契會，放下從前參學窠窟。』元喜曰：『我已見清河公矣。』徑歸東陽，爲衆辦衆事。余嘉其行止近道，書此寄元，因勉以護持云。紹興戊午四月二十三日，紫岩居士張浚德遠書。《雲卧紀談》卷下。又見《宋代蜀文輯存》卷四五。

雲岩禪寺藏記　紹興九年

吳郡山水秀麗，虎邱號勝處。世傳闔閭葬此，地氣騰出，秦皇使人求劍，虎蹲其上，因以名焉。晋王珣與弟珉宅石澗之東西，已而捨興佛刹。本朝至道中，革律爲禪。紹興八年，余謫居零陵，住持宗達以書抵余曰：『我與紹隆同嗣法於圓悟禪師，實繼灑掃。隆嘗建立轉輪大藏，效彌勒示現禮製，施軸於中，負載其上，規模甚偉。僧法霎、法清、法悟爲之勸，邦人李方高次第輪財。方議卜築，隆適告寂。我不敢以勝事難集爲解，夙夜究力，益勵精誠，再閱寒暑，工績俯就。平高益下，棟宇翼如，琅函貝葉，輝燦焜耀。信士鄒珉目視口嘆，盡捐所有，獨力莊嚴，於我法中，爲大緣事，敢以請記。且當天下無事時，當世名儒，間以財爲病，矧兵革迭興，軍儲或匱，勤役費用，理容未安。然我嘗思之，夷狄之變，其來有自。因欲生愛，因愛生貪，因貪生忿。欲、愛、貪、忿，是謂無明。展轉交攻，激爲鬥亂，怨深禍結，殆不偶然。我佛以清净立教，使人回心歸善，一念倘正，和氣自生，其於教化，似非小補，是以有請而無愧。』余聞佛爲一大事因緣，故出現於世，種種譬喻，發明空理，丁寧反覆，務息塵勞。現大光明，饒益照耀，妙用神通，不可思議。古人指擿之意，蓋病夫不知虚静修己，區區致恭以佞之也。又病夫落髮披緇之徒，易浸以溢，流宕南畝，其教可輕疵哉？將見斯藏之成，睹相增信，由信趨善。宿習退轉，真證圓通，孝弟和睦之心油然而起。宜勤守護，用永其傳。藏始建於紹興丁巳春正月，至冬十一月告成。復授資政殿大學士、左宣奉大夫、福建路安撫使兼知福州張浚爲之記。《吴都文粹》卷八。又見《吴郡志》卷三二，《吴都法乘》卷三，《姑蘇志》卷二九，道光《蘇州府志》卷四二，《宋代蜀文輯存》卷四五。

重建保安寺記

張浚

物之興廢，繫乎天數，而所以興其廢，使終不至於淪墜者，則存乎其人爾。苟得其人，則意念所及，足奮神化，而投無不獲，掀天功業，亦屬指掌。况叢林巨刹，爲西方聖人之所栖泊，靈資利澤，與大造相周旋。脱有大善知識，以夙緣乘之，則其鑠瓦礫爲金碧，化土苴爲旃檀，若探囊取寄，而曩昔舊觀，若自天而下矣。回天之力，其藉於人者，固如是哉！保安講寺，舊爲通聖蘭若，隸秀州，距城北一舍許，在北秋原。建自東晋，雪巢法師雲游擇勝，得善士卜本常割地一方，遂卓錫於此。拮据焦勩，誅茅索綯，僅營幽構，粗循規矱。延及法允、方智、德元等，守之不絶如綫。迨唐至德間，易爲保安禪院。叢席響振，物盛必衰，罹會昌之危，寺衆星散，梵宇化爲荆榛。否極泰來，繼有大中之詔，陰霾驳散，佛日重輝，院墜而復起。丞相陸公曾記其事。及今普誠法師，以大羅必發圓覺神照，鳩善信而重招之，畚湫成冗，撤腐爲新，五載而就緒。奉大士有殿，講法有堂，匭藏經有閣，設鐘虡有樓，妥伽藍有祠，安禪有室，庖湢有所。翬飛蜺聳，涣飾丹堊，而又繚以甓垣，藩以卉木。慈雲甘澍，繽紛法界，足爲十方大衆之所皈依。於是具請於朝，升爲保安講寺。業既成，爰請予文以記成績，抑以見師神通之廣，知量之宏，足以挽乎天功，指迷途而超欲海，空五蘊而掃六塵也。繼有是請業者，尚其懋諸，俾梵法其永興哉。萬曆《秀水縣志》卷九，民國十四年鉛印本。又見《宋代蜀文輯存》卷四五。

祖印禪院記

惟嵊縣之南二十里，有南岩，相傳是海門，大禹時决水東注，積砂成岩。三山坡陀環繞，其東斷如玉玦。東晋永和歲中，高僧釋暉始小築於此。五代時，錢氏以院分屬新昌。唐朝賜額名咸通，本朝治平初賜今額。自天姥嶺驛路斗折入小徑，松杉排立，如人物可數。夾徑有兩浮圖，前有乳香岩，雜花叢竹，陸離可觀。岩腹有仙骨巨棺，其險不可梯。方臘寇入山，從絶頂垂綆下，窺棺中之藏，唯見所蜕骨甚大，與今人异，其色微紅，如餘霞也。後山之巔有古釣車，云是任公子以五十巨犗釣于會稽時所作。《寶慶會稽續志》卷三。

寂照庵銘

信相禪老頗通《易》旨，鄉閭爲卜庵居，予銘之曰寂照，又係以銘。銘曰：

太極混成，全體不露。象數既分，塵塵必舉。夫惟寂照，乃能通故。一以知萬，一亦莫睹。寂然如斯，作佛作祖。《成都文類》卷四八。又見《全蜀藝文志》卷四五，嘉慶《漢州志》卷末，道光《綿竹縣志》卷三八，《張魏公集》卷一，《宋代蜀文輯存》卷四五。

重修鼓山白雲涌泉禪寺碑　紹興十二年

天下之事未有爲而不誠，誠而不至，充盡夫至誠之道，猶不能有克成者。佛家者流毁衣糲食，惟道是求，祖祖相傳，師法具在。舉措施設，雖千萬衆，若出一化。智者盡謀，壯者竭力，有餘者分施，不足者求人，事功敏速，不日而成。如降於天，如出於地，如有鬼神，陰來相之。且其道以清浄不争爲本，無濁惡氣，無殺害聲，無鬥争語，無私邪事，虚静平和，上格高空，龍天歸仰，神佛護持。歷世以來，天下被患於刀兵水火之厄，不知幾數矣，而梵宫秘宇，羅列山間，巍然焕然，多有存者。借使近市喧雜，夤緣回禄之變，苟爲名刹，率免於難，夫人而能道之也。嗚呼！是理真實，同諸天地而不昧，質諸鬼神而無疑。奈何學聖人而不究盡其道，使有愧於佛也哉！雖然，釋氏之先，其教甚嚴，其儀甚簡，其道勤苦而難入。食惟充腹，擇草木之實以食；衣惟蔽體，取蒲荷之葉以衣。路宿不再，懼有戀意。則夫高峻其制，丹青其木，平齊其址，彩繪其像，疑非佛之本心。後世通儒博識，多以是而疑其徒也。然而實際一塵之不愛，建立一法之不遺，世間萬法，切等空幻。聖賢設心，猶有示化，運廣大心，具堅忍力，辦莊嚴事。不信者睹相以生善，吝嗇者易慮以出材，企慕者捨愛以學道，於教不爲無補。鄭侯當平定之初，大築漢宮闕，議者或譏其侈，而侯亦自記，以昭示壯觀之意。予謂侯深曉世法，非小智淺陋所能窺測也。下闕。紹興十二年，檢校少傅、崇信軍節度使、充萬壽觀使、南陽郡開國公、食邑六千六百户、食實封二千五百户張浚撰文。顯謨閣直學士、左中奉大夫、知福州軍州事、兼管内勸農使、充福建路安撫使、馬步軍都總管、文安縣開國子、食邑六百户、賜紫金魚袋程邁篆額。左朝奉郎、充福建路安撫使司參議官何大珪書丹。

《鼓山志》卷七，乾隆刻本。

大慧普覺禪師塔銘〔一〕

隆興元年八月十日，大慧禪師宗杲示寂于徑山明月堂。皇帝聞之嗟惜，詔以明月堂爲妙喜庵，賜謚普覺，塔曰寶光，用寵賁之。其徒以師全身葬於庵之後，使了賢來請銘。先是，上爲普安郡王時聞師名，嘗遣内都監至徑山謁師，師作偈以獻上，上甚嘉之。及在建邸，復遣内知客請師山中，爲衆説法，親書『妙喜庵』大字及製真贊寄師。又二年而上即位，始賜號大慧禪師。明年，復取向所賜宸翰，以御寶識之，恩寵加厚而師亡矣。仰惟主上神聖英武，資不世出，而惠顧一方外之士如此，蓋師於釋氏，所謂卓然杰出於當世者。忠誠感格，得之天理，是以上動宸心，眷知特异。吁其盛哉！自昔聖賢，以傳心爲學，誠明合體，變化興焉。西方之教，指心空爲解脱究竟，蓋得一而不見諸用，而悟入要處，或幾於盡性者所爲。後世三宗并行，臨濟正傳，號爲得人。超出聲塵，不立一法，根源直截，以證爲極，焜耀震動，卷舒無礙。如師子兒，游戲自在，獲大無畏。此固不可以智知識識也。臨濟六傳至楊岐，楊岐再世，而圜悟禪師克勤，得法于五祖演，被遇兩朝，其道蓋盛行矣。師實嗣圜悟，益光明焉。師諱宗杲，宣州寧國人，姓奚氏。年十七爲浮圖，不欲居鄉里，從經論師，即出行四方。始從曹洞諸老宿游，既得其説，嘆曰：『是果佛祖意耶？』去之，謁準湛堂。準識師眉睫間久，謂之曰：『子談説皆通暢，特未可以敵生死。吾今疾革，他日見川勤，當能辦子事。』勤即圜悟師也。湛堂死，師謁丞相張公無盡，求準塔銘。無盡門庭高於天下，士亦小許可，見師一言而契，即下榻朝夕與語，名其庵曰妙喜，字之曰曇晦。且謂：『子必見圜悟師，吾助子往。』遂津致行李來京師，見勤于天寧。一日，勤升堂，師豁然神悟，以語勤，勤曰：『未也。子雖有得矣，而大法故未明。』又一日，勤舉演和尚『有句無句』語，師言：『下得大安樂法。』勤拊掌曰：『始知吾不汝欺耶？』自是縱橫踔厲，無所疑於心，大肆其説。如蘇張之雄辯，孫吴之用兵，如建瓴水，轉圓石於千仞之阪。諸老斂衽，莫當其鋒。于時賢士大夫，往往争與之游。雅爲右丞吕公舜徒所重，奏賜紫衣，號佛日大師。會女真之變，其酋欲取禪僧十輩，師在選中。已而得免，蓋若有相之者。渡江而南，圜悟方主雲居席，命師居第一座，爲衆授道，譽望蔚然。已而去，入雲居山，居古雲門，學者雲集。復避亂走湖南，轉江右入閩，築庵長樂洋嶼，時從之者纔五十有三人。未五十日，得法者十三輩，前此蓋未始有也，後皆角立。始應給事江公少明之請，住小溪雲門庵。而浚在蜀時，勤親以師囑，謂真得法髓。浚造朝，遂以臨安徑山延之。道法之盛，冠于一時，百舍重趼，往赴惟恐後，拜其門惟恐不得見，至無所容。敞千僧大閣以居之，凡二千餘衆。所交皆俊艾，當時名卿，如侍郎張公子韶，爲莫逆友，而師亦竟以此遇禍。蓋當軸者恐其議己，惡之也。毀衣焚牒，屏居衡州凡十年。徙梅州，梅州瘴癘寂寞之地，其徒裹糧從之，雖死不悔。噫，是非有以真服其心而然耶？又五年，太上皇帝特恩放還。明年復僧服，四方虚席以邀，率不就。最後以朝命住育王，聚衆多食或不繼，築涂田凡數千頃，詔賜其莊名般若。又二年，移徑山。師之再住此山，道俗歆慕，如見其所親。雖老，接引後進不少倦。居明月堂凡一年以終。將示寂，親書遺奏，及寄聲别右相湯公；又貽書於浚。了賢請偈，復取筆大書，不少亂。師雖爲方外士而義篤君親，每及時事，愛君憂時，見之詞氣，其論甚正確。晚自徑山來秣陵見浚，垂涕言：『先人不幸無後，某之責。家貧何所仰，願乞一給使名，藉公重，庶有肯就者。』浚爲惻然興嘆，遂奏其族弟道源奉師親後。既退居明月堂，冒暑走其鄉，上冢葺治，所存蓋如此。使爲吾儒，豈不爲名士？而其學佛，亦卓然自立於當世，非豪杰丈夫哉！卒被光寵，表之無窮，誠有以自致也。所賜御書，建閣藏於妙喜庵，與兹山不磨矣。師壽七十有五，坐夏五十八年。僧俗從師得法悟徹者，不啻數十人，皆有聞于時。鼎需、思岳、彌光、悟本、守浄、道謙、遵璞、祖元、冲密，先師而卒。我秦國太夫人亦嘗於師問道焉。嗚呼！我識師之早，此心默契，未言先同，從容酬接，達旦不倦，人間至樂，孰與等擬？蓋惜其淪没山林，惠利之不博加于人也。然而以道觀之，安可以隱顯去來，索師於形骸之内哉？我實知師，宜爲之銘。銘曰：

死生爲一，非想非説。證徹了悟，一息千劫。嗟師何爲，拳拳忠孝。欲迪群迷，俾趨正教。嘻笑怒罵，佛事熾然。情生智隔，疑謗興焉。天目巍巍，終古莫移。師兮道德，此山與齊。《大慧普覺禪師語録》卷六，大正新修大藏經卷四七。又見《咸淳臨安志》卷八三，《徑山志》卷六，《宋代蜀文輯存》卷四五。

〔一〕題下原署：『少師、保信軍節度使、充醴泉觀使、魏國公張浚撰。』